Cécile Hennion est journaliste au *Monde* depuis 2004, correspondante à Beyrouth de 2009 à 2013. Elle a couvert de nombreux conflits au Moyen-Orient, ainsi que les mouvements populaires qui enflammèrent la région à partir de 2011.

DU MÊME AUTEUR

Ya benti ! Ma fille !
Itinéraires d'une jeune reporter en terres d'Islam
Éditions Anne Carrière, 2005

Cécile Hennion

LE FIL
DE NOS VIES
BRISÉES

Éditions Anne Carrière

L'auteur de la photographie en couverture est inconnu à ce jour. « Nous reviendrons mon amour », les mots au mur devant lesquels se recueillent un homme et une femme, sont un dernier au revoir à la ville d'Alep, cité millénaire évacuée au lendemain de sa chute en décembre 2016. Cette photographie, devenue icône de la révolution, appartient à la mémoire collective de la révolution syrienne. Et célèbre la solidarité qui s'est forgée sous les bombes.

TEXTE INTEGRAL

ISBN 978-2-7578-7970-2
(ISBN 978-2-8433-7879-9, 1re publication)

À Adèle

« La barbe du Sultan, je m'en torche le cul ! »

Ancien proverbe syrien

« Quand on moissonne l'homme comme l'épi
L'épi en sa saison le grain mûr
L'homme en sa saison
À l'été de la révolte
Quand on couche l'homme comme l'épi
Le regard en face de l'acier
Poitrine offerte
Poitrine crevée cœur troué
Ceux qui avaient choisi.

C'est ce qui le faisait si beau
D'avoir choisi
Choisi sa vie, choisi sa mort
Et d'avoir regardé avant. »

Charlotte Delbo,
Une connaissance inutile

Ressusciter Alep. Recueillir des témoignages. Entremêler les souvenirs et les voix de ses habitants à la manière dont sont tissés les tapis, fil après fil. Ceci est l'histoire, avant sa destruction, de la grande cité syrienne telle que s'en souviennent encore quelques-uns de ses fils et de ses filles : Karam, Zakariya, Akil, Sami, Hassan, Husain, Ryan, Ola, Bara, Aala, Moulham, Mahmoud, Oum Ibrahim, Amir… Leurs trajectoires sont marquées d'événements cruels. Rien qui tienne à l'identité ou à l'histoire spécifique d'Alep, mais plutôt à l'extrême violence du conflit syrien. Aucun des millions d'exilés n'en est sorti indemne. Leurs épaules sont affaissées, leurs dos courbés. Leurs regards sont voilés. Leurs voix parfois dérapent comme un train sortirait de ses rails. Cette fatigue, cette sensation de vieillesse prématurée relèvent de la fatalité. Le phénomène est bien décrit dans l'*Odyssée*. Ulysse achève son périple sur les rives d'Ithaque, transformé par la déesse de la guerre en vieillard pathétique et méconnaissable.

Elle flétrit sa belle peau sur son corps souple,
fit tomber de son chef ses cheveux blonds et lui posa
sur tout le corps la peau d'un homme très âgé,
puis érailla ses yeux jadis si beaux[1]*…*

1. Homère, *Odyssée*, chant XIII, vers 430-433, traduction de Philippe Jaccottet, La Découverte, 2016.

Le sortilège, écrit Homère, se dissipe quand le Grec, reconnu des siens, réintègre l'île originelle, le foyer de son père, la couche de sa bien-aimée. Autant de remèdes inaccessibles pour Hassan, Amir, Karam, Oum Ibrahim et les autres.

« Jamais je ne reverrai Alep », répètent-ils, le front plissé. Nous ne pouvons pas sonder le gouffre qui en eux s'est creusé. Leur mémoire est prodigieuse, mais les chemins de l'enfance exigent un tempo particulier. De la patience. De la douceur.

Était-il bien raisonnable de partir ainsi en quête du passé et des illusions perdues ? Ma propre jeunesse s'est éparpillée dans le brouhaha du Proche-Orient, devenu centre de mon monde. J'y ai vécu et travaillé, le parcourant comme reporter et journaliste, passionnée par son histoire et ses dialectes. J'ai tenté de le décrire dans des reportages au sujet d'élections truquées, de conflits larvés ou meurtriers, dans des analyses censées donner du sens à la marche chaotique de l'Histoire. Toute vérité se troublait chaque fois qu'à la situation générale se substituait le récit particulier d'un homme, d'une femme ou d'un enfant. Toute analyse un tant soit peu objective se fissurait quand l'un d'eux me fixait avec, au fond des orbites, ces billes d'un autre âge.

Avec le temps, j'ai appris qu'il est impossible de s'attacher à cette région sans en subir la violence. Au fond, je ne pense pas que la région en soit la cause. C'est la guerre, tout simplement. Ce que ces Alépins désignent comme le « miracle de leur survie » est en réalité une résistance à l'innommable. Leur survie relève de la même irrationalité que la mort de ceux qu'ils ont le plus aimés. Ce n'est plus une guerre lointaine qu'ils racontent, mais leurs peurs, leurs espoirs, leurs amours, leurs remords et leurs regrets. Des émotions qui nous sont familières. J'ai trouvé un écho intime dans leurs récits. Cette résonance inattendue s'est révélée indissociable de l'écriture de ce livre.

Alors, aux fils de leurs vies, j'ai mêlé le mien. Malgré les blessures, beaucoup de mes interlocuteurs ont cultivé l'art de faire éclore l'humour et la grâce dans les recoins les plus sombres de leurs confidences. Ils entretiennent des fleurs fragiles au-dessus du marécage. Leurs éclats de rire sont des cascades. Entre silences et souvenirs se raniment spontanéité et enthousiasme. Jeunesse leur est rendue, joufflue d'insolence et de vitalité.

De tout temps, Alep a été désirée par les conquérants, les chercheurs de gloire et de fortune. La ville occupait une position idéale à la croisée des chemins des négoces d'antan et contrôlait les grands axes stratégiques modernes ; elle était indispensable pour qui voulait régner sur le pays. C'est sans doute la raison pour laquelle la cité reçut un traitement à part quand la mort s'installa dans le ciel de Syrie à la manière d'une araignée tissant un linceul géant, s'accaparant les villes insurgées l'une après l'autre. À Alep, le régime d'Assad utilisa une stratégie particulière pour contenir les velléités révolutionnaires, allant jusqu'à accorder à ses habitants des licences inédites (griller un feu rouge, injurier un agent de la circulation…), comme on desserre la soupape d'une cocotte pour en relâcher la pression. Avec une limite stricte, bien sûr : interdiction formelle de s'en prendre au Régime, de s'y opposer, mais aussi de le mentionner, d'y penser. Alors que, partout ailleurs en Syrie, résonnaient les slogans les plus ahurissants, « Le peuple veut la chute du Régime ! », Alep, qui s'enorgueillissait de sa réputation de cité rebelle, fut longtemps perçue par le reste du pays comme la plus morne des plaines révolutionnaires.

Les Alépins insistent tous sur un point qui, selon eux, démontre le courage insensé – « la folie », disent certains – qu'il leur fallut pour secouer cette inertie en de telles circonstances. Chez eux, la révolution ne s'est déclenchée massivement qu'en 2012, soit un peu plus d'un an après les autres villes de Syrie[1]. Les habitants avaient donc assisté à la télévision, ou entendu grâce aux récits transmis à la vitesse de la rumeur, au châtiment que réservait le gouvernement aux villes qui protestaient depuis mars 2011. Durant une année entière, ils avaient eu le temps de méditer le prix exorbitant que leur coûterait le choix de la révolte. Ils savaient les canonnades partout déchaînées et la mort tombant du ciel. Ils savaient les populations civiles torturées et le déluge de feu que déclencherait l'irruption de l'Armée syrienne libre[2] dans leurs ruelles.

Face à de telles perspectives, beaucoup d'Alépins optèrent pour la fuite, abandonnant les quartiers populaires de l'Est, pourtant largement acquis à la cause révolutionnaire. Ils partirent, laissant derrière eux maisons et espoirs de retour avant même que ne fût tirée la première salve de la première kalachnikov anti-Régime. Ce décalage dans le temps de la révolution alépine, cette « prescience du malheur », pour reprendre l'expression d'un exilé de cette ville, eut une autre conséquence désastreuse sur le plan personnel et familial pour les habitants : la scission d'Alep en deux parties, Est et Ouest. Une séparation subie, absurde, car elle éloignait les membres d'une même fratrie, les couples d'amoureux.

---

1. La date généralement retenue de l'entrée de la ville d'Alep dans le grand mouvement de contestation syrien est le 17 mai 2012, c'est-à-dire un peu plus de quatorze mois après le 15 mars 2011, date officielle du commencement de la révolution syrienne.

2. Formée le 29 juillet 2011 sous la houlette d'officiers déserteurs, l'Armée syrienne libre, ou ASL, fit basculer la révolution pacifique dans la lutte armée contre le Régime.

La ligne de division, au départ friable, mouvante, en tout cas perméable, n'interdisait pas de s'arranger malgré des choix parfois antagonistes. Mais avec le temps et la prolifération des snipers, elle devint meurtrière, infranchissable. Elle déchira des foyers, provoqua des divorces, des ressentiments coriaces, des deuils impossibles, une marque infamante.

Ainsi, la fraction occidentale d'Alep demeura sous le contrôle du Régime. À l'est de la ville restèrent les plus vieux, les plus fragiles et les plus démunis : ceux qui n'avaient pas les moyens de vivre ailleurs et qui, souvent, subirent chaque nouveau changement – « victoire » ou « défaite », selon le bréviaire des activistes – comme autant de calamités s'amoncelant sur leurs têtes. Restèrent aussi ceux qui en firent le choix, rejetant la « paix négative » de l'Ouest. Ils ne voulaient pas de cette résignation qui s'agenouille et prie pour des jours meilleurs. Ils avaient cessé de croire que des changements surviendraient par la grâce divine. Ils avaient accepté par avance l'idée de la confrontation et de la résistance jusqu'au bout.

Ceux-là ont tout perdu. La vie, souvent. Ils sont les grands vaincus d'Alep.

Pour la plupart, ils étaient jeunes, parfois adolescents, quand l'Est s'est rebellé, libéré, autogéré, quand leurs quartiers ont été infiltrés par les djihadistes d'Al-Qaida et de l'État islamique, quand il a fallu se battre pour les en chasser. Ils ont résisté quand Alep-Est fut assiégée par le Régime, pilonnée par les aviations syrienne et russe, puis détruite à l'hiver 2016.

Étaient-ils candides ? Étaient-ils « fous » ? À écouter leurs récits, on comprend que chacun s'était forgé une image différente de ce monde meilleur auquel ils aspiraient ensemble. Ils étaient enthousiastes et non désespérés, entiers plutôt que radicaux, rêveurs plutôt qu'idéalistes, et indisciplinés : toutes les caractéristiques de la jeunesse qu'ils ont perdue, avant d'avoir eu le temps d'en profiter.

Les Alépins dont les témoignages constituent ce livre se sont tous montrés soucieux de voir leur ville émerger des décombres. Alep parée des couleurs d'antan et du souvenir des vaincus, sous le prisme déformant de la perte et de la nostalgie. Ils cherchent de la lumière entre les ombres des cyprès penchés sur les cimetières. Les grandes cités englouties suscitent les grandes légendes.

On peut comprendre les voix qui prévalurent à l'Ouest alépin appelant à préserver les vies et les communautés, à sauver les biens, les fruits du labeur, à maintenir l'ordre et une forme toute relative de sécurité. On peut concevoir l'effroi devant l'anarchie. Je ne suis pas allée à la rencontre des familles de l'ouest d'Alep. À quelques exceptions près, je ne leur ai pas parlé. Je ne suis pas sûre qu'il soit possible de savoir aujourd'hui ce qu'elles pensent du destin tragique de leur ville.

Vu d'Occident, en revanche, il en faut du cynisme pour ne compter que les faux pas de ceux, trop bordéliques, trop influençables, qui avaient voulu « faire la révolution », et conclure que tous ces crétins romantiques s'étaient vautrés comme on pouvait bien s'y attendre dans un échec aussi effroyable que pathétique – sans parler des logiques infaillibles de la géopolitique mondiale. Il faut être terriblement résigné ou n'avoir jamais été jeune pour ne pas saluer la vaillance de ces gamins qui entreprirent un projet que ni le Régime ni la religion ne leur avaient enseigné : celui de s'emparer de leur destinée.

J'ai sous les yeux un *Guide des visiteurs d'Alep*, une troisième édition datant de 1962, avant le coup d'État militaire qui installa la famille Assad au pouvoir en Syrie.

Citée dès la moitié du troisième millénaire avant J.-C. sous le nom qu'elle porte actuellement, Alep est sans contredit la ville la plus ancienne du monde encore existante et florissante, y est-il noté en préambule.

Alep qui a 390 mètres d'altitude est située par 38"68'5 de longitude est et 40"12 de latitude nord. Elle est traversée par un petit fleuve, le Qoueiq, qui prend sa source du dernier contrefort du Taurus. Elle possède un climat désertique. La chaleur en été y atteint parfois 36 °C le jour pour baisser la nuit à près de 20 °C. L'hiver est rigoureux oscillant entre 15 °C et 5 °C. Le printemps et l'automne sont courts[1].

Qu'il fut court, en effet, le printemps alépin pour Akil, Karam, Zakariya et les autres ! Alep n'est pas la seule ville de Syrie à s'être soulevée. À avoir été démolie dans l'indifférence. Elle n'était cependant pas tout à fait comme les autres. Car qu'est-ce qu'une ville, si ce n'est au commencement une tentative humaine de vivre ensemble, non dans le cercle étriqué de la famille ou de la tribu, mais malgré et avec les différences de chacun ? Alep n'était pas une ville comme les autres, car elle fut la première cité des hommes – ou l'une des plus anciennes – et, à ce titre, un jalon dans la grande saga de l'humanité. Ce qu'elle fut, ce qu'elle a cessé d'être ne peut pas être que l'affaire des Alépins.

---

1. Saouaf Soubhi, attaché technique à la direction des antiquités et des musées, conseiller technique de la société archéologique d'Alep. *Alep, son histoire, sa citadelle, ses monuments antiques et son musée.* Guide des visiteurs, 1962, troisième édition.

حلب

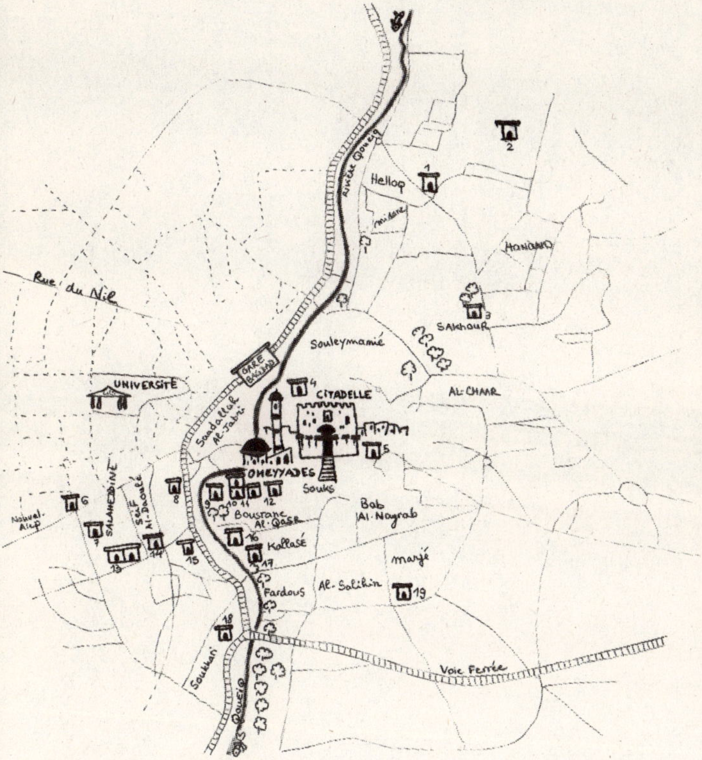

1. Abdelqader	6. Anonyme	11. Bara	15. Ola et Obada
2. Sami	7. Moulham	12. Mahmoud	17. Karam
3. Husain	8. Hassan	13. Dr Hamza et Waad	18. Oum Ibrahim
4. Rawa	9. Ryan	14/16. Amir	19. Akil
5. Zakariya	10. Aala		

LIVRE I

LES CONTES DE NOTRE ENFANCE

KARAM, 25 ans[1]

Le témoin

Comme souvent au mois d'août, la chaleur avait fermé les persiennes. Les jasmins caramélisaient sur les murs de calcaire, mêlant leurs notes fleuries aux effluves suaves des figuiers, goyaviers et pistachiers. Après l'averse, les remontées fétides des égouts s'insinuaient elles aussi dans ce bouquet caniculaire. De mémoire d'habitant, ce parfum, aussi enivrant qu'écœurant, a toujours constitué l'identité olfactive de notre ville. Aujourd'hui encore, malgré mon éloignement – malgré tout ce qui fut, tout ce qui n'est plus et ne sera plus jamais –, il m'arrive de convoquer ce mélange singulier de senteurs avec une précision qui ne cesse de me surprendre. Les émotions me suffoquent. Je suis enveloppé par ces odeurs en suspension capables de me propulser dans les ruelles qui tortillaient jusqu'au seuil de notre maison.

Ma famille vivait dans la vieille ville depuis plusieurs générations, peut-être depuis toujours. Mon grand-père était un ingénieur agricole à la retraite, au visage altier, aux rides profondes et avec des poils soyeux qui lui

1. Les noms indiqués sont ceux donnés par mes interlocuteurs. Il s'agit de leur véritable identité ou de leur « nom de guerre » choisi au début de la révolution. L'âge indiqué est celui qu'ils avaient au moment de l'entretien. Quand un interlocuteur a préféré rester anonyme, il est indiqué comme tel : « anonyme ». Par chance, il n'y a pas d'homonyme. Chaque prénom correspond donc à une seule personne.

garnissaient les oreilles. Il n'était pas si vieux en ce mois d'août, en cette journée particulière. Il avait déjà vécu le fameux coup d'État militaire, l'arrivée du Parti unique et beaucoup d'autres événements plus ou moins heureux. C'était pourtant ce jour spécifique de l'été 1980 qu'il persistait à vouloir me raconter, encore et toujours.

Mon grand-père disait que ce matin-là marquait la rupture du jeûne du ramadan. Respectant la coutume, il était parti visiter des cousins qui habitaient dans une autre partie de la ville. Il avait donc quitté notre quartier de Kalassé et ses rues tordues bordant la Citadelle. Les sempiternels cliquetis des ateliers des tisserands installés dans presque tous les immeubles s'étaient tus en ce jour de fête. Il me plaît d'imaginer qu'à la faveur de ce silence inhabituel il prêta attention à l'arôme des figuiers grillés. Il était très fier de tout ce qui pouvait nous distinguer du reste du pays, particulièrement de la capitale, et convoquait chacun des cinq sens dont Dieu l'avait doté pour démontrer la supériorité évidente de notre cité, à commencer par son ancienneté. Alep était la plus vieille ville de l'humanité ; il y avait là, en effet, de quoi bomber le torse.

Son récit débutait par cette matinée lumineuse, mais déviait avec brutalité vers un dénouement tragique, annoncé par son changement de ton et cet avertissement quasi notarial : « J'étais témoin direct ! » Mon grand-père insistait sur le qualificatif de « témoin », qui le différenciait des commères de la ville et de ceux qui avaient – peut-être – regardé par les interstices des persiennes closes… Sans parler de tous les autres, qui avaient détourné les yeux, comme le veulent le bon sens populaire et une coutume bien ancrée par chez nous.

Sur sa route, il avait été témoin d'une tuerie, dans le quartier de Macharqah. Une unité des brigades spéciales de l'armée avait regroupé les habitants mâles d'un immeuble, avant de les fusiller avec une glaçante efficacité. Mon grand-père décrivait le sang qui coulait en rigoles sur le sol crevassé du mois d'août. Il affirmait que les dépouilles de plusieurs dizaines de nos concitoyens avaient été abandonnées ainsi, aux griffes de la canicule. Aucun voisin n'avait osé les approcher, alors qu'il aurait fallu leur prodiguer lavements et rituels, de peur de subir le même sort.

Petit, j'avais été impressionné par ce statut de « témoin direct », persuadé qu'il conférait à mon aïeul un rôle héroïque dans cette tragédie qu'il ressassait avec une sorte de fièvre. Mon grand-père ne s'épanchait pas davantage, laissant à mon imagination ses émotions, ses cris, ses silences. Le contexte de la tuerie, le fait que la ville s'était en partie insurgée contre le gouvernement, les motifs de cette insurrection n'étaient pas non plus son propos. Autant d'éléments qu'en conséquence j'ai longtemps ignorés.

L'objectif de mon grand-père n'était pas de discuter politique, mais de m'en tenir éloigné. Cette histoire n'avait pas valeur de fable moralisatrice, elle était le socle d'un raisonnement infaillible : les hommes du gouvernement avaient abattu sans sourciller des habitants âgés de 15 à 95 ans, en plein jour, en pleine rue, en pleine tête. Les faits étaient indiscutables puisqu'*il les avait vus de ses propres yeux*. Un tel malheur *pouvait* donc se reproduire. Pour conserver le pouvoir, le Régime serait prêt à nous *tuer tous*.

Son récit achevé, il concluait, le doigt pointé sur mon front : « Ne parle jamais de politique ! Reste en dehors de la politique ! » avant de s'adoucir : « Nous n'avons pas à nous mêler de politique : notre seul devoir consiste à préserver nos vies. » Aujourd'hui, je sais. Je sais que les héros n'existent pas, ni en Syrie, ni en Amérique, fussent-ils témoins directs ou membres du Conseil de sécurité des Nations-Unies. Mais, dans ma tête d'enfant, les contours de la réalité demeuraient flous et plutôt rassurants, même s'il était évident que mon grand-père, ma mère, mon père et même ma tante étaient des gens effrayés, courbant la tête devant les affiches omniprésentes du Leader éternel, se méfiant autant de leurs voisins que du vendeur de graines de pastèque.

Tandis que je grandissais, ils n'ont cessé de multiplier les mises en garde : « Ne fais confiance à personne. Même pas à tes amis ! » Quand, jeune homme, j'ai intégré l'université, ma mère a pris l'habitude de me lancer des regards – oh, ses regards ! Des yeux incandescents où perçaient l'angoisse et l'impuissance. À l'instant où je posais le pied à l'extérieur du domicile familial, elle murmurait : « Mon fils, si tu marches le long d'un mur, invoque la protection de Dieu ! » Je me souviens de sa prière.

Comme tous les habitants de notre ville, j'ai appris très tôt cette particularité anatomique de l'architecture locale : les murs avaient des oreilles. Mais je n'avais pas encore vécu de massacres. Il n'y avait pas d'image pour me représenter une telle catastrophe, ni photo, ni vidéo du passé. Malgré les efforts de mon grand-père, je n'avais jamais vraiment cru à son histoire d'habitants fusillés du quartier de Macharqah. Les fantômes ne rôdaient pas dans mon sommeil. J'avais mille fois écouté mon *jeddou*[1] raconter ce drame d'antan, avec l'attention d'un enfant fasciné par un conte épique. Le récit était terrible, mais je n'avais pas peur. Et comme beaucoup d'autres enfants du pays, j'ai cheminé dans la vie avec une belle naïveté…

Je ne reverrai plus Alep. Les Syriens sont devenus les « juifs errants » des temps modernes : des millions

1. « Papi ». Pour la transcription des mots arabes, j'ai choisi la graphie la plus proche de leur prononciation en français, en prenant parfois de grandes libertés avec les usages linguistiques.

d'hommes, de femmes et d'enfants jetés sur les routes de l'exil, privés de leur patrie. Par malheur, je n'ai pas écouté mon *jeddou* et aujourd'hui ma patrie me manque. Un tel sentiment me paraît incroyable quand je songe avec quel acharnement nos instituteurs nous ont gavés jusqu'à l'indigestion des concepts de « patrie » et de « nationalisme », provoquant chez les élèves un rejet allergique ou une adhésion contrainte et effarée. La patrie ou la *qaoumiyé* ne revêtaient pas de signification. Elles n'étaient que dévotion obligatoire à la dynastie des Assad. On nous les enfonçait dans le corps à coups de règle et nous rêvions tous à une évasion miraculeuse le plus loin possible de chez nous. La révolution nous aura au moins permis de nous approprier un mot : la *patrie*, celle des villes et des champs du peuple syrien, celle de nos slogans d'espoir ; nous l'avons parée d'un nouveau drapeau. Notre belle patrie trop tôt perdue, qui survit dans le cœur des exilés et dans l'âme de nos martyrs.

À travers le monde, les adultes demandent aux enfants ce qu'ils aimeraient être quand ils seront grands. Pas en Syrie. Chez nous, cette question n'existait pas. « Avoir le choix » n'appartenait pas à notre vocabulaire. Nous avions des « obligations ». Les envies personnelles n'entraient pas en ligne de compte. L'individu était gommé dès son plus jeune âge puisque nous allions à l'école dans un uniforme militaire identique sans savoir pourquoi. Nous étions des enfants kaki avec, autour du cou, des foulards aux couleurs du parti Baas. L'élève distrait qui avait oublié son couvre-chef ou n'importe quel autre élément de sa panoplie d'enfant-soldat était renvoyé chez lui sous les quolibets de ses camarades et de ses professeurs. Aucun d'entre nous n'aurait eu l'idée saugrenue de questionner ces prescriptions vestimentaires. Les mêmes habits olivâtres en toile râpeuse et coutures grossières prenaient place derrière les pupitres depuis trente ans. Mon père l'avait porté, ma mère l'avait porté. C'était une obligation, de même que nul ne pouvait échapper aux entraînements militaires dispensés par un véritable officier, deux fois par semaine, dans la cour de récréation. Nous avions 10 ans et, une fois refermés nos livres de lecture et d'arithmétique, nous tirions au pistolet sur des cibles en carton, nettoyions et réassemblions des kalachnikovs, rampions avec des masques à gaz vissés sur la tête. Tout ça sous l'œil narquois des corbeaux : ces volatiles alépins étaient tellement blasés qu'ils ne se donnaient plus la peine de s'envoler malgré nos ahanements en cadence, les « un, deux » martiaux et tonitruants. Nos instructeurs avaient une imagination remarquable, tant en matière d'exercices que de châtiments. En fait, personne n'aurait été étonné de les voir débarquer dans l'école à bord d'un tank ou avec des obus de mortier. Je crois bien que ce sont là les seules idées bizarres qui nous furent épargnées.

Ces entraînements nous tordaient les boyaux d'une sainte trouille car les gifles volaient au hasard et les coups de pied s'abattaient aussi nombreux que les corbeaux dans la cour de l'école. L'officier lançait son poing dans la figure d'un élève pour une broutille, puis lui ordonnait en glapissant de lécher le sol, la semelle de ses bottes ou d'exécuter n'importe quelle autre punition qui lui trottait par la cervelle. Qu'importe si l'un d'entre nous ne parvenait pas à se relever ou saignait du nez. L'essentiel était notre reddition, notre absolue et totale soumission. Il ne s'agissait pas de nous préparer à la guerre en vue de reprendre le Golan occupé par Israël, mais de nous signifier quelle était notre place dans la vie : plus bas que terre, sous ses bottes. Pour moi, c'était une évidence puisque mon statut de fils unique me préservait de la future corvée militaire, pour tous les autres obligatoire. L'officier nous effrayait davantage que le directeur de l'école, c'est tout dire. En sa présence, nous n'osions pas respirer. Les autres enseignants avaient bien l'habitude de nous gifler et de nous assener des coups de règle, mais c'était bagatelle et crotte de mouche comparé à ce dont étaient capables nos instructeurs militaires. Eux, en raison de leur métier, étaient des spécialistes de la torture. Nos parents le savaient puisqu'ils se montraient plus terrifiés que nous. Il pouvait manquer une dent ou deux à leur progéniture, ils en auraient arraché une troisième de leurs propres mains plutôt que d'aller se plaindre au directeur. Les officiers étaient les maîtres tout-puissants.

Puis, un jour situé entre les années 2000 et 2003, les entraînements militaires furent remplacés par des cours de sport. On nous a dit : « Enfilez les nouveaux uniformes ! Une, deux, une, deux ! En rang pour le cours de sport ! » D'autres obligations sans explication. Durant les exercices militaires, j'étais toute prudence. Je jouais à l'homme invisible. Cette technique perdait son efficacité durant les cours de mathématiques. Il fallait résoudre des équations, aligner des chiffres ou je ne sais quelle autre calamité. Je n'étais pas doué et, malgré la baguette du prof qui nous fouettait le dos, les cuisses et les mollets, je n'y parvenais pas. À l'âge de 10 ans, je recevais ainsi des coups tous les jours, redoutant l'arrivée de l'hiver car rien n'était plus douloureux que la baguette sur la pulpe de nos doigts gelés. Je n'arrivais plus à me concentrer. Au lieu de réfléchir à la solution du problème, je pensais aux coups qui allaient me tomber dessus, si bien qu'en cette matière je suis demeuré aussi ignorant qu'au jour de ma naissance.

J'étais enfant unique, une vraie rareté dans notre ville. Après l'accouchement, ma mère avait eu à l'ovaire un problème la condamnant à être stérile. Elle m'aimait donc d'un amour absolu et sanglotait d'impuissance devant les bleus qui couvraient mon corps de petit garçon. Pour m'en protéger elle essaya de m'enseigner elle-même les rudiments de l'arithmétique. Sa patience angélique ne fut pas récompensée. Je me débattais en criant : « Je ne veux plus de maths ! Ils peuvent bien me tuer, je n'en ferai plus jamais ! » Il en fut ainsi. Jusqu'à ce jour, je ne connais pas mes tables de multiplication. Je rends grâce à Dieu de l'existence des calculettes électroniques. Mes bleus ont continué de se multiplier et les larmes de ma mère à couler. En classe, il y avait toujours un ou deux élèves qui se rebellaient un peu. Tous les autres, moi y compris, nous restions muets en courbant la tête. En détournant les yeux.

*

ZAKARIYA, 31 ans

Cotonnades et ferrailles

Il est impossible d'exprimer la beauté de ce que fut ma ville : elle était la Mère de toutes les villes ! Même un môme ignorant du passé et de ses ancêtres était capable de comprendre par lui-même que nos murailles, elles en avaient, de la distinction. Ces rocs imposants comme des montagnes avaient vu passer Saladin. Saladin en personne ! Le héros qui avait étrillé les croisés ! Ces murailles avaient de l'allure, rien de comparable avec les bunkers en béton pondus par le Régime pour y entasser ses services de renseignement, ses petits protégés corrompus, ses officiers militaires…

Tout petit, j'étais conscient de la beauté particulière de ma ville, de sa valeur historique. Avec les gamins du quartier, on sautillait derrière un ballon, trébuchant dans les ruelles, prenant soin de ne pas bousculer les passants étrangers. Leur présence nous rendait majestueux. Mon pays était superbe et digne d'intérêt, ma ville revêtait sa propre importance, puisque ces touristes l'avaient choisie parmi toutes les destinations du monde. Elle était un *spot*, genre Paris ou Los Angeles. La grande classe touristique ! Mais avant tout, si j'ai chéri ma ville – oh, comme je la chéris encore ! –, c'est parce qu'elle m'a vu naître et grandir. J'ai pris mes premières décisions d'homme libre avec elle et pour elle. J'y ai laissé, au sens littéral, une part de moi-même.

Des images du passé, je me souviens surtout du *hoch*[1] de mon grand-père, avec son large patio de dalles claires, sa fontaine et son caroubier, niché dans les vieux quartiers de Jibb Al-Qobé avec ses boutiquiers en pagaille, à l'ombre de la Citadelle. C'était là-haut, dans notre palais antique, que le voyageur allait grimper de préférence, avant de redescendre se perdre dans les lacis de nos souks bigarrés et virevoltants. Ce voyageur était déconcerté par ce qu'il y découvrait et se régalait de nos pistaches et des odeurs de café brûlant. Pour nous autres habitants, ce décor était aussi insignifiant qu'un ciel d'été sans nuages. Nos regards allaient ailleurs, notre curiosité se limitait aux nécessités du quotidien. Je me souviens de ce boutiquier, il râlait depuis que la municipalité avait décrété le remplacement des volets de fer par des portes en bois traditionnelles. Il marmonnait la même rengaine : « Que m'importent leurs putain de portes ? Que les ingénieurs s'occupent plutôt de nos conduites d'eau et de nos gouttières… Est-ce que leurs portes attireront la clientèle si la rue pue la merde et le rat crevé ? »

À dire vrai, je n'ai jamais prêté attention aux ornements touristiques, aux inscriptions antiques ou religieuses, ni aux monuments de notre ville, même quand, plus tard, ils ont été saccagés. Le jour où il a fallu partir, pourtant, la

1. Maison arabe traditionnelle, à l'origine pour les familles aisées, organisée autour d'une cour intérieure.

nostalgie m'a envahi, épaisse et amère comme du sirop de tamarin éventé. Le temps s'était écoulé dans mes veines, et le sang dans les rues de ma cité. Son cœur vaillant ne battait plus. J'ai murmuré en moi-même : « Ah, si seulement j'avais pu emporter une image des lieux que j'ai tant aimés ! » Ma tête avec son œil crevé était aussi lourde qu'un rocher prêt à dégringoler pour rejoindre les pierres. Ma ville était une blessure ouverte, défigurée par son incroyable désastre. Je lui ai tourné le dos avec chagrin.

Je regrette le *hoch* de mon grand-père et l'ombre du caroubier dans le cœur historique d'Alep. Mon aïeul était un authentique Alépin. C'est-à-dire un de ces citadins enracinés dans la ville même, à l'exclusion des paysans syriens chaque année plus nombreux et plus pouilleux dans les quartiers périphériques. Mon grand-père possédait une manufacture de coton, l'une de nos fameuses spécialités alépines.

En lui suggérant les cotonnades, Dieu lui avait ouvert une voie faste. Il n'était pas inhabituel de voir alignés une centaine de camions devant les grilles de sa manufacture, prêts à recevoir leur cargaison de balles de coton, à la réputation établie dans le pays et même au-delà. Mon grand-père récupérait le produit brut à la sortie des champs : des petites fleurs de coton à peine défanées, souillées de paille et de chiures de mouches, qu'il transformait en balles régulières de toute blancheur. Certaines allaient alors macérer dans des cuves d'indigo. Puis elles étaient exportées jusqu'en Angleterre !

Les affaires se sont gâtées quand les baasistes, jusqu'alors occupés à fomenter les uns contre les autres des coups d'État militaires ratés, décidèrent de s'intéresser au peuple et à son bonheur, submergeant d'hypocrisies les campagnes avec des mots comme « socialisme » et « redistribution des richesses ». Commencèrent les calamités. L'arrivée de Hafez Al-Assad fut pire encore car la manufacture tout entière fut réquisitionnée. « Prends tes deux mains et rentre chez toi ! » fut l'unique formule de politesse que les hommes du nouveau gouvernement lancèrent d'un ton railleur à mon grand-père. Un crachat gluant et puant dans sa barbe. Il rentra dans son *hoch*, déposa son tarbouch et gémit que sa vie entière lui avait été volée, et que ni ses deux mains ni son cœur ne sauraient y remédier. Six mois plus tard, il s'écroula, emporté par une crise cardiaque. Mon père avait 5 ans, un frère aîné, quatre sœurs – dont une périclita de tristesse la même année – et un avenir de ferraille.

Ma grand-mère, devenue veuve et misérable, vendit jusqu'au contenu de son trousseau de noces : sa chambre à coucher avec le lit à baldaquin où elle avait enfanté par six fois, les draps de coton brodés à ses initiales, les beaux tapis, les meubles sculptés et la coiffeuse ottomane. Bien qu'illettrée, elle jura sur l'âme de son mari que ses petits orphelins recevraient l'éducation qui aurait dû leur revenir si le Parti unique ne s'en était pas mêlé avec tant d'iniquité.

À ce sujet, mon père m'a souvent décrit une scène qui m'émeut, car j'y ressens son amour pour sa mère en même temps que son humiliation. Ma grand-mère trônait à table, supervisant elle-même les devoirs scolaires des enfants, écoutant leurs récitations tout en feuilletant les livres de leçons (je l'imagine impérieuse et sévère), dont elle était incapable de déchiffrer ne serait-ce que le titre. De fait, disait mon père, elle tenait les livres presque toujours à l'envers. Mais Dieu récompensa sa détermination. Mon oncle obtint une licence en économie et mon père devint ingénieur architecte. Il fut aussi champion de gymnastique et de plongeons acrobatiques.

La réussite scolaire de mon père ne le mena nulle part. Après bien des recherches, il trouva un emploi dans un bureau grisâtre de l'administration publique. Il y passait ses journées à signer des documents allouant des millions de livres[1] à des projets de construction – ladite somme ayant été calculée pour qu'une part considérable aille engraisser quelques empâtés du Régime. Il démissionna, impuissant, dégoûté et convaincu que ses diplômes universitaires, objets de tous les sacrifices maternels, n'avaient guère plus d'utilité que la pisse d'un mulet. C'était pastèque ! Voilà ce que me confia mon père et ce qu'il me répéta dans ma jeunesse, chaque fois qu'il voulait justifier son aversion pour ce Régime qu'il avait appris à maudire à l'âge où il était devenu orphelin, quand il n'avait encore que 5 ans. Selon lui, ce n'était qu'un gang de rustres à l'intellect aussi évolué que des meules de foin, des brutes épaisses qui vénéraient l'argent facile. Ils étaient corrompus et méprisaient le savoir, l'éducation et le labeur – toutes les valeurs, en somme, que chérissait notre ville et qui avaient forgé la réputation de nos fiers habitants.

Puis Dieu ouvrit les bras de nouveau, restituant à ma famille la fortune qui lui avait été extorquée par le passé. J'ignore ce qui incita mon père à se passionner pour les stylos-billes, toujours est-il qu'il devint négociant de fournitures scolaires, avec succès et bénéfices. En 1984, sa papeterie, qui vendait cahiers, gommes et stylos aux petits écoliers en uniforme militaire, déménagea dans le souk de Bab Al-Nasr, évoluant en une affaire prospère de vente en gros. Le matériel était importé de Chine. Selon des mœurs nationales désormais bien établies, ces opérations financières n'échappaient pas à l'appétit carnassier du Régime. Mon père était un véritable self-made-man qui avait réussi sans *wasta*, sans « piston », évitant ainsi les traquenards et le rouleau compresseur du gouvernement. Il avait désormais les moyens financiers de graisser la patte à qui ça lui chantait.

1. Livres syriennes, la monnaie nationale.

Puisque 20 à 30 % de la valeur des conteneurs aboutissaient dans les poches du gouvernement, les stylos *made in China* étaient revendus 20 à 30 % plus cher dans le souk. Rien de plus simple. Rien de plus injuste aussi, puisqu'au final les seuls à pâtir de ce mal endémique, les seuls à s'endetter pour qu'une poignée de corrompus ventrus s'engraissent par ce racket organisé, étaient les petites gens des quartiers populaires. Les habiles commerçants comme mon père ont appris à contourner le système ou, plutôt, à s'en accommoder. Il suffisait d'avoir de l'argent et de fermer sa gueule.

Donc il était riche. Il quitta les vieilles ruelles de son enfance qui, par manque d'intérêt des autorités, avaient commencé à perdre de leur superbe, voire à sentir le rat crevé, ainsi que l'avait remarqué le boutiquier à l'entrée du souk. Le *hoch* de mon grand-père demeura dans la famille, un autre fut mis à la disposition de nos cousins, trop pauvres pour s'acheter une maison ou une voiture. Ils profitèrent ainsi d'un toit, à défaut d'un emploi lucratif ou d'une perspective d'avenir. Mon père acheta un appart grand luxe avec climatiseur intégré dans les nouveaux quartiers de la ville, à Azamiyé. Il se maria et eut des enfants, parmi lesquels je naquis le troisième. J'ai quatre sœurs, ainsi que des frères jumeaux d'un an mes aînés.

L'un des jumeaux s'est entiché du Régime et vit aujourd'hui avec son épouse et un nourrisson, dans une zone du pays sous contrôle gouvernemental. De lui je ne parlerai pas.

*

AKIL, 34 ans

Ceux de Marjé

Je suis né et j'ai vécu dans le quartier de Marjé, près de Bab Al-Nayrab. Mes parents ont eu dix enfants, dont huit garçons et deux filles. J'étais celui du milieu, en cinquième position. Parmi mes frères et sœurs, je suis le seul à avoir accompli des études universitaires. Un sur dix, ça peut paraître peu, mais dans notre quartier qui abritait les habitants les plus démunis sur le plan économique comme sur le plan intellectuel, notre situation familiale n'était en rien exceptionnelle. Il était logique et banal que je sois le seul à être diplômé de l'université[1].

Nos habitants ne logeaient pas dans des *hoch* traditionnels, mais à l'intérieur de petits bâtiments cubiques dont la construction, ébauchée il y a bien des années, n'avait jamais été achevée. J'ai grandi dans l'un de ces bâtiments. Il comprenait cinq chambres, deux cuisines et deux salles de bains, puisque nous étions nombreux, avec mes deux frères aînés mariés qui se partageaient l'étage du dessus avec femmes et enfants.

Les gens de chez nous ne devraient pas être jugés sur leur parcours de vie, ou sur telle ou telle de leurs décisions. Ils étaient le produit d'une société et le résultat d'une histoire qui ne leur ont jamais laissé le choix. La grande majorité des familles de Marjé était d'origine tribale. Cette ascendance nous valut à Alep une réputation mensongère d'arriérés obtus. J'ai grandi dans cette société et, contrairement à ces médisances, elle n'était

---

1. L'université d'Alep, au départ faculté de génie civil, date de 1946. Elle fut installée sur les collines non encore habitées situées à l'ouest de la ville.

pas fermée, ni ignorante, encore moins agressive. Elle était conservatrice, surtout concernant l'autre sexe, les foulards et toutes ces choses. Seulement en cela elle était conservatrice : les femmes devaient être couvertes et rester à l'écart des hommes.

Ceux de Marjé avaient apporté dans la ville leurs propres traditions du désert et souhaitaient se préserver des mœurs citadines. Leurs gens des deux sexes ne se mélangeaient pas. Pour le reste, la façon dont ils regardaient les autres – par exemple, celui-là est d'Alep, celui-ci est de Homs, celui-là est un chiite, un alaouite ou un chrétien –, ces différences ne leur causaient aucun embarras parce que nous étions tous, dans le quartier, des gens venus d'ailleurs, et que tous méritaient un respect de voisinage. Si des étrangers s'aventuraient dans nos pauvres ruelles, les habitants en étaient heureux et fiers. Ils leur offraient un accueil chaleureux et leurs meilleures agapes.

Je respecte cette société en toute sincérité et j'estime que tout ce qui lui est arrivé depuis la révolution est profondément injuste, ainsi que la réputation qui lui a été collée au sujet de son arriération ou de la violence islamiste. Être peu éduqué ou ignorant ne signifie pas être stupide ou radical. Je ne prétends pas que cette société a été parfaite. Au contraire, elle était et reste malade. Mais il existe des raisons, des logiques externes. Il s'agit de la résultante d'événements, non d'un caractère en soi, d'un gène récessif ou de je ne sais quel atavisme.

Chez nous, l'important était d'être dans la « normalité ». Celui qui était différent des autres devenait une anomalie, un déviant, un élément qui ne trouvait plus sa place dans le groupe. Or, dans un monde dirigé par l'arbitraire, la cohésion de la famille, de la tribu, des voisins et de tout le quartier est essentielle pour survivre. Ceux de Marjé l'avaient compris bien avant que n'éclate la guerre à Alep.

Mon père était agriculteur. Toute ma famille est d'origine paysanne et appartient à une grande tribu. Cette situation était banale dans cette partie de l'est de la ville. Dans la nuit des temps, ma tribu nomadisait sur ses propres chemins, pasteurs sillonnant les steppes inféconds avec leurs troupeaux. Jusqu'au jour où ils cessèrent de cheminer pour s'installer sur les terres du sud d'Alep. De bédouins bédouinisant, ils devinrent cultivateurs cultivant. En d'autres termes, puisque j'ai eu la chance de faire des études, ils se sont sédentarisés selon la tendance générale de toute la région et au-delà. Ces nomades, qui avaient nomadisé sans frontières, trimballant bêtes à cornes, à bosse, à laine, femmes, enfants, tentes, casseroles, vivant et mourant selon leurs coutumes, s'adaptèrent aux paysages qui ne changeaient plus au rythme de leurs pas, mais à celui tout-puissant des saisons.

Il leur fallut peu de temps pour comprendre à leurs dépens que l'autorité n'était plus exercée par leurs grands chefs héroïques ou leurs vieux sages, qu'elle ne dépendait pas de la profondeur des sillons qu'ils fouillaient de leurs mains calleuses. Elle irradiait désormais à partir du centre de la grande ville, avec ses lois obscures, ses règles de négoce, ses manufactures souveraines et ses souks dédaléens.

Mon grand-père cultivateur l'avait compris. C'était un homme important de la tribu ; il se préoccupait de l'avenir des siens, de sa descendance, et s'intéressait à la modernité. Il escomptait devenir leader politique et s'engagea dans les mouvements nationalistes des années 1930, dirigés contre l'occupation française en Syrie. Il avait amassé dans les champs assez d'argent pour s'acheter une maison en ville et déménagea à Alep. Il fut ainsi l'un des premiers de la tribu à rejoindre la cité, suscitant l'orgueil parmi les siens, en particulier chez mon père, qui évoquait ce destin avec une absolue admiration.

Mon grand-père échoua dans tous ses projets. Pour ma part, je perçois en lui un homme d'une naïveté prodigieuse qui, hormis sa maison neuve, ne posséda jamais rien que ses rêves et son courage. Il était honnête et portait haut la notion de l'honneur. Autant de qualités qui l'avaient condamné à échouer en tant que politicien. Mais il vécut à Alep.

Dans les années 1960, sa trajectoire exceptionnelle devint d'une grande banalité. Les hommes du parti Baas, qui étaient les fils de la montagne et des minorités, encouragèrent les paysans à s'installer dans les villes. Je ne juge pas le Parti, ni ne le critique pour cette initiative, mais je dis que, ce faisant, il apporta le diable dans ses valises. Ce diable était tout à la fois représailles, haine et convoitise. Leur ancienne condition de servitude les poussa à se venger des bourgeois d'Alep, confisquant leurs richesses, les humiliant en retour.

Rien n'était plus facile que d'inciter les paysans à se déplacer à l'intérieur des villes. Tous acceptaient sans se faire battre ni prier. Ces agriculteurs et ces fermiers survivaient de saison en saison. S'il pleuvait, ils mangeaient. S'il ne pleuvait pas, ils mouraient. Alors, la ville et tous les emplois de petits fonctionnaires que le Parti leur prodiguait, il n'y avait nulle honte à les accepter, même avec des courbettes et « Que Dieu te prête longue vie ! » s'il le fallait. Les tribus paysannes encore pétries de leurs traditions ont ainsi transhumé, s'agglutinant dans l'est d'Alep dont les jardins se transformèrent en taudis ou cahutes de béton inachevées, formant des quartiers informes au tracé aléatoire selon l'emplacement de ces bicoques qui jaillissaient de terre telles des herbes sauvages, en toute illégalité, mais avec des conditions de vie préférables puisque, dans la ville, personne ne mourait de faim.

Les gens s'achetaient un lopin de terre que leur vendaient en hâte les bourgeois ruinés, et ils y fondaient leur foyer. Ceux de Marjé se multiplièrent, procréant sans compter, avec foi et vigueur, respectant ainsi leurs coutumes qui différaient de celles des vrais citoyens d'Alep. Pendant ce temps, ces derniers, qui pour la plupart appartenaient à la bourgeoisie et à la classe moyenne, s'appauvrirent à cause de la mentalité du Parti, au point d'accepter à leur tour des boulots pitoyables au service du Régime. Beaucoup furent frappés de déchéance, hormis quelques grands négociants qui continuèrent à s'enrichir, sans se préoccuper de toutes les compromissions qui les rendaient complices du Parti unique et de son avidité.

Notre abondante descendance surpeupla la partie Est, qui s'agrandit plus vite que l'ouest de la cité. Désormais enkystés à l'intérieur de la ville, leur misère et leur infortune côtoyant les avenues des fortunés et des puissants, nos quartiers devinrent un terreau favorable à la révolution, contrairement à ce qu'avait prédit le Régime qui considérait paysans et tribus comme leurs idiots redevables et donc manipulables à souhait. En réalité, chez ceux de Marjé, courbant le dos sous le poids de l'indigence et sous un ciel d'apparence immuable, couvaient depuis longtemps les braises de la colère.

*

Abdelqader, 23 ans

De l'autre côté du soleil

Nous habitions à Baydine, un quartier du nord de la ville. C'est là que je suis né, en 1993, cinquième de onze enfants. L'endroit était humble, populaire, et les habitants y vivaient et mouraient en toute normalité. Nos rues n'avaient pas la majesté des avenues bordées de grands immeubles du centre-ville. Elles avaient des dimensions raisonnables, avec des maisons d'un ou deux étages, ce qui permettait d'apercevoir le ciel sans avoir à se tordre le cou – ce qui nous sauva plus d'une fois, quelques années plus tard, quand les bombardiers déversèrent sur nos têtes leurs chargements mortels. Nous vivions à Baydine entre Arabes, Kurdes et Turkmènes[1] – des communautés distinctes mais toutes de confession musulmane. Un détail sans importance.

Au temps de mon enfance et même de mon adolescence, personne ne s'intéressait à la religion. Aux heures régulières de la prière (excepté pour le sermon du vendredi), les quatre mosquées de mon quartier n'attiraient jamais plus de dix ou quinze fidèles chacune, et encore, seulement des vieillards décrépits. Quant aux Kurdes, ils ne priaient jamais. Ils se prétendaient musulmans mais, à mon avis, l'islam ils s'en fichaient. Mais bon, cela n'avait aucune espèce d'importance. Les enfants arabes, kurdes et turkmènes fréquentaient les mêmes écoles. On jouait ensemble au football.

Je ne veux pas insulter la mémoire de mon père, mais le pauvre n'était pas très éduqué. J'imagine que cela explique ses nombreuses bizarreries, tant dans son parcours professionnel que dans sa conception de l'éducation. Il m'obligea ainsi, durant quatre étés horribles de mon adolescence, à faire le berger dans les pâturages jaunâtres qui vallonnaient devant la ferme de nos ancêtres. Tandis que je m'épuisais d'ennui par monts et

---

1. La présence de ces minorités remonte au XIVe siècle, à l'époque des mamelouks, où elles vinrent s'installer pour occuper les fonctions de palefrenier et de portefaix.

par vaux avec pour seule compagnie des moutons aussi stupides que crasseux, déféquant à la moindre occasion, mon père défendait le concept d'une « éducation complète ». Il rêvait pour moi d'un avenir de ponte de la médecine – avec tout le prestige qu'impliquerait une telle fonction dans notre quartier, peu réputé pour avoir donné naissance à des personnages hautement respectables –, et s'opposa de toutes ses forces à mon souhait de devenir ingénieur informaticien, comme si c'était la pire des infamies.

Mon père était le genre d'homme à se réveiller plein de certitudes incongrues qu'il se hâtait de nous transmettre en nous battant comme plâtre. Pour sa défense, je dois préciser qu'il avait quitté l'école bien avant son certificat d'études pour devenir ouvrier charpentier, et qu'il avait onze enfants, ce qui est pléthore même dans un quartier comme le nôtre. Il travaillait jour et nuit pour nous assurer une existence convenable, si bien que nous le voyions assez peu. De mon point de vue, c'était là une indéniable qualité. Il revenait à la maison harassé, le dos endolori et tout ratatiné. Le jour où il ne fut plus capable de construire, ni même de nous battre, un de ses cousins qui avait de « bonnes relations » le pistonna pour un emploi compatible avec le délabrement de ses vertèbres.

C'est ainsi que, cinq à six ans avant que n'éclate la révolution, mon père devint employé du Régime. Il fut engagé comme concierge au siège du Parti unique, dans le centre-ville. Il s'y rendait chaque matin avec une kalachnikov fournie par le gouvernement. Ses nouvelles fonctions ne changèrent rien à sa façon de considérer la politique. Avant comme après, il ne s'y intéressa jamais.

Dans ce domaine, il se contentait de faire comme tout le monde : prêcher la méfiance. Il affirmait avoir gardé des visions cauchemardesques de sa propre jeunesse, dans les années 1980, après la grève générale et les manifestations, quand les militaires quadrillèrent la ville avec leurs tanks, leurs hélicoptères et leurs commandos de parachutistes, arrêtant les croyants qui se rendaient à la prière de l'Aube ainsi que tout individu portant la barbe. Mon père disait qu'en ce temps-là, lorsqu'un homme était arrêté, il disparaissait à tout jamais : il passait « de l'autre côté du soleil ». Mon oncle fut lui-même emprisonné en raison d'un fusil de chasse déglingué, retrouvé par un commando d'élite dans un placard de sa cuisine. Mystère, mon oncle ne fut pas fusillé.

Mon père, lui, n'avait ni vieux fusil ni opinion politique, mais il assista à une scène qu'il n'oublia jamais. Un jour de grosse chaleur, alors qu'il marchait en rasant les murs comme de coutume, il aperçut à quelques dizaines de mètres de lui un petit garçon occupé à manger de la laitue. Un tank dévia sa course pour écrabouiller l'enfant. Mon père affirmait que cette image lui dévorait l'esprit et qu'elle s'imposait à sa mémoire aux moments les plus farfelus, le paralysant d'effroi. À mon avis, sa façon de le raconter avec un regard de somnambule était calculée. Il ne pouvait pas être dupe de mon intérêt précoce (dès l'âge de 7 ans, j'écrivais des poèmes politiques) pour la situation du pays. « Fils ! répétait mon père. Cet enfant n'avait dans la main que quelques feuilles de salade ! Ils l'ont aplati ! *Pfuit* ! De l'autre côté du soleil… »

Ma mère n'intervenait jamais dans ce genre de conversations, même quand je me mis à comploter avec mes frères, mes amis et mes cousins, n'hésitant plus à déclarer à la face de mon père que ma vocation était d'être un révolutionnaire accompli. Maman était une femme typique de notre communauté et de notre quartier, occupée aux tâches ménagères de notre maison qui comptait cinq pièces réparties sur deux étages, un grand escalier et un balcon. Je ne l'ai jamais vue prier. Elle était croyante, mais n'en avait pas le temps.

Comme toutes les dames de notre entourage, elle ne sortait pas sans dissimuler ses longs cheveux doux comme de la soie. Quoiqu'elle me confia un jour que, dans une atmosphère différente, elle aurait peut-être accepté de retirer son voile.

*

Hassan, 17 ans

Les mains de Lajiyé

Les mains de ma grand-mère Lajiyé changeaient de couleur avec les saisons. Quand j'étais tout petit, cette particularité me permettait de mesurer le temps. Je n'ai connu qu'une seule ville. Celle qui m'a vu naître dans un rez-de-jardin un peu sombre du quartier d'Izaa ; celle qui fut réduite en un tas de débris par les barils d'explosifs. Je revois ses toits, ses balcons et ses minarets. Ils forment des ombres pointues qui portent la voûte du ciel, au-dessus du brouillard qui s'est accaparé ma mémoire. Mes souvenirs sont flous et les paysages pêle-mêle. J'étais si jeune quand la ville est devenue folle. Je l'ai quittée adolescent, je n'ai pas eu la chance d'y grandir en tant qu'adulte. Il fut cruel de partir ainsi et d'abandonner le nid de mon enfance.

J'ai fui la folie, et ma propre folie. Nous avons débarqué en Europe, mon oncle et moi, à bord d'un bateau pneumatique, sur une île grecque dont je n'ai jamais su le nom. C'était le genre d'embarcation traînant dans son sillage des enfants noyés comme on en voit à la télé. Mais ce périple en mer, je l'ai oublié.

Ce dont je me souviens le plus, ce sont les mains de *têta*[1]. Leurs couleurs changeantes s'expliquaient par les *mouné*[2] qu'elle confectionnait pour la famille avec tous les fruits et légumes qu'elle malaxait, asséchait, confiturait et baignait dans l'huile et les épices, remplissant des bocaux qui étaient ensuite entreposés à la cuisine. En automne, ses mains étaient noires tirant sur le violet puisque c'était la saison des aubergines dont elle faisait de délicieux *makdous*[3]. Chaque année, Lajiyé cuisinait des centaines de kilo de *makdous* ! Cette femme était très adroite de ses mains, qu'elle avait fines et colorées, ornées d'un tas de bracelets dorés. De tous et de toutes, elle était ma préférée. Et de tous, j'étais son favori.

Quand elle ne s'activait pas à la cuisine, ou dans un nettoyage frénétique (ses longs cheveux enduits de *ghassoul*[4], chantonnant un air alépin tiré du répertoire de Sabah Fakhri), *têta* était couturière, tout comme la voisine du dessus et d'autres femmes du quartier. Elle portait un ruban métrique enroulé à la manière d'un collier autour du cou, et des morceaux d'étoffes et de dentelles épinglés dans les plis de sa jupe qui devenait aussi bouffante qu'un tutu de ballerine. Immobile et silencieux, je l'observais travailler pendant des heures dans la petite pièce sombre du quartier d'Izaa.

Ses gestes me fascinaient. Ses doigts avaient la légèreté des libellules qui dansent autour de nos rivières dans le rif alépin. Elle chaussait ses lunettes, les ôtait en plissant les paupières, les rechaussait dans un battement de

---

1. « Mamie ».

2. Les *mouné*, littéralement « conservation », sont une tradition syrienne et libanaise consistant à faire provision de nourriture en bocaux pour les mois d'hiver. Il en existe une incroyable variété.

3. Spécialité libano-syrienne composée de petites aubergines farcies aux noix et aux épices, macérées dans l'huile.

4. Argile utilisée par les femmes pour nettoyer et soigner leurs cheveux.

cils, puis les libellules entamaient leur danse, en haut, à droite, à gauche, traçant d'un mouvement circulaire les mensurations des élégantes qui composaient sa clientèle, maniant le fil et l'aiguille, manipulant sa machine à coudre Singer qui lui obéissait avec un cliquetis régulier et réconfortant.

Têta avait toute confiance en moi, ce dont je tirais grande fierté. Elle fit de moi le complice de ses chefs-d'œuvre et de ses cachotteries. Surtout après mes 7 ans, quand ses yeux prirent un aspect humide l'empêchant de voir clair. Assise à côté de sa machine Singer, elle me confiait le fil de coton qu'elle avait humidifié. Pour paraître à la hauteur, je me hissais sur la pointe de mes sandales. Rassuré par ses encouragements, je bataillais pour introduire l'extrémité mouillée du fil dans le minuscule trou de l'aiguille.

Avant de commencer son ouvrage, elle se délectait d'un épais café arabe qu'elle m'incitait toujours à goûter. *Têta* disait que le café était un nectar à nul autre pareil et trouvait injuste d'en priver les enfants. Elle disait aussi que les gens, de nos jours, avaient oublié les petits plaisirs de la vie. Je prenais une goutte de café pour la voir sourire. J'en ai gardé à jamais une addiction d'amour pour le café arabe. Ce fut notre premier secret.

Un soir d'hiver humide, le médecin annonça que ses poumons se remplissaient d'eau à la vitesse d'un bateau percé prêt à sombrer dans les profondeurs de la Méditerranée. Il lui conseilla de prier et d'arrêter de fumer. C'était compter sans ma présence, car j'étais devenu son allié à la vie à la mort. Elle trouvait le bon moment et l'angle le plus obscur de la maison pour me donner, en cachette, un peu de monnaie. Comme j'étais l'aîné de la famille – avec, après moi, trois filles et un garçon –, il me revenait des responsabilités dont celle de rapporter notre pain quotidien. Plusieurs fois par jour, je dévalais la ruelle en hennissant (j'imaginais que j'étais un cheval) pour rapporter les commissions que réclamaient les adultes. J'avais surtout une mission top secret : avec les sous de Lajiyé, acheter des cigarettes et les lui remettre à l'insu de tous. Elle me gratifiait d'une petite somme pour m'acheter une friandise. Nous goûtions ainsi aux petits bonheurs de la vie que les gens d'ici avaient fini par oublier.

Jusqu'au jour de sa mort, peu avant que la ville ne se referme comme un piège, nous privant des menus plaisirs interdits mais aussi des médicaments et de toutes les denrées essentielles, *têta* continua à savourer ses cigarettes – elle, gloussant de joie, moi, gloussant de la voir savourer sa minuscule victoire et m'empiffrant de friandises, heureux comme de parfaits conspirateurs. Je ne me souviens plus de la date exacte de sa mort, mais ce devait être en automne, puisqu'elle fut allongée dans son linceul avec les mains violettes, couleur de la saison des aubergines.

Aux jours d'Alep, je préférais l'école au silence de notre maison. Le cercle de ma famille était une ennuyeuse petite prison. Chacun évitait la moindre parole, le moindre bruit, il fallait marcher sur la pointe des pieds. Même les bébés n'osaient pas pleurer. Or ce qui me manque le plus, aujourd'hui que nous avons été éparpillés sur la terre, c'est ma famille et l'ambiance familiale. La ronde silencieuse que nous formions, l'hiver, autour du *sobié*[1] et de son long tuyau tordu par la fumée brûlante. À la saison froide d'Alep, il fallait ouvrir le poêle et le remplir de mazout chaque matin. Il crépitait jusqu'au soir, à l'heure où nous pouvions y déposer des

1. Poêle à mazout typique en Syrie.

châtaignes qui sifflotaient jusqu'à ce que l'écorce éclate sous l'effet de la chaleur.

Ma mère l'utilisait pour cuisiner certaines de ses spécialités comme la confiture de courge, car ce plat requiert une cuisson lente et douce. Elle y ajoutait des épices parfumeuses, des bâtonnets de cannelle, des gouttes d'eau de rose et des zestes de citron ou de cédrat. Commençait alors la saison des mains orange, celle de la confiture de courge que nous engloutissions avec des copeaux de noix de coco grillés à même le *sobié*. Ce plat très sucré se mange comme un dessert, d'un coup de cuillère, ou, mieux, en y plongeant les doigts. Si des invités se joignaient à nous, ils s'inséraient dans notre ronde, chuchotant entre adultes, leurs mains glacées tendues vers la chaleur rassembleuse du poêle.

Aux jours d'Alep, je préférais l'école au silence de notre maison, car c'était le seul endroit où jouer avec mes amis. À la veille de chaque rentrée scolaire, je me couchais avec excitation, habillé et les souliers lacés pour être certain d'être prêt à l'heure. Comme tous les enfants de la ville, je portais l'uniforme baasiste de l'école primaire : un couvre-chef et un foulard bleu foncé bordé d'un liseré orange, qui se nouait en une sorte de cravate grâce à un petit objet en plastique appelé *josé* en raison de sa forme évoquant celle d'une noix.

Cet uniforme obligatoire permit une combine imparable pour soutirer à mes parents un peu d'argent. Il suffisait que je déclare avoir perdu mon foulard ou ma *josé* pour qu'aussitôt, sans qu'ils me fassent de reproche ni m'opposent le moindre refus, ils me donnent – en silence – quelques sous pour les remplacer. Par ce moyen, j'ai pu acheter une balle rebondissante à l'origine d'une partie de foot mémorable dans les ruelles. Ce n'est que beaucoup plus tard que j'ai compris l'angoisse de mes parents face au foulard ou à la *josé* égarés. Ils n'avaient d'autre choix que de les remplacer s'ils voulaient éviter, pour moi ou ma famille, les ennuis et les représailles.

De ce que pensaient mes parents ou de ce qui se passait dans mon pays, j'ignorais tout. Il y avait bien quelques rumeurs effrayantes. La Citadelle, par exemple, ce lieu où se rendaient régulièrement les Alépins pour une promenade ou un café : j'avais entendu dire (l'histoire circulait dans ma classe) qu'elle recelait une pièce maudite surnommée « la chambre sanglante », contenant quantité d'instruments de torture datant de l'époque de Seif Al-Daoulé[1].

L'école organisa une sortie à la Citadelle. Parvenu en haut des murailles, je suis resté pétrifié, refusant d'aller dans cette chambre sanglante. À force de crier et de me rouler par terre, je fus autorisé à demeurer au bord du chemin. Mes camarades revinrent enchantés de leur visite, racontant à quel point tout était superbe, et que les pratiques de torture datant de temps immémoriaux n'avaient plus cours de nos jours. De mon côté, j'avais profité de cet instant de solitude pour espionner les touristes, si étranges avec leurs coiffures originales et leurs baskets de style olympique.

---

1. Seif Al-Daoulé fut le fondateur en 944 de l'émirat d'Alep qui couvrait les régions septentrionales de la Syrie au nord de Homs, la région d'Antioche jusqu'aux confins du Taurus, ainsi qu'une partie de la Haute Mésopotamie. Alep acquit ainsi le statut de capitale qu'elle avait déjà connu dans l'Antiquité, à l'époque des rois hittites. Seif Al-Daoulé demeure dans l'historiographie arabe un glorieux chef militaire qui, entre deux épopées guerrières animées d'un esprit de guerre sainte, se passionnait pour les lettres, la poésie et les courses hippiques. Son tempérament conquérant ne servit cependant pas la capitale de l'émirat. Assiégée en décembre 962 par l'un de ses nombreux ennemis, le futur empereur byzantin Nicéphore II Phocas, Alep tomba. La ville fut saccagée et des milliers d'Alépins furent capturés.

Tous les matins, dans la cour de l'école, nous exécutions le salut au drapeau. Nous étions en rangs, nos uniformes inspectés par nos instituteurs, qui nous éloignaient d'une claque dès qu'une imperfection était repérée. Ils avaient des yeux de lynx et leur perfectionnisme atteignait des sommets quand une éminence, un membre du Bureau de l'éducation, par exemple, nous honorait de sa présence. Les professeurs se plaçaient alors au garde-à-vous, dans un alignement impressionnant. L'un d'entre eux prononçait au micro un slogan incompréhensible : « Une nation arabe unie avec une mission éternelle », que nous devions répéter avec enthousiasme. J'étais hypnotisé par le drapeau flottant au-dessus du toit de l'école. Il s'agissait pour tous d'une obligation, dont la signification m'échappait. Personne n'en était dispensé.

À part les mathématiques qui m'amusaient beaucoup, le moment que j'attendais avec impatience était l'heure de la sortie des classes. Mon école, située dans le quartier de Seif Al-Daoulé, n'était pas loin de chez moi et j'avais l'autorisation d'y aller et d'en revenir à pied avec mes amis, dans des concours de cavalcades et des matchs de foot le long des trottoirs. Le jeu le plus rigolo consistait à sonner à chaque porte de la ruelle, avant de nous enfuir et de nous cacher en nous esclaffant derrière les voitures. Les habitants de mon quartier étaient très gentils : à l'heure de la fin des classes, ils ne s'inquiétaient pas trop de ces sonneries retentissantes. La plupart d'entre eux ne se donnaient même plus la peine d'ouvrir pour voir qui les réclamait.

Notre appartement, situé au bas de l'immeuble, possédait un petit jardin. J'y jouais souvent avec un chat très mignon. Il cabriolait comme personne et s'appelait Noisette. Quand j'allais au premier étage réviser mes leçons d'écriture avec la voisine et que celle-ci, récompensant mes efforts d'un sandwich au *labné*, m'envoyait l'avaler dehors sur son balcon, j'accrochais mes deux mains aux barreaux de fer forgé pour apercevoir le chaton : aux aguets dans le jardinet, il me saluait en frémissant des moustaches !

Je me souviens aussi que je ne voulais pas grandir. Ou pas trop vite. Dans la chambre que je partageais avec mes deux petites sœurs, je me roulais en boule tout comme elles, lovées dans leurs langes. Elles gazouillaient et bavaient de joie et j'étais heureux, comme elles, me laissant bercer par le ronronnement de l'immense ventilateur suspendu au plafond. Je n'étais qu'un gamin amoureux des confitures de sa mère et surtout de son sourire quand, de retour de l'école, je lui demandais avec l'aplomb d'un prince : « *Ya Ammé*[1], quel plat m'as-tu préparé ? » Près du rez-de-jardin, il y avait toujours ses yeux rieurs et des confitures où plonger les doigts.

Sans que j'y comprenne rien, tout a changé. Survint un matin où le regard de ma mère a fui le mien, ou était-ce moi qui n'osais plus contempler ses yeux tristes ? Elle aurait échangé ses derniers bracelets dorés contre un peu de confiture pour me rassurer, moi, son petit garçon, moi, l'aîné de la famille, qui hurlait de terreur quand s'écrasait une bombe.

Quand je regarde les jours de mon enfance, il n'y a pas de mélancolie, seul un immense vertige, à cause des précipices : les yeux tristes de ma mère, la tombe abandonnée de Lajiyé, et même le petit chat. Comment me réjouir du souvenir de ce petit chat, alors qu'au moment de fuir le quartier avec ma famille je l'ai oublié sous les bombes ? Je l'ai laissé tout seul, sans personne pour le nourrir ou le caresser. Je n'ai pas encore 18 ans aujourd'hui et ma mémoire s'enfuit en courant. Pourtant

1. « Ô maman ».

je n'ai connu que cette ville, celle-là même qui m'a vu naître, dans un rez-de-jardin du quartier d'Izaa.

En vérité, j'ai tout oublié.

*

Sami, 31 ans

Le Syrien le plus connu de l'univers

Mon oncle maternel est l'unique Syrien de l'univers à avoir voyagé jusqu'à la Lune. Ses exploits, que décrivait ma mère avec un luxe de détails et que j'ingurgitais avec une passion boulimique, ravissaient mon imagination de petit garçon des champs : ma caboche grouillait d'aventures interstellaires à bord de fusées fonçant à l'assaut de mystérieuses planètes, à mille milliers d'années-lumière de toute Terre habitée. Dans le pays de mon enfance les nuits étaient inoubliables, sans pareilles. Les étoiles y étaient coruscantes, tout comme l'astre lunaire dont nos cheikhs observaient la rotondité croissante et décroissante pour nous instruire des jours particuliers de notre calendrier, quoique chaque aube fût en soi une raison suffisante pour rendre grâce à Dieu.

Mon pays, c'était le rif alépin : le village de Marea, aux portes d'Alep. J'ignore si les villageois passaient autant de temps que moi la tête dans les étoiles, mais ces petits clous lumineux plantés dans la voûte céleste étaient à coup sûr le seul or qu'il leur était donné d'apercevoir au cours de leur existence passée à trimer dans les sillons ou les usines de la grande cité. Grâce à mon oncle, les constellations étaient à portée de main. Lors des nuits d'été brûlantes, je m'allongeais sur le toit en terrasse de notre maison, j'enfilais ma tenue de cosmonaute argentée et, aux côtés de ce parent héroïque, je m'envolais, plus rapide qu'une comète dans l'espace intersidéral. Là-haut, dans la Voie lactée, nous étions les maîtres de l'univers.

L'obscurité scintillante des nuits de mon enfance et leur silence champêtre invitaient aux rêves merveilleux. À l'autre extrémité des glèbes et des pâturages, derrière les oliviers, Alep m'éblouissait à la manière des phares d'une voiture. Avec ses millions de passants, ses embouteillages et son animation perpétuelle, la grande ville représentait un autre monde : une réalité parfois oppressante pour un petit gars des champs tel que moi. Je m'y sentais craintif. Et admiratif. Alep était la Mère de toutes les civilisations, avant les Grecs et les Romains ; j'étais fier de vivre dans son orbite. Elle était si précieuse, en raison de ce lien qu'elle établissait entre les premiers hommes et ceux que nous étions devenus, qu'il m'est impossible de concevoir aujourd'hui qu'elle a cessé d'exister, que personne ici ou ailleurs n'a empêché sa destruction. En vérité, les milices et les armées étrangères qui l'ont détruite ne s'intéressaient qu'aux liasses de dollars. L'Histoire et les hommes ne comptaient pas pour eux. Jamais ils ne se seraient contentés de l'or des étoiles. Dommage.

Aujourd'hui, je ressasse les images, mes souvenirs, mes balades dans les vieilles venelles d'Alep. La grande aventure de l'humanité se lisait sur leurs murs. Mon âme y côtoyait les âmes mortes des civilisations passées, des Sumériens, des Assyriens, des Chaldéens… Même Abraham – notre prophète Ibrahim – était venu s'y installer avec sa fameuse vache blonde, en haut de la colline qui servit plus tard de fondation à notre Citadelle. Il s'agenouillait pour y traire sa blonde, puis invitait les gens à se rassasier auprès de lui et de sa laitière. Alep, *Halab* en arabe : la « laiteuse », bienfaisante nourricière de nos familles depuis la nuit des temps. Le grand prophète avait quitté sa ville d'Ur, au sud de l'Irak, pour venir jusqu'à nous, au bout d'un périple qui avait duré une année[1]. Notre peuple gravissait la colline pour boire le lait tiède dans le creux des mains du prophète. Voilà pourquoi, dans les ruelles de mon enfance, les nécessiteux ne réclamaient pas la charité ; ils s'adressaient aux passants en leur rappelant la nature généreuse de leur cité : « Du lait Ibrahim ! Du lait Ibrahim ! » Cette histoire magnifique, mon père me la contait encore et encore quand j'étais tout petit.

Ma famille possédait des champs où poussaient du blé, des carottes, des laitues et des gousses de pois chiches, dont les fleurs ressemblaient à des papillons roses posés sur des brindilles velues. Mon oncle maternel était cosmonaute ; mon oncle paternel était le roi de la patate. Il en récoltait des tonnes, qu'il exportait jusqu'à Chypre. À ce sujet, il disait souvent : « Chypre ! Tu réalises un peu, gamin ! Sais-tu ce que ça veut dire ? Eh beh, mon petit, après Chypre, les patates de tonton, elles vont direct à Israël ! », et il se tordait de rire. À l'époque, je ne comprenais pas pourquoi cette destination déclenchait son hilarité. On aurait dit qu'il s'esclaffait d'un truc sidérant, comme s'il avait proféré une grossièreté, dans le goût des bêtises que mes copains et moi échangions à l'école, avant d'être punis de coups de règle sur la pulpe des doigts. Dans mon enfance, les explications n'étaient pas nombreuses, ni les occasions de rire. Dommage.

Chez nous, il n'y avait pas de bédouins. La plupart des gens de Marea étaient commerçants de graines, agriculteurs ou fermiers. Ceux qui ne vivaient pas du blé ou

1. Archéologues et théologiens se sont penchés sur ce récit ancré dans la tradition orale d'Alep, souvent pour le réduire à un conte inventé de toutes pièces par les premiers Alépins. La couleur de la vache d'Abraham varie de rousse à blanche, selon les traductions du terme *chahba*.

des légumineuses se mettaient en marche avant le lever du jour pour atteindre au petit matin la grande Alep, où ils besognaient jusqu'à la tombée de la nuit comme ouvriers, en particulier dans le quartier de Cheikh Najjar et ses usines. Nous étions ainsi cinquante mille habitants très pauvres et très humbles, avec de l'or dans le ciel plutôt que dans les poches. En réalité, beaucoup possédaient moins que rien : ils croulaient sous les dettes. En cas d'accident ou si un enfant tombait malade, c'était tant pis pour eux. Dommage. Le moindre médicament, la plus simple des analyses coûtaient une fortune. Ils n'avaient pas les moyens de se soigner à l'hôpital Kindi d'Alep ou au centre médical de la ville d'Azaz, non loin de chez les Turcs, qui proposait pourtant toutes sortes de spécialités médicales. Les familles engendraient beaucoup d'enfants pour multiplier leurs chances de se perpétuer.

La situation n'avait pas toujours été aussi minable, mais quand j'étais petit j'ignorais tout du passé. Mon père disait que les hommes de notre famille auraient pu connaître de grandes destinées, et je le croyais sur parole puisqu'il était mon père et que notre maison n'était pas la plus pauvre de la ruelle. Il évoquait des « circonstances », sans entrer dans le détail, et je voyais son visage se tordre de fureur chaque fois que Hafez Al-Assad apparaissait sur l'écran de notre télévision, c'est-à-dire tous les soirs. Je l'écoutais jurer : « Leader éternel… Leader éternel de mon cul ! » Puis il inondait de crachats l'image de notre président. Je comprenais qu'il le haïssait, mais ne lui posais aucune question car j'avais peur. À l'école, quand la maîtresse prononçait le nom de Hafez Al-Assad, les élèves applaudissaient à s'en péter les phalanges comme s'il s'agissait d'une foutue rock star. Moi je m'abstenais, les poings serrés sous mon pupitre. Lors d'une de ces séances de bravos, l'institutrice aperçut mes mains immobiles et crispées. Elle aboya, exigeant de connaître la raison de ce comportement inacceptable. J'ai répondu : « Ce sont là des manières de filles ; moi, je suis un garçon ! » Bien sûr, c'était une idiotie. Je ne voulais surtout pas parler des crachats sur la télé. En fin de compte, le silence de mon père à ce sujet n'était pas si important. Je me contentais de ses récits au sujet de la vache blonde de notre prophète Ibrahim. Qu'importe qu'il me parlât ou non d'Assad et de sa haine inextinguible, il me suffisait de constater le trou abyssal qui remplaçait ses pupilles pour savoir au fond de moi qu'il y avait là un terrible danger.

À l'âge de 12 ans, je refusais toujours d'applaudir le nom de Hafez. Ce ne fut pas l'institutrice, mais mon meilleur copain qui s'en offusqua, aussi mortifié que si j'avais insulté sa mère ou le Créateur. Il ne m'adressa plus jamais la parole. Du jour au lendemain, je me suis retrouvé mis au coin dans la cour de récréation. Sans m'en apercevoir, j'étais devenu différent des autres enfants à cause de mon père. L'ostracisme dont je fus frappé attira vers moi d'autres garçons de l'école. Un gars un peu plus âgé que moi nommé Ahmed vint à ma rencontre, engageant la conversation. Son papa, un Frère musulman, avait été tué dans les années 1980. À Marea, le Régime en avait arrêté vingt-cinq et abattu cinq. Dans la ville d'Alep, dix mille avaient été tués. Ça, je le savais depuis que j'avais appris à lire, grâce à des tracts secrets qui circulaient pendant la classe. Ahmed me confia qu'il possédait un livre magique qui m'aiderait à ouvrir les yeux et à accéder à la Vérité. Une semaine plus tard il me le donna, dissimulé dans l'épaisseur d'une chemise d'homme roulée en boule. J'entrai en possession d'un objet qui allait marquer mon enfance à jamais. Peut-être même qu'il changea le cours de ma vie.

Revenu à la maison, je me suis barricadé sous un meuble en compagnie de cet objet mystérieux. Il ne s'agissait pas d'un livre, plutôt d'une brochure d'une cinquantaine de pages, bien reliées, avec du texte et quantité de photos imprimées en noir et blanc. Il s'intitulait *Le Massacre de Hama*. J'en ai commencé la lecture, puis l'ai refermé, pris de panique et de tremblements. Les photos montraient des morts dans un état atroce, que l'imagination débordante d'un enfant n'aurait pu concevoir, ainsi que des bulldozers charriant des décombres mêlés de cadavres aux membres désarticulés. Le texte racontait comment cinquante mille Hamaouis avaient été éliminés en 1982, c'est-à-dire cinq ans avant ma venue au monde. À 12 ans, la seule chose que j'avais entendu dire à ce sujet, c'était que ceux de Hama avaient eu des « problèmes ». La brochure d'Ahmed me brûlait les yeux. Je me souviens… J'ai lu cette phrase : « Les enfants de Hama sont dix mille à avoir été tués et brûlés. » J'étais choqué puisque j'étais moi-même un enfant. J'ai refermé le livre, mes poils se hérissaient jusqu'en haut de ma nuque. J'ai couru vers mon père, frissonnant et gémissant : « Pourquoi ne m'en as-tu jamais parlé ? » Ses yeux ont aussitôt repris leur aspect de trous noirs. Il a murmuré : « Ne cherche pas, fils ! Ne pose pas de questions ! Ce sujet est trop dangereux pour toi, pour moi, pour ta mère. Ne dis pas un mot ! Ce Régime est criminel, il se fiche bien que tu meures comme les enfants de Hama ou que des Syriens meurent. Il peut tous nous tuer ! » J'ai rendu le livre à Ahmed en le suppliant de bien le cacher : « En vérité, ton livre est maudit. Il peut tous nous envoyer à la mort ! » Peu de temps après, la Sûreté arrêta ce petit gars de Marea. Il fut incarcéré dans une prison à Damas, torturé jour et nuit pendant plus de dix ans, jusqu'à sa libération en 2011[1].

1. Il fut libéré le 15 novembre 2011 en même temps que 1 180 autres prisonniers politiques syriens, à un moment où la communauté internationale se montrait inquiète de la répression des mouvements contestataires en Syrie. La veille, 70 manifestants avaient ainsi

Ahmed avait vu juste. Grâce à sa brochure, j'ai accédé à la vérité. Pas la vérité pleine et entière, mais celle qui concernait le passé des miens, que l'on ne m'avait jamais raconté. Mon père me jugea désormais capable d'en comprendre les grandes lignes, dont la principale était que lui-même n'aurait jamais dû être paysan. Il avait été un officier haut gradé de l'armée, riche et respecté, logeant dans les beaux quartiers de Damas où étaient nés mes quatre frères et sœurs aînés. Après le coup d'État militaire de Hafez Al-Assad, il avait été écarté, humilié, renvoyé au village de Marea et à ses champs de patates sous le ciel étoilé. Assad et sa clique, m'affirma mon père, se comportaient comme des barbares exerçant un contrôle absolu sur les Syriens relégués au rang d'animaux à Marea, à Alep et dans le reste du pays. Leur stratégie consistait à nous plonger dans l'ignorance pour nous rendre *inoffensifs*. Si cette technique échouait, ils enfermaient les gens ou les abattaient comme des bêtes. Ils ne s'intéressaient qu'au bien-être de leur communauté alaouite, au détriment de toutes les autres. Mon père me confia aussi que les grands officiers sunnites qui n'avaient pas été virés de l'armée avaient vendu leur âme à Hafez… « Hafez » : quand ce nom franchissait ses lèvres, ça résonnait pire que « Satan ».

Au début des années 1980, une dizaine d'anciens officiers de Marea avaient planifié une révolution. Ils n'étaient pas des Frères musulmans, ils s'opposaient au Régime parce que celui-ci n'était qu'un ramassis de tueurs en série animés d'une soif de vengeance raciste.

été tués par le Régime. Selon les médias officiels, ces prisonniers libérés étaient liés aux « récents événements ». Le cas d'Ahmed de Marea montre que ce ne fut pas forcément le cas. Selon l'opposition, le président Assad privilégia l'élargissement des islamistes, parfois emprisonnés depuis dix ou vingt ans, au détriment des autres.

Outre les officiers, s'étaient joints au mouvement des ingénieurs, des médecins et des avocats. En tout, une cinquantaine de personnes, dont mon père. Leur projet échoua. J'ignore les détails de cette affaire, vu que mon père refusait d'y mêler ses onze enfants – les quatre premiers nés à Damas, et les sept autres qui, comme moi, avaient vu le jour à Marea au milieu des champs de patates, de blé et de pois chiches. Les noms des résistants sont restés gravés dans la mémoire de ceux de Marea. Ils étaient connus et respectés. Le Régime les considérait ni plus ni moins comme des terroristes et, pour plus d'efficacité, le village dans son intégralité fut mis au ban du pays. La région s'est appauvrie. « Le Régime veut nous étouffer, nous mettre en cage, répétait mon père. Après les tentatives avortées de notre révolution, Hafez n'a plus remis les pieds à Alep. Il ne veut plus en entendre parler ! Il a laissé la plus belle cité de Syrie aux mains des Renseignements et des services de sécurité qui n'ont pas construit d'infrastructures, n'ont pas asphalté une seule de nos routes… Hafez nous laisse moisir dans la boue et la misère comme des chiens galeux ! »

Après ces confidences paternelles, je ne fus plus jamais le même. Mes rêves d'enfant se sont effondrés, y compris le plus merveilleux d'entre eux qui me conduisait jusqu'à la station Mir aux côtés de mon oncle cosmonaute. À la grande époque soviétique, lors de la course vers les étoiles[1], il était un scientifique connu et reconnu d'Alep, et même un pilote. L'URSS avait invité ses alliés – parmi lesquels la Syrie – à participer à un entraînement spécial au centre Youri-Gagarine. Des

1. L'URSS soutint l'arrivée au pouvoir de Hafez Al-Assad. En échange de quoi, elle obtint d'installer dès 1971 une base militaire navale en Syrie, dans le port de Tartous. Cette fraternité militaire sauvera Bachar Al-Assad de la déroute après le soulèvement populaire syrien de 2011.

dizaines de candidats syriens qui se présentèrent alors, seuls quatre furent sélectionnés : mon oncle Mohammed Fares, un Druze et deux alaouites, dont l'un était colonel. Il s'avéra que tous étaient de gros nuls, excepté mon oncle. Sans surprise, Hafez exigea que son colonel alaouite parte dans l'espace, mais les Russes lui opposèrent des arguments scientifiques : il n'était pas question d'envoyer ce vieux plein d'arthrose sur la Lune. Ils choisirent le plus qualifié, c'est-à-dire mon oncle, qui s'envola dans leur navette pour prendre des photos de la Syrie vue de la station Mir. À son retour sur Terre, les Russes le décorèrent de l'ordre de Lénine et du titre de Héros de l'Union soviétique. Autant dire qu'ils avaient accroché une cible mortelle sur sa poitrine parce qu'un sunnite dans l'espace, c'était un outrage que le Régime ne pouvait pardonner. Mon oncle le savait. Il n'osa pas se rendre à Damas pour recevoir la médaille qu'on lui promettait. Alors qu'il avait survécu à une semaine dans les étoiles, il eut trop peur de se volatiliser en chemin ou d'être victime d'un stupide accident sur la route reliant Alep à la capitale. Malgré tous ses galons, il quitta l'armée pour retourner à ses expériences scientifiques dans un anonymat riquiqui : Hafez, ce sale raciste, l'a enterré vivant.

Le « Leader éternel » n'était pas si éternel que ça, même si les Syriens avaient fini par le croire. Je me souviens du jour de la mort de Hafez Al-Assad comme si c'était hier[1]. C'était l'été de mes 13 ans. Pour la première fois, mon père regarda la télévision sans se mettre à cracher ou à la bombarder de ses chaussures. Chez nous l'ambiance fut plus joyeuse et festive que l'Aïd à la fin du ramadan. En vérité, ça ressemblait au para-

1. Hafez Al-Assad est mort d'une crise cardiaque le 10 juin 2000, à Damas. Le 25 juin, le Parlement annonçait un changement de Constitution pour permettre à son fils Bachar de lui succéder.

dis sur terre, tant cette nouvelle nous paraissait miraculeuse : même l'enfer éternel avait une fin ! Je me revois chantant et sautant dans les bras de papa, qui bondissait d'espoir partout dans le salon en claquant des doigts. Deux semaines plus tard nous sommes retombés dans la tristesse : le fils de Hafez allait devenir notre nouveau président… Nous avons écouté à la télé un ministre américain déclarer à quel point Bachar était un homme bon et serait formidable à la tête de notre pays. De nouveau, nous nous sommes barricadés dans notre peur. Parce que tout ça, comme disait mon père, c'était de la politique. C'est-à-dire un phénomène déconnecté des êtres humains. Les politiques, ils se foutent que tu sois père, mère ou même un enfant. Le sang ne les dérange pas.

CÉCILE, 43 ans

Les confidences du grand-père de Karam, évoquées avec spontanéité, sans qu'il lui soit demandé de remonter aussi loin dans ses souvenirs, eurent d'incontestables répercussions sur les réflexions du jeune homme. Il n'est pas anodin qu'il ait choisi, adolescent, d'étudier le droit à l'université d'Alep. Le statut de « témoin », son rôle supposé ou réel, imprègne ses récits. Selon Karam, la volonté de témoigner – avec la certitude éphémère qu'elle préserverait les habitants des massacres – fut à l'origine de sa décision de rester jusqu'au bout, durant le siège et la chute d'Alep-Est. Cette importance de la transmission générationnelle m'incita à interroger chacun de mes interlocuteurs alépins sur les récits qui « bercèrent » leur enfance.

J'espérais trouver des contes et des légendes. Des récits des *Mille et Une Nuits* étaient improbables (trop licencieux et trop sexuels pour ne pas être tabous), mais peut-être les petits enfants d'Alep avaient-ils écouté des histoires mêlant djinns, gobelins, croquemitaines et paysages bucoliques. Il n'en fut jamais question. La figure universelle du méchant – le loup, l'ogre, les brigands – était bien évoquée, sauf qu'elle ne figurait pas dans les livres imagés, ni dans les récits oraux des parents ou des grands-parents. L'ogre syrien était omniprésent dans la vie réelle. Il était le Régime, doté de pouvoirs maléfiques et du don d'ubiquité, caché à l'intérieur de murs pourvus de grandes oreilles et d'un œil unique, épiant tous et chacun. Ses invisibles tentacules – aussi nombreux que les services de renseignement syriens – pouvaient « envoyer de l'autre côté du soleil » n'importe qui, y compris le plus inoffensif des bambins occupé à mâchonner une feuille de laitue. C'était un ogre-sorcière qui déversait sa potion empoisonnée sur la ville, répandant méfiance et peur, une odeur nauséabonde s'infiltrant dans les ruelles et suffoquant les habitants.

Toutes les histoires de mes interlocuteurs étaient liées à la répression sanglante qui s'était abattue sur Alep et ses habitants, au début des années 1980. Les retranscrire dans leur intégralité ne consisterait qu'à dresser l'inventaire monstrueux des exactions d'avant, qui avaient inoculé aux parents ou aux grands-parents la peur du Régime et le souci d'éviter une répétition tragique du passé. Comme il se produit dans les contes, les interdictions prononcées par les anciens (« Méfie-toi du loup ! », « Ne t'aventure pas dans ces forêts, dans ces montagnes ! ») furent transgressées avec enthousiasme et frissons d'aventure. Les coureurs des bois de ces temps nouveaux ne craignaient pas grand-chose : il faut bien que jeunesse se passe.

L'un de ces récits m'intrigua longtemps : celui d'Abdelqader, qui décrivait un char écrasant un enfant, sous le regard horrifié de son père. L'image était atroce. Elle était aussi incongrue. Imaginons une rue d'Alep quadrillée par les escadrons de la mort, avec, au bord de la chaussée, un enfant tenant des feuilles de salade. Autant la première partie de la scène m'était devenue familière à force d'avoir entendu des descriptions similaires, autant la seconde restait difficile à concevoir.

L'entretien avec Abdelqader se déroulait en anglais, une langue qu'il maîtrisait et qui ne me posait pas de problème, contrairement à l'arabe qui, malgré des années d'apprentissage, demeurait insuffisant pour éviter certains écueils de traduction. Je lui fis répéter le mot « *lettuce* » à plusieurs reprises et, pour plus de certitude, lui demandai de le dire en arabe. Il prononça *khodra*, « salade ». Constatant que je continuais à bloquer sur ce point, il me confia que ce détail l'avait lui aussi laissé perplexe. Au point que la présence du végétal avait effacé de sa mémoire la description physique de l'enfant – à peine se souvenait-il qu'il s'agissait d'un petit garçon. Quand son père s'apprêtait à lui raconter, pour la mille et unième fois, ce conte cruel et bien réel, Abdelqader se disait à part lui : « Voilà que mon père va reparler de la salade ! » Peut-être fallait-il y voir une déformation de la mémoire, ou l'ajout volontaire d'un élément perturbateur censé capter l'attention de l'auditoire, du genre « la princesse au petit pois » ?

C'est en relisant les romans du grand écrivain alépin Khaled Khalifa que je remarquai avec surprise l'obsession de cet auteur pour les laitues d'Alep. Elles apparaissaient partout, évoquées dans des lieux et des réflexions chaque fois plus inattendus. Le chapitre de l'un de ses livres s'intitulait d'ailleurs « Les champs de laitue ». Le narrateur y retranscrit les paroles de sa mère, parvenue au crépuscule de sa vie : « Elle racontait le soleil et les effluves de la terre d'antan après la première pluie, elle affirmait que nous étions malchanceux de ne pas avoir connu cette belle époque où la laitue romaine était plus tendre et les femmes plus féministes[1]. » Quelques pages plus loin, le narrateur part à la recherche de la tombe de sa sœur Souad, dont la mort lui avait été dissimulée par sa mère : « Nous étions arrivés au cimetière en traversant le champ de laitues et nous avions demandé au

1. *Lâ sakâkina fi matâbikhi hâdhihi-l-madina*, Dâr al-Ayn (Le Caire) et Dâr al-Adâb (Beyrouth), 2013 ; *Pas de couteaux dans les cuisines de cette ville*, Actes Sud, 2016 pour la traduction française, p. 8.

gardien où se trouvait la demeure de Souad[1]. » Enfin, il se remémore les conseils maternels qui lui étaient adressés, à lui, « l'enfant qu'elle tenait par la main et à qui elle indiquait l'itinéraire précis qu'il devait emprunter pour rentrer à la maison, expliquant que des hommes aux grosses moustaches guettaient les enfants frais comme des feuilles de laitue romaine pour les violer dans les vergers de cerisiers[2] ». À se demander si Khaled Khalifa n'avait pas été témoin de la même scène que le père d'Abdelqader.

Dans son roman le plus connu à l'étranger, *Éloge de la haine*, les laitues reviennent de façon encore plus surprenante dans les pensées d'une jeune femme, la narratrice, Alépine issue des quartiers traditionnels (elle aurait pu appartenir à « ceux de Marjé »). Emplie de la haine d'elle-même, de sa féminité et de son corps, celle-ci en vient à adopter une autre haine, celle professée par les islamistes radicaux en révolte contre l'« autre communauté », les alaouites, à laquelle appartiennent les principaux leaders politiques et militaires du Régime.

Ce choix la conduit à un long séjour en prison, où elle questionne son engagement tout en rêvassant au passé : « La vie est une terrible métaphore, me dis-je, tout comme aimer ou batifoler dans un champ de salades. Je souris au souvenir de la salade que je n'avais pas vue depuis sept ans, j'eus envie d'en croquer quelques feuilles tendres saupoudrées d'épices que j'imaginais fondre dans ma bouche. Chez nous, la salade romaine était l'affaire de Safa comme les papillons étaient celle de Marwa. Elle lavait les feuilles fraîches et les mordait à pleines dents, tel un lapin. Je riais de voir Mariam la réprimander avec sérieux et me joignais à elle. Je la regardais tenir la salade par le trognon et la secouer

1. *Ibidem,* p. 12.
2. *Ibidem,* p. 15.

pour en faire tomber les gouttelettes d'eau comme si elle tenait le pénis d'un homme[1]. »

Les histoires et les contes, chuchotés sur les oreillers des enfants, auraient pu être écrits par des écrivains tels que Khaled Khalifa, même si sa plume baroque revisitait, elle aussi à sa manière, les années de plomb de sa ville natale (il est né à Alep en 1964 et assista donc à ces événements). Des livres auraient pu être écrits, par lui ou d'autres. Mais, depuis longtemps déjà, les écrivains, les intellectuels et les artistes du pays avaient été ligotés par le Parti unique érigé en seul juge des qualités littéraires ou artistiques de chacun, au sein de la très officielle « Ligue des écrivains syriens ». Selon le même schéma liberticide, les professions d'ingénieur, de médecin, d'avocat étaient supervisées par le Régime, grâce à des syndicats uniques et obligatoires[2]. Ce système a été mis en place au début des années 1980, à la suite d'émeutes au caractère parfois insurrectionnel, d'assassinats et de répressions « pacificatrices » qui endeuillèrent les villes septentrionales de Hama et d'Alep, où quelque dix mille militaires furent envoyés pour pourchasser les « ennemis du peuple jusqu'à leur élimination totale[3] ».

Ici prirent fin mes investigations sur les laitues du père d'Abdelqader. Sachant l'émotion qu'elles avaient engendrée chez ce chef de famille ouvrier charpentier devenu sur le tard concierge au quartier général du Parti unique, constatant l'obsession poétique de l'écrivain qui les avait érigées en symbole insolent d'un plaisir orgasmique en

1. *Madîh al-karâhiya*, Dâr al-Adab (au Liban), 2008 ; *Éloge de la haine*, Actes Sud, 2011 pour la traduction française, p. 254-255.

2. Le 10 avril 1980, les conseils des ordres des avocats, des médecins et des ingénieurs ont été dissous et remplacés par des organismes « provisoires » à la dévotion du Régime qui perdurent jusqu'à ce jour.

3. Selon les termes employés par le président Hafez Al-Assad au printemps 1980.

prison, ainsi qu'en une métaphore de l'innocence et de la fragilité des tout petits enfants, il apparaissait qu'Alep ressuscitée et fantasmée ne se limiterait pas à sa Citadelle millénaire, ni à ses souks bigarrés. Au goût des pépins de pastèque et de la cardamome mêlée au café arabe d'une vieille dame aux mains violettes, au parfum de la confiture de courge, à la chaleur réconfortante d'un *sobié* dans la froidure hivernale, il fallait ajouter l'ombre des caroubiers et des pistachiers, du jasmin caramélisant, des petits chats farceurs, mais aussi l'odeur de la merde et des rats crevés. Et, quelque part, peut-être sur un rond-point de Boustane Al-Qasr, une plantation de salades, voire quelques bouquets de laitue romaine plantés en bordure des quartiers.

LIVRE II

PREMIERS PAS

Husain, 30 ans

À la recherche du réel

Je suis chauffeur de taxi au service d'un ministre. J'ai juré de l'assassiner, car ce criminel a violé une fille. Avant que j'aie pu passer à l'action, le ministre meurt d'une tumeur au cerveau. Des médecins parviennent à le ressusciter, en lui greffant le cerveau d'un pauvre bougre, ce qui a pour conséquence de le maintenir à son ministère, cerné par une clique d'arrivistes persuadés de pouvoir le manipuler. Tout se déroule ensuite comme un duel entre lui et moi, chacun de nous affrontant en outre le même dilemme intérieur : ce changement de cerveau l'a-t-il transformé en un homme nouveau, et donc un innocent, ou est-il resté le même, coupable d'un viol de demoiselle ?

C'était formidable ! La meilleure pièce de théâtre jamais jouée à Alep avant la révolution ! Intitulée *Qui est mort ?*, elle a été écrite par Cevat Fehmi Başkut[1], un dramaturge turc génial. Nous étions quinze acteurs, tous maquillés et costumés dans un style classique. Il y eut plusieurs représentations. J'étais fou de joie grâce à cette petite victoire contre la censure, et aussi parce qu'au

1. Cevat Fehmi Başkut (1905-1971) est un journaliste et dramaturge prolifique turc, né à Edirne. Il fit ses études à Istanbul. Il commença à écrire des pièces de théâtre au début des années 1940. Son registre à la fois surréaliste et comique lui valut une grande popularité. Sa pièce *Qui est mort ?* est parue en 1969.

cours d'une répétition j'avais croisé *la* fille. Celle dont, déjà, je tombais amoureux… Nous étions en 2005 et je commençais mes études d'arabe littéraire. À l'université, nous avions formé un petit groupe d'artistes férus de théâtre expérimental. L'idée était d'attirer le plus d'étudiants possible et de réfléchir ensemble à de nouvelles formes d'expression, à la fois sincères, de grande valeur artistique et, surtout, respectueuses des gens, en restant au plus proche d'eux et de leurs réalités. Bref, il s'agissait de créer des événements culturels à l'opposé de ce que nous imposait le Régime, qui nous gavait de ses spectacles moisis, joués dans le théâtre du ministère de la culture situé non loin de l'hôtel Sheraton et de la Citadelle, à deux cents mètres de la mosquée des Omeyyades. Le théâtre du ministère était tout neuf, encadré par deux postes de police.

Depuis les années 1980 et la révolte des Frères musulmans, plus de la moitié des théâtres d'Alep avaient été condamnés, ainsi que la plupart des cinémas. Des dizaines d'autres salles fermèrent leurs portes avant le début de la décennie suivante, y compris le célèbre Cinéma Ramsès. Il me fallut atteindre l'âge d'homme pour appréhender à quel point cette période bouleversa ma famille, quoique j'en aie toujours eu une intuition indéfinissable. Quand j'étais petit garçon en effet, je me sentais cerné de mystères. Notre maison était la scène de phénomènes étranges, dont les plus inexplicables étaient les disparitions et réapparitions inopinées de mon père, comme par enchantement. À l'école courait la rumeur selon laquelle il serait en prison.

Cette explication n'avait aucun sens : papa n'était pas un criminel et n'exerçait aucune activité. Il passait ses journées prostré derrière son bureau. Nous, ses dix enfants, pouvions l'apercevoir à toute heure, courbé à côté d'une pile de gros livres. Il ne sortait jamais. Ma mère allait elle-même lui acheter ses vêtements, choisissant ses pantalons, ses chemises et ses chaussettes. Pour obtenir une permission, nous nous adressions à elle et à elle seule. Mon père était du genre taiseux, voire mutique. En fait, il ne parlait jamais, excepté pour imposer une discipline de fer qu'il était inimaginable de contester.

Il nous fallait étudier, lire, apprendre et dîner, selon le rythme immuable qu'il avait fixé. Surtout, rester bien sages et silencieux. Chez nous régnait un silence absolu. Nous étions élevés dans un univers où les questions étaient proscrites. Or il y en avait tant ! Pourquoi, par exemple, les anniversaires n'étaient-ils pas célébrés chez nous ? Pourquoi mon père devenait-il invisible, comme frappé par un mauvais sort ? Pourquoi ma mère faisait-elle mine de ne pas s'apercevoir de son absence ? Chez nous, les questions n'étaient pas pour les enfants. Cette ordonnance paternelle n'était ni discutable ni discutée.

De toute ma vie, je n'ai jamais entendu une seule dispute éclater entre mes parents ; mes frères ont gardé le même souvenir de ce silence perpétuel et hégémonique. Cette atmosphère était encore plus insolite quand je la comparais à l'ambiance bruyante caractérisant les familles d'autres enfants de ma connaissance. Nous étions surveillés de près : avec qui nous jouions, qui étaient nos amis… L'arrivée d'un nouveau voisin suscitait la méfiance, plutôt qu'une bienveillante curiosité. Dans la maison de mon oncle, la même discipline stricte était appliquée. Nous ne la contestions pas, car cela relevait aussi d'un principe de base, d'une affaire de confiance entre les enfants et les adultes. Si la règle était de ne pas poser de questions, nous n'en posions pas.

J'avais quand même décidé de mener l'enquête, fouillant dès que l'occasion se présentait dans le fatras des vieilles choses conservées par mes parents, inspectant les recoins obscurs, boîtes, tiroirs et valises cadenassées. Lors d'une de ces missions secrètes et quasi archéologiques, je découvris des photos. Plusieurs immortalisaient des fêtes d'anniversaire (!). Une autre montrait mes parents, jeunes et en tenue de soirée (?), souriants (??), devant un night-club (???)… Ces indices ne rendaient que plus épais le mystère autour de moi : d'abord, aucune photographie n'avait jamais décoré les murs de notre maison, encore moins le buffet du salon que ma mère époussetait chaque matin avec une vigilance maniaque ; ensuite, ni mon père ni ma mère n'étaient du genre jovial ou souriant ; enfin, je n'avais pas le moindre souvenir d'un soir où mes parents, ni quiconque de ma connaissance d'ailleurs, seraient sortis ainsi, en toute élégance et costume d'apparat, pour aller dans des dancings ou des boîtes de nuit. La notion même de divertissement était étrangère à nos existences.

Seule information, obtenue grâce aux dates inscrites au dos des photos : toutes avaient été prises à Alep avant ma naissance (je suis né en 1986). Il me faudrait beaucoup de temps pour assembler ma collection d'indices à la façon d'un puzzle, et plus encore pour accéder, grâce aux confidences tardives de mon père, aux secrets qui avaient pesé sur nos âmes d'enfants, à la manière d'un ciel d'orage.

En 2005, j'étais adulte et j'avais déjà élucidé un certain nombre d'énigmes. Mon intérêt ne se portait plus tant sur le passé familial que sur mon avenir personnel, d'autant que j'entrais dans le monde inconnu et exaltant de l'université. Pour moi qui vivais à Sakhour, un quartier pauvre de l'Est, je l'avais imaginée comme un lieu où s'épanouissaient créativité et imagination. Quel choc ! J'y rencontrai des étudiants originaires de toutes les provinces de Syrie. Leurs histoires, leurs expériences et leurs rares confidences étaient pour moi autant de fenêtres ouvertes sur d'autres horizons ; ils changèrent ma réflexion et mon regard sur le pays.

Sur le plan artistique, je compris qu'excepté Damas, avec sa profusion d'activités culturelles, la totalité des autres cités de Syrie étaient plongées dans une misère consternante depuis toujours. Quant à Alep, son cas s'avérait plus singulier. Avec le temps, mes fouilles enfantines avaient abouti à d'autres trouvailles – cartes postales ou photos, toujours datées d'avant les années 1980, témoignant d'une époque où la ville avait été illuminée de bars, de clubs très chics comme le Nadi Saad, de cinémas et de salles de théâtre où se mêlaient les habitants. Je détenais des preuves visuelles d'un monde englouti. Alep avait bel et bien été dépouillée de ses lumières. Quant aux diverses communautés qui l'habitaient, elles n'étaient plus ni soudées ni mixtes, mais emmurées dans leurs quartiers dépourvus d'activités culturelles. Dans le mien, il n'y avait même pas de bar.

Voilà ce que je réalisai en entrant à l'université : ce qu'avait été ma ville, comparée aux autres, et ce qu'elle avait cessé d'être peu avant ma naissance, et dont j'avais été privé. Mes seuls divertissements étaient des flâneries imaginaires, grâce au *hoch* de mon père avec sa cour intérieure, dans laquelle j'avais contemplé des milliers d'heures durant un foisonnement de plantes et de fleurs, avec une préférence pour le jasmin s'épanouissant en pagaille et pour les pieds de vigne dont les feuilles avaient grimpé jusqu'à la rambarde du premier étage sans rien perdre de leur vigueur.

Nous possédions aussi une ferme, à la campagne, où vivaient mon oncle et mes grands-parents, avec un champ de mille cinq cents oliviers. J'aimais participer à la récolte et observer la transformation de leurs fruits en huile, que nous fabriquions selon des méthodes ancestrales. Plusieurs de nos arbres étaient centenaires. Le plus jeune devrait aujourd'hui avoir 30 ans car il a été planté le jour de ma naissance. Je les évoque avec nostalgie. Le souvenir paradisiaque de ces rares escapades m'a été volé et souillé par les combattants de Daech[1] qui, lors d'un jour noir, réquisitionnèrent notre ferme pour y établir une de leurs bases, s'exerçant au tir avec leurs fusils à pompe dans notre champ d'oliviers. Cet événement se produisit bien plus tard, et je veux revenir à l'année 2005. S'il te plaît.

Le théâtre qui me passionnait tant n'était pas interdit, mais il était soumis à des règles vicieuses : il était aux mains de quelques personnes dévouées au Parti unique. À l'époque où nous avions monté la pièce *Qui est mort ?*, et même depuis l'arrivée de Bachar Al-Assad au pouvoir, il avait soufflé sur la ville une brise de liberté qui nous donnait l'illusion qu'un changement était possible. Nous nous étions engouffrés dans cette brèche d'espérance, persuadés qu'en unissant nos volontés et la témérité de notre jeunesse, nous saurions nous débarrasser des derniers carcans. Durant cette parenthèse trompeuse de quelques années, le théâtre d'Alep assista à l'ascension fulgurante d'un comédien, Homam Hout, qui occupait à lui seul la scène tout entière. Ce Hout était un intime de Bachar. Ce n'était pas son frère ni son cousin, mais tous deux passaient plein de temps ensemble. Il se murmurait même que l'acteur avait de l'influence sur le président et qu'il était l'un de ses rares confidents. Les pièces de Homam Hout étaient d'un style comique sarcastique bas de gamme. Il y moquait l'immobilisme des leaders arabes ou la corruption de l'administration, sans jamais égratigner son bon ami syrien.

Hout avait été étudiant à l'université d'Alep, si bien que nos habitants n'avaient dans la bouche que le nom du fils de la ville devenu star nationale : Homam Hout ! Homam Hout ! Avec les copains, nous méprisions ce personnage autant que ses œuvres, qui n'avaient de théâtral

1. Acronyme arabe de *Ad-daoula al-islamiya fi-l 'iraq wa-ch cham*, « l'État islamique en Irak et au Levant ».

que l'intitulé sur ses affiches clinquantes. Ses spectacles n'étaient, selon une expression péjorative prisée de notre jeunesse, que du *tanfis*[1], c'est-à-dire un coup de « dépressurisation » visant à endormir les esprits fâchés : les gens remontés contre le gouvernement allaient écouter ses blagues – blagues qu'ils n'auraient jamais osé répéter en public –, en toute légalité. Ils constataient alors que leurs préoccupations étaient banales et sans grande importance. Ils en riaient, ça les rassérénait et ça les faisait se taire. Une véritable manipulation mentale… Le président en personne assista à l'une des représentations, se tordant de rire à chaque niaiserie. Le spectacle se terminait par un passage obligé : une ode grandiloquente au chef suprême de la nation, défenseur des Arabes et protecteur des Palestiniens, glorieux maître des armées, rempart unique face à Israël.

Nous, nous voulions de l'Art, un théâtre du réel. Notre ambition était de monter des pièces étrangères, de nous emparer d'œuvres internationales et de les présenter aux Alépins. Nous étions déterminés à montrer qu'Alep n'était pas ce bouffon du roi Homam Hout[2], mais une ville qui méritait sa place dans le monde en raison de son immense et très ancienne culture, modelée par les siècles et les influences multiples. Je voulais détruire le théâtre de manipulation. Mon opposition ne

1. Littéralement, du « défoulement ».

2. En 2012, l'acteur Homam Hout s'est publiquement détourné de Bachar Al-Assad. Réfugié en Turquie, il pose sur des photos avec des combattants blessés de brigades alépines et multiplie les déclarations anti-Régime. « Pour qu'il puisse survivre des années, le régime que conçut Hafez Al-Assad pouvait être dirigé par un âne », dit-il à la presse turque. Ce ne fut pas le seul « satiriste » à avoir profité des faveurs accordées par le président syrien au début des années 2000. Le caricaturiste Ali Farzat compte parmi ces rares privilégiés – enlevé par les services de sécurité en 2011, il fut retrouvé inconscient et la main fracassée à coups de marteau.

visait pas le Régime : je ne revendiquais des changements radicaux qu'en matière d'expression artistique. En fait, quand Bachar avait succédé à son père, nous ne l'avions pas jugé comme une mauvaise personne, nous n'avions pas non plus réalisé que Homam Hout n'était qu'une marionnette. Puis le temps avait passé, emportant nos illusions, et nous voulions résister, avoir le droit de nous exprimer tels que nous étions, sans entraves, quitte à aller en prison.

Cet engagement ne renfermait ni colère ni violence, mais une grande détermination. À l'époque, nous croyions encore qu'une jeunesse optimiste et volontaire aurait la capacité de réparer ce pays. Les responsables de notre existence sans intérêt étaient, selon nous, ceux de l'ancienne génération : les vieux refusaient tout changement, toute idée nouvelle, ne faisaient jamais rien. Ils étaient paralytiques ; nous prônions l'action. Aucun d'entre nous cependant n'aurait pu imaginer, ne serait-ce qu'un instant, que les petites revendications de notre jeunesse puissent virer à l'affrontement avec le Régime. Plus inconcevable encore était l'idée que nos propres dirigeants puissent un jour utiliser contre nous leurs avions bombardiers, leurs canons d'infanterie et leurs armes chimiques.

Cette même année 2005, malgré le succès de *Qui est mort ?*, mon père retrouva la parole pour m'ordonner d'arrêter le théâtre avec, pour seule explication, cette sentence péremptoire : « Le théâtre n'existe plus. » Je n'ignorais plus qu'il avait été jadis un intellectuel respecté, capable de s'exprimer en plusieurs langues. Je savais aussi que cet interdit n'était pas lié à une vision religieuse de l'art théâtral, illégal selon l'islam ou irrespectueux : mon père avait perdu la foi depuis longtemps. À l'image de l'ancienne génération, il avait changé. Sa façon de penser était barricadée, il n'avait pas pu empêcher cette transformation à l'intérieur de lui.

Je ne lui répondis rien.

J'ai ensuite voulu poursuivre mon cursus universitaire par des études en sciences politiques. Mon père s'y opposa encore, m'assenant que jamais je n'intégrerais l'université d'Al-Tall, dans la banlieue de Damas, la seule à prodiguer des cours dans cette matière. Il criait : « Qu'est-ce que tu espères ? Devenir professeur ? Tu as vraiment envie d'enseigner la *qaoumiyé*, le "nationalisme", l'histoire militaire et la vie héroïque de Hafez Al-Assad et celle non moins glorieuse de son adorable fils ? » Puis, la même sentence : « Les sciences politiques n'existent plus : elles ne mènent qu'à la *qaoumiyé*. » Il ajouta d'une voix étouffée qu'il avait longtemps mené des activités politiques et que, pour cela, à cause de cela, sa famille serait condamnée à payer, génération après génération, car ce Régime ne connaissait ni pardon ni pitié : « Ton seul crime est d'être le fils de ton père, mais ils te le feront payer, et ton fils après toi ! Ils n'autoriseront aucun de mes enfants, fussent-ils des génies brillantissimes, à poursuivre des études liées à la politique. » Condamné à la vacuité intellectuelle, voilà ce qu'affirmait mon père.

Pour la première fois, il avait évoqué son passé. Je demeurai silencieux.

J'ai persévéré dans mes études. Depuis qu'Internet avait été autorisé, je me renseignais sur tous les sujets, rejetant le fatalisme de mon père. J'avais des amis et je profitais de ma ville. Natifs ou étrangers ne pouvaient que s'amouracher d'Alep (à l'exception des Damascènes qui nous ont toujours détestés), mais seuls ses habitants connaissaient son âme. La ville ne se résumait pas à sa Citadelle ou à ses vieux souks adulés des touristes. La cité était ambiguë. L'autorité des riches et celle des religieux s'y mêlaient, s'associant parfois en des alliances improbables. Parmi les propriétaires et investisseurs d'un club à cocktails pouvait figurer un membre du ministère des biens du culte islamique. Conservatrice et extravertie, fermée et diverse, la véritable nature d'Alep était inaccessible au voyageur de passage.

Mon lieu de prédilection était dissimulé dans le souk proche de la mosquée Adliyé, sous la Citadelle. Mon ami Moustapha y possédait un magasin d'antiquités. Au fond de sa boutique, il avait ouvert un goulet qui menait plus bas : il y avait aménagé un bar underground où passer du bon temps, discuter entre jeunes et même avec des étrangers. Moustapha tenait là une belle affaire qui lui permit de s'offrir un voyage. Avec sa loufoquerie ordinaire, il choisit de s'envoler pour le Tibet. Il en revint bouddhiste, rebaptisé du nom d'« Adam ». Je crois qu'il vit aujourd'hui en Colombie.

Pour les habitants fortunés, l'endroit à la mode était plutôt l'hôtel Carlton. Nous y allions parfois avec les copains, un peu pour chercher la bagarre. Personne à l'Est ne pouvait oublier que, dans cette grande et riche cité, cent mille travailleurs étaient au service d'une dizaine de businessmen. C'est pourquoi je dis qu'Alep renfermait en elle toutes les contradictions et une immense diversité.

Pour ces mêmes raisons, j'aimerais tant que l'on se souvienne des chants et des musiques alépines, seules à avoir su unir, jusqu'à la fin, toutes les classes sociales et toutes les communautés, dans une émotion commune à l'Est et à l'Ouest, un même amour partagé. J'aimerais que l'on dise qu'avant les bombes cette ville avait donné naissance à des intellectuels, au grand philosophe Abdel-Rahman Al-Kawakibi[1], ainsi qu'à des artistes

1. Abdel-Rahman Al-Kawakibi, né à Alep en 1849, était un brillant intellectuel aux idées libertaires et nationalistes. Ses critiques de la tyrannie ottomane lui ont valu d'être emprisonné jusqu'en 1898.

de renommée internationale tels que le peintre Louaï Kayali, ou encore le producteur et réalisateur à succès Moustapha Al-Akkad. Plus que tout, je voudrais que soient gardées en mémoire nos ruelles, avec leur danse des passants, le rythme de leurs pas sur le pavé, leurs salutations claquantes ou déclamées à l'infini, comme des poèmes entrelacés convoquant tour à tour l'âme de nos frères, de nos sœurs, de nos cousins, de nos parents, de nos ancêtres. Combien d'entre eux sont restés ensevelis sous les pavés arrachés, les immeubles écroulés, enterrés à la hâte et anonymes dans nos cimetières qu'il nous fallut vider des âmes anciennes pour que s'y entassent nos jeunes martyrs ? Nos ruelles millénaires avaient été commerçantes, pétillantes, frétillantes. Elles étaient mues d'une telle énergie ! Elles furent vivantes, battantes, violentes et révoltées.

Il a fallu que la révolution éclate en Syrie, en 2011, pour que nous nous parlions, père et fils, ses yeux dans les miens. J'avais lu sur Internet l'histoire de mon pays. Je savais que mon père avait trempé dans la politique. Mais l'homme que je connaissais ne travaillait plus, ne sortait pas de chez lui, ne parlait guère, et je souhaitais comprendre ce qui lui était arrivé. Je n'eus pas à lui poser la question. Les réponses fusèrent d'elles-mêmes aux premières heures des manifestations, quand chaque Syrien fut mis devant des choix qui pouvaient se révéler mortels. À Alep, les rues étaient encore aussi tranquilles qu'un fleuve en été. Pourtant, les *moukhabarat*[1] ont accouru chez nous et traîné mon père en prison. Tout s'est alors éclairci, et plus rien depuis ne nous a été caché de son passé. Mon père avait été nassérien convaincu, puis communiste persécuté. Longtemps aupa-

---

Il défendit une vision du patriotisme au-dessus des différences ethniques et religieuses, préfigurant le nationalisme arabe moderne.

1. Services de renseignement.

ravant, il avait été au premier rang de la foule acclamant le colonel Gamal Abdel Nasser venu déclarer, du haut d'un balcon de l'hôtel Baron[1] avec des trémolos dans la voix, la naissance de la République arabe unie. Le dieu vivant égyptien (ainsi que sa Cadillac derrière le volant de laquelle il trônait) avait été porté en triomphe par mon père et les autres à travers les rues hystériques d'Alep.

Il était ensuite devenu communiste. Des militants comme lui furent emprisonnés, torturés et décimés dans les années 1970 et 1980. L'histoire de leur combat politique et la répression dont ils furent victimes ont été oubliées de tous. Les hommes tels que mon père n'existent pas. De la même façon que nous, jeunes Syriens d'Alep, n'avons jamais existé. Les Assad sont restés les maîtres inégalés du théâtre de la manipulation. Ils ont été les producteurs, les réalisateurs et les acteurs d'une pièce imaginaire. Combien de fois l'ont-ils jouée, face aux peuples engourdis, cette mise en scène à l'identique avec, dans le rôle principal, la violence islamiste et ses trompettes de l'apocalypse, puis, dès le troisième acte, la psychose générale effaçant l'existence de toute autre forme d'opposition ?

Les mystères de mon enfance et mes interrogations d'adolescence furent élucidés en même temps que la terre se déroba sous nos pieds. En quelques jours de manifestations à peine, les habitants de Deraa, descendus dans la rue pour protester contre les tortures infligées à de jeunes fils et filles de leur ville, pleuraient déjà leurs morts. Et mon père, vieillard brisé et inoffensif, disparut, une fois de plus, en prison.

---

1. La visite de Gamal Abdel Nasser à Alep eut lieu en février 1959. De 1958 à 1961, la Syrie s'unit à l'Égypte pour former une éphémère République arabe unie, qui rencontra plus d'enthousiasme à Alep qu'à Damas, capitale et concurrente historique de la grande cité marchande du Nord.

*

Amir, 21 ans

Bravoure d'amour

J'avais 16 ans et fréquentais encore le lycée lorsque j'accomplis mon premier acte de bravoure. Je me trouvais à la Citadelle. Là-haut, dès que la chaleur de l'été s'assoupissait, les Alépins s'alanguissaient peinards, profitant du panorama de la ville et organisant des pique-niques. Nous y étions, mes amis et moi, à savourer la tiédeur du soir en tétant le narguilé, quand *elle* chemina tout près de nous, ondulant dans une robe rouge couleur d'un rayon de soleil couchant, une petite flamme vermeille illuminant les murailles. Elle était belle comme la lune. J'aurais donné mes deux yeux pour avoir la permission de me noyer dans les siens, qu'elle avait orange couleur des fruits mûrs de nos beaux orangers. Ses dents étaient des perles. Elle avait un piercing sous les lèvres. J'étais ébahi ! Je lui souris, avec cette valse du regard bien connue qui signifie « Tu me plais »… Non. En fait, ce regard, je ne le lui donnai qu'à son second passage. Elle était accompagnée de sa famille, mais elle me répondit d'un sourire, et je sus que je ne lui posais aucun problème. J'étais amoureux. Pas du flirt pour rigoler, un sentiment sérieux. J'ai rassemblé mon courage et je suis allé lui parler, contre tous les us et coutumes, devant sa famille qui venait de s'asseoir autour d'un poulet grillé.

Sous le regard de sa mère et de ses frères, je me suis planté face à elle : « Salut, comment vas-tu ? » Puis je lui ai dit : « Je m'appelle Walid, et toi ? » Elle portait le nom merveilleux de Rawa. Lors de cette rencontre, qui eut lieu un an et demi avant le début de la révolution, je m'appelais en effet Walid, nom qu'il me fallut changer par la suite, comme tous les activistes, pour échapper aux services de renseignement quand les copains torturés n'avaient d'autre choix que de donner l'identité des copains, et même l'identité de ceux qu'ils ne connaissaient pas. J'ai choisi le prénom Amir, en hommage à un copain tombé en martyr dans une manif.

Je parlais à la fille, sa famille mangeait du poulet. Elle avait 17 ans, une année de plus que moi. J'étais debout, devant elle et les siens, en toute franchise, et je l'ai invitée à prendre un verre. J'ai oublié quels furent mes mots exacts, mais j'étais super-direct. Quand une belle fille t'attire, tu joues d'œillades et de sourires discrets, mais tu n'es pas brave au point d'aller au-devant de ses parents. Moi, j'étais debout devant eux, la chamade au cœur et sincère, espérant que mon courage ne provoquerait pas d'esclandre sur la Citadelle. J'étais vraiment très brave ! Sa mère m'a demandé pourquoi je voulais l'inviter, à quoi je répondis : « Je ne sais pas quoi répondre, madame. Depuis que Rawa est arrivée, je suis sous le choc ! Je crois… c'est… un coup de foudre… Je n'aime pas utiliser ces mots, parce que vous allez me voir comme un bavard idiot, bourré de clichés et de déclarations charmeuses. Je vous les dis malgré tout, car ce sont mes sentiments véritables. » La mère m'invita à m'asseoir avec eux. Mes amis étaient éloignés d'une dizaine de mètres, m'observant avec une mine déconfite. Ils en avaient oublié de fumer ; les charbons du narguilé s'étaient éteints. D'habitude, entre copains, on se contentait de se « laver les yeux » en regardant les filles ; personne n'agissait en chevalier transi d'amour. La mère de Rawa décida que nous n'avions pas besoin d'aller prendre un verre ailleurs, mais que nous étions autorisés à nous connaître ici, parmi eux.

La magie d'Alep avait opéré, car cette ville avait l'esprit ouvert, du moins dans certains quartiers. Les rues anciennes de Souleymanié, par exemple, étaient à l'image de celles de Londres ou de Paris, avec des chrétiens et des athées, des gens ignorant tout du nom d'Allah. Beaucoup d'habitants vivaient là sans personne pour les déranger, même quand les filles s'habillaient en minijupe. Bien sûr, ceux-là se tenaient à l'écart des quartiers où les femmes dissimulaient leur visage ou leurs cheveux sous un foulard. Mais, à cette époque, nul ne demandait : « Es-tu chrétien ou musulman ? » Ce soir-là, personne ne me questionna de la sorte. C'est ainsi que je pus tomber amoureux de Rawa et partager un poulet grillé avec les siens sur la Citadelle. Sa famille était chrétienne, j'étais musulman. Cette différence n'avait aucune importance.

Une fois que je me suis assis, me joignant au cercle de sa famille, Rawa se montra très timide. Elle lançait des regards furtifs vers ses frères, plutôt que vers moi qui persévérais pourtant dans l'expression transparente de mes sentiments. Seule sa mère prenait la parole, se déclarant très surprise de mon comportement, du fait que j'avais osé venir à elle et tenir de tels propos sur sa fille. Elle me dit que j'étais bien jeune et qu'elle était curieuse à mon égard. Elle s'adressait à moi en souriant, elle n'était ni fâchée ni honteuse. Je lui ai dit que le piercing de Rawa était magnifique et je lui ai parlé des rêves, et des personnes que l'on entrevoit durant son sommeil. Dans mes rêves était apparu un visage beau comme la lune. C'était le sien, celui de Rawa : elle était la fille de mon rêve.

Sa mère est restée très aimable avec moi. Elle voulait savoir ce que j'étudiais, quelles étaient mes occupations et qui était ma famille. J'allais au lycée Ibrahim Hanano[1], je m'entraînais dans un club de foot privé, où mon coach assurait que j'avais le potentiel d'un champion. J'étais très bon footballeur, au point d'avoir frappé le ballon dans le magnifique stade d'Alep. Mon père, chef de projet, voyageait souvent à l'étranger, notamment en Grèce et à Chypre. Il s'y occupait de tout, jusqu'à la paye des ouvriers. Quant à ma mère, elle était institutrice en maternelle. Je n'avais qu'une sœur… Je répondis à toutes ses questions sans avoir pu m'adresser à Rawa. Sa mère décida qu'il était l'heure pour eux de partir, ajoutant que j'étais le bienvenu dans leur maison pour revoir sa fille. Ce fut le début de notre histoire d'amour.

Dans le quartier de Rawa, à Jamaliyé, il était anodin de porter une robe rouge au-dessus du genou et un piercing sous les lèvres. J'ignore s'il en allait de même à l'époque de mes parents ; je ne peux parler que de ce que j'ai connu, c'est-à-dire de ma propre génération. J'étais déjà tombé quelques fois amoureux dans ma vie et il était acceptable de marcher ensemble dans la rue ou sur les bords de la rivière Queiq, main dans la main, sans être réprimandés, et même de s'embrasser à l'ombre des pins, dans les jardins publics.

Les guerres bouleversant toutes choses, y compris l'évidence, l'acquis ou, du moins, la normalité, notre société – celle des révolutionnaires – changea ; la société restée du côté du Régime changea elle aussi. Mais avant la guerre, tout le monde vaquait à ses occupations sans se préoccuper d'idéologie. Alep fut une ville de la diversité et son souvenir me bouleverse, tant nos vies furent

1. Ibrahim Hanano (né en 1869, mort le 21 novembre 1935 à Alep) est une figure prestigieuse de la ville. Homme politique, fondateur du Bloc national, parti indépendantiste qui s'opposa au mandat français en Syrie, et chef militaire, il mena à partir des montagnes une rébellion antifrançaise, plus tard rebaptisée « révolte de Hanano ».

par la suite brisées par les atrocités et les haines. Je ne prétends pas que notre passé était idyllique, car, en tant que citoyens, nous n'avions aucun droit, pas même celui d'exprimer nos pensées, surtout si ces pensées étaient liées au Régime et à notre président. Et de cela, j'étais tout à fait conscient.

Mes parents n'ont rien su à propos de ma relation avec Rawa, mais ils n'en auraient pas été embarrassés. Ils m'octroyaient une grande liberté. La présence de mon père à Alep était rare et, s'il y était, son travail s'achevait dans la nuit, ce qui ne lui laissait pas le loisir de me donner des ordres. En fait, mon père ne m'a jamais interdit quoi que ce soit. Il me disait : « Si tu veux fumer, fume en ma présence ; si tu veux parler à une fille, parle-lui devant moi ; fais ce que tu veux, mais ne me le cache pas ! » Il détestait les secrets. Mes parents cherchaient à éviter les complications, car leur existence n'était pas facile. Ils subissaient le regard désapprobateur de nos voisins, voire de nos propres amis : une famille ne comptant que deux enfants, tout le monde trouvait ça louche.

Notre famille n'était pas typique. Mes parents avaient décrété qu'ils ne voulaient pas d'enfant supplémentaire, convaincus que cette décision nous assurerait un avenir meilleur. Ma mère travaillait, elle aussi, toute la journée. Les expéditions régulières de mon père dans des contrées étrangères avaient entraîné une autre particularité. Quand il était à Alep, nous vivions chez lui, à Seif Al-Daoulé. Quand il s'absentait, nous allions à Kalassé, dans la maison qui jouxtait celle de ma grand-mère maternelle, dans la partie orientale d'Alep. Une femme vivant seule suscitait toutes sortes de calomnies. Quand le mari s'absentait, l'épouse rejoignait sa famille et ses frères : c'était quand même mieux que de rester seule, avec deux enfants, pendant un mois ! J'ai donc passé la plus grande partie de mon enfance à Kalassé, un vieux quartier conservateur, sans magasins connus, mais plaisant pour sa vie remuante dans les ruelles. En fait, mon cœur penchait du côté de la maison de mon père, à Seif Al-Daoulé, un quartier plus luxueux, connu des Alépins pour son souk aux vêtements importés, pour le fameux restaurant The Turtles et pour un bar qui servait des cocktails raffinés avec petits parasols multicolores. Nous y avions aussi deux *malls* géants, dont l'un était équipé d'un truc formidable : des flocons de neige tombant du plafond, été comme hiver, et un sol garni d'un tapis gelé pour le seul plaisir des visiteurs, qui pouvaient prétendre être aux sports d'hiver.

Rawa m'a initié à des lieux qui m'étaient inconnus, comme son quartier chic de Jamaliyé, avec Falafel Al-Nozha, le meilleur restaurant au monde de falafels. Sa réputation était si grande que même les touristes étrangers venaient s'y régaler. Les nez s'avançaient pour renifler les odeurs de pain chaud, se remplir des effluves de pois chiches, coriandre, ail et persil que les cuistots malaxaient sous nos narines, avant de les enfourner sous forme de petites galettes. Celles-ci ressortaient du four dorées et fumantes, croustillantes au-dehors et moelleuses à l'intérieur. Le Falafel Al-Nozha attirait les foules. Avec Rawa, nous y allions tous les deux ou trois jours, parce que le restaurant était proche de mon lycée et qu'il était devenu notre endroit favori en tant qu'amoureux. Attendre dans la foule ne m'impatientait pas, puisque j'étais là avec ma petite amie, dont les yeux orange brillaient comme les morceaux de verre polis par le fleuve, déposés sur la grève.

Rawa ne m'a pas brisé le cœur. Je pense même qu'elle aurait voulu rester avec moi, mais il y avait toujours son inséparable copine qui s'imposait sans égard pour moi, prenant une place de plus en plus grande, au point que j'en ressentais du malaise. Il me semblait que Rawa l'aimait, elle, plus que moi. Cette relation affecta ma vie et mes études, car je ne cessais d'y penser et de me poser mille questions. Peut-être est-ce ma faute si notre histoire a échoué. Il faut avouer que mes relations amoureuses ne durent jamais longtemps. Je ne pense pas comme les filles. Pour moi, si nos goûts sont trop dissemblables, si nos dégoûts ne sont pas les mêmes, il est chimérique de rester ensemble. Je ne parle pas de religion, ni d'un film, ni d'une préférence pour le FC Barcelone ou le Real Madrid, mais de la vie en général. Lors des soirées où je dansais avec Rawa, son amie s'immisçait entre nous pour danser avec elle, et je me retrouvais esseulé et triste. Nous avons rompu à cause de cette troisième personne qui s'efforçait de concentrer sur elle toute l'attention et la douceur de Rawa.

Si notre histoire s'est terminée, Rawa demeure celle que j'ai aimée le plus. Je l'avais aperçue la nuit, dans mon sommeil. Elle était *la* fille de mon rêve, belle comme la lune avec une étoile sous la bouche. Mais je ne pense pas avoir été l'homme de son rêve à elle… Peut-être rêvait-elle à sa copine… J'ai perdu tout contact avec elle, je ne mange plus de falafels. Je me suis mis à détester tout ce qui me rappelait nous deux. Mon malaise a envahi tous les aspects de ma vie. Partout, il y avait quelqu'un pour s'immiscer et gâcher ce qui aurait pu être simple et beau. Plus exactement, il y avait toujours et partout le Régime qui s'immisçait entre nous pour nous faire la misère, parce qu'il avait décidé de traiter les alaouites différemment des sunnites qui, eux-mêmes, étaient traités différemment des chrétiens. Je me souviens qu'un de mes amis tomba amoureux d'une fille à l'université. Or cette fille, un alaouite la désirait aussi. Mon ami renonça à elle car, s'il avait persisté, cet alaouite aurait pu lui faire du mal sans que rien ni personne ne puisse l'en empêcher. Il n'existait aucune loi protégeant mon ami, puisque le Régime était lui-même alaouite et qu'il ne punissait jamais ceux de cette communauté.

Il existait différents niveaux dans notre société, même si je n'arrive pas bien à me l'expliquer. Le sunnite obtenait une mauvaise note à ses examens, alors que l'alaouite avait droit au respect et cela, parce que tous deux avaient convoité la même jeune fille. L'alaouite était donc un privilégié, un citoyen de première classe. À la fin, bien sûr, nous étions tous des Syriens et malgré ces différences de traitement, chrétiens, sunnites et alaouites vivaient très bien ensemble la plupart du temps. Comme je l'ai dit, la fille de mon rêve était chrétienne, ce que je n'avais découvert qu'au cours de notre deuxième rendez-vous. Personne ne posait de questions sur la religion, ni sur les raisons pour lesquelles telle femme portait le voile et telle autre ne le portait pas. Les gens appréciaient la diversité, excepté notre Régime qui fabriquait des citoyens de première classe et manipulait les frustrations des autres pour semer le racisme et la zizanie chez nos habitants.

Je me sentais un amoureux de deuxième classe derrière la copine de Rawa, et citoyen inférieur dans mon propre pays. Après notre rupture, plusieurs événements ont accentué ma colère. Il y eut, par exemple, l'histoire de ce type venu du Golfe pour monter une compagnie de télécommunications à bas prix. Le Régime s'y opposa, preuve de sa volonté absolue de nous contrôler. À l'époque, on pouvait acheter de la 3G et accéder à Internet avec son téléphone. Nous n'étions pas autorisés à dire un mot au sujet des autorités, en particulier quand elles commettaient des erreurs, mais dorénavant il était possible de lire des critiques sur Facebook[1] et il était rassurant de constater que nombreux étaient ceux qui partageaient mon ressentiment au sujet du téléphone ou des citoyens de deuxième classe.

---

1. Facebook ne fut autorisé qu'en 2011, mais les jeunes Syriens avaient déjà appris à l'utiliser grâce à des proxys et d'autres ruses pour ne pas être identifiés.

Je considérais la Syrie comme une puissance économique, avec des tonnes de pétrole à exporter, et comme un pays attractif regorgeant de belles curiosités touristiques. Les citoyens, eux, ne voyaient jamais la couleur de l'argent. La clique du Régime possédait tout, toutes les entreprises de tous les secteurs. Rami Makhlouf, le cousin de Bachar et le roi de la corruption, détenait toutes les compagnies de télécommunications. Tout portait le nom du président : les piscines, les bibliothèques, les crèches… Tout, tout, tout ! Pour le stade, c'était trop original, il s'appelait Stade du 7-Avril, comme la date de fondation du parti Baas. Imagine-toi dans un parc d'attractions à thème, genre Disneyland, sauf que tu n'es pas le touriste qui se marre : toi, t'es Mickey ! J'avais l'impression d'être cette marionnette, ce pion prisonnier de ce *Bacharland* où s'affichait sur chaque mur un portrait du président avec son cou de girafe. Mes frustrations et mon humiliation augmentaient pour former un magma colérique, prêt à jaillir de mon volcan personnel. Pourtant, quand les Tunisiens et les Égyptiens ont manifesté, je n'ai pas songé une minute que la révolte se propagerait jusque chez nous. En revanche, quand les Syriens sont descendus dans les rues, je n'ai pas eu la moindre hésitation. Il suffisait de réfléchir à ce qui était bon pour notre pays. N'importe quel Syrien doté d'une poussière d'intelligence ou d'un gramme de conscience allait participer à cette révolution. C'était sûr.

*

Abdelqader

Les foules devant les boulangeries annoncent toujours les révolutions

L'Alépin n'avait que peu d'options dans la vie. Il pouvait aller à l'école, qui était gratuite, mais le plus souvent il n'avait d'autre choix que de la quitter à 14 ou 15 ans pour turbiner et aider sa famille. S'il avait les moyens de poursuivre des études, il se heurtait à d'innombrables obstacles. Mon père, cet homme borné, exigeait que je garde les moutons l'été, tout en visant pour moi les sommets de la médecine. Or briller n'était pas suffisant, il fallait être un génie pour accéder à la carrière de son choix. La compétition était sans pitié, et le programme intense. À la fin, la corruption décidait de tout : ceux qui avaient une *wasta*, ou qui étaient pleins de pognon, s'arrangeaient pour obtenir les sujets des examens à l'avance. Voilà pourquoi je fus relégué en section d'ingénierie agricole, alors que je vomissais tout ce qui me rappelait la verdure. L'université syrienne, c'était de la putain de merde. De l'injustice dans les grandes largeurs !

Tout le monde était trop occupé à aider sa famille, ou à continuer de vivre, pour réfléchir à ces problèmes épineux parce que, sans travail, le risque était élevé de finir errant et honteux dans la poussière des ruelles. Les mendiants n'étaient pas nombreux par chez nous, puisque trouver un toit chez un cousin était presque toujours possible, mais qu'est-ce qu'un toit quand tu ne peux plus subvenir aux besoins de ta famille, aux vêtements de ta femme, au mariage de tes enfants ?

Je ne peux pas dire avoir été frappé d'injustice. J'étais un gosse plutôt doué à l'école et la misère avait épargné les miens. Reste que nos parents avaient enfanté onze minots, ce qui limitait les possibilités de balades en famille. Pour m'égayer, je filais avec mes amis vers le nord, là où coulaient le fleuve rafraîchissant de l'Euphrate et la rivière Afrin, là où l'air était pur et l'emprise du Régime imperceptible. Le bruit de l'eau, sa couleur douce argentée nous invitaient à la rêverie. Après l'arrivée de Bachar au pouvoir, le gouvernement avait donné des signes de bonne volonté. À Alep, délaissée pendant des lustres, il nous avait même ramené les eaux de la rivière Qoueiq, dont les anciens n'avaient cessé de nous rebattre les oreilles avec ses flots diaphanes d'antan qui les avaient enchantés, mais qui, entre le laisser-aller et les sécheresses à répétition, avaient perdu toute majesté. À Alep, son lit n'était plus qu'un misérable filet d'eau puante charriant des ordures mêlées d'alluvions, pour la satisfaction des seules grenouilles qui en coassaient de joie : « Qoueiq ! Qoueiq ! » – c'était une blague locale. Quelques années avant la révolution, une canalisation fut aménagée entre le lac Assad sur l'Euphrate jusqu'au lit du Qoueiq, le tout payé par le célèbre Agha Khan. Tout fut rénové, décoré, et l'eau rejaillit dans le centre-ville. Les quartiers côtiers ressuscitèrent ainsi que les jardins maraîchers en aval, et les gens en furent revigorés. Désormais, ils longeaient la rivière Qoueiq lors de déambulations romantiques ou pour des déjeuners sur l'herbe. Les gamins batifolaient dans l'eau, nageant et s'éclaboussant en hurlant de rire. Les plus vieux affirmaient qu'autrefois la rivière avait été aussi glorieuse que le Nil égyptien et qu'ils y pêchaient des carpes étincelantes et dodues dans un méandre près du centre-ville. Il n'y avait pas de poissons dans ces eaux renouvelées, mais, même sans carpes dodues, le spectacle était réjouissant et donc très inhabituel.

En réalité, tant que les habitants étaient rassurés par le train-train quotidien, l'existence leur paraissait normale. Pour moi qui observais de mes deux yeux, cette « normalité » montrait de sacrées failles. Le prix du diesel augmentait. La queue devant les boulangeries s'allongeait. Les coupures d'électricité étaient plus fréquentes… Au fond de moi, je maudissais le Régime tout en me morfondant d'impuissance. À 14 ans, l'idée me vint d'en appeler à la toute-puissance de Dieu. Je suis donc devenu salafiste, non sans l'avoir annoncé avec solennité à mes parents, ne provoquant ni surprise ni d'ailleurs aucun intérêt pour mon engagement religieux. J'ai laissé pousser mes poils qui ont bientôt ressemblé à la barbiche d'une vieille bique, je me suis rasé la moustache, ai revêtu une *dichdacha* blanche laissant mes chevilles apparentes, et je me suis claquemuré. Jour et nuit, j'étudiais le Coran, que je connaissais déjà par cœur depuis l'âge de 6 ans, et priais Dieu qu'il m'envoie un signe, même microscopique, de Sa présence parmi nous. Il ne m'en donna jamais. Au bout de deux mois, et vu que j'étais un ado pressé, j'ai tourné le dos à la religion, coupant ma barbe et retirant ma *dichdacha* avec un profond sentiment de trahison. Ma famille n'eut pas l'air de remarquer le changement.

Après cet épisode de révolte solitaire, je me pris d'admiration pour mon grand frère. Il avait neuf ans de plus que moi et étudiait le droit. Lui et ses amis avaient l'habitude de se réunir chez nous pour jouer aux cartes. Tous étaient des intellectuels, âgés de 22 ou 23 ans, futurs médecins, architectes, avocats, ou diplômés d'autres prestigieuses spécialités. Quand ils prenaient place autour de la table – c'était en 2005 ou 2006 –, je m'asseyais parmi eux avec discrétion, fasciné par leurs joutes politiques, sans bien capter leurs arguments élaborés. En fait, plus encore que l'exemple de mon grand frère, Internet opéra un changement radical. J'ai commencé à surfer comme un dingue à partir de 2007 ou 2008, lisant tout, me renseignant sur l'histoire de mon pays et les massacres du siècle dernier. Plus je cherchais, plus j'en trouvais.

Je n'ai bientôt plus eu besoin de connaître les exactions passées pour constater que notre système était pourri jusqu'au trognon. Quelques pas dans les rues d'Alep, les yeux ouverts, suffisaient pour s'en convaincre. C'était aussi visible qu'un tarbouche au sommet du crâne. Un policier de la circulation pouvait emprisonner un conducteur ou un passant, à sa guise, sans qu'aucun délit ait été commis. J'ai assisté à de nombreux incidents de ce genre, et j'en ressentais de l'humiliation pour l'homme arrêté, pour ma lâcheté, et pour notre vulnérabilité générale face au Régime. Je me souviens aussi d'un après-midi peinard. Mon petit frère jouait avec un gamin du voisinage dans la ruelle. Ils avaient 4 ou 5 ans et le jeu s'était achevé dans le plus grand naturel, avec bagarres et sanglots de part et d'autre. La mère du voisin ne le vit pas sous cet angle, elle vint cogner à notre porte, hurlant au sujet de mon petit frère. Nous avons essayé de la calmer : après tout, ce n'étaient que des gosses qui s'amusaient. La femme ne voulut rien entendre, elle appela ses frères en renfort : des délinquants forcenés qui rappliquèrent avec la rage de ceux dont l'honneur a été bafoué sur sept générations, menaçant de casser et brûler notre maison, insultant ma mère et même son intimité. Mes frères aînés sortirent à leur tour, donnant des poings et recevant des coups. Puis, chacun repartit de son côté. Le soir, la police débarqua avec sa brutalité naturelle, embarquant mon père comme un vulgaire mafioso, alors qu'il avait charpenté toute la journée en totale ignorance de nos échauffourées de quartier.

Cette histoire est sans importance. Elle ne prouve pas que le Régime était mauvais, mais elle montre qu'un rien pouvait mener à la police ou à la prison, que le système était aberrant et dégueulasse. C'était une évidence, partout où se portait le regard. Nos médias, par exemple :

pas une chaîne de télé digne de ce nom, même pas en sport ! Quel que soit le domaine, si je comparais la Syrie à d'autres pays, elle arrivait toujours dernière. Un palmarès pathétique, une nullité affligeante.

Internet m'avait familiarisé avec la culture occidentale, mais c'est un livre cent pour cent syrien qui me guérit à jamais de ma cécité envers le Régime. Ce livre était bien sûr interdit, mais j'en avais entendu parler grâce à Barada TV[1], et j'avais téléchargé le texte en utilisant un proxy. Ce livre intitulé *Al-Qawqa'a* a été écrit par le Syrien Moustafa Khalifé qui y raconte son séjour en prison[2]. Je lisais, je pleurais, et je pleurais encore. C'était abominable. Il décrivait des choses invraisemblables dans la vraie vie et qui, pourtant, se déroulaient dans mon pays. Cela dépassait l'imagination, et pourtant je connaissais bien mon Régime. Je savais que l'innocent pouvait être envoyé de l'autre côté du soleil.

Toute ma famille pensait comme moi, même si j'étais sans conteste le plus engagé. Je critiquais même le président – pas en public, mais avec mon cousin qui était prof d'anglais, et quelques amis de confiance. En tant qu'individus, nous parlions de réformes politiques, d'élection de vrais représentants du peuple, tout en sachant que les gens ordinaires de nos quartiers n'avaient pas les mêmes priorités en tête, vu qu'ils s'inquiétaient

1. Cette chaîne satellitaire d'opposition syrienne, basée au sud de Londres, commença à émettre en 2009. Les câbles Wikileaks révélèrent qu'elle avait reçu un financement de Washington à hauteur de 6 millions de dollars. Apparentée au mouvement d'opposition politique pour la Justice et le Développement, elle est d'inspiration Frères musulmans.

2. Le récit s'inspire de l'expérience de l'auteur, qui le rédigea sous le pseudonyme Moustafa Khalifé. Moustafa Khalifé, *La Coquille, prisonnier politique en Syrie*, récit traduit de l'arabe par Stéphanie Dujols, Sindbad, Actes Sud, 2007.

surtout de leur pain quotidien. Il nous faudrait en tenir compte le jour venu.

Le « jour venu ». Je jure qu'un an et demi avant qu'elle éclate, j'ai *su* que la révolution allait nous arriver. Je m'en réjouissais à chaque nouveau problème. Certains signes ne trompent pas. Un matin semblable à tous les autres, alors que je montais dans le bus public pour me rendre à l'université, je me suis vu refuser mon ticket de transport. Le vendeur de tickets m'expliqua que le coût du diesel avait augmenté et que le gouvernement avait donc changé le prix des transports : « À partir de maintenant, mon gars, ce sera le double. » J'ai payé le double, je suis allé m'asseoir au fond du bus, et j'ai souri… Vrai ! J'étais content ! Je jubilais en moi-même : « Oh ! Cette histoire-là va provoquer du raffut : les gens vont se ruiner et finiront par protester que c'en est assez ! » Le passager suivant est monté dans le bus pour acheter son ticket. Il était choqué : « Quoi ?! Le double ! » Il n'a rien dit de mal contre le président, mais il a crié : « Putain de système ! Bande de voleurs ! Ils nous étouffent ! Ces fils de maquereaux veulent notre mort ! » Il est redescendu très fâché. Enfoncé dans mon siège, je rigolais : « Hé, hé, hé ! Ça commence… »

Le plus lamentable, c'étaient nos boulangeries. Plus de deux cents personnes s'y entassaient, dans l'attente de payer leur morceau de pain quotidien. Eh beh ! Les gens patientaient sans broncher, parfois plus de deux heures. J'étais celui de ma famille qui allait chercher le pain et j'en profitais pour surveiller les signes de mécontentement de la foule. Quand allaient-ils craquer, tous ceux-là qui, dans l'attente, étaient empêchés d'aller turbiner ? Quand allaient-ils constater que la coupe était pleine ? Car c'est une vérité universelle bien connue des historiens : les queues devant les boulangeries annoncent toujours les révolutions populaires.

*

Akil

De l'autre côté de Marjé

Parmi les dix enfants de ma fratrie, je fus le seul à aller à l'université. Cette situation était banale parmi ceux de Marjé. Gamin, j'avais été bon élève, tout comme mes frères. Leur abandon très jeunes des études n'avait pas pour cause unique la précarité, car l'éducation était gratuite et tout le monde pouvait en théorie en bénéficier. Un faisceau de circonstances permettait, ou non, aux garçons et aux filles de Marjé d'aller loin dans leurs études.

Avant tout, il s'agissait d'une décision personnelle. Apprendre nécessitait une volonté implacable et, dans nos quartiers, personne ne jugeait cela important, encore moins indispensable. Parvenus à l'adolescence, mes frères et sœurs préférèrent jouer au foot ou aux cartes et trouver un emploi au plus vite, car leur priorité était de gagner de l'argent. Comme tous les petits garçons, j'étais moi-même fan de football. Je rêvais de devenir joueur professionnel de renommée internationale. Tous les vendredis, la radio diffusait mon émission préférée, *Malaabna Al-khadra* (« Notre stade vert »), que j'écoutais avec ferveur. Par malchance, la nature ne m'a pas doté du gabarit adapté, ce que j'ai compris assez tôt car, malgré les années, je restais gringalet… Il a donc fallu que je change mes plans.

La solution m'apparut en classe de septième, lors d'une sortie scolaire dans une bibliothèque. Quel ne fut pas mon étonnement d'y découvrir un tas de magazines, dont deux étaient même consacrés au sport ! Le premier s'intitulait *Ittihad*, le second *Al-Mawqif al-riyadi*[1]. Je les ai parcourus avec passion, me remémorant les joutes enflammées des commentateurs de foot à la radio le vendredi, et décidai illico de ma nouvelle vocation : quand je serais grand, je serais journaliste sportif. Je fus par ailleurs stupéfait de trouver des magazines pour enfants. À l'Est, nous n'en avions jamais vu, ni même imaginé qu'il puisse en exister pour les enfants. À cette époque, les publications pour la jeunesse étaient au nombre de deux – *Oussama* et *Al-Tala'i* [2] –, rédigées par l'organe du Parti unique et destinées à tous les petits Syriens. Ceux de Marjé n'en avaient jamais entendu parler. Cette découverte me fit l'effet d'un coup de tonnerre. Je pris conscience qu'il existait une autre façon d'exister que celle de Marjé. J'étais avide d'en savoir plus. Tout en écumant les bibliothèques de la ville, j'ai ouvert les yeux sur cette autre réalité. J'ai étudié avec acharnement. Mon père m'encourageait la plupart du temps. Le reste de ma famille m'a toujours soutenu. Cette exploration de « l'autre côté » m'a mené de surprise en surprise. Il y avait tant de journaux, de magazines et de livres : de vastes continents inconnus, un univers infini à portée du regard !

J'ai toujours aimé les livres. Très jeune, alors que je ne savais pas encore déchiffrer l'alphabet, je me pavanais dans les ruelles de Marjé, les ouvrages scolaires de mon grand frère sous le bras. Je prétendais être ce lettré génial et précoce, sans vergogne, ainsi que font tous les petits enfants. Chez moi, je feuilletais les pages pendant des heures, hypnotisé par les illustrations et les dessins. Cette fascination trouvait son origine dans le

1. *Ittihad* signifie « union » ou « fédération » ; *Al-Mawqif al-riyadi*, « l'instant sportif ».

2. D'après le nom des organisations des jeunesses baasistes, baptisées *Tala'i Al-Baas*, « l'Avant-garde » du Baas.

bannissement de la télévision dans notre maison. La pauvreté n'en était pas responsable. Mon père l'avait interdite pour des motifs religieux. Il suivait en effet les enseignements d'un cheikh un peu bizarre, selon lequel la télévision était proscrite car non conforme aux lois du Coran. Ce cheikh n'était pourtant pas salafiste : il se prétendait soufi. Or la préoccupation du soufisme n'a jamais été d'interdire mais, bien au contraire, d'ouvrir de nouvelles voies… Quoi qu'il en soit, telle était la mentalité spéciale de ce cheikh.

Quand nous avons grandi, mon père a changé. Il a admis que regarder ou non la télévision n'était pas une question fondamentale. Il est revenu sur son interdiction, affirmant que cela n'avait rien à voir avec l'islam, sans que personne lui fasse la remarque ou lui impose cette nouvelle façon de penser. Après cela, il n'était plus vraiment soufi. Enfin, il l'était beaucoup moins – je crois. Il se contentait de jouer de son tambour de basque et de son *mazhar*, et de joindre sa voix aux *anachîd*, les chants pieux et rituels musulmans. Mais, à l'époque dont je parle, je n'avais pas la télévision, je ne savais pas encore lire, et je contemplais les livres et leurs images avec intensité.

À Marjé, beaucoup étaient imprégnés de culture soufie, à l'image de mon père qui avait un temps suivi les enseignements insolites de ce cheikh étrange. Contrairement à ce qui a pu être écrit au sujet du soufisme, dont Alep représentait une sorte de capitale, les soufis ont été maltraités par Hafez Al-Assad, en particulier à la fin de sa vie, et lors des premières années de Bachar, au profit des salafistes manipulés pour devenir des espions, comme le fameux Abou Kaakaa[1] d'Alep, et même des

1. L'un de ces mouvements salafistes est né à Alep, près de Bab Al-Nayrab. À la seconde moitié du XXe siècle, c'est au sein des tribus

terroristes. Plus tard, ils sont revenus d'Irak pour s'installer chez nous, s'empressant de couper les têtes de nos cheikhs respectés et de profaner les tombeaux de nos saints.

À la fin des années 1990, les services de sécurité défoncèrent la porte de notre maison, fouillant partout avant d'embarquer mon père pour le soumettre à un interrogatoire brutal : « Pourquoi suis-tu ce cheikh ? Que complotes-tu avec lui ? » Mon père leur répondit qu'il avait cessé de suivre les enseignements de cet homme voilà plus de cinq ans déjà. Il ignorait donc ce qu'avait pu devenir le cheikh… Franchement ! Nos Services, si prompts à jeter en prison, à torturer, à assassiner… Ils recherchaient ce cheikh et avaient mis *plus de cinq ans* à retrouver mon père, un adepte naïf et qui, surtout, l'avait quitté depuis longtemps ! Sur le plan de la seule compétence qu'ils étaient supposés avoir,

---

de ce quartier qu'émerge la confrérie Nahbaniyya (intégrée au puissant courant soufi Naqchabandi) essaimant en Irak, dans la province d'Anbar et en particulier dans la ville de Fallouja.

À la suite de l'insurrection menée par les Frères musulmans à Alep, entre 1979 et 1982, la Nahbaniyya est favorisée par les Assad au détriment des autres factions religieuses. Nombre de ses membres sont ainsi recrutés pour étoffer les forces politico-sécuritaires syriennes. La tendance est similaire en Irak, où le régime baasiste de Saddam Hussein recrute des soufis naqchabandis.

Après 2003 et l'invasion de l'Irak par les États-Unis, le gouvernement syrien ferme les yeux, voire encourage les djihadistes à rejoindre la résistance armée irakienne. De fait, les groupes les plus puissants sont le résultat d'une mixture mêlant combattants du djihad, ex-chefs de l'appareil militaire et sécuritaire irakien et soi-disant « adeptes » naqchabandis (ce courant prône le pacifisme). Le chef de l'insurrection armée de la première bataille de Fallouja, Abdallah Al-Janabi, membre de la Nahbaniyya, s'est réfugié ainsi logiquement à Alep après la destruction de sa ville par les Américains en 2004. À Alep, le plus célèbre porte-parole du salafisme combattant fut Mahmoud Koll Agaci (alias Abou Kaakaa), qui fut, selon la version officielle, abattu par ses partisans en 2007.

la collecte de renseignements, nos Services étaient des abrutis.

Quand, enfin, j'ai su lire, je me suis jeté sur chaque ouvrage disponible, avalant en quelques jours les manuels censés durer un semestre. Tous les sujets me passionnaient, y compris les mathématiques. Je n'ai pas manqué d'inspecter le bureau de mon père, mais les livres de sa bibliothèque étaient tous religieux, difficiles à comprendre et moins attrayants. Au début de l'année 2000, j'avais gravi les échelons de l'éducation. Le journalisme n'était pas enseigné à Alep, alors je suis parti à Damas pour intégrer un institut privé.

Pendant ce temps, Marjé connut des transformations faramineuses. Pour la première fois, des gens éduqués et des médecins diplômés émergèrent de notre quartier. Ils étaient même si nombreux à ouvrir des officines que la clientèle se révéla insuffisante ! Quant aux médecins qui installaient leur cabinet à Marjé, personne n'allait les consulter, excepté de rares voisins. Ils n'eurent d'autre choix que de quitter les lieux pour tenter leur chance ailleurs. Ces complications étaient liées à la mauvaise réputation qui ostracisait les gens d'Alep-Est. Aucun habitant n'osait venir consulter à Marjé. La simple perspective d'être soigné dans nos ruelles aggravait leurs symptômes ! Non seulement ces préjugés étaient nocifs, mais ils étaient injustes. Ainsi, mon oncle dirigeait une cimenterie à Alep. Un de mes cousins était pharmacien diplômé possédant son propre laboratoire pharmaceutique… Les gens travaillaient dur. Une mentalité neuve encourageait désormais aux études.

Moi, je n'ai eu d'autre choix que de partir à Damas pour devenir journaliste sportif. De leur côté, mes frères sont restés à Marjé, devenant ouvriers, peintres ou charpentiers, et ils vivaient heureux. Malgré ce qu'affirmaient les médisants, personne n'était au chômage. Bien sûr, les salaires étaient insuffisants pour acquérir un logement, mais ils n'empêchaient pas d'exister. Si ceux de Marjé étaient à la fois candides et frustes, ils n'ont jamais été dupes. Ils savaient qu'ils étaient condamnés à rester ouvriers, et qu'ils avaient mauvaise réputation.

Tout cela m'a décidé à devenir journaliste, soit la pire erreur de ma vie, puisqu'elle me vaut aujourd'hui l'exil. J'ai causé à ma famille tant de problèmes ! Je me suis causé tant de problèmes à moi-même, à cause du journalisme : j'ai parlé, j'ai écrit, je ne me suis pas tu…

La seule université de journalisme du pays se trouvait dans la capitale, j'ai donc pris le chemin de Damas. Pour financer mes études, je devins ébéniste, ce qui me rapportait un salaire appréciable ; mes parents m'aidaient aussi grâce aux revenus de leurs terres. J'ai pu louer une chambre avec d'autres étudiants. Damas n'était pas une ville ouverte envers les étrangers. Durant mes années là-bas, je n'eus qu'un seul ami damascène. Les autres étaient d'Idlib, de Hama ou de Homs.

J'ai beaucoup lu sur les cités mythiques – Damas, Bagdad, Le Caire, Istanbul ou Paris. Dans mon exil, je les ai toutes arpentées, constatant à chaque fois à quel point la réalité était divergente et bien moins exceptionnelle que ce qui avait été écrit à leur sujet. Moi qui me suis élevé et sauvé grâce à la lecture, je me suis senti trahi par les livres. J'avais accordé foi aux récits et aux descriptions des écrivains sublimant l'âme de ces villes. J'avais été convaincu par des auteurs apologétiques quant aux systèmes politiques prônant la liberté, l'égalité et, surtout, la démocratie. Leurs belles phrases se sont révélées être des exagérations, parfois des mensonges éhontés. Et puisqu'il est question de ma cité, Alep aujourd'hui disparue, j'aimerais que soit écrite la vérité sur ceux de Marjé, qui n'ont jamais eu le choix qu'entre une mort cruelle et l'abandon de leur dignité.

J'ai vécu à Damas pendant dix ans, sans ressentir sa chaleur. Jamais je n'ai eu le sentiment de lui appartenir.

La capitale ne m'a pas donné cette chance. Comment l'expliquer ? Elle était magnifique et cruelle à la fois. En tant qu'étudiant, j'y ai découvert l'expression artistique, le cinéma, et même l'opéra. J'y ai rencontré des alaouites, j'ai vu des chrétiens, des tas d'ethnies, des Syriens originaires de tout le pays. J'ai croisé des femmes voilées ou non voilées. J'y ai rencontré ma fiancée, une Irakienne qui avait fui son pays en guerre. J'y ai côtoyé une vie très différente de celle d'Alep, mais pour s'intégrer à Damas, pour lui appartenir, il fallait être riche ou puissant. J'y ai vécu, étudié, travaillé. J'y ai même accompli ma corvée militaire. Pourtant, au final, cette ville ne signifie rien pour moi.

Une fois dépensées mes économies, j'y ai connu la grande pauvreté. Puis j'ai découvert des gens plus misérables que moi dans la banlieue sud de Hajar Al-Aswad et le quartier de Taqqadom. Ceux de Hajar Al-Aswad ignoraient les aspects chatoyants de Damas, tout comme à Alep j'avais longtemps ignoré l'autre côté de ma ville, étant moi-même le fils d'un quartier misérable. Ma conviction actuelle est qu'il n'existe pas de ville meilleure que d'autres sur cette planète, et que ce qui est bon pour les êtres humains est indifférent de l'endroit où ils se trouvent. Moi, je me fiche de vivre à Bagdad, Paris ou dans un camp près de la frontière turque, si j'ai perdu ma dignité d'homme.

Quand la révolution syrienne a commencé, je me trouvais à Damas avec mon diplôme de journaliste sportif. J'avais choisi cette spécialité parce que j'étais fan de football et que, petit garçon, j'avais rêvé de devenir grand champion, avant de comprendre que je resterais gringalet. Tout en suivant avec assiduité les événements de Tunisie et d'Égypte, j'attendais que la Syrie s'éveille. J'avais lu tant de livres ! Je me considérais comme qualifié pour exercer le métier de journaliste politique. À Marjé, mon père et mes frères, qui n'étaient pourtant pas de grands intellectuels, étaient eux-mêmes très calés en politique. Malgré notre réputation d'ignares, ils regardaient Orient TV[1] et même BBC Arabic. En ces temps nouveaux, ces médias et la télévision n'étaient plus *haram*[2] pour mon père. De toute façon, à Marjé, Hajar Al-Aswad et tous les lieux misérables de Syrie, la colère couvait sous la cendre depuis longtemps.

À Damas, j'étais entouré d'amis appelant à la liberté et à la démocratie. Nous étions pleins d'ardeur. Nous avions monté une petite société secrète, composée d'intellectuels capables d'avoir une vue d'ensemble sur les événements et d'envisager la suite. En Syrie, le plus diabolique résidait, selon nous, dans le fait que chacune des décisions concernant ce pays était aux mains des services de sécurité. Nous haïssions le Régime militaire, nous haïssions la dictature. En tant que journalistes, nous revendiquions le droit de nous exprimer. En tant que Syriens, nous nous considérions comme n'importe quel autre peuple arabe : il était impossible d'aller de l'avant sans libertés.

Nous lisions beaucoup, y compris ce qu'écrivaient des auteurs arabes vivant à l'étranger ; nous rêvions d'un idéal démocratique, calqué sur l'image d'autres nations réputées libres, spécialement les pays occidentaux. Ces auteurs nous berçaient d'illusions avec leurs textes lyriques : leur Occident était le paradis. Nous voulions être comme les Occidentaux, avec leur même perfection.

1. Orient TV est la première chaîne privée syrienne apparue dans la foulée du « printemps de Damas » au début des années 2000. Fondée par le businessman Ghassan Aboud, elle commença à émettre en février 2009 et fut fermée en juillet de la même année, à la suite d'un raid destructeur des forces de sécurité syriennes. Exilée à Dubaï, elle prit position en faveur des manifestants et des prorévolutionnaires, se rendant très populaire auprès de ces derniers, au moins les premières années.

2. *Haram* : proscrit, selon la loi du Coran.

Nous piaffions d'impatience de détruire le Régime dans son intégralité, dans ses moindres rouages sociaux, économiques et politiques. Cette décision n'était pas rationnelle, nous l'avons prise sous le coup de l'émotion. Nous étions trop émotionnels, le cœur et la tête remplis de textes lyriques. Il me fallut l'exil pour saisir à quel point les écrivains avaient embelli de qualités les pays qu'ils décrivaient. Ce fut notre erreur de les croire ; en réalité, beaucoup d'idéaux avaient fleuri sur le terreau syrien, mieux adapté à notre société et à son identité particulière.

Nous avons appelé au changement avant même que la révolution n'éclate, en 2011. Les manifestations en Tunisie et en Égypte nous y ont encouragés. Nous avons alors resserré nos rangs et nos réseaux, lançant les premiers appels à la révolution sur les réseaux sociaux. En ce temps-là, il me restait à accomplir les derniers mois de ma corvée militaire. Ma tâche était bête et administrative : chaque après-midi, j'avais tout loisir de rejoindre mes camarades pour organiser des mouvements à Douma, à Harasta ou à Qadam. Lors d'une permission, je suis rentré à Alep pour un bref séjour. Je voulais y secouer les gens, les pousser à prendre avec vaillance la voie du changement absolu. Ma famille, chacun de mes frères étaient en faveur de la révolution. Autour de moi, tous étaient convaincus que nous devions transformer nos vies. C'est ainsi que tout a commencé.

*

Sami

« Bachar Al-Assad est un gros chien ! »

Au seul nom du président, mes camarades de classe s'émoustillaient comme si leur avait été annoncée l'arrivée imminente d'une foutue rock star. Jamais je n'applaudissais le nom d'Assad, que ce soit celui du père ou du fils. Plus tard, j'ai aussi refusé de m'inscrire au Parti unique, ce qui était pourtant une obligation officieuse passé l'âge de 15 ans. Les nouveaux adeptes devaient étudier les règles et les pensées profondes du parti Baas avant d'être soumis à des tests de connaissances. L'été, ils étaient envoyés dans des « camps de jeunesse » où ils se trémoussaient en uniforme tout en glapissant des sornettes gouvernementales. Plusieurs professeurs sont venus me sermonner ; j'ai tenu bon. Ils ont convoqué mon père. J'ignore ce qu'il leur a répondu, mais, à moi, il a dit : « Je n'inscrirai pas ton nom de force au Parti, tu es libre, mon fils ! » Ma famille et mon patronyme avaient cette réputation de « terroristes » auprès du Régime, alors peut-être mon refus était-il une sorte de folie. Ma décision était dangereuse, mais j'avais d'ores et déjà décidé d'éluder les conséquences possibles de mes actes.

Mes copains s'inquiétaient : « Arrête tes provocations, tu nous mets tous en danger ! » Je leur répondais : « Si vous n'êtes pas contents, dommage. C'est pareil. Si ma non-inscription au Parti vous perturbe tant, c'est que vous n'êtes pas mes amis. » J'étais devenu comme ça, têtu, méprisant le danger, de plus en plus en colère. Les Syriens étaient de foutus moutons de Panurge. Non seulement ils bêlaient à qui mieux mieux dès que le gouvernement le leur demandait, mais ils en rajoutaient une couche en s'extasiant : « Mon Dieu que c'est beau, que tout cela est parfait ! » Un jour, j'ai acheté une puce 3G pour tchater avec des étrangers au téléphone. J'étais curieux d'en savoir plus à leur sujet, sur leur mode de vie hors de la Syrie. Le lendemain, les Services ont interrogé mon père, ils voulaient la liste de ces étrangers avec qui j'avais échangé quelques mots d'adolescent. Ils l'ont menacé : « Si ton fils recommence, tu l'emmèneras toi-même au poste ! » Par Dieu, nous étions comme des moutons. « Bééééh ! » Dommage. Ceux qui, comme mon père, avaient bien connu la mentalité de Hafez Al-Assad étaient devenus des vieillards. Parfois, ils avaient trépassé. La génération suivante n'a pas bénéficié du savoir des anciens, elle n'a hérité que de leurs peurs. Son unique objectif était de protéger ses enfants et elle pensait pouvoir y parvenir en chassant toute question politique de ses préoccupations, quitte à devenir la moutonnière de l'univers.

Dans mon village de Marea, comme à Alep et dans le reste de sa province, il y avait surtout des musulmans sunnites et des chrétiens. À cette époque, les civils se fichaient pas mal des religions, tout en cultivant une certaine frustration et un sentiment d'injustice envers les seuls privilégiés du pays, qui étaient de confession alaouite. Nous ne les associions pas vraiment à un groupe religieux : on aurait pu dire « assadistes », cela aurait été plus exact. Chez nous, les alaouites étaient quelques professeures venues de Lattaquié. L'enseignement était le cadet de leurs soucis. Le collège et le lycée étaient pour elles l'occasion de concours de maquillage ou de mode. Elles s'exhibaient avec leurs tenues très chics et hors de prix, genre défilé de haute couture. On en pouffait de rire tout en grinçant des dents, vu qu'un simple ricanement se terminait en châtiment corporel. Elles passaient leurs week-ends à faire la fête. Du moins, c'est ce que nous déduisions de leur retard systématique chaque premier jour de la semaine, quand elles n'étaient pas absentes. Elles menaient la belle vie alors que leurs cours étaient minables. Mais nous ne pouvions rien dire. Ce genre de protestation aurait mené au mieux à l'engloutissement dans une prison d'Alep ou de Damas, au pire à la mort. Dommage.

Plus j'avançais dans la vie, plus je constatais que les inégalités se creusaient. Les jeunes alaouites de Lattaquié ou de Tartous, près de la mer Méditerranée, passaient leur baccalauréat et obtenaient des notes excellentes, même sans avoir rien étudié. La moitié des jeunes garçons devenaient ensuite officiers de l'armée, la moitié des jeunes filles remplissaient les universités pour devenir enseignantes ou managers. Les alaouites s'accaparaient tous les métiers. Époux et épouses avaient droit à un travail, à un salaire, à une place dans les administrations et les grandes entreprises. Ils prenaient les bons jobs et nous autres étions conscients qu'il s'agissait là d'un grand cirque, sans aucun rapport avec nos efforts ou nos capacités. Si jamais je l'oubliais, un regard vers la nuit étoilée d'Alep me ramenait à mon oncle cosmonaute, parti dans l'espace pour finir enterré vivant en Syrie parmi des petits professeurs sans avenir. Parce qu'il n'appartenait pas à la caste des privilégiés.

Ce sentiment d'humiliation était instillé par le Régime, dont le racisme éclatait à la face de tous les Syriens au moment de la corvée militaire. À l'armée, tu n'étais plus que le sunnite, le chrétien ou l'alaouite. D'un côté les alaouites, promus aux plus hautes fonctions, de l'autre les moins que rien. À la seconde où tu croisais un soldat syrien, tu savais sans l'ombre d'un doute à laquelle de ces communautés il appartenait. Si c'était un sunnite, il était chétif parce qu'il ne mangeait pas à sa faim et accomplissait les tâches les plus dégradantes, et malade de peur puisqu'il était puni sans raison à longueur de journée. Avec mon mauvais patronyme lié à l'ancienne révolution ratée de Marea, ça aurait été pure folie que d'y aller. J'avais été accepté à l'université de Homs, une ville aux proportions agréables, un bon compromis entre les champs de patates de Marea et la mégalopole alépine, ce qui m'a permis de repousser durant trois ans mon incorporation militaire. Les années suivantes, j'ai évité la corvée en soudoyant les fonctionnaires du Régime avec des sommes astronomiques. Des liasses de dollars que mon père versait pour me protéger – cinq mille dollars par an, et une fortune équivalente pour mon frère aîné. Le système était ainsi conçu, avec de la corruption au sommet et un endettement abyssal pour le commun des mortels. Ce fonctionnement dégueulasse était même désastreux pour les plus démunis d'entre nous qui n'avaient pas les moyens d'échapper au sort de troufion persécuté. Moi, je voyais bien qu'il allait finir par provoquer l'implosion du pays.

Malgré ses discours pleins d'esbroufe, Assad junior n'était pas dupe de ce qui couvait chez ses petits moutons syriens. Quand les manifs ont débuté en Tunisie et en Égypte, les étudiants ont bien senti que le président redoutait un phénomène similaire. Il cavalait à travers le pays, s'exhibant devant les caméras en figure du papa chéri des enfants dociles, acclamé par la jeunesse telle une rock star grotesque, adulé par les femmes dingues de son corps sexy de grand héron déplumé. Avec un gars d'Idlib, un autre de Damas et moi, l'Alépin étudiant à Homs, nous formions une triade révolutionnaire à l'affût du moindre changement. Nous étions persuadés que ces voyages présidentiels improvisés témoignaient de la crainte de Bachar de perdre le pouvoir que lui avait légué son foutu père. C'était l'évidence même.

Avant même l'histoire des écoliers de Deraa – dix jours plus tôt, pour être précis –, un événement se produisit dans mon village. Des enfants écrivirent sur le mur d'une école située au nord de Marea : BACHAR AL-ASSAD EST UN GROS CHIEN ! Une fois le scandale découvert, les villageois, affolés, déboulèrent au poste de police pour montrer à quel point ils étaient consternés. J'imagine qu'ils versèrent au passage une jolie fortune pour acheter le silence des autorités locales. Nos policiers étaient pour la plupart des gens de Marea. Quant au chef de la police, il était originaire d'Idlib, donc tout le monde savait qu'il détestait le président. D'un commun accord, le graffiti criminel fut camouflé sous des litres de peinture. Pour plus de sécurité, l'école entière fut repeinte du sol au plafond, à l'extérieur comme à l'intérieur. En une seule nuit sans lune, elle fut recolorée. Le lendemain, une délégation de villageois retourna au poste de police pour témoigner sa gratitude éternelle. Les policiers ont ensuite rendu visite aux vendeurs de sprays de peinture, disant : « Par Dieu, n'en vendez plus, surtout pas aux jeunes et aux enfants ! » Je suis certain que des inscriptions similaires ont fleuri sur les murs des écoles partout en Syrie, mais que la police les a cachées pour protéger les villages.

Les manifs n'avaient pas commencé, les écoliers de Deraa n'avaient pas encore eu les ongles arrachés, mais chaque Syrien avait de bonnes raisons d'être effrayé. Qu'elle soit sunnite ou non, la moitié de la population travaillait pour les services de renseignement, ce qui signifie qu'au sein même de ta maison, un de tes frères te surveillait peut-être sans amour, attendant une parole tordue ou un trébuchement pour te dénoncer aux autorités. Il va sans dire que quelques salopards ont dû se régaler de ce double jeu de traître, mais pour l'immense majorité ce n'était pas du tout une vocation. Leur rôle dans le système était l'aboutissement sordide d'une descente aux enfers organisée. Celui qui refusait d'être *moukhabarat*, simple espion ou membre de la Sûreté, était *forcément* contre le Régime et donc exposé à toutes sortes de représailles. Un nombre incroyable de professeurs étaient des espions. Je peux en parler car pendant mes études à Homs, pour gagner des sous, j'enseignais dans un institut privé. Je suis devenu expert pour les repérer : ils te harcèlent de questions, sur toi, ta famille, ils veulent te connaître avec avidité. À Homs, j'ai découvert que la majorité des profs de sport et de *qaoumiyé* était formée d'espions, en même temps que d'ignorants incapables de formuler une phrase correcte en arabe classique. Je ne dis pas que ces gens étaient stupides, mais que le Régime, lui, l'était. Il manipulait les plus fragiles, ceux qui n'avaient aucun moyen de refuser de jouer les espions : les voleurs, les délinquants, les plus endettés…

Un de mes cousins professeurs a lui-même été espion pendant longtemps, peut-être durant quinze années ; j'étais encore un enfant. C'était le fils de ma tante maternelle. Plus tard, il est tombé malade – un cancer ou une autre maladie mortelle. Je suis allé le voir et lui ai dit : « Repens-toi, car tu es responsable de la mort de beaucoup d'habitants en tant qu'espion de Hafez et de Bachar Al-Assad ! Dépêche-toi de te repentir devant Dieu, car tu t'apprêtes à partir en enfer ! » Alors, il m'a raconté. Il m'a assuré qu'il n'avait pas eu le choix, que les Services le harcelaient tous les jours au téléphone avec des menaces : « Si tu ne nous donnes pas de noms, nous tuerons ta famille ! » Il a essayé de m'expliquer, il pleurait. Je ne comprenais pas : « Si tu as de l'honneur, du caractère, si tu es humain, comment peux-tu accepter que tant de gens meurent pour préserver ta vie ? Mieux vaut ta seule mort plutôt que celle de tous les autres, de cent autres peut-être ! » Il m'a dit : « Il ne s'agissait pas seulement de ma vie, mais de celle de ma femme, de mes enfants. Je devais conserver mon salaire pour les nourrir ! Ils allaient me retirer mon métier, je me serais retrouvé nu comme un ver… » Beaucoup pensent que la lâcheté est un moindre mal. Pas moi. Mon cousin tremblait et sanglotait, et je n'en ressentais aucune peine. Telle était notre dictature : des types qui employaient tous les moyens possibles pour détruire le cœur des Syriens.

*

Karam

Mon meilleur ami

Jusqu'à ce jour, je ne connais pas mes tables de multiplication. Dans Sa bonté, Dieu créa les calculettes pour aider les gars comme moi et pour consoler leurs mères impuissantes. La méthode pédagogique des coups de baguette n'a pas été fructueuse. Mes résultats en mathématiques se sont révélés tout à fait insuffisants pour mener de hautes études en informatique, mais j'ai réussi à intégrer la faculté de droit à l'université d'Alep. Les cours avaient commencé depuis trois mois à peine et l'hiver s'installait dans la ville quand nous parvint de Tunisie une incroyable nouvelle. Un gars âgé de quelques années de plus que moi, un certain Mohammed Bouazizi, avait craqué une allumette. Il s'était enflammé en une torche humaine, déclenchant une flambée révolutionnaire dans son pays. Je me réchauffais les mains au-dessus du *sobié* de notre maison quand Orient TV annonça que le président Ben Ali s'était enfui. « Quels veinards, ces Tunisiens ! J'aimerais assez que le nôtre s'en aille aussi… », ai-je dit à mes parents. Ils ne m'ont pas répondu, préférant appeler mon grand-père à la rescousse. Il était devenu l'épouvantail de service chargé de chasser de mon esprit les espoirs et les rêves d'aventure, mais ce qui se tramait à Tunis, puis au Caire, était trop excitant. On voyait les responsables politiques étaler leur hypocrisie et leur impuissance, tandis que la jeunesse s'emparait des rues et tenait l'asphalte sans rien lâcher. Mon *jeddou* entreprit d'ajouter des détails sordides à la tuerie des habitants de Macharqah par le Régime, dont il avait été témoin, mais il était trop tard. Je ne pouvais plus détourner les yeux des manifestations arabes héroïques et de leurs jeunesses glorieuses. Je les admirais et les enviais en répétant à part moi : « Ah, si seulement notre tour pouvait arriver ! »

Ce n'a pas été notre tour, mais celui des Libyens. Tous ces bouleversements arabes ont eu une conséquence immédiate à l'université d'Alep. Elle ne se mesurait pas par l'excitation des étudiants, mais par la manière dont nous nous sommes mis à déambuler dans les couloirs, avec autant de précautions que si nous marchions sur des œufs tout juste sortis du cul d'une poule. Comme moi, beaucoup se sont créé une page Facebook sous pseudo pour commenter ces événements fabuleux que l'Occident avait décidé d'appeler des « printemps ». J'avais analysé l'histoire de grand-père sous tous les angles et je disposais désormais d'arguments solides pour contrer les injonctions de prudence qui se multipliaient à la maison. J'expliquais à mon *jeddou* : « Ta génération appartient aux temps révolus du passé. Elle ignore l'univers moderne de notre jeunesse. » Je pérorais : « Ce qui fut avant ne se reproduira pas, car nous disposons d'Internet et des réseaux sociaux. À ton époque, les tueries se sont déchaînées en raison de l'impunité totale du Régime, parce que vous ne disposiez pas des moyens d'exposer ses crimes aux yeux du monde. » Là résidait selon moi la différence fondamentale. Ma naïveté était affligeante, mais c'est ainsi que je raisonnais : « Le pire des assassins ne peut tuer quand le monde entier le regarde. Même les nazis ont cherché à dissimuler et à détruire les traces de leurs crimes. Aujourd'hui, le Régime n'osera pas tuer face aux caméras et aux médias. Il y aura des morts, bien sûr, mais les massacres du passé ne se reproduiront pas. » Derrière mes grandes paroles, je ne disposais que d'une page Facebook anonyme aux commentaires un brin intellos sur l'actualité maghrébine. L'amphithéâtre de l'université d'Alep restait amorphe.

J'étais enfant unique et ma mère m'aimait plus que tout. Cette situation impliquait davantage d'attentions et de gâteries de la part de mes parents. Mon père m'avait ainsi offert un appareil photo avec une pellicule à l'intérieur qu'il fallait faire développer dans une boutique. Chaque pellicule coûtait le prix d'un petit poulet. J'avais déjà à l'esprit que, le jour venu, si nos ruelles s'enflammaient par un Bouazizi syrien, je serais le témoin parfait. Le photographe-récolteur de preuves irréfutables. Le seul à qui j'avais confié mes espoirs et mes rêves était mon meilleur ami. Nous nous connaissions depuis la petite enfance et avions partagé nos jeux et nos secrets depuis toujours. Il était le frère que je n'aurais jamais. Je croyais qu'il m'aimait tout autant… Ce minable était à la solde des bourreaux d'Alep. La dénonciation. La première trahison. Celui qui m'envoya à la torture avant même que n'ait commencé la première manifestation sur le sol de Syrie… ce fut lui : mon meilleur ami, mon frère.

Il arriva chez moi un soir, aux alentours de minuit. Je matais un match de foot à la télé quand sa voix familière m'appela derrière la porte d'entrée : « Karam, sors de chez toi ! Descends dehors ! J'ai besoin de ton aide ! » Même pour un très bon ami, l'heure était tardive, alors je lui ai répondu : « Entre ! Assieds-toi à mon côté devant ce bon match. Explique-moi ce que je peux faire pour toi. » Il n'est pas entré, il est reparti. J'ai regardé par la fenêtre et je l'ai vu sortir de l'immeuble et parler à cinq malabars en civil portant des kalachnikovs. Leur identité n'était pas un mystère, mais le choc était terrible : les *moukhabarat* ! Avec mon meilleur ami ! Alors j'ai su que mon heure avait sonné – tout en ignorant pourquoi. J'ai préféré ouvrir notre porte en grand pour éviter qu'ils la défoncent, comme le veut leur sale coutume. Les malabars ont fouillé chaque recoin de chaque pièce, emportant l'ordinateur et beaucoup d'autres objets de notre maison, devant ma mère pâle et frémissante. Les hommes pénétraient, ils étaient maintenant une trentaine à l'intérieur. Dehors, d'autres véhicules arrivaient en faisant crisser les pneus pour bloquer chaque issue de la ruelle. Immobile devant la lumière du lampadaire renversé, la silhouette de ma mère était aussi menue que celle d'une enfant, tandis que moi, son fils unique, j'étais embarqué par trente malabars comme un terroriste tout-puissant genre Oussama Ben Laden. Ils ne m'ont pas arrêté « à la normale », mais façon kidnapping. Mains liées dans le dos et yeux aveuglés par un bandeau, jeté dans une de leurs voitures. Durant le trajet, les coups de crosse pleuvaient sur ma tête et sur ma nuque. Toujours aveuglé, j'ai été traîné dans un couloir, puis projeté en vol plané sur du béton glacé. Il y a eu un bruit de clé dans une serrure, puis plus rien. Quand j'ai pu regarder autour de moi, je me souviens d'avoir pensé : « Ça alors ! Cet endroit ressemble à une cabine de douche… » J'étais seul dans une cellule d'un mètre carré.

J'ignorais encore la raison de mon emprisonnement, mais cette incarcération solitaire était de mauvais augure. Chaque jour, matin et soir, un garde me conduisait dans une salle d'interrogatoire où je recevais ma double raclée quotidienne. J'ai fini par comprendre que ma présence en ces lieux était le résultat de mes activités « dissidentes ». Les Services m'avaient identifié grâce à la délation de mon « ami ». Ils glapissaient : « Pour qui tu travailles, fils de pute ? Si tu veux vivre, donne les noms ! » Ils m'ont montré un dossier contenant la copie de tous les échanges qui avaient été publiés sur ma page Facebook : c'était mon crime, mon impardonnable faute. Il ne manquait pas une seule de nos discussions. Je ne pouvais pas le nier, aussi leur ai-je dit : « Oui, j'avoue ! Je discutais avec des gens sur Internet. » Ce n'était pas la réponse qu'ils espéraient. Ils voulaient m'entendre dire que je travaillais pour le compte de puissances étrangères. Ils en étaient convaincus à cent pour cent. Plus que les coups, c'était ça le plus humiliant : ils me croyaient incapable de prendre une initiative ou d'avoir une opinion personnelle. Pour eux, les Syriens étaient des moutons qui ne pensent pas. S'ils parlaient ou agissaient, c'était forcément sous les ordres de quelqu'un d'autre, de préférence un de leurs ennemis réels ou imaginaires. Ils n'étaient pas seulement paranoïaques, ils étaient convaincus que les Syriens mangent, dorment et chient ; pour eux, les Syriens ne parlent pas – encore moins de politique – et ne pensent jamais. Ils étaient sincèrement choqués par le contenu de nos échanges sur Facebook : « Qui t'a fourni ces slogans ? Qui t'a transmis ces textes ? Es-tu un agent infiltré ? Combien d'argent as-tu reçu pour écrire ça ? »

Les trois premiers jours ont été les plus difficiles. Dans ma cellule grande comme une cabine de douche et sans fenêtre, l'air ne circulait pas et je suffoquais. J'étais persuadé que j'allais mourir par manque d'oxygène. Puis je me suis habitué, je me suis téléporté dans un monde imaginaire où cet endroit était mon nouveau chez-moi. La surface au sol était minuscule, mais les murs étaient très hauts. J'ai découvert qu'ils étaient couverts de petites encoches régulières gravées par d'anciens prisonniers pour compter les jours. Il y en avait des milliers du sol au plafond. Un homme était ainsi resté deux cent soixante-dix jours dans cette cabine de douche où il était impossible de s'étendre. Il ne restait plus d'espace pour moi sur ces parois et j'ignorais quel outil mes prédécesseurs avaient bien pu utiliser pour pratiquer ces encoches : les ongles, c'est le premier truc qu'on t'enlève dans les prisons syriennes. J'étais persuadé que je n'en sortirais jamais car je me trouvais dans une branche des services politiques, en cellule solitaire, avec trop de violences quotidiennes. Alors j'ai préféré perdre tout espoir plutôt que de me désespérer à additionner des journées sans liberté. J'ai lâché toute forme de résistance intérieure, devenant aussi vide que possible, comme un objet sans âme remisé dans un placard avant d'être jeté aux ordures. Je ne sais pas si c'est un réflexe humain, mais moi ça m'a aidé. Je n'avais aucune notion des heures ou des jours, je me suis mis à flotter, essayant de reconstituer le parfum de la ville en été ou la couleur exacte des yeux de ma mère.

Un jour de raclées ordinaire, j'ai appris que j'avais été condamné à six ans de prison et que j'allais être transféré dans un établissement carcéral près de Damas. Chez nous, tout le monde sait ce qu'un tel verdict signifie : j'allais être englouti dans les souterrains de la torture, sans espoir de revoir les miens. La veille de mon transfert, un miracle s'est produit. Bachar Al-Assad a prononcé une amnistie pour les activistes. J'ignorais qu'il y avait des activistes en Syrie, j'ignorais aussi que la ville de Deraa s'était révoltée et que l'armée avait tiré sur les manifestants, provoquant la colère internationale. Tout cela était arrivé pendant mon emprisonnement. Il ne s'était écoulé qu'un seul mois. Je me suis demandé si cette amnistie avait libéré des jeunes, emprisonnés à cause de la trahison de leur meilleur ami. Cette pensée était très douloureuse, même au sein d'une dictature, parce qu'elle ne renvoie pas à la brutalité d'un système, mais à ce dont nous sommes capables en tant qu'êtres humains. Celui que j'avais cru mon ami pendant près de dix-huit ans aurait dénoncé père et mère. Seuls comptaient sa mission d'informateur auprès du Régime et les sous qu'il en retirait. Il n'avait ni morale ni aucune humanité. Il avait été entraîné comme ça, dès le plus jeune âge – du genre nazi, en fait. Il s'agissait aussi d'une sorte d'assurance sur la vie : les informateurs avaient plus de chances de s'en sortir que les autres. Pour moi, sa trahison a été un choc terrible.

J'ai retrouvé les ruelles d'Alep très calmes, elles n'étaient pas encore impliquées dans le mouvement révolutionnaire qui gagnait peu à peu le pays. Les services de renseignement étaient trop puissants dans notre ville. Ils étaient aux aguets. Dans les bus, sur les places, à chaque coin de rue, partout. N'importe quel groupe, cinq jeunes discutant ensemble par exemple, était assimilé à du « terrorisme urbain » et donc embarqué puisque la loi sur l'état d'urgence[1] interdisait les réunions de plus de trois personnes. Moi, je bouillais de rage à l'intérieur, plus déterminé que jamais à voir disparaître ce système, mais, dans le match qui s'annonçait contre le Régime, je n'avais plus confiance en personne et mon arrestation équivalait à un « carton jaune ». La prochaine fois, ce serait le « carton rouge » : l'élimination directe, sans espoir de retour à l'air libre. Je devais être très prudent. J'évitais les manifestations qui se multipliaient à l'université. Il y avait là trop d'étudiants originaires de Deraa, de Homs, de Baniyas, des villes déjà à feu et à sang, qui s'organisaient la nuit dans les dortoirs du campus. Ceux-là manifestaient pour leurs familles et les Services se montraient impitoyables avec eux, les arrêtant et les attaquant sans scrupule. Ils n'ont même pas hésité à les pourchasser dans leurs chambres d'étudiants, leur tirant

1. L'état d'urgence a été instauré en 1963, après l'arrivée au pouvoir du parti Baas. Il permet des arrestations arbitraires et prive, entre autres, la population des droits de se réunir et de manifester.

dessus dans les corridors à balles réelles et les balançant par la fenêtre[1].

Je traînais ma colère dans mon quartier de Kalassé, participant aux cortèges en hurlant puis rentrant à la maison, une petite souris galopant dans le cœur, discret et silencieux pour ne pas effrayer ma mère. Au bout d'un temps, j'ai préféré ne plus me fatiguer à penser à mon délateur. La cause était plus grande que lui, qui paradait dans la ruelle avec une arme. Je n'aurais rien pu faire contre lui. Parfois je songeais : « L'opposition vaincra et ce traître sera jugé et condamné. » Finalement, il s'est enfui, il a eu de la chance. Je ne veux pas mentionner son nom : il ne mérite pas que l'on s'en souvienne.

*

HUSAIN

Le retour du père

Mon père avait réussi à me persuader qu'il était inutile d'espérer un diplôme en sciences politiques. Quand la révolution éclata en Syrie et qu'il fut emprisonné, j'étais encore inscrit en section de littérature arabe. Comme tous les étudiants, j'étais obsédé par les mouvements de protestation qui se répandaient dans le pays telle une traînée d'épices urticantes sous le nez de notre président. Je passais mon temps dehors, tâchant de réfléchir aux moyens d'y participer. Mon père réapparut un jour

1. Karam fait ici référence à un raid mené par les forces des services de sécurité du Régime à l'intérieur des dortoirs de l'université d'Alep, qui se produisit plus tard, début mai 2012. Au cours de cette intervention, quatre étudiants furent tués, dont un défenestré.

derrière son bureau, prostré à côté de sa pile brinquebalante de bouquins. La maison ne recelait pour moi plus aucun mystère : les invisibilités paternelles correspondaient aux multiples séjours qu'il avait endurés en prison, même après qu'il eut cessé ses activités politiques. Durant des années, ma mère nous avait maintenus dans l'ignorance, cherchant à nous protéger des méchancetés d'école et des commérages.

Les événements inédits dans le pays ont forcé mon père à sortir de son silence. Il m'exhortait à être plus souvent à la maison, exigeait de connaître mon emploi du temps. Il me surveillait. Il n'utilisait pas le même ton qu'auparavant. Il m'interrogeait sans cesse, avec une attitude que je ne lui connaissais pas. Par exemple, il insistait pour que je parte à la campagne m'occuper de la ferme et de nos oliviers. C'était bien la première fois qu'il m'incitait aux activités agricoles !

Un jour, il fut plus direct. Je me souviens que nous étions tous deux assis dans son bureau. Notre relation était devenue conflictuelle. Il me dit :

– À quoi tu joues, fils ? Qui t'a donné l'autorisation de traîner dans les ruelles ?

– Es-tu aveugle et sourd ? Tu ne sais donc pas ce qu'il se trame en Syrie ?!

– Si quelqu'un t'entendait parler ainsi, il penserait que tu t'égares…

– Ô *bey*, le monde est en train de changer ! N'as-tu pas appris les martyrs tombés à Deraa ?

Il poursuivit d'un ton sarcastique :

– Essaies-tu de me dire que, toi, tu fais la révolution ?

– Ouais !

Je le défiais, bien sûr. Il ne me crut pas. Au bout de quelques semaines, il revint à la charge, très en colère. Il fulminait :

– Ça suffit ! Assez de ces foutaises ! Cesse de faire l'idiot et dis-moi la vérité !

– La vérité, c'est que les slogans qui résonnaient hier à Alep et que tu as entendus puisqu'ils ont été diffusés sur Orient TV, eh bien, père, j'en suis l'auteur ! Je les ai composés sous le titre de « *Medded riqab lil-mut*[1] », et ils sont repris en chœur dans les ruelles !

Il a murmuré un truc du genre : « Et tu fais des poèmes, en plus… », puis il n'a plus rien dit. Il ne m'a pas demandé, par exemple, dans quelles conditions ces slogans avaient germé dans l'imagination de quelques-uns, avant d'être repris par les cortèges et diffusés sur Orient TV. Pourtant, cela avait été une folle aventure, menée en grand secret avec mes amis les plus chers. Il y avait là Afraa, actrice de théâtre et chanteuse à la voix de miel, et aussi Christian, un jeune musicien d'Alep. Nous nous étions donné rendez-vous dans la chambre à coucher d'Afraa, qui habitait avec sa famille à Midane, le quartier arménien d'Alep. En cachette, nous avions apporté ordinateur, micro ainsi qu'un disque dur contenant la mélodie que Christian avait composée sur son piano.

Notre symposium confidentiel s'était tenu en plein après-midi. En fait, les parents d'Afraa n'ignoraient rien de nos manigances. Son père était un vieux communiste qui trépignait de joie dès qu'il était question de manifester quelque part. Quant à sa mère, elle se foutait de tout. La petite chambre était pleine à craquer. Afraa chantait les paroles que j'avais écrites ; Christian s'occupait du mixage. Le père d'Afraa a choisi cette séquence révolutionnaire pour nous transmettre la formule du gin tonic. Il remplissait les bouteilles sur le lit de sa fille, avant de nous tendre son breuvage. Raison pour laquelle je n'ai pas pu assister à la fin de l'enregistrement. La révolution était en route et, moi, j'étais empli d'une délicieuse ivresse, à ne plus tenir sur mes jambes…

1. « Nous sacrifions nos cous à la mort ».

Quelque temps plus tard, alors que l'ambiance à Alep évoquait davantage un feu de bois mouillé qu'une flambée révolutionnaire, mon père revint – cette fois, pour m'encourager à retourner dans les cortèges. Il se mit à demander des nouvelles de la rue, quels étaient les derniers slogans, si mes amis y participaient, combien ils étaient. Il insistait : « Pourquoi n'y vas-tu pas ? N'y a-t-il donc rien qui se trame à Alep ? » Pareil avec mon frère. Dans une métamorphose aussi soudaine qu'imprévisible, mon père devint l'exact opposé de l'homme taiseux et atrophié qu'il avait été depuis notre enfance. Quand, au bout de plusieurs mois, les services de renseignement commencèrent à suivre mes déplacements à travers les ruelles, et que, comme tous les activistes, j'évitais de rentrer dormir à la maison, me réfugiant chez ma sœur qui habitait les faubourgs, mon père venait m'y rejoindre en cachette et nous dînions ensemble.

J'ai senti que je reprenais sa route là où il l'avait abandonnée, à quelques pas de l'ornière où ses idéaux s'étaient fracassés, et qu'à mon tour j'accomplissais ce qu'il avait tenté d'accomplir. Mon visage se transformait pour ressembler au sien. Dans les miroirs apparaissait son reflet. En cours de littérature, je remis au professeur mon dernier essai avant de quitter les bancs de l'université pour rejoindre la révolution. J'en avais rédigé le titre d'une main ferme et légère : *Je suis mon père*.

*

Zakariya

Rebelle adolescence

Grâce à ses stylos chinois, mon père était devenu un genre de Grand Moghol, un magnat du business. Il quitta son *hoch* derrière la Citadelle pour emménager dans les quartiers rutilants de l'Ouest, où il acheta un appart grand luxe avec climatiseur intégré. J'y partageais une chambre avec mes frères jumeaux. Ils étaient si mignons, si gentils… Doux comme des agneaux de lait. Mon père aurait pu leur déclarer au beau milieu de l'été : « Regardez, les enfants, il neige ! », ils auraient répondu : « Ah oui, c'est vrai, il neige… » Moi, j'étais l'opposé, le turbulent et le rebelle de la famille. Je piquais des crises de colère à la moindre occasion, accusant mon père de se moquer de moi et d'insulter mon intelligence. J'étais allergique à toute forme d'autorité.

Il suffisait d'une interdiction pour que je m'empresse de la transgresser. Le jour où mon père m'a défendu de fumer, je suis sorti acheter mes premières cigarettes. Il m'a sermonné parce que fumer était proscrit, je lui ai rétorqué : « Pourquoi est-ce que je ne fumerais pas, puisque j'en ai décidé autrement ? Je veux fumer, et je fumerai ! » Je l'enrageais, je le provoquais sans trêve. Délaissant mes frères obéissants à la maison, je m'évadais sur les plages de Lattaquié, festoyant avec mes amis, insouciant de tout et heureux pour un rien : une vague mousseuse caressant mes orteils, du sable doux et quelques cigarettes, le disque rouge du soleil enflammant la Méditerranée.

La nuit, je m'aventurais dans ma ville. Le plus souvent, je retournais vers mes racines à l'Est, dans le *hoch* de mon grand-père, pour y retrouver des cousins et des amis – des gars comme moi qui aimaient s'étendre sous le caroubier, boire des trucs et envoyer des ronds de fumée vers les étoiles jusqu'à ce que le ciel pâlisse devant les premières clartés de l'aube. J'étais né à l'Ouest par hasard, vu que mon père et mon grand-père étaient de l'Est, de « vrais Alépins », citoyens de souche, originaires des quartiers antiques dominés par la Citadelle, avec ce talent légendaire des khanjis pour le négoce, et la beauté de leurs patios dissimulée derrière les façades austères aux lourds portails cloutés. L'Ouest n'était qu'une excroissance sans âme de la modernité.

Malgré nos racines communes, les habitants de l'Est, et même mes cousins, me considéraient comme différent, quelqu'un de plus chanceux qu'eux, logeant dans un appart grand luxe. Rien que j'aie mérité d'ailleurs, puisque tout m'avait été transmis par mon père, après des années de son labeur. Moi, je les voyais comme des gens un peu ringards, avec leur *galabiyé* traditionnelle et leurs flip-flop en caoutchouc aux pieds. La plupart étaient pauvres, vivotant de petits boulots ingrats, si bien qu'ils n'avaient pu se payer le centième de ce que mon père m'avait offert grâce à son flair infaillible pour les nouveautés, en l'occurrence les stylos-billes. Leur univers s'arrêtait au bout de la ruelle. Beaucoup ne s'étaient jamais aventurés au-delà. Ma plus grande richesse, celle que je revendiquais, était de pouvoir festoyer avec des amis dans ce quartier, et avec d'autres dans l'ouest de la ville : en fait, j'étais le businessman des soirées.

Avec le recul, je ne pense pas avoir été un mauvais adolescent. Depuis ma naissance, j'avais la certitude que personne ne parviendrait à me contrôler et je ne comprenais pas ce principe de toujours dire non aux enfants. Mon père m'annonçait que je n'étais plus autorisé à me divertir à Lattaquié ? Je m'emportais avec insolence : « Tiens donc ? Et pourquoi, puisque je veux y aller ? » J'y allais toujours. Ma mère, elle, servait d'intermédiaire. Un ange pacificateur. Elle me protégeait, cherchant à désamorcer les conflits. Alors que je m'échappais presque tous les soirs, elle se tenait derrière notre porte, qu'elle entrouvrait à mon retour, parfois à trois ou quatre heures du matin. Vigile tendre aux yeux gonflés de sommeil, elle chuchotait : « N'entre pas, Zakariya, ton père t'attend et il est furieux… » Ou alors : « Tu peux entrer, ton père dort. Il s'est mis au lit à minuit… » Fort de cette précieuse information, quand mon père m'agressait le lendemain, exigeant de savoir jusqu'à quelle heure indue j'avais traîné dehors, je lui mentais avec affront : « Je suis rentré tôt, à minuit un quart. Tu ronflais déjà. »

J'étais ainsi, à vivre mes propres expériences, à commettre mes propres erreurs et, de tout cela, j'apprenais beaucoup. Parfois, les jumeaux me titillaient : « Notre père t'a bien torgnolé ce soir ! » Je rigolais : « Oh oui, pauvre de moi ! » Je sentais qu'ils étaient un peu jaloux, car j'agissais à ma guise tandis qu'eux-mêmes restaient prisonniers de leur obéissance. Quand j'ai eu 20 ans passés, mon père a commencé à nous ignorer, moi et mes frasques. Il devait croire que mon cas était désespéré. Il se trouve que je voulais connaître le mal pour apprendre le bien. J'avais besoin de me sortir des mauvaises manières ou des mauvaises situations, mais il était inutile de me sermonner avec gentillesse ou sévérité : je tracerais mon propre chemin. Ma plus jeune sœur était un peu comme moi, elle me comprenait. Elle avait l'esprit plus ouvert que les autres. Quant à mes frères, ils ne manquaient jamais un jour d'école, n'avaient pas d'amis, ne sortaient jamais, sauf pour visiter la famille…

La famille, nous y allions le jeudi soir. Toutes mes tantes maternelles, leurs maris, ma grand-mère (elle est morte la semaine dernière) et ma famille nous réunissions pour un grand dîner. Dès le début de l'après-midi, mes tantes s'affairaient aux fourneaux, préparant mets alépins et boissons, rivalisant d'ingrédients dans une compétition féroce pour le meilleur *kebbé*, tout en attendant que leurs hommes terminent leur journée de labeur. Quand ils arrivaient, nous partagions le repas. Avec mes cousins et mes tantes, nous jouions aux cartes jusqu'à cinq heures du mat'. Avec mes cousines, on s'amusait aux chaises musicales, on se défiait en concours de chant et de *dabké*. Depuis les premières années de ma vie, c'était la joie tous les jeudis soir.

Le vendredi était réservé à ma grand-mère paternelle. Le contraste avec la soirée de la veille était cruel. De ce côté de la famille, mes cousins avaient le sang épais, ils étaient un peu crétins. Je ne supportais pas mon oncle, qui exigeait que je lui baise la main à chacune de nos visites. Avec les années, quand j'eus mon mot à dire, je suis allé voir mon père :

– Peux-tu m'expliquer qui est ce mec à qui je dois baiser la main ?

– Insolent ! C'est mon frère aîné et tu lui dois le respect.

– Et alors ? Quand bien même il serait le frère d'un autre, ou le fils d'un roi ? Toi qui es mon père, je n'accepte de te baiser la main qu'en raison des traditions, et seulement après l'*iftah*[1] ou à l'Aïd[2]. Sans cela, jamais je ne le ferais !

– Espèce de maquereau ! Tu mériterais une rouste !

– J'ai pas besoin de ta bénédiction, *baba* ! Je m'occupe très bien tout seul de mes affaires.

Cet oncle ne cessait de me bousculer : « Ne fume pas ! N'écoute pas de musique ! » Je pestais : en quoi cela le

1. Rupture du jeûne pendant le mois de ramadan.
2. Fête de fin de ramadan.

regardait-il ? Qu'il aille donc s'occuper de l'attelage de son âne, je me chargerais du mien ! Ainsi, je décidai de ne plus voir ma famille paternelle, ou de ne jamais y rester plus d'une heure. Elle n'était pas à fond dans la religion, mais elle était aussi ennuyeuse qu'un essaim de mouches autour de la queue d'une vache, interdisant les soirées avec les femmes, les danses et la musique. Les épouses et les filles se couvraient le visage. Tout n'était qu'interdictions, traditions et patati et patata. Alors que, du côté maternel, si je demandais une clope à mes tantes, elles s'exclamaient aussitôt : « Prends mes deux yeux, *habibi* ! » et s'en grillaient une avec moi : le jeudi soir était une libération, un sourire au milieu d'un agréable visage.

Le reste de mon temps était consacré aux études, auxquelles je n'accordais qu'une importance modérée. Seule certitude : il était hors de question de finir fonctionnaire ! Mon père avait mené de brillantes études, il aurait pu être architecte, mais il avait eu son succès en montant seul son commerce de fournitures scolaires. Mon objectif était de terminer le lycée et de quitter le pays. C'est ainsi que je partis en Chine en 2010 pour aider au business paternel, avec l'idée de ne jamais remettre les pieds en Syrie : cette société, ces traditions et ce Régime qui s'empiffrait sur notre dos… Ce pays me rendait dingue. Mieux valait tenter ma chance ailleurs. Un de mes cousins s'était installé dans la ville de Quanzhou, où il avait épousé une Chinoise trois ans plus tôt. J'ai habité chez eux. J'ai commencé à apprendre le chinois et je turbinais dur, expédiant à Alep des camions débordant de marchandises. Je souhaitais rester, mais, au bout de six mois, mon père a attrapé une maladie grave et j'ai dû repartir en Syrie. Pour l'apaiser, je me suis même inscrit à l'université ; la rentrée était prévue pour l'automne 2011. La révolution est venue interrompre mes bonnes résolutions. Je sus que cet instant précis correspondait à ma véritable naissance.

Une nouvelle vie commença. Je n'avais pas peur. Je n'ai jamais eu peur de rien. Je me sentais l'âme d'un meneur, je suis descendu dans les ruelles avec des drapeaux syriens chanter dans les cortèges. À part la révolution, plus rien ne m'intéressait, de sorte que je fermais souvent le magasin dont j'avais la charge. Mon père a fini par s'en apercevoir. Il était mort de honte vis-à-vis des voisins, mais il m'a laissé faire. Un jour, il est venu me parler :

– Où passes-tu tes journées ? Qu'est-ce que tu trafiques ?

– Je manifeste.

– …

– *Habibi* mon père, nous allons faire la révolution. *Je* vais faire la révolution. La peur t'a paralysé dans le passé ; tu n'as rien fait contre les criminels de ce Régime. Moi, je vais agir !

– Ça va, mon fils, c'est très bien.

Il faut dire qu'il détestait le Régime depuis qu'il était devenu orphelin, à l'âge de 5 ans.

Une fois prise la décision d'agir, encore fallait-il s'organiser. Comment savoir en qui avoir confiance ? J'ignorais ce que pensait mon entourage ; même ceux que j'avais côtoyés toute ma vie, je n'avais aucune idée de leurs opinions. Je suis allé voir mon beau-frère Jihad peu avant qu'il épouse ma sœur, ou peut-être juste après leur mariage. Il était avant tout mon ami et je savais qu'il ne me ferait pas de mal, puisqu'il aimait ma sœur. Je lui ai dit :

– Jihad, je ne peux parler à personne d'autre qu'à toi… Sais-tu comment rejoindre les révolutionnaires ?

– Chhhhhut ! Tais-toi ! Ne prononce pas un mot de plus ! Ne dis rien de tout cela !

– Arrête, mec ! Ne fais pas ça ! Pas à moi… Dis-moi tout de suite si tu es avec ou contre ce Régime. Ne me dis pas ce qui est permis ou interdit, dis-moi simplement quel homme tu es !

C'était ma première discussion au sujet de la révolution. Alors, Jihad m'a proposé d'aller voir Madjid, un de nos amis, vendeur de prêt-à-porter dans le centre-ville, en face de la gare Bagdad. Nous sommes entrés dans son échoppe. J'ai dit : « Madjid, viens dans l'arrière-boutique. Je dois te parler d'un truc important. »

Que Dieu accueille son âme, son nom était Madjid Kerrabani !

Il m'a répondu du tac au tac : « Ouais, mec. Les manifs. Je suis prêt ! »

Plus tard, je suis allé chez un autre marchand : un fleuriste appelé Moustapha, mais que nous surnommions tous Abou Steif Al-Ward, vu qu'il vendait des fleurs. Plus tard, ce mec est devenu un chef de l'Armée syrienne libre, et il est toujours vivant ! En 2011, il vendait des bouquets pour les mariages et toutes sortes de plantes agréables. Quand j'avais rendez-vous avec une amoureuse, je passais toujours par sa boutique en plaisantant : « J'ai pas d'argent ! Donne-moi une de tes jolies fleurs, pour l'offrir à une jolie fille ! » Et il m'en donnait une. Il n'avait qu'un défaut : son paternel, officier de l'armée, originaire de Homs. Mais ce jour-là il n'était pas question de roses. Je m'étais arrêté chez Abou Steif Al-Ward pour discuter avec lui autour d'un café. Le fleuriste m'a dit qu'il voulait me faire écouter un tube à la mode. Derrière les couronnes de fleurs, la mélodie s'est envolée :

Ya heif ! Ya heif !…
Ô honte, ô douleur ! Les balles sur les gens désarmés,

Et les enfants, à l'âge des roses, pourquoi les emprisonner ?
Et toi, fils de mon pays, tu tues mes enfants
Tournant le dos aux ennemis, tu m'attaques, moi, avec ton épée.
Ô honte, ô honte ! C'est ce qui arrive à Deraa, ô ma mère ! Ô honte !
Les jeunes avaient entendu, à leur porte, la liberté
Ô ma mère, ils sont allés la célébrer

Ils ont vu les fusils, ô ma mère !
Ils ont dit : « Ce sont nos frères, ils ne tireront pas »
Ils ont tiré, ô ma mère, à balles réelles
Nous sommes morts, de la main de nos frères.
Nous sommes morts, au nom de la sécurité...

Je ne suis plus très sûr des paroles. Ce tube déchirant avait été composé par Samih Shouqeir, réputé pour ses chansons engagées sur le Golan[1]. Depuis la révolution, il en écrivait de très poignantes. J'ai fixé le nez du fleuriste :

– Eh beh ! Magnifique, mec ! Et ton père, l'officier, il en pense quoi, de tes goûts musicaux ? Ça craint pas, chez toi, d'écouter cette musique ?

– Mon père ?… T'inquiète, en tant qu'officier, c'est vraiment rien qu'une pastèque.

– Alors nous sommes dans le même camp, mec, celui des manifestants !

Le fleuriste a rejoint notre équipe. Jihad a mal réagi :

1. Le plateau du Golan est un territoire syrien, occupé et administré par Israël depuis la guerre des Six-Jours (1967). Le chanteur Samih Shouqeir est originaire de cette région.

– Ah bravo ! Un fils d'officier ! Très à propos ! C'est impossible, il faut se méfier de lui…

Je l'ai interrompu :

– M'emmerde pas avec ces niaiseries. Son père, l'officier, c'est rien qu'une pastèque.

Cécile

Beyrouth, novembre 2011 – janvier 2012

Ce fut mon tout dernier reportage : Libye, été et automne 2011. Il n'avait pas été prévu. Depuis des mois, je me préparais à une entrée clandestine en Syrie, multipliant les contacts avec des activistes pour traverser la frontière syro-libanaise. *Le Monde* m'avait déjà envoyée au Caire couvrir la révolution égyptienne et la chute de Moubarak, en janvier et février 2011. J'avais ensuite filé à Benghazi, principale ville de la Cyrénaïque libyenne, elle aussi en ébullition. S'en était suivi un retour à Beyrouth ou, plutôt, un atterrissage forcé. Ces révolutions étaient exaltantes, mais les violences du Caire et la course mortelle des armées de Kadhafi vers les fiefs de la rébellion de l'Est libyen avaient été éreintantes.

J'avais quitté la Libye quelques jours avant l'arrivée des blindés et des avions mitrailleurs qui s'apprêtaient à anéantir Benghazi et à massacrer ses habitants. Ce fut avec un soulagement immense que j'appris, au Liban, l'intervention de l'Otan, évitant une boucherie qui, quelques heures plus tôt, s'annonçait inéluctable. Le colonel Kadhafi avait juré d'écrabouiller les « rats » rebelles, « *zenga, zenga* » et « *dâr, dâr* », « ruelle après ruelle », « maison par maison ». Tous les journalistes présents dans l'est du pays avaient battu en retraite en Égypte, fuyant la menace du bain de sang. Ces considérations, factuelles à l'époque, ne s'énoncent plus guère aujourd'hui. Elles ont été passées à la moulinette d'un révisionnisme impitoyable pour aboutir au récit d'une intervention insensée – ou intéressée – qui mena la Libye à la guerre civile et au « chaos » – terme fourre-tout ayant l'avantage de provoquer l'effroi sans rien expliquer – avec des arsenaux en pagaille circulant en Afrique et menaçant l'Europe… Si les conséquences catastrophiques du soulèvement libyen sont indéniables, les lier à l'intervention militaire étrangère est un piètre raccourci intellectuel. Le désastre était en cours, inexorable. La guerre civile avait déjà commencé. Dans ce contexte, au moins *un* abominable crime de guerre a, de fait, été empêché. Quoi qu'on en dise aujourd'hui, cela aussi est irréfutable.

Beyrouth était ma base en tant que correspondante. La capitale libanaise au passé tumultueux était devenue – à la surprise de ses habitants – un havre de paix. Partout ailleurs, les secousses se succédaient, fissurant le Proche-Orient au Yémen, à Bahreïn… Oussama Ben Laden fut abattu, la nuit du 2 mai 2011, par l'armée américaine. Au Caire, les généraux égyptiens reprenaient la main sur l'opposition civile. L'Otan était intervenue en Libye. Parmi ces événements, le plus improbable se produisit à la mi-mars : les Syriens, à Deraa d'abord puis, par écho de solidarité, dans d'autres villes du pays, surmontèrent la peur qui leur avait été inoculée pendant plus de quarante ans de règne des Assad pour réclamer des changements.

Contrairement à ce qui se passait en Tunisie, en Égypte ou en Libye, les appels à la chute du Régime étaient absents ou rares en Syrie. Les slogans déclamés par les foules portaient en eux la pondération caractéristique de la culture populaire syrienne telle que je la connaissais alors, prônant pacifisme et liberté avec des métaphores et des chants souvent poétiques. C'était incroyable. Ce qui le fut beaucoup moins, c'est la brutalité avec laquelle le Régime réagit sans attendre. Une violence qui n'étonna aucun connaisseur de bonne foi du régime de Damas et qui se révéla contre-productive. À chaque mort tombé sous la mitraille, dix, cent, mille Syriens se levaient pour rallier les cortèges.

Comme tous les reporters et correspondants de la région, je m'efforçais de trouver une filière pour entrer dans le pays. J'avais réussi à passer clandestinement dans la Libye de Kadhafi, rien ne devait m'empêcher de m'infiltrer dans la Syrie de Bachar Al-Assad. Lors de ces premiers mois de révolution syrienne, les reportages les plus remarquables avaient été publiés dans les pages du *New York Times,* sous la plume du journaliste libano-américain Anthony Shadid. Lui aussi était correspondant à Beyrouth. Nous avons eu plusieurs conversations sur les modalités d'une traversée à deux de la frontière – ce qu'il avait déjà entrepris avec succès à plusieurs reprises. Ce que je n'avais pas encore tenté.

L'actualité « chaude » en décida autrement. Il fallut annuler ce projet pour partir aussi vite que possible en Libye, où la chute de Kadhafi s'annonçait imminente. Ce pouvait être l'affaire de quelques jours. Ce fut l'affaire de trois mois et le point final de ma carrière de reporter. Je pris un vol pour Djerba en Tunisie, puis la route vers Tripoli, la capitale libyenne désormais débarrassée de son tyran. Ce changement de destination avait été si soudain que j'en oubliai d'avertir Anthony. Il mourut en Syrie, en février 2012, dans un no man's land situé près de la frontière libanaise qu'il avait essayé de rejoindre à cheval, terrassé par une crise d'asthme.

Une fois en Libye, j'ai été très vite happée par la bataille de Syrte. J'étais parvenue à rejoindre une brigade de rebelles libyens baptisée « Aube du 17 février », en référence à la date du début de la révolution libyenne (17 février 2011) mais aussi au nom de l'opération américaine *Odyssey Dawn* (« Aube de l'Odyssée »), dans le cadre de l'intervention militaire étrangère dont ils estimaient qu'elle les avait sauvés. La plupart des combattants de cette brigade étaient aussi jeunes que le seraient Karam, Amir, Abdelqader et les autres quand commencerait la guerre d'Alep. Ces Libyens devinrent aussi proches que peuvent l'être des compagnons pendant une guerre. À 36 ans, j'avais largement l'âge d'être leur mère. Les leurs avaient toutes eu leur premier bébé à l'âge de 14 ou 15 ans et je crois que ces garçons me percevaient comme une figure maternelle, ou comme une tante, à qui ils pouvaient confier sans honte leurs terreurs d'enfants après les combats, ou lorsque les bombardements leur laissaient un peu de répit.

Lors des dernières semaines de la guerre, ma brigade avait été « hébergée » dans la maison d'un Syrien originaire d'Idlib, installé depuis vingt ans à Syrte, où il travaillait pour un établissement bancaire. Il disposait d'un générateur électrique permettant de suivre les informations à la télévision. Les images du conflit libyen étaient entrecoupées par d'autres, celles de l'armée syrienne tirant sur la foule en Syrie. Quelques jours plus tard, les combattants libyens se donnèrent le mot ; ils paradèrent devant les caméras avec des tricots couverts d'inscriptions en soutien aux manifestants syriens : « Attention Bachar, nous arrivons ! »

Notre logeur syrien songeait avec nostalgie à son pays natal, persuadé contre toute évidence que l'ordre et la sécurité continueraient à y régner pour l'éternité. C'était un petit homme roux, peu bavard et pas très sympathique, dont j'ai oublié le nom. Il errait, hébété, entre les murs de sa villa. Sa belle demeure avait été dévastée en quelques heures à peine par notre troupe d'adolescents qui, après des semaines d'estomacs vides, avaient entrepris de griller un dromadaire sur un barbecue improvisé au beau milieu du salon d'apparat, non loin de monticules de grenades et d'autres explosifs récupérés après les combats. Une nuit, deux obus atterrirent dans le jardin, déclenchant une riposte en règle à coups de lance-roquettes par les fenêtres de la cuisine. En découvrant les promesses de solidarité affichées sur le poitrail des rebelles libyens, j'entendis notre hôte syrien à bout de nerfs murmurer : « Pitié, pas ces fous ! »

Le quart de ma brigade d'adoption fut tué durant cette interminable bataille. Ahmed, mon fixeur, un Libyen de 21 ans qui m'avait accompagnée dans cette galère en me cachant bien qu'il venait à peine de se marier, fut abattu dans une ruelle de Syrte par une balle de sniper en pleine tête. Emballé dans un sac en plastique bleu à fermeture éclair, son corps alla rejoindre une pile de cadavres, en attendant d'être transféré par voie aérienne pour être rendu à sa famille (à qui il avait bien caché qu'il était parti travailler avec moi sur le front de Syrte). Dans l'abri reconverti en hôpital de fortune, je fus autorisée à regarder une dernière fois son visage.

Les ados libyens combattaient avec cette certitude que la mort, lorsqu'elle emportait l'un des leurs, imprimait sur les traits du « martyr » le sourire radieux de celui qui est enfin parvenu dans un monde meilleur. La figure d'Ahmed avait été défoncée en son milieu par l'impact de la balle, il arborait une horrible grimace. La photo de son visage, auréolé du sac en plastique bleu, circula sur les téléphones portables de la brigade, chacun de ses camarades s'émerveillant de la douceur infinie de son sourire et de la lumière qu'ils décelaient dans ses yeux ouverts, là où il n'y avait, au-dessus des orbites et des arcades sourcilières, qu'un pauvre trou traversant le lobe frontal, déviant l'arc de son regard, lui conférant un air au mieux étonné, au pire sarcastique. Le sang avait été lavé selon les rituels. Moi qui l'avais vu avant ce démaquillage morbide, je continuais à ne percevoir que ses traits grimés de rouge, figés et grimaçants. L'image d'un clown triste et grinçant, de ceux qui effraient les petits enfants.

Le dernier de la brigade à tomber fut abattu d'une balle dans l'estomac, quelques minutes avant l'assassinat de Kadhafi, et, donc, de la victoire. Ce dernier compagnon disparu dans la fureur de Syrte, je désertai le pays sans m'attarder. Aucune autre bataille ne m'avait autant épouvantée. Durant des semaines, j'avais retenu mon souffle pour ne pas vaciller. Jamais il ne m'avait fallu contenir autant d'émotions et de larmes. Les hommes avaient parfois épanché les leurs, la tête sur mes genoux, sanglotant en silence – et toujours en cachette – entre deux cris guerriers : il ne fallait pas entamer le moral des troupes. Un quart de la brigade avait quitté Syrte dans des sacs mortuaires, dont mon ami Ahmed. Il laissait des parents accablés, un petit frère fin prêt à se radicaliser et une veuve éplorée âgée de 17 ans. J'étais revenue chez moi, à Beyrouth, mais la Libye m'avait brisé le cœur.

Mon cœur commença par ralentir, sans que je perçoive d'autres symptômes qu'un léger vertige et une immense fatigue. Il s'assoupit un soir, aux urgences de l'Hôtel-Dieu de Beyrouth. La maladie qui me ravageait était inconnue des spécialistes, curieux et perplexes, qui défilaient sous la lumière froide des néons de l'unité de soins intensifs. Virus exotiques, bactéries chopées près des macchabées, des rats, des dromadaires, intoxication à l'uranium appauvri ou résultat d'un gaz chimique… Tous les scénarios furent envisagés sans que ne se dégage la moindre certitude. Les symptômes les plus étranges se succédaient dans l'incompréhension, voire l'affolement général. Le seul que ces énigmes médicales n'impressionnaient guère était un curé déambulant en soutane dans ce mouroir, un encensoir fumant entre les mains. Il profitait du coma profond de mon voisin, un vieillard musulman, pour le couvrir d'encens chaque matin et lui fourguer de bonnes paroles chrétiennes. Je n'avais plus de forces, mais assez de colère pour lui dire de décamper chaque fois que sa silhouette de mauvais augure se découpait devant ma porte.

La situation semblait désespérée. Mes organes s'infectaient les uns après les autres. Une infirmière testait mon sang toutes les demi-heures en hurlant « Jésus, je t'aime ! » chaque fois qu'elle enfonçait l'aiguille dans mes bras devenus mauves. Pour contrer la fièvre, les médecins m'avaient recouverte de sacs de glaçons. La température, qui ne cessait de monter, avait des effets hallucinatoires. Dans mes visions, je n'étais plus à l'hôpital mais, ailleurs, prisonnière sanglée dans un fauteuil de dentiste. Il n'y avait plus de médecins ni d'infirmières, mais un horrible dentiste fou, en blouse blanche, qui me torturait : il avait les traits de Bachar Al-Assad.

Comme toute hallucination, celle-ci n'avait rien de rationnel. Elle était en revanche très réaliste au regard de la peur que ce personnage était susceptible d'inspirer à tous ceux qui avaient expérimenté la vie sous son Régime. Cela avait été mon cas, entre 1996 et 2005, au Liban où j'avais multiplié les séjours à une époque où l'armée syrienne occupait ce pays. Plusieurs milliers de Libanais portés disparus, arrêtés ou kidnappés durant la guerre civile, sont aujourd'hui encore considérés comme prisonniers dans une prison syrienne, ou morts. En 2005, lorsque les manifestants libanais avaient chassé l'occupant, j'avais écrit des reportages sur les casernes syriennes désormais désertées du village d'Aley. Les hameaux libanais avoisinants fourmillaient de récits. Autant les Renseignements syriens inspiraient l'effroi général, autant les bidasses avaient attiré la pitié des Libanais. « Ils vivaient dans un état de dénuement terrible et étaient traités comme des chiens, m'avait confié un habitant d'Aley. Ils venaient discrètement nous dire à quel point ils haïssaient leurs officiers. » La fin de la présence syrienne au Liban ne mit pas fin à l'occupation des esprits libanais, ni à l'influence de Damas dans ce pays. En ce début de révolution syrienne, chaque groupe politique, chaque individu libanais se définissait en fonction de Bachar Al-Assad. On était pour ou contre le maître syrien, à mort.

De manière très prosaïque, dans cet hôpital libanais où je luttais pour survivre en cette fin d'année 2011, pas un examen – IRM, scanner, échographie, etc. – ne s'effectuait sans que le technicien médical me pose au préalable cette question fatidique : « Journaliste française ? Alors tu es pour ou contre Bachar Al-Assad ? » L'angoisse à la perspective qu'une mauvaise réponse puisse changer leur diagnostic m'avait poussée à trouver une parade : « Pas de politique : je suis journaliste sportive ! » Aujourd'hui, je sais qu'à la même époque, un jeune diplômé alépin du nom d'Akil décrétait qu'il abandonnait le sport pour devenir journaliste politique. Ces hallucinations ne sont qu'une anecdote, mais elles illustrent la peur que pouvait inspirer le régime d'Assad y compris chez une Européenne, certes affaiblie, mais plus protégée que n'importe quel Syrien ou Libanais : dans cet hôpital beyrouthin, le « docteur Bachar » était omniprésent.

Je survécus, sans que les médecins comprennent ni comment ni pourquoi. Je fus transférée dans une chambre d'hôpital normale, qu'il fallait partager avec une starlette capricieuse de la télévision libanaise. Une cellule familiale s'était recomposée à son chevet : des nourrissons dormaient, hurlaient, tétaient. Des enfants jouaient et se chamaillaient, des vieilles tantes commentaient leurs magazines respectifs, des cousines s'évertuaient à lui conserver sa blondeur de cheveux ainsi qu'un impeccable brushing. Quand enfin ils repartaient, le silence était gâché par les réminiscences d'odeurs écœurantes mêlant shampooing décolorant, détergents hospitaliers, sucreries et autres spécialités culinaires libanaises que la famille apportait chaque jour en quantités gargantuesques. L'heure était alors à une lutte sans merci pour déterminer qui, d'elle ou moi, obtiendrait la télécommande et donc le choix du programme télévisé. Cette fille était une garce de la pire espèce. Elle s'était plainte auprès des infirmières, exigeant que soit retiré un bouquet de fleurs posé près de ma fenêtre. La nuit, je rêvais de retrouver ma vigueur : arrachant de mon bras la grosse aiguille de la perfusion, je me jetais sur son lit pour la lui planter dans la carotide.

Dans ce contexte peu réjouissant, je n'étais pas seule. Des amis libanais, palestiniens ou syriens venaient me rendre des visites ponctuelles et réconfortantes pour lesquelles je leur resterai reconnaissante à jamais. Parmi eux, celui qui me toucha le plus fut Ahmed (il avait pour seul défaut de porter le même prénom que mon fixeur et ami libyen dont je ne parvenais pas à me remettre de la mort brutale, ni à me défaire d'un atroce sentiment de culpabilité). Cet autre Ahmed était syrien d'Alep. Nous nous connaissions depuis des années. Il travaillait comme gardien de mon immeuble à Beyrouth et nous nous entendions très bien. Depuis que les manifestations avaient éclaté en Syrie, il avait pris l'habitude de monter à mon appartement pour demander quelles étaient les nouvelles, persuadé que mon statut de journaliste impliquait une meilleure connaissance des événements, en particulier de tous les éléments qui, selon lui, étaient dissimulés à dessein par les chaînes de télévision arabes.

Ahmed vint régulièrement à l'hôpital. Il avait, presque autant que moi, l'allure d'un zombie, dévoré qu'il était par l'angoisse à la pensée de sa femme et de ses enfants laissés dans son petit village, en lisière d'Alep. Je lui dis que j'avais vu en rêve Bachar Al-Assad me torturer dans un fauteuil de dentiste. Il rigola beaucoup : il était bien connu que ce bourreau était ophtalmologue. Il était inquiet pour moi. J'étais inquiète pour lui.

À cause de ma fatigue, il menait la conversation. Il me racontait Alep telle qu'il l'avait connue. Il décrivait la beauté de son épouse et la joie de leurs fiançailles, rendues possibles après qu'il eut versé l'intégralité de ses économies en pots-de-vin à des fonctionnaires du gouvernement. Il parlait de la ville et de l'univers paysan. De son amour pour son pays et de l'impuissance de son peuple face aux injustices. Des paysages grandioses et de la pauvreté. Les médias s'entêtaient à affirmer que rien ne se passait à Alep, mais les rares nouvelles qui lui parvenaient de sa famille racontaient une tout autre histoire. Il était décidé à rejoindre les siens mais ignorait comment éviter les villes à feu et à sang qui jalonnaient la route jusqu'à Alep.

Mon attachement particulier à cette ville et à tout ce qui allait lui arriver est né lors de ces interminables journées d'hôpital, où il fut longtemps question de vie ou de mort. Pour des raisons différentes, Ahmed regardait la nuit tomber avec les mêmes angoisses que les miennes, et les aubes se lever avec les mêmes sursauts d'espérance. Des récits de mon ami syrien je n'ai presque rien retenu, excepté la musicalité de sa voix grave et l'émotion qui l'étranglait quand il évoquait pour moi son pays, son quartier, sa ruelle, sa maison et ceux qu'il aimait.

Le jour où j'ai quitté l'hôpital, Ahmed prit le chemin d'Alep. Pour lui aussi, « le mur de la peur était tombé », selon l'expression devenue familière dans la presse du moment. Les parcours ébauchés d'Akil, Husain, Zakariya et les autres montrent qu'en ces mêmes jours, situés à la toute fin 2011, ils firent fi de la terreur des anciens, la rejetant comme on se débarrasse d'oripeaux encombrants devenus obsolètes.

Plusieurs années plus tard, après la défaite et la destruction d'Alep et tandis que j'écoute les récits des grands vaincus, il me semble que cette peur a regagné du terrain. Malgré la distance imposée par l'exil, la plupart d'entre eux ont encore des proches en Syrie, qu'ils craignent de mettre en danger. La paranoïa a refait surface. Les petits cafés européens auraient-ils des oreilles syriennes ? Mes interlocuteurs n'étaient plus sûrs de rien. Sans compter le drame qui se perpétuait, là-bas, dans le pays auquel ils avaient dû renoncer.

Untel avait un meilleur ami, révolutionnaire jusqu'au bout des ongles. Ce dernier n'avait pas été envoyé « de l'autre côté du soleil », mais enrôlé de force dans un bataillon du gouvernement. Il était mort deux mois plus tard, à 25 ans, dans la bataille de Deir Ez-Zor[1]. « Ses parents ne le savent pas encore », confia-t-il. Il n'était pas question de mentionner son nom. Un autre, l'un des plus bavards, me raconta que l'un de ses proches avait été fouillé, à Alep, à un barrage tenu par l'État islamique. Dans son portable, les djihadistes avaient découvert, paraît-il, des « images porno ». À Syrte, les images porno que trimballaient les jeunes rebelles libyens étaient à peine plus osées que les pages de dessous féminins du catalogue de La Redoute. Le propriétaire du téléphone portable, un garçon de 13 ans, fut exécuté séance tenante. Il n'était pas question de retranscrire les détails de ce crime : plus qu'une preuve de la cruauté des assassins, c'était l'honneur de la famille de la victime qui était en jeu.

---

1. Deir Ez-Zor, située sur l'Euphrate au nord-ouest de la Syrie, est l'une des premières villes à avoir manifesté en masse après Deraa, en mars 2011. Fin juillet, 137 soldats firent défection. Prise à moitié par l'opposition, elle passa ensuite sous le contrôle strict de l'État islamique, qui réduisit l'importante minorité yézidie en esclavage. Deir Ez-Zor fut reprise par le Régime, le 2 novembre 2017, avec l'appui des forces kurdes et de l'aviation russe.

À chaque dictature tombée, il a été dit que du temps serait nécessaire – une ou peut-être deux générations – pour que les esprits se libèrent de la spirale infernale de la peur. Quel avenir prédire à ces jeunes Syriens sortis de l'enfer, mais dont le tyran était toujours au pouvoir, massacrant sa population en toute impunité ? Existe-t-il une transmission génétique de la terreur ? Les bébés naissent-ils avec les peurs de leurs parents ? Peut-être se produit-il un infime changement d'ADN, une transformation d'ordre darwinien pour les rendre plus résistants à un environnement paranoïaque, tel celui qu'avait façonné en Syrie la dynastie des Assad ?

Ces questions me taraudent encore au moment d'étudier de plus près le témoignage de Husain, le chercheur du réel, l'acteur de théâtre qui militait pour une expression libre. Il avait cité deux artistes alépins dont il souhaitait que le monde se souvienne : Moustapha Al-Akkad et Louaï Kayali. Le nom du premier ne m'était pas inconnu. En menant des recherches à son sujet, j'étais loin d'imaginer un destin tant rocambolesque que dramatique – de ces destinées rares que seul le Proche-Orient semble avoir le malheur d'engendrer.

L'homme a en effet acquis la célébrité en produisant le film devenu culte *Halloween*, dont le premier opus, sorti en 1978, met en scène un psychopathe découpant au couteau de cuisine de jeunes adolescents. Akkad reste considéré à Hollywood comme l'un des pionniers du cinéma d'épouvante, un genre dont le succès n'a pas été démenti. À l'époque, les observateurs perçurent dans ce film une critique cachée de la société américaine. N'y avait-il pas aussi un peu d'épouvante alépine bien réelle importée dans Sunset Boulevard ?

L'année précédente, Akkad avait réalisé un film d'un tout autre genre, puisqu'il s'agissait de relater l'histoire du prophète Mohammad. L'objectif, selon ses déclarations, était de combler les lacunes occidentales en matière d'islam et de contribuer ainsi à bâtir un pont entre Orient et Occident. Intitulé *Le Messager de Dieu*, ce film n'eut pas l'effet escompté. Le jour de sa sortie aux États-Unis, le 9 mars 1977, un groupe afro-américain se revendiquant de « l'islam hanafite », armé de sabres et de pistolets, prit d'assaut trois lieux à Washington : un building hébergeant une organisation juive, une mosquée et le bâtiment du gouvernement du district. En tout, 139 otages furent menacés par ce groupe exigeant, entre autres, la destruction du biopic « sacrilège » de Moustapha Al-Akkad. Au final, ils obtinrent un changement de titre du film devenu *Al-Rissala*, « le message », nom sous lequel il est encore visible aujourd'hui. Les négociations durèrent trente-neuf heures durant lesquelles les ambassadeurs d'Iran, du Pakistan et d'Égypte vinrent épauler la police de Washington pour persuader les ravisseurs de se rendre. L'affaire se solda par des dizaines de blessés et un mort : le journaliste radio afro-américain Maurice William, abattu d'une balle à 24 ans.

C'est peu dire que la peur, l'épouvante et les violences poursuivirent Moustapha Al-Akkad tout au long de sa vie. Né en 1930 à Alep, en plein mandat français, il mourut à Amman, avec soixante-deux autres personnes, dans les attentats-suicides qui pulvérisèrent trois hôtels luxueux de la capitale jordanienne, le 9 novembre 2005. Je m'en souviens, car j'y étais pour couvrir cet énième bain de sang régional. C'était là, devant les poussières et les bris de verre couverts de résidus humains, que j'avais pour la première fois entendu parler de Moustapha Akkad. S'il avait survécu, le producteur aurait sans doute eu son mot à dire sur la révolution et la guerre syriennes qui ont mené à la destruction de sa ville natale.

Le second artiste mentionné par Husain, Louaï Kayali, était d'une autre nature. Né un dimanche, le 21 janvier 1934 à Alep, il devint peintre et reste considéré comme le père du modernisme syrien. Son parcours s'apparente lui aussi à celui d'un artiste maudit. Les toiles qui lui ont survécu représentent une myriade de personnages : un vendeur de ballons, un petit cireur de chaussures, l'idiot du village, un vendeur de luths, des glaneurs de coton. Autant d'images qu'il est aisé de superposer aux récits d'enfance collectés auprès des Alépins. Une autre série est consacrée au petit village montagneux de Maaloula, célèbre parce que ses habitants chrétiens continuent d'y parler l'araméen. Husain m'a affirmé qu'une rue de Rome porte le nom de Louaï Kayali. Ce n'est pas impossible, car le peintre passa de nombreuses années en Italie, où il étudia à l'Accademia di Belle Arti de Florence et où il reçut maintes distinctions.

L'histoire se gâte à son retour en Syrie dans les années 1960, car l'artiste est alors victime, selon ses biographes officiels, de sa première « crise psychotique ». Les esquisses et les portraits aux couleurs tendres s'évanouissent au profit d'un style radical : des visages torturés et hurlants déformés par la peur, dans la droite filiation des personnages représentés par Edvard Munch dans ses différentes versions du *Cri*.

Étiqueté « nationaliste arabe » – comme le père de Husain qui, par une obscure magie, se mit ensuite à disparaître et réapparaître de sa maison –, Kayali aurait quant à lui été traumatisé par la défaite arabe de 1967 contre Israël. La suite de sa trajectoire est à prendre avec précaution tant elle épouse la phraséologie du Régime. De retour dans sa ville natale, il poursuivit son œuvre, décrivant les injustices qui sévissaient à Alep (selon la version officieuse) et/ou s'enfonçant dans la drogue et la folie (selon la version officielle).

Il aurait alors exigé que soient détruites toutes les toiles de sa période torturée. Le gouvernement (ou sa propre famille) se serait chargé d'exécuter aussitôt sa volonté. Louaï Kayali fut ensuite interné en hôpital psychiatrique. À la fin de l'été 1978, il se serait endormi une cigarette à la bouche qui, en tombant, enflamma le lit et le brûla vif. Transféré à l'hôpital militaire de Harasta, au nord de Damas, il y mourut le 26 décembre de la même année. « Il s'est suicidé », selon Husain et d'autres, tels que l'écrivain alépin Khaled Khalifa déjà cité. Son corps repose à Alep, dans le cimetière Al-Salihin – « le cimetière des Valeureux » –, l'un des sites funéraires les plus anciens de notre monde, qui s'étend au sud de la vieille ville autour du *maqam* Ibrahim, ancien tombeau recelant un rocher sacré associé au prophète Abraham…

LIVRE III

LA SAISON DES SHABIHAS

ABDELQADER

Ça va nous arriver !

Quand les Tunisiens se sont révoltés, j'avais depuis longtemps délaissé les champs et les moutons crasseux de mon père pour me consacrer à la politique. Mon grand frère, celui que j'admirais tant, était loin d'Alep. Ayant achevé ses études de droit, il avait dû partir à la corvée militaire. Durant son absence, j'ai perpétué son rituel : de la même façon qu'il palabrait de politique avec ses amis, je tenais conseil avec mes cousins, dont mon préféré était prof d'anglais (il fut tué quelques mois plus tard). Nous voulions *notre* révolution, tout en ignorant comment nous y prendre. Après les Tunisiens, les Égyptiens se levèrent à leur tour. Notre optimisme enflait comme des ballons de baudruche prêts à s'envoler par-dessus les toits et les minarets d'Alep… Cette explosion de liberté allait bien finir par nous arriver ! Nous étions aux aguets.

Si l'on voulait s'informer, seules les chaînes Orient TV et Barada étaient fiables, mais comme elles ne s'embarrassaient d'aucune politesse envers notre Régime, les regarder était un crime passible des châtiments habituels. Peu d'Alépins se hasardaient à braver cette prohibition, mais avec tous ces chambardements arabes, ils finirent par zapper sur l'une ou l'autre de ces chaînes sans aucune discrétion. Même mon père, qui chaque matin se rendait au siège du Parti unique pour en garder l'entrée avec sa kalachnikov offerte par le Régime, s'asseyait chaque soir devant Orient TV et Barada. Excepté mon frère aîné parti chez les militaires, la famille au grand complet était hypnotisée par les images des manifs arabes crevant l'écran. Mon père éclata en sanglots car des Égyptiens étaient tués. Ma mère observait en silence. Elle n'avait aucune inclination pour notre Régime et me laissait organiser mes petites conférences politiques. Mais elle était aussi ma mère, me retenant de ses yeux brillants et de ses suppliques : « Abdelqader, mon cœur, fais attention à toi ! Je ne veux pas te perdre ! »

Je venais d'avoir 18 ans quand les appels à la révolution fleurirent sur Facebook et les réseaux sociaux syriens. Le tout premier, intitulé « La révolution syrienne contre Bachar Al-Assad », nous convoquait le 11 février, après la prière du vendredi. Mes cousins et moi étions survoltés. Le jour dit, nous avons traversé la ville pour lancer notre révolution sur la grande place Saadallah Al-Jabri, en plein centre d'Alep. L'ambiance y était électrique, ou plutôt « électrochoc » : la place était saturée de policiers, d'agents des Services et d'un tas de mecs hirsutes. Nous avons pris peur et rebroussé chemin, vexés et piteux. En Syrie, ce vendredi-là, il ne se passa rien.

Le soir même, mon espoir se ranima car, à la télévision, les Égyptiens avaient dégagé en beauté leur président. Quelques jours plus tard, une petite manif spontanée se produisit à Damas, dans le quartier de Hariqa, bien connu pour ses vitrines exhibant soutiens-gorge sexy et petites culottes en dentelle. Les accidents, ça arrive, surtout en Syrie : en l'occurrence, un policier avait giflé le fils d'un commerçant. Les gens du souk en furent très contrariés. Ils descendirent dans la rue, scandant « *Chaab Al-Soury ma bienzal !* » (« Le peuple syrien ne se laissera pas humilier ! »). À la suite de quoi, un ministre par intérim prononça un discours débile et l'affaire en resta là. J'étais dépité… Entre-temps, un autre appel avait été lancé pour le 15 mars. Pour le coup, j'étais dubitatif, car cette date ne tombait pas un vendredi, jour de prière et de rassemblements autorisés dans les mosquées, mais un mardi. Personne ne se risquerait à transgresser la loi un banal jour de semaine. Je suis donc resté chez moi, avachi devant Orient TV. Quand, soudain, *BREAKING NEWS* : « Manifestations à Damas à l'appel du 15 mars ».

Je n'en croyais pas mes yeux ! Devant les caméras, le nombre de manifestants n'était pas phénoménal, mais leur présence était sensationnelle. J'ai bondi sur mes pieds et dévalé la ruelle. Je voulais me régaler de la joie des habitants, me réjouir avec n'importe lequel d'entre eux, célébrer ce miracle ! Dehors, les passants étaient normaux, apathiques. Personne n'était au courant de rien... Putain ! J'ai cavalé chez mes cousins. Je les ai trouvés fous de joie. Nous avons dansé la farandole, cabriolant tels des ouistitis hilares : « Ça va nous arriver ! Ça va nous arriver ! »

Ça aurait dû nous arriver dès le vendredi suivant, à la grande mosquée des Omeyyades. Ce lieu mythique était idéal pour insuffler du courage au plus grand nombre. Des copains avaient prévu de s'y rendre, chacun avec son petit groupe d'amis. En nous fiant à nos seuls effectifs, nous étions déjà trente-cinq manifestants potentiels. Cette mosquée, c'était le rêve ! Un rêve dont nous avions déjà esquissé les contours et les péripéties : après la prière, un Alépin se lèverait, brandirait son poing serré et, au cri de « Liberté ! », nous nous dresserions derrière lui, scandant et chantant. Ensemble, nous marcherions jusqu'à la place Saadallah Al-Jabri, baignés des lumières de la ville et bercés des encouragements de nos concitoyens qui nous acclameraient du haut de leur balcon, jusqu'à la victoire finale...

Mon père m'intercepta devant la maison et me secoua comme un néflier :

– Où cours-tu, fils ?

– Beh... à la mosquée des Omeyyades...

(Il n'était pas question de prières. Mon père me connaissait assez sur ce point : depuis mon expérience salafiste, j'avais perdu tout intérêt pour la religion.)

– Grand corniaud, espèce d'âne ! Tu cours à ta perte ! J'y suis passé hier en sortant du turbin : des bus bondés d'officiers des Renseignements et de la Sûreté générale t'y attendent, prêts à te cueillir telle une feuille de laitue fraîche !

– J'y vais quand même, père, j'en ai rien à foutre des connards des Renseignements.

Avec mes cousins, nous avons bondi dans un taxi. Pour la première fois de ma vie, je pénétrai dans la mosquée des Omeyyades[1] ! Elle était majestueuse et sobre à la fois, avec son minaret ciselé et son vaste *mousalla* à ciel ouvert, au pied de la Citadelle. Le sermon avait commencé. Nous nous sommes glissés parmi les croyants. Le mec à ma droite émettait des bruits bizarres. Un talkie-walkie dépassait de sa poche… Plus j'observais l'assemblée, plus je remarquais un nombre invraisemblable d'individus louches : au lieu de suivre les mouvements de la prière, ils s'agitaient avec nervosité tout en jetant autour d'eux des regards de fouine. Du haut de son minbar en bois sculpté, l'imam, qui était professeur en droit islamique, haranguait l'assistance : « Qu'avez-vous dans la tête, mes chers croyants ? Qu'allez-vous commettre, ô malheureux ? Allez-vous faire de notre pays une autre Libye ? Alors que notre président est si bon et que la vie est agréable en Syrie ? » Ce prêche m'a pulvérisé le moral et j'ai maugréé en moi-même : « Tout est foutu… Ce cheikh est un vendu ! » À la fin

1. La grande mosquée des Omeyyades fut bâtie vers l'an 715 sur le parvis d'une cathédrale, elle-même érigée sur les ruines d'un temple païen. Son minaret haut de cinquante mètres, construit par les Seldjoukides, date de 1090. Elle fut incendiée à plusieurs reprises, notamment par les Mongols. Le minbar date du XIIIe siècle.

de la prière, un jeune type très maigre, d'une vingtaine d'années, a pris la parole. Il a levé son coran en disant qu'il nous fallait être solidaires des Syriens de Deraa.

À l'instant où il a ouvert la bouche, une dizaine d'hommes en civil lui ont atterri dessus. Ça ressemblait à une mêlée de rugby avec le type maigrichon à la place du ballon. Il a été battu comme plâtre et embarqué, tout sanguinolent. Nous étions sidérés : jamais nous n'avions assisté à ce genre d'attaque à la rugbymen. Nous sommes ressortis, tête basse et désenchantés. Nous avions cru qu'une foule d'habitants viendrait manifester. Nous étions, tout au plus, une quarantaine de copains désorientés, évaluant la possibilité d'une riposte. Nous n'étions que poussière, comparés aux forces du Régime, alors nous avons renoncé, étranglés de frustration. Le soir, la télé m'informa que des cortèges avaient défilé dans tout le pays, à Deraa, Douma, Baniyas, Lattaquié… En tant qu'Alépin, je me sentais couvert d'infamie.

Les événements s'accéléraient en Syrie ; chez nous, rien n'arrivait. Les gens de Deraa avaient enterré leur premier martyr : le héros sportif Mahmoud Al-Jawabra. Quelques jours plus tard, ils organisaient un sit-in dans leur mosquée Omari. Il était minuit passé, je somnolais devant l'écran. Quand, soudain, *BREAKING NEWS* : « Les forces militaires attaquent les gens de Deraa, en leur tirant dessus dans la mosquée Omari. »

La maison était plongée dans l'obscurité, chacun roupillant avec une tranquillité d'âme et d'esprit qui me fendaient le cœur. Des Syriens tombaient sous les balles ! Alors j'ai gueulé : « Debout mon père ! Debout là-dedans ! Ils attaquent ! Les gens de Deraa meurent ! Ces salauds tuent le peuple ! » Mon père et mes frères ont rampé jusqu'à moi, m'observant avec des têtes de steaks faisandés : « Abdelqader, sale maquereau ! Ferme ta gueule ! » Ils sont retournés à leur nuit sans rêves.

Mon cœur tressautait comme un œuf frit sur la poêle ; j'ai dévalé les ruelles, cavalant à la rencontre de mes habitants chéris, révoltés au nom des morts de Deraa et à cause des fusils-mitrailleurs braqués sur notre peuple. Les rues étaient désertes… J'ai aperçu un chat tripotant une souris morte. Sinon, rien. À l'aube, j'ai filé à l'université pour interpeller les étudiants. Ils s'en fichaient ! Je pense que la peur les tenaillait, car elle transparaissait dans leurs regards vertueux. Avant la révolution, ils conversaient, rivalisant de blagues sur le Régime. À présent, tous refusaient d'évoquer le sujet, murés dans cet odieux silence. Trois semaines plus tard, une manif s'organisa près de chez moi, dans le quartier de Hellok, réputé pour les chaussures que les Kurdes y fabriquaient à tous les étages ou à même les trottoirs. Des copains furent battus comme plâtre par les Shabihas, avant d'être embarqués dans des fourgons. Les Shabihas régnaient. La ville leur appartenait. Ils surgissaient de partout. Leur saison avait commencé.

*

Anonyme, 55 ans

Le complot israélien

Comprenez-moi… J'ai essayé d'élever mes enfants au mieux, leur donnant une bonne éducation et les préservant du reste. J'appartiens à cette génération qui a vu les tanks, les hélicoptères et les parachutistes du Régime semer la mort et la terreur dans les rues d'Alep, au début des années 1980. Le vieux Hafez Al-Assad, on savait qu'il allait finir par crever, mais nous étions déjà tracassés par la suite. Celui qui figurait en grande pompe dans les cérémonies officielles, c'était Bassel, le fils aîné de Hafez. Avec ses lunettes noires d'aviateur et sa réputation d'accro à la cocaïne, il avait tout d'un voyou des montagnes ! Il avait été formé dans les Forces spéciales avec ces maudits parachutistes ! C'est pourquoi le Syrien ordinaire n'avait guère d'espoir dans l'avenir. Si bien que, lorsque Bassel se tua, à trois cents kilomètres/heure, au volant de sa Mercedes, le soulagement fut unanime. Personne dans la ville n'eut de problème à verser des larmes de crocodile sur celui que le Régime érigea en « martyr du pays, de la nation et symbole de sa jeunesse ». Quand on a su qu'à sa place c'était Bachar, le cadet, qui était préparé à la succession, nous avons espéré pour nos enfants un monde meilleur ! Comprenez-moi : ce fils-là n'était pas un militaire. Il était « docteur Bachar », médecin ophtalmologue, préoccupé comme il se doit de la santé des êtres humains. Il n'avait rien d'un voyou des montagnes, il était diplômé d'une université de Londres, Angleterre ! Un élégant en cravate qui, pour ne rien gâcher, avait épousé une femme belle et moderne, née en Europe et originaire d'une famille sunnite respectée de Homs. Nous avons cru avec sincérité que ce jeune couple charmant mènerait la Syrie vers la modernité, en rupture avec l'héritage de son satané père. Quand Bachar arriva au pouvoir, mes enfants étaient encore petits et je les ai préparés du mieux que j'ai pu, je leur ai donné une bonne éducation loin des considérations politiques du passé. Les premiers signes étaient positifs : à l'école, le treillis militaire fut enfin abandonné, remplacé par l'uniforme civil, et les cours de tir au fusil par des entraînements sportifs !

Mes enfants étaient adolescents quand éclatèrent les révolutions en Tunisie et en Égypte et, comme tout le monde à Alep, je regardais avec eux Orient TV. J'étais assis à leurs côtés lorsque la télévision nous montra les violences à Deraa, avec l'armée de Bachar tirant sans pitié sur les pauvres manifestants syriens. Mes enfants sont éduqués et intelligents. C'est pourquoi j'ai été choqué de leur réaction. Ces événements n'ont pas soulevé en eux le moindre doute : tout était mensonge. Pour mes enfants, il était évident qu'un complot israélo-américain était à l'œuvre, en vue de ruiner la Syrie et son président. Or moi qui savais que tout ce sang à la télé n'était que triste vérité, et que les militaires et les parachutistes n'hésiteraient pas à s'abattre sur la tête de mes propres enfants, comme ils s'étaient abattus sur la mienne quand j'avais leur âge, je ne parvenais pas à leur faire entendre raison… J'ai compris que j'avais commis une terrible erreur de jugement. La seule option possible pour les protéger, comme il en était de mon devoir de père, était de quitter la Syrie avec eux, et au plus vite.

*

Ryan, 39 ans

Exterminez tous ces bâtards !

J'ai une grande habitude des enfants… Avant la révolution, j'étais l'entraîneur de l'équipe de judo d'Alep, respecté des spécialistes japonais qui venaient parfois jusque chez nous pour nous montrer leurs prises phénoménales. J'avais d'excellentes relations avec mes élèves. L'été, je m'occupais encore d'enfants, dans des camps de vacances organisés par un orphelinat d'Alep appelé « S.O.S ». Les gamins, c'était mon métier, et ma vie était convenable. Outre ma passion pour le judo, je donnais des cours d'arabe et j'étais décorateur d'intérieur – un métier profitable.

J'étais certain que la Syrie entrerait en révolution. Je pensais que ce serait plus compliqué qu'ailleurs, mais je m'y préparais avec une légère euphorie. J'avais pris l'habitude d'en discuter avec mon ami Farès sur la corniche d'Al-Izaa, car là-bas nos voix étaient couvertes par les eaux de la rivière Qoueiq qui coulait en contrebas. Farès doutait qu'un changement fût possible, je lui répondais : « Bien sûr que si ! Je le sens, je le vois venir ! » Il restait perplexe, alors j'insistais : « Fais-moi confiance, ces jours-là arrivent ! Il suffit d'une étincelle. » J'étais curieux de savoir quelle serait l'étincelle qui ferait exploser notre poudrière révolutionnaire.

Sur les réseaux sociaux survint le premier appel à manifester. Le jour dit, j'étais censé étudier un projet de décoration dans un appartement situé loin de mon quartier de Boustane Al-Qasr. J'ai fait un détour par la grande place centrale Saadallah Al-Jabri, au cas où quelque chose s'y tramerait. Je l'ai traversée avec une infinie prudence, vu qu'en Syrie il est impératif de rester sur ses gardes en toutes circonstances. J'avais prévu de me fondre dans la masse d'éventuels manifestants. La place était remplie de types ressemblant à des soldats ou à des flics déguisés en gens normaux. En fait, ça empestait le traquenard… J'ai poursuivi mon chemin d'un air désinvolte. Mon regard a croisé celui d'un des types causant au talkie-walkie : « Le fils de pute avec un sweat gris, attrapez-le ! » Tout indiquait que j'étais le fils de pute en question car, le sweat gris, je le portais sur mon dos. Alors j'ai hélé un taxi pour ficher le camp. Le soir, le gouvernement déclara qu'il n'y avait aucun signe de sédition. La situation était sous contrôle de notre leader bien-aimé, tout allait bien dans le meilleur des mondes… Le peuple pouvait roupiller tranquille.

L'étincelle, ce fut les enfants : un petit môme giflé par un flic dans un souk de Damas, puis les ados torturés de Deraa. Qu'il fallait donc que ce Régime soit stupide ! Les Syriens avaient été dépossédés de tout : de leurs libertés (même si cette préoccupation arrivait loin derrière le problème de la corruption), de leurs richesses, de toute perspective d'avenir. Ils n'avaient plus goût à rien. Ne leur restaient que l'amour de leurs enfants et l'illusion de leur dignité. Alors, baffer un môme en pleine rue, sous les moustaches de son père ! Quant aux ados de Deraa, ils avaient comme nous tous entendu parler de la révolution égyptienne. Sur les murs de leur école, ils avaient écrit : « *Jay alek ad-dor ya doctor* », « Ça va être ton tour, docteur », une prédiction que beaucoup n'auraient pas osé évoquer, même en rêve. Passe encore que ces ados aient été arrêtés, réprimandés, secoués… Ils furent rendus à leurs parents les mains écorchées, les ongles arrachés et la plante des pieds brûlée par des câbles électriques ! Le plus jeune n'avait que 10 ans ! Le plus âgé, 15 ou peut-être 16 ans, la plupart étaient issus d'une tribu puissante et loyale au Régime. Les chefs tribaux partirent en délégation implorer l'*aman*, la « miséricorde », pour leur descendance, déposant leur *iqal*[1] en témoignage d'humilité et de soumission. Les Services, dans leur immense imbécillité, les ont couverts d'opprobre, les avilissant sans pitié : « Les gosses, faites-en d'autres ! Si vous n'en êtes pas capables, envoyez-nous vos femmes : on se chargera de les baiser ! »

Tu parles d'une étincelle ! Le vendredi suivant, Deraa manifestait. À Alep, les rumeurs de sévices sur les enfants couraient dans les ruelles, mais nul ne savait encore les raisons exactes de la colère des gens de Deraa. Pour moi, le peuple réclamait enfin ses droits et j'en étais heureux. Ensuite nous avons appris qu'un homme avait été tué, puis un deuxième, puis plusieurs membres des grandes tribus de Deraa. Ces événements étaient tragiques, mais la révolution était en marche. Il m'est venu à l'esprit que mon rôle consistait à parler à nos

1. L'*iqal* est le cordon de coton tressé qui maintient le *hatta*, le couvre-chef traditionnel porté par les hommes dans les tribus.

habitants, à leur expliquer l'étincelle, et l'incendie qui couvait, car beaucoup d'entre eux s'étaient barricadés dans une carapace de déni. Plus nombreux encore étaient ceux qui n'osaient rien demander, ne sachant à qui se fier. Personne ne pensait que Bachar Al-Assad était en cause à Deraa, nul ne voulait appeler à sa chute, mais tous savaient que les richesses du pays étaient accaparées par le gouvernement, en même temps que celui-ci pillait et humiliait les braves gens. Et tous voyaient que cette situation devait prendre fin.

J'ai parlé au sein de ma famille, aux amis intimes. Certains exprimaient leur désaccord, d'autres approuvaient. En même temps, j'essayais de tenir mes frères éloignés des ruelles. Ziyad, l'un des plus jeunes, qui a sept années de moins que moi, me suivait partout. Il vit aujourd'hui dans un pays du nord de l'Europe, mais, avant sa fuite et son exil, il a été emprisonné et torturé par ma faute…

Avec la répression s'abattant sur les villes de Syrie telle une épidémie mortelle, mes amis sont devenus plus nombreux à soutenir ma cause. Nous avons commencé à former des petits groupes d'activistes, des « comités » secrets qui s'organisaient à la manière de branches autour du tronc d'un arbre révolutionnaire. Les rendez-vous avaient lieu lors des prières du vendredi, si bien que les chrétiens révoltés entrèrent eux aussi dans les mosquées. D'autres demeuraient opposés à toute action, mon oncle, par exemple. La ville de Hama s'était soulevée. Les manifestants défunts jonchaient les rues, sans sépulture.

– Qu'ils soient exterminés, tous ces bâtards de Hama ! commenta mon oncle.

J'étais abasourdi :

– Toi, mon oncle ? Toi, tu es avec Assad, Celui-qui-tue-les-gens ?!

– Parfaitement ! Tu vas voir qu'à Hama Bachar va envoyer ce féroce Assef Al-Chaoukat[1]. Ah, il va bien les mater, ces foutus bâtards ! Il les châtiera comme ils le méritent !

Mon oncle soutenait à fond le Régime. J'ai perdu tout respect :

– Bien sûr, mon oncle, tu adores Assad pour l'éternité, puisque tu es un businessman ! Tu lèches les semelles de ses chaussures avec adoration pour conserver tes voitures de luxe en location. Il ne faudrait surtout pas perturber ton précieux petit business… Louer des belles voitures, c'est tellement indispensable dans la vie ! Comment peux-tu te comporter ainsi ?

Son épouse est intervenue, car elle s'étonnait avec franchise de mes propos :

– Mais enfin, de quoi tu parles ? Tu es vraiment avec ces gens qui braillent dans les ruelles ?

– Bien sûr que je suis avec eux ! De toute mon âme !

Petit à petit, elle a commencé à comprendre mes idées, tout en m'avertissant :

– Si tu descends scander dans les ruelles, tu seras blessé. Ce sera violent. Nos Services sont des brutes. Ils seront brutaux avec toi, et même avec nous, si des événements nous arrivent à Alep.

*

1. Assef Al-Chaoukat a commencé sa carrière à Hama dans la répression du soulèvement de 1982, au sein des unités spéciales de parachutistes. Il fut plus tard patron des renseignements militaires et vice-ministre de la défense au début des manifestations. Beau-frère du président Assad, dont il avait épousé la sœur aînée, il a eu avec « la famille » des relations parfois houleuses. Lors d'une dispute, en 1999, Maher (frère cadet de Bachar) lui tira une balle à bout portant dans l'estomac. Il fut tué dans un attentat visant les principaux responsables de la Sûreté du Régime, le 18 juillet 2012, à Damas.

AKIL

« Ta place est avec eux, dans la fange ! »

À partir de la révolution, chacun suivit une voie différente, de plus en plus tranchée. Ceux de Marjé, comme les autres. Beaucoup descendirent dans les ruelles, car s'était développé en eux le besoin de se sentir maîtres de leur destinée. Ils voulaient changer la vie. Certains s'extasiaient : « C'est la fin de l'esclavage ! » D'autres choisirent d'écouter le gouvernement. Ceux-là estimèrent que le Régime donnait l'eau, l'électricité, la sécurité. C'était leur droit de penser ainsi, puisque ce furent en effet les problèmes auxquels nous fûmes plus tard confrontés. Beaucoup de nos intellectuels ont regardé l'avenir sous cet angle, favorisant tranquillité et sécurité.

Parmi ceux de Marjé, où la colère s'attisait comme des braises sous le souffle chaud de la révolte, se trouvait un vieillard incarnant la sagesse et une forme de mémoire collective, en raison de son âge vénérable. Il désapprouvait ma présence dans les cortèges :

– Sais-tu, au moins, ce que le parti Baas a fait pour nous ?

Je l'ai interrogé avec respect :

– Bien, grand-père, raconte-moi… Que t'a-t-il apporté, à toi, ce Régime que nous haïssons ?

Le vieil homme me confia :

– Quand j'étais jeune, je rêvais de m'asseoir sur les bancs de l'école. Si j'osais ne fût-ce que m'attarder près de l'enceinte de l'école, les maîtres m'en chassaient à coups de pied dans mon séant, puisque j'étais fermier, fils de fermier. Leurs élèves me raillaient en meute avec jets de pierres. « Retourne à tes bêtes ! Ta place est parmi eux, dans la fange ! », qu'ils disaient. Comment crois-tu qu'il t'a été possible, à toi, seul dans ta fratrie de dix, d'étudier à l'université ?

Le vieux poursuivit :

– Quand le Parti est parvenu au pouvoir, il nous a offert *l'instruction* ! J'étais déjà trop âgé pour l'université, mais j'ai eu ma part d'éducation. Mes enfants ont pu s'asseoir derrière leurs pupitres, sans railleries, malgré notre pauvreté et malgré qu'ils aient été, tout comme moi, fils et petits-fils de fermiers. Ces bonnes choses nous ont été apportées par le Parti !

Il est vrai qu'en Syrie, le Baas avait été pourvoyeur de l'éducation gratuite pour tous. J'avais cependant une théorie personnelle : ce n'était pas comme si le président payait nos écoles de sa poche. Ma conviction était que l'éducation gratuite devait être un droit pour tous, en dehors de l'existence, ou non, du Parti unique et de la dictature. À l'aune de son histoire, ce vieillard avait pourtant raison et je ne le contredis point. Il en fut ainsi. Chacun opta pour sa propre voie, sa propre direction, selon des raisons individuelles et historiques, et cela était juste ! Les obstacles ne résidaient pas dans la diversité des opinions, mais dans la réminiscence des vieux réflexes d'asservissement. Pour notre malheur, nombre d'habitants finirent par adopter des habitudes contractées pendant un demi-siècle de dictature. Qui aurait pu leur en vouloir ? Notre société était malade ! Comme aurait pu l'expliquer mon oncle devenu chef de son laboratoire pharmaceutique, les rémissions complètes et définitives sont rares. Certains de nos habitants étaient déjà trop usés, trop abîmés pour sortir indemnes de l'unique système qu'ils aient jamais connu par la seule force de leur volonté. Sans s'en apercevoir, beaucoup ont reproduit les schémas auxquels ils avaient voulu échapper, redevenant les moutons de Panurge, imitant un leader qui pouvait décider d'être indolent le jour, révolutionnaire la nuit, et même, le lendemain, se transformer en Shabiha.

*

Sami

Sunnites & alaouites

J'aimais le ciel étoilé au-dessus des minarets d'Alep ou vu des champs de blé de Marea. Les nuits sans lune, je goûtais l'obscurité, la fraîcheur et le silence, jusqu'à ce que s'élève la voix du muezzin nous appelant à la prière de l'aube. Enfant, je n'avais pas peur du noir : j'avais été ce cosmonaute hardi toujours prêt à parcourir l'espace intersidéral. Mais ça n'avait rien à voir…

Cette fois-ci, j'étais adulte, 24 ans passés, et j'étais confronté à d'autres ténèbres. Dans un sous-sol. Où ? Quand ? Le temps avait filé sans moi. Mes yeux étaient bandés depuis trop longtemps. Mon corps, une blessure ouverte ; je puais le sang. L'air vicié ne circulait pas. On aurait dit un sépulcre. Tant qu'à mourir, j'aurais préféré être dans les bras de Dounia.

Les coups. L'interrogatoire. Ma bouche émettait des gargouillis bizarres. J'ai quand même réussi à chuchoter : « Y a quelqu'un ? Je m'appelle Sami, je suis alépin. Y aurait pas un autre homme par ici ? » Du bout des doigts, en me contorsionnant un peu des épaules, j'ai exploré le terrain. Je pianotais dans le noir. Le sol était froid et humide. J'ai pensé : « Ce doit être une cave. » Au-dessus, le pas lourd des bottes des miliciens. Quel supplice pouvaient-ils encore inventer ? Des tarentules peut-être, tapies sous la sciure ?

Dieu, ô Dieu ! J'ai cantillé des sourates. Il fallait ralentir le rythme de mon cœur. Songer à Dounia : qu'elle était belle, ma fiancée, mon adorable étudiante ! Ô Dounia, ma lune, ma folle, mon âme, mes deux yeux… Dès le premier jour, elle m'avait supplié d'éviter les ruelles. Elle avait tremblé d'inquiétude en m'avertissant : « Ils n'auront aucune pitié pour vous ! » Elle savait.

Ô Dieu, j'ai continué à manifester. Il était prévu que nous nous mariions, moi Sami le sunnite, elle, Dounia la belle alaouite. C'était notre révolution. Pas le mélange de nos religions ; on s'en foutait du nom des religions, puisque Dieu était unique. La vraie révolution, la liberté, notre mariage amoureux ! Elle et moi, à Homs, avec la bénédiction des siens, des miens et des camarades.

J'étais dans les ténèbres épaisses de cette cave et je songeais : « Dounia, ils m'ont tant torturé ! Je me demande à quoi je ressemble… Sûrement à un arc-en-ciel, au moins sur ma gueule. Je ne parle même pas du reste. Ça pue la merde et le sang. Ô Dieu, laisse-moi cantiller ton nom !

« Dounia, ceux-là qui m'ont capturé ont pris mon téléphone. Ils y ont trouvé ton nom. Ton nom de belle alaouite. Et celui du colonel, j'enseignais aussi à ses enfants. Ils m'ont mis au supplice… Ils ont hurlé : "Comment les connais-tu ? Comment est-ce possible ?" Après, ils ont cogné deux fois plus fort. Tous ces noms alaouites dans mon téléphone, c'était pour eux *la preuve* : j'étais le *terroriste* complotant contre toi, contre le colonel et tous les alaouites. J'ai protesté : "Je ne suis pas un terroriste, je suis juste professeur !"

« Alors les tortures ont commencé. Dounia, je n'ai pas résisté, pas une minute. Aussitôt j'ai gueulé : "OK ! OK ! Je suis terroriste !" J'ai pas hésité, j'ai cédé pour qu'ils arrêtent. Un milicien m'a détaché un peu. Les autres restaient nerveux. J'ai continué à parler : "Vous dites que je suis terroriste, alors OK, j'en suis un… S'il vous plaît, appelez ce colonel alaouite dont vous avez trouvé le nom dans mon téléphone. Lui vous expliquera qui je suis. S'il répond que je suis terroriste, alors qu'il en soit ainsi." "On va y réfléchir", qu'ils m'ont dit.

« *Les miliciens réfléchissent !* On dirait une blague bourrée d'absurdité, comme les apprécient ceux de Homs. Dounia, si je sors de ce sépulcre, je t'emmènerai voir les étoiles à Alep. La grande ville est restée bien tranquille : les riches ont trop à y perdre pour accepter la révolution. Je te montrerai les vieilles venelles de l'Est, là où se déroule la vraie vie. Et la colline sous la Citadelle, où Ibrahim, le père de tous les croyants, offrait le lait de sa vache blonde, au creux de ses mains. »

Cette cave empestait le caveau. Je tâtonnais sans oser m'asseoir, à cause de cette idée des tarentules que je m'étais mise dans la tête. J'ai encore chuchoté : « Hé ho ! Y a quelqu'un ? » Sous mes doigts, j'ai senti le bras d'un homme. J'ai tressailli. Il était roide, il était froid, il était mort. Dans la cave, il y avait deux cadavres aux yeux bandés.

*

Abdelqader

La saison des Shabihas

À Alep, personne ne connaissait la signification du mot « Shabiha ». Sur la côte, en revanche, dans des villes comme Tartous, Baniyas ou Lattaquié, ce terme était de notoriété publique. Si bien que, lorsque les manifs gagnèrent nos rives méditerranéennes, Al-Jazira et Orient TV furent étonnées de cette présence perpétuelle, dans les témoignages syriens, de Shabihas battant les manifestants comme plâtre, les aplatissant à coups de matraque et les dézinguant sans pitié. Ayant longtemps turbiné sur la côte, un de mes frères était fin connaisseur du sujet. Il m'expliqua que ces brutes étaient des gangsters proches de la famille Assad, organisés en milices régnant sur les trafics de contrebande. Leurs énormes biceps étaient recouverts de tatouages à la gloire du Régime. Ils dévalaient en trombe des montagnes à bord de Mercedes-Benz aux vitres teintées – des Mercedes-Benz de type « Shabah », dont les coffres profonds étaient commodes pour dissimuler les corps de ceux qu'ils kidnappaient ou assassinaient. En raison de ce moyen de locomotion, les chevaucheurs de Shabah avaient été surnommés « Shabihas » par les Syriens de la côte.

À Alep, comme d'habitude, rien ne se déroulait comme dans le reste du pays. Ailleurs, ces milices appartenaient à la communauté des alaouites, perchés dans leurs villages du djebel. Par conséquent, leurs forfaits sur la côte suscitaient la haine raciale. Dans notre ville, les Shabihas apparurent dès les premières tentatives de manif, hantant nos places et nos ruelles, sauf qu'ils étaient les fils de tribus bien de chez nous : ils appartenaient à deux ou trois grandes familles de la province d'Alep, qui avaient toujours soutenu le Régime en échange de divers privilèges, dont le plus risible consistait à avoir des représentants au Parlement – comme si le droit de vote s'y exerçait. Le Régime recruta parmi eux plusieurs milliers de mercenaires qui reçurent un seul mot d'ordre : « Que le calme règne à Alep ! » La méthode pour y parvenir était laissée à leur imagination scabreuse. La réalité alépine était d'une complexité sans limites car, au sein même de ces grandes tribus, se trouvaient des individus courageux et dignes, qui rejoignirent sans attendre les rangs révolutionnaires, au risque d'être ostracisés par les leurs.

Les Shabihas devinrent vite identifiables sans ambiguïté : tandis que nous rasions les murs, ils se rasèrent le crâne, tout en cultivant sur leur menton d'horribles touffes. Ils répandaient la panique, se permettant tout et n'importe quoi, y compris des coups de poignard dans le ventre des adolescents. Ils s'emparèrent de logements et se construisirent des habitations en ville sans permis ni enregistrement auprès de l'administration, avec une prédilection pour le quartier de Bab Al-Nayrab. Pour contrebalancer la terreur qu'ils provoquaient, le Régime inaugura une « stratégie de la relaxation », fermant les yeux sur presque tous les délits commis par les habitants. Cette politique étrange donna lieu à des scènes inédites de mémoire d'Alépin : une voiture grillait un feu rouge devant un agent de police. Si celui-ci ordonnait l'arrêt du véhicule, on pouvait voir le conducteur freiner, le temps d'abaisser sa vitre, sortir la tête et vilipender le flic : « Pour qui tu te prends, sale fils de pute ?! », puis redémarrer dans une pétarade de gasoil. Au début, même quand un manifestant était arrêté à Alep, il n'était pas trop mal traité. Il était battu comme plâtre et un peu torturé, mais ne restait pas enfermé plus de quinze jours ou un mois dans les sous-sols. Les forces de l'ordre s'efforçaient, elles aussi, de ne pas donner aux gens trop de raisons de s'insurger. La plupart du temps, elles s'abstenaient de tirer sur les manifestants, visant au-dessus de la tête. Résultat : alors que, partout ailleurs dans le pays, les manifs viraient à l'enfer, il ne se passait presque rien à Alep…

Le plus choquant, du reste, n'était pas la violence des Shabihas, car ils n'étaient que des créatures sordides engendrées par la mentalité tordue de notre Régime. Bien pire fut la réaction d'habitants ordinaires. En juin 2011, nous étions ainsi parvenus à former un attroupement d'une cinquantaine de personnes à Jabariyé, un quartier central. Les commerçants se précipitèrent hors de leurs boutiques de vêtements chics importés, se jetant sur nous avec ceintures, bâtons et couteaux de boucher. Un pauvre gars s'écroula sur l'asphalte. Ils le cognèrent avec tant de haine qu'il en fut tout ensanglanté. Ils s'acharnèrent sur lui, sans aucune compassion, comme s'il avait été *l'ennemi*, et non un de leurs concitoyens ! Comble de l'absurdité, les forces de l'ordre intervinrent pour stopper l'étripage. Le jeune gars était en train de décéder.

Ces gens-là n'avaient pas été recrutés par le Régime, pourtant ils faisaient preuve d'un zèle sans faille. Ils étaient des putain d'habitants ordinaires, attaquant des jeunes qui chantaient la putain de liberté… Certes, ce n'étaient pas de grands intellectuels. Ils étaient mal informés, avec un accès limité aux chaînes satellitaires, et se laissaient embobiner par la télé officielle. Certes, la situation à Alep était moins lamentable que celle d'autres provinces, moins exécrable que dans l'est du pays, où les Syriens dépérissaient de sécheresse. Chez nous, le chômage était moindre, mais il y avait tant d'injustices, de souffrances, de pauvreté. Une génération entière ne supportait plus d'être privée du simple droit de rêver. Le monde était en train de changer, et ces gens-là ne voyaient rien du tout.

Dès les premiers jours, le Régime a enfumé les citoyens avec des discours assimilant les manifestants à des terroristes, des conspirateurs à la solde d'Israël, ou des extrémistes islamistes dont la seule obsession aurait été de réduire le pays en un tas de déchets. Quand je songe à nos malheurs et aux destructions massives perpétrées plus tard par le Régime, je suis pris de vertige face à tant d'aberrations… « Terroristes », « comploteurs », « extrémistes » sont les mots exacts que prononça Bachar devant ces ballots de députés, alors qu'il menaçait le peuple : « Si nous sommes forcés à la bataille » – et par *bataille*, il voulait dire *révolution* –,

« nous sommes prêts[1] ! » Pas une phrase au sujet de la réconciliation, de l'abrogation de la loi sur l'état d'urgence, des prisonniers politiques… Son putain de discours se résuma à quarante-cinq minutes de blablas, et quatre-vingt-dix minutes d'applaudissements. Dès le début, il avait prévenu qu'il ne lâcherait rien !

Ce lavage de cerveaux via la télé officielle était réel, mais de là à déchaîner cette cruauté dans notre ville, dans nos quartiers, de la main de nos propres voisins ! Avec ou sans télé, les habitants l'avaient sous leurs yeux, la stricte vérité : nous étions devant eux, sous le ciel opalin d'Alep. Nous étions pacifiques, de la manière la plus claire et la plus ostensible qui soit. Peut-être s'inquiétaient-ils de leur avenir financier, mais cette explication ne suffit pas. Elle ne pourra jamais suffire. L'autre raison, l'affligeante évidence, c'est que ces braves gens étaient aussi de braves cons ! À mon avis, c'étaient même des putain de salopards, quels que soient leurs motivations profondes et les méandres de leur psychologie. Car nous étions quelques dizaines à cheminer, les mains nues, dans les rues sinueuses de la ville, chantant « Pacifisme », « Liberté », « Nous ne voulons plus être humiliés », « Solidarité avec Deraa » ou toute autre ville syrienne ensanglantée, tandis qu'eux se déchaînaient avec ceintures et gourdins ! Pendant que

1. Allusion au discours du 30 mars 2011 du président Assad, et à cet extrait en particulier : « Mettre fin à la sédition est un devoir national, moral et religieux ; et tous ceux qui pourraient contribuer à y mettre fin sans oser le faire sont part de cette sédition. Selon le saint Coran, "la sédition est pire que le meurtre", donc tout ceux qui y sont impliqués intentionnellement ou non contribuent à détruire leur pays. Il n'y a pas de compromis ou de juste milieu dans pareille situation. Ce qui est en jeu, c'est le salut de la patrie face à une immense conspiration. Nous ne cherchons pas la bataille, les Syriens sont un peuple pacifique, mais nous n'avons jamais hésité à défendre nos causes, nos intérêts et nos principes, et si nous sommes forcés à la bataille, nous la mènerons »

la police évacuait le petit gars moribond, le traînant par ses chaussettes à l'écart de l'asphalte, je me suis dit en moi-même : « Abdelqader ! Tu viens d'assister à une réalité inattendue qu'il te faut prendre bien en face... » J'ai été pris de nausées.

En tant qu'activistes, cette réalité nous mena à la conclusion qu'il serait impossible de réitérer à Alep les rassemblements qui se multipliaient partout ailleurs. Il nous fallait coopérer sous le sceau du secret. Dans chaque quartier se constituèrent des cercles restreints et fermés, n'incluant qu'une poignée de proches de toute confiance : des « comités locaux » avec pour seul contact un responsable de liaison. J'étais moi-même l'un de ces messagers au rôle stratégique. La plupart de nos leaders étaient médecins, ingénieurs... des gens éduqués. En quelques jours, nous avons constitué un réseau de vingt à vingt-cinq comités. Les mots d'ordre se diffusaient via Skype dans un langage codé basique, du genre : « Et si on allait dîner à cet endroit, à telle heure ? » Dès lors, les manifs furent plus régulières et mieux organisées. Ma vraie première manif eut lieu en juin 2011 : elle dura trois minutes. Après quoi, les Shabihas nous tabassèrent avec des battes de base-ball. Jusqu'à cette date, personne n'avait été tué à Alep. Le cortège suivant devait partir de la mosquée Aamné, située dans le quartier de Seif Al-Daoulé. Cette mosquée était le point de ralliement pour ceux qui n'étaient pas connectés au réseau des comités. Le vendredi, beaucoup s'y retrouvaient, y compris des villageois en provenance du rif. Ici tomba le premier martyr d'Alep : Mohammad, un étudiant, non pas abattu d'une balle gouvernementale, mais poignardé par un Shabiha chauve et barbu, devant les portes de la mosquée. Sa dépouille fut confisquée par le gouvernement qui, avec sa magnanimité coutumière, consentit à la restituer à la famille. Celle-ci s'était en effet résignée à déclarer qu'un gang de terroristes avait trucidé Mohammad. Les funérailles ne furent pas autorisées.

Nous avons alors lancé un appel désespéré, baptisé « Volcan d'Alep[1] ». Cette manif volcanique devait enflammer la ville jusqu'à l'université, mais les Services et ces pervers de Shabihas étaient partout en embuscade. Six ou sept camarades prononcèrent « Liberté », avant d'être matraqués et empilés dans les fourgons. Le Régime avait sorti ses troupes au grand complet, y compris des demoiselles en uniforme. D'autres jeunes, très organisés, ont ensuite paradé devant nous, louant leur éternel leader bien-aimé. Dans la nuit, malgré cette nouvelle défaite, plusieurs centaines de mécontents défilèrent dans les rues de Jabariyé en chantant. Je n'y étais pas. Azzedine, un copain de quartier, y mourut martyrisé. Comme pour Mohammad, il n'y eut ni condoléances ni funérailles, aucun répit pour son âme et pour les nôtres. Il avait été envoyé de l'autre côté du soleil, et les ombres des Shabihas s'épaississaient. Nous étions pugnaces et braves ; pourtant, malgré nos efforts, nous n'étions jamais plus de cent… Même à Damas, ils protestaient davantage. Ramadan approchait. Le Régime tuait les gens de la ville de Hama qui s'était soulevée. À Alep, il y eut une manif en leur soutien : elle dura six minutes…

Pendant ce temps, mon grand frère avocat exécutait sa corvée militaire… à Deraa. Quand les événements commencèrent là-bas, il était en plein dedans. L'armée l'y avait envoyé aux premiers jours des manifs. Mon frère n'appartenait pas aux troupes militaires d'assaut, il était simple bidasse, dernier des derniers, muni d'un bouclier ressemblant à un couvercle de marmite pour protéger les troupes. Il appela un soir à la maison pour annoncer qu'il avait une permission. Bien sûr, j'ai arraché le

1. Le 30 juin 2011.

téléphone pour gueuler, selon mon habitude : « Dégage de cette putain d'armée de merde ! Déserte, mon frère ! Que Bachar aille se faire niquer ! » Il m'a raccroché au nez. Je pense qu'il était furieux car, selon toute probabilité, la ligne était sur écoute. Il nous est revenu à Alep deux mois environ après le début de la révolution.

Il était attendu comme un prophète par la famille au grand complet qui espérait apprendre ce qui se tramait dans le pays et entendre de sa bouche ce qu'il avait vu de ses deux yeux à Deraa, où tout avait commencé. La maison était pleine à craquer. Les vieux de la tribu s'étaient déplacés, ainsi qu'un cousin de mon père, colonel de l'armée, et même le *moukhtar*, le « chef de quartier », lui aussi un cousin. Ils ont assailli mon frère de questions sur les tribus de Deraa, leurs enfants, les manifs. Mon frère n'avait qu'une réponse : « Ce sont tous des terroristes. »

Ses paroles m'ont dévasté. Avant son départ forcé pour l'armée, j'avais eu avec mon frère des discussions lors desquelles nous étions tombés d'accord sur la nature criminelle du Régime. Je lui avais même montré des caricatures représentant Bachar sous un jour déshonorant pour lui, mais hilarant pour nous. Qu'est-ce qu'il lui prenait ? Je lui ai dit : « Ils t'ont injecté un produit dans la cervelle ? C'est quoi ces fariboles que tu nous chantes ?! » Il était mon aîné de dix ans, mais je l'ai apostrophé sans respect. Il n'en a pas pris ombrage. Il avait l'air ennuyé et répétait : « À Deraa, ce sont des terroristes. » Je ne lui avais pas encore annoncé que je manifestais à Alep et j'ai donc décidé de me taire à ce sujet : voilà que je devais me méfier de mon propre frère. Personne dans la famille n'ignorait mes activités, sauf lui, attendu comme un prophète qui nous revenait de Deraa pour une permission de trois jours et qui ne trouvait rien d'autre à déclarer que « les manifestants de Deraa sont des terroristes », avec l'air abruti d'un mouton de campagne.

Après sa petite conférence sur les terroristes, il s'est recroquevillé dans un coin du salon. À part lui, personne n'avait bougé un orteil. Le silence avait la lourdeur d'un ciel d'orage. Le plus âgé de la tribu, un cheikh de 85 ans, s'est alors tourné vers moi pour connaître mon avis. Cette requête était spéciale et étonnante, vu que chez nous les aînés sont hyper-estimés, au point qu'on leur laisse imposer leur jugement sur tout, même quand ils sont à moitié séniles. Ce vieux cheikh avait l'esprit affûté et je lui ai demandé s'il était bien sûr de vouloir entendre mon opinion nette et sincère. Puis j'ai dit :

– Que Bachar Al-Assad aille au diable, ainsi que ceux qui le vénèrent ! C'est un fils de pute et ses serviteurs sont des fils de chien !

J'ai prononcé ces mots-là face à l'assemblée, devant mon père, le *moukhtar* et notre cheikh.

Le vieil homme m'a répliqué :

– Tu veux donc que les militaires viennent baiser nos femmes ?

– Non et c'est pourquoi il faut réagir, parce qu'en effet ils violent déjà nos femmes. Il faut se battre pour que ça cesse !

La discussion s'est envenimée. Chacun criait. Le viol des femmes rendait tout le monde marteau. Seul mon frère restait muet comme une pierre.

Des mois plus tard, il déserta. Et il put me confier sa vérité. Il avait gardé en tête des images traumatisantes du traitement administré par l'armée aux manifestants de Deraa. Les propos qu'il avait tenus devant la famille, lors de cette fameuse permission, avaient eu pour but de nous éloigner de la voie contestataire, car – il l'avait vu de ses propres yeux – le prix à payer n'en valait pas la peine. Mon frère déserta : il était bien le héros que j'avais toujours admiré, prêt à risquer sa liberté et sa vie plutôt que de tirer sur ses frères syriens. Ses longues études d'avocat lui avaient permis de reporter sa corvée militaire à un âge avancé, quand la plupart des Syriens l'effectuaient à 18 ou 19 ans. Lorsqu'il nous a annoncé sa désertion, nous lui avons envoyé les papiers d'identité d'un autre de mes frères, de deux ans son cadet : ils se ressemblaient tant qu'il était impossible de les distinguer sur leurs photos. Grâce à cette identité, il avait ainsi pu traverser le pays sans crainte d'une arrestation, car les déserteurs étaient fusillés ou envoyés aux pires endroits imaginables. Jusqu'à ce jour, l'armée le recherche. Il est resté à Alep jusqu'à la fin et vit aujourd'hui caché, quelque part dans le rif. Il s'est marié voilà six mois, l'âge exact de son bébé. Il lui est impossible de revenir dans la ville d'Alep ou dans des zones contrôlées par le Régime, car cela signifierait sa condamnation à mort.

Deux de mes frères sont restés jusqu'aux derniers jours d'Alep. À la fin du siège, ils étaient presque morts. Nous avons réussi à nous parler via Internet, alors que l'armée du Régime avançait et pilonnait les derniers carrés libres de notre cité. Ils me disaient : « C'est fini, nous serons tués dans quinze ou vingt minutes. » Ils avaient perdu tout espoir et s'étaient résignés à mourir. Mon frère aîné n'a jamais été combattant. Il avait entamé sa corvée militaire à Deraa, avant de déserter. Malgré cette expérience militaire, il a refusé de prendre les armes pour Alep. Je l'avais houspillé : « Va te battre, rends-toi utile ! » Il n'a pas voulu, il répétait qu'il était avocat.

*

Ryan

Mais qui est Ryan ?

Mon vrai nom est Mohammad Aoun. « Ryan » est le nom que j'ai adopté au début de la révolution, car il devenait impossible d'agir sous notre véritable identité, même sur les réseaux sociaux, en raison des services de sécurité et des indics qui pullulaient dans notre cité. J'ai choisi ce pseudonyme sans raison particulière. Il était agréable à mes oreilles. Depuis, tout le monde m'appelle ainsi, y compris ma famille et ma propre mère. Mes anciens élèves judokas que j'avais entraînés pour l'équipe d'Alep m'écrivent aujourd'hui encore des lettres adressées à Ryan. Je suis devenu Ryan, le vrai moi, plus réel que Mohammad. Ces identités révolutionnaires ont été longtemps tenues secrètes.

On a dit qu'Alep avait attendu la dernière minute pour se joindre à la révolution. Cette affirmation est fausse et injuste. Les initiatives foisonnaient. Nous étions persévérants. S'il ne se passait rien de massif ni de très voyant, c'est parce qu'à chaque rassemblement les Services arrêtaient tout le monde, y compris les passants qui avaient eu le malheur de cheminer au mauvais endroit, au mauvais moment. Les ruelles furent vidées de leurs jeunes pour remplir le ventre insatiable de la ville, sustenter les monstres qui torturaient dans ses sous-sols. Beaucoup d'Alépins n'en sont jamais ressortis. Moi, j'étais le Père de la prudence. Ma famille ignorait mes activités, ainsi que mon identité rebelle. Elle ne connaissait pas Ryan, ni mon comité, baptisé « Les hommes libres de Chahba[1] »,

1. « *Chahba* », la couleur blonde ou laiteuse de la vache d'Abraham, qui désigne aussi la ville d'Alep et ses maisons de calcaire aux couleurs similaires.

qui réunissait des gens de toute confiance – même si en réalité un indic nous avait infiltrés, comme nous l'avons découvert par la suite.

En tant que chef de comité, j'ai rencontré des hommes appelés à devenir chefs de l'Armée syrienne libre, comme Moustapha, célèbre sous son alias de guerre Abou Quteiba[1]. J'ai aussi rencontré Wael Ibrahim à qui je transmettais les dates des manifs et qui est très vite devenu mon ami intime et, plus tard, un personnage héroïque d'Alep sous le nom d'Abou Maryam. Je collaborais avec d'autres comités, comme celui des « Petits-enfants de Kawakibi » dirigé par Mohammad Arab. Lui et moi étions en désaccord la plupart du temps, son arrogance m'insupportait. Nous nous sommes même insultés lors d'une réunion avec le docteur Madjid Baha Berri[2], un vrai héros celui-là, déterminé à la lutte pacifique et à porter secours à nos blessés, alors même que sa famille dirigeait les commandos de la mort shabihas. Lors de ce rendez-vous, une dispute entre Mohammad Arab et moi dégénéra de manière lamentable, au sujet du quartier le plus propice pour lancer la prochaine manifestation.

Nos dissensions n'étaient pas déshonorantes puisque, après tout, nous luttions pour le droit à la diversité d'opinions, mais elles s'avéraient contre-productives. Il m'est douloureux de rappeler nos différends ridicules, car

1. De son vrai nom Moustapha Berro, alias Saqer Abou Quteiba, futur général à la tête de l'Union Fastaqim, littéralement l'Union « Reste droit comme [Dieu] te l'a commandé », d'après un verset du Coran. Cette unité formée en décembre 2012 était ralliée à l'Armée syrienne libre.

2. Exemple d'individu réfractaire au sein des tribus pro-Régime, dont la famille Berri, toute-puissante à Alep, avait pris la tête des commandos shabihas. Madjid Baha Berri fut un révolutionnaire de la première heure.

Mohammad a été englouti dans les sous-sols[1] ; Madjid, lui, est mort martyrisé en 2014, au volant d'une ambulance écrabouillée par un missile.

Notre principale difficulté, outre ces débats incessants pour ce qu'il faut bien appeler des broutilles, c'étaient les arrestations. Et les Shabihas. Nous résistions par tous les moyens imaginables. L'un de nos plans les plus créatifs fut improvisé lors d'une manif, devant une mosquée du quartier Hamdaniyé. Des Shabihas avaient empoigné un type qui filmait avec son téléphone ; ils le piétinaient comme s'il n'avait pas été un homme mais une sorte de rongeur nuisible. J'étais là avec Abou Maryam. Nous nous sommes composé des visages sinistres et patibulaires, marchant d'un pas cadencé droit sur les deux Shabihas, en aboyant :

– Un problème avec cet individu ?

– …

– Écartez-vous, nous nous chargeons de lui !

Les Shabihas se sont interrompus, se méprenant sur notre compte, imaginant que nous étions des agents de la Sûreté. Nous avons ramassé le type. Tout en l'éloignant du grabuge, je continuais à le frapper en gueulant : « Tu as filmé, espèce de chien ! Sale terroriste ! » Puis nous l'avons jeté dans la bagnole, et nous avons démarré à toute berzingue.

Entre-temps, ces crétins de Shabihas avaient deviné l'arnaque et s'étaient lancés dans une course-poursuite effrénée. À l'arrière, le type ne comprenait rien à tous ces revirements, son regard s'était perdu dans l'hyperespace. Au premier virage, les autres nous ont lâchés,

1. Le docteur Mohammad Bachir Arab avait déjà séjourné en prison entre 2004 et 2005, lors du mal-nommé « printemps de Damas ». Arrêté le 2 novembre 2011 à Alep, il aurait été transféré le 12 janvier 2012 à l'hôpital Moujtahid, à la suite de graves blessures dues à la torture. Il était aussi l'ami d'Abdelqader (voir son témoignage « Engloutis dans les entrailles de la ville »).

englués dans le bordel général. Vociférant de rage, ils ont noté notre plaque d'immatriculation. Avec Abou Maryam, on s'esclaffait en se tapant sur les cuisses et en klaxonnant ; le type à l'arrière était de plus en plus terrorisé. On s'est retournés vers lui pour le rassurer, mais il était choqué. Vu sa tête, on a cru qu'il allait calancher. Nous avons essayé de le calmer : « N'aie pas peur, ça va aller : nous sommes avec toi ! » À la fin, il ne savait plus comment nous remercier. Nous l'avons déposé là où il voulait, puis nous sommes repartis résoudre notre problème d'immatriculation.

Le lendemain, j'ai découvert la profession de notre passager au cours d'une discussion avec un de ses collègues dentiste, le docteur Hinnaoui. Ce toubib était l'un des nôtres et connaissait déjà le récit de notre coup de théâtre, car l'histoire avait couru dans les ruelles. J'étais cependant perplexe et je l'ai sermonné : « Tu ne dois pas mettre de médecins dans les manifs avec des appareils photos. C'est trop dangereux, et Dieu sait que nous avons besoin de leur savoir médical ! » Il m'a répondu qu'il n'avait pas le choix. Nous n'étions pas assez nombreux dans les rues d'Alep et il était essentiel de collecter des images de nos actions et des preuves des violences commises par les autorités… Après ce coup d'éclat, j'aurais pu devenir chef de section, mais j'ai refusé. Toujours est-il que Ryan commençait à se forger une glorieuse réputation.

La première fois que les services de sécurité ont défoncé la porte de notre maison, ce fut pendant le ramadan, en plein été 2011. Ils ont tout fracassé sur leur passage, rugissant qu'ils étaient venus embarquer Ryan. Ma mère leur a manifesté sa sincère ignorance : elle avait huit enfants, dont une fille, mais aucun Ryan parmi eux. Elle leur dit : « Ryan ? Mais c'est qui celui-là ? Nous ne connaissons personne de ce nom ! » Ils mirent la maison à sac, laissant ma mère interloquée quant à ce Ryan inconnu qui était recherché sous son toit… Les Services avaient dû m'espionner et me suivre jusqu'à notre maison du quartier Boustane Al-Qasr. Ou alors c'était l'œuvre de cet indic, dont nous ignorions encore l'existence. Ils revinrent maintes fois, démolissant à chacune de leurs visites le peu qui avait été rafistolé dans l'intervalle. Dans le salon dévasté, ma mère s'arrachait les cheveux et déchirait ses vêtements d'impuissance, jurant qu'elle n'avait aucun fils du nom de Ryan. Les Services insistaient, menaçants, car ils tenaient pour certain qu'un Ryan se cachait ici. C'est devenu un genre de comédie, parce que ma mère, furieuse de la mise à sac régulière de notre maison, lançait des imprécations redoutables : « Maudit soit ce Ryan ! Maudites soient la garce qui l'a enfanté et sa descendance de maquereaux ! »

Des agents issus de toutes les branches de la Sûreté sont venus défoncer notre porte : les renseignements politiques, militaires, ceux de l'armée de l'air…, prouvant leur incapacité maladive à communiquer entre eux, chacun se méfiant des autres dans une grande paranoïa. L'un courait après « Ryan Aoun », le deuxième après « Ryan Daouch », le troisième voulait « Mohammad » (mon vrai prénom)… À cette époque, je fréquentais avec assiduité les cybercafés pour applaudir en silence les manifestations qui grondaient en Syrie. Or l'accès à Internet n'était autorisé qu'après présentation de sa carte d'identité. Ces cafés étaient surveillés de près par la sûreté politique, pourtant inapte à découvrir ma véritable identité.

Beaucoup plus tard, ma mère sut la vérité. Elle en resta sidérée, car « Ryan » était bel et bien son fils, celui-là même qu'elle avait jadis enfanté. Elle en fut choquée car, connaissant la sauvagerie de nos Services, elle réalisa l'imminence du danger.

*

AALA, 20 ans

Les filles et la révolution

Depuis ma plus tendre enfance, la télévision m'attristait sur le sort des Palestiniens. Je me désolais avec grande pitié pour ceux de Gaza. Comment pouvaient-ils supporter la vie, entre barrages militaires et bombardements ? Parmi les Arabes, notre président était le seul à s'en préoccuper ; il n'oubliait jamais de mentionner leur sort déplorable dans ses discours. Il était bon et brave. Alors, imaginer qu'il commettrait pire qu'Israël, qu'un jour il nous tuerait, nous assiégerait et nous bombarderait sans répit – nous, son propre peuple ! – sans même épargner les petits enfants… c'était impossible ! Depuis toujours, nous regardions les informations en famille. Mon père nous encourageait à débattre de ce que nous voyions ou entendions de la région et du monde, de la ville et du pays. Quand les Syriens de Deraa furent martyrisés par le Régime, nous en fûmes révoltés et je vis avec fierté mon père rejoindre les cortèges, chanter avec vaillance sa solidarité pour les malheureux de Deraa, puis pour tous les autres, de Homs, de Douma, de Hama. Mon cœur se gonfla d'air vif. Je suis restée dans cet état d'allégresse et de fébrilité jusqu'à ce que le Régime se mette à tirer sur nos manifestants alépins.

En tant que fille de la ville et en raison de nos traditions alépines et syriennes, je n'étais pas autorisée à descendre dans les ruelles pour participer aux marches ou aux chants de protestation. En sortant de l'école, j'élaborais de sinueux détours dans l'espoir inavoué d'apercevoir un cortège. Si ce hasard se produisait, je m'y mêlais quelques instants, chantant dans ma tête, scandant en silence, tout en prétendant suivre l'itinéraire qui menait à la maison de mon père. J'accompagnais les chanteurs à la marge, de toute ma conviction, malgré mes yeux baissés et la discrétion obligatoire. Je frissonnais d'excitation pour la révolution, mais aussi de crainte pour ma réputation. Les commères auraient pu murmurer que j'arpentais les ruelles, seule parmi les hommes. Or nos traditions réprouvaient un tel comportement, et les regards ombrageux me préoccupaient. J'étais une fille de ma ville, une fille respectable.

Ma respectabilité s'est imposée comme une priorité au début de mon adolescence, quand j'ai pris pleine conscience d'être délaissée par l'enfance et happée dans la féminité. J'ai couvert aussitôt mes cheveux, choisissant mes foulards sans coquetterie. Ma famille n'est pas intervenue. Tête nue en cheveux, ou sous un voile, ils ne s'en souciaient guère. Ma famille ne m'a jamais forcée à rien, ni encouragée à quoi que ce soit du reste. Mais je devenais femme avec tous les mystères, devoirs et regards ombrageux que cet état engendre. J'ai donc dissimulé mes cheveux, car mes amies portaient toutes un foulard, et ne pas être comme elles me rendait timide et honteuse. Il était rassurant de me calfeutrer et de me dérober à l'attention des voisins, me réfugiant parmi toutes les autres. Mes parents m'ont dit : « Si cette décision est la tienne, alors ça va. »

Avant la révolution, j'allais à l'école avec mes copines, puis nous rentrions et étudiions ensemble. La vie était normale. À la maison, nous attendions mon père pour partager les douceurs que ma mère avait confectionnées et disposées autour du pain quotidien. Elle cuisinait le ragoût d'agneau aux cerises comme personne, à tel point qu'il était réputé bien au-delà de notre ruelle. Le retour de mon père était un feu d'artifice. Il était si bon, si tendre avec nous, s'impliquant dans nos études, nous prodiguant son enseignement, nous prenant par la main jusque dans le jardin public. Notre maison de Boustane Al-Qasr était mon petit paradis. Je partageais ma chambre avec mon grand frère. Le plus âgé était déjà marié et avait quitté la maison. Mes parents dormaient avec le plus jeune, Zein, qui était encore tout petit. Seuls quelques pas nous séparaient de mon grand-père paternel, installé dans l'immeuble d'en face. Nous étions très soudés. Jadis, mes deux grands-pères avaient été coéquipiers dans la police. Ils s'appréciaient comme des frères, si bien qu'ils scellèrent leur amitié en alliant leurs descendances. Le fils de l'un épousa la fille de l'autre. Mes parents se retrouvèrent mariés, enfantant mes deux frères aînés, moi l'unique fille, et le petit Zein.

Au début de la révolution, j'étais élève au collège, puis dans un institut privé où les cours se poursuivaient jusqu'à la tombée du jour. Les cortèges démarraient après la prière du soir. Je ne rentrais plus avec mes copines, me débrouillant pour côtoyer quelques secondes une manifestation, le cœur battant la chamade. Je jouissais de cette ambiance de chants, de bravoure et d'espoir, tant que j'étais à distance des ruelles de Boustane Al-Qasr, où des voisins auraient pu me reconnaître. Les femmes étaient rares dans les cortèges : je ne voulais pas entacher ma réputation, ni l'honneur de mon père.

BARA, 24 ANS, ÉPOUX D'AALA : C'est vrai ce que tu dis, ma chérie, au sujet des femmes. Mais souviens-toi ! Plus tard, quand l'Armée libre prit position à Boustane Al-Qasr… Souviens-toi des jours nouveaux ! Les femmes sont descendues dans les ruelles, chaque instant plus nombreuses et en toute respectabilité. Cela aussi fut notre révolution ! Il faut expliquer que c'était une question de traditions, de mentalités ouvertes ou fermées, selon les habitudes des quartiers. Ainsi, à l'époque dont tu parles, à l'université d'Alep, les étudiantes étaient pléthore à s'engager dans la contestation… Mais pour ce qui est de Boustane Al-Qasr, ce que tu dis est vrai… Les femmes parmi nous se comptaient sur les doigts d'une seule main…

Aala : Oui, sur les doigts d'une seule main. Je voyais avec fierté mon père rejoindre les cortèges. En même temps, je m'en inquiétais. Je frémissais pour lui, surtout quand le Régime commença à tirer sur les foules. En tant que fille, je n'étais pas autorisée à descendre dans les ruelles, mais mon petit frère Zein, qui n'avait pas encore 6 ans, partait sur les épaules de *baba*, qui le hissait ainsi aux premières loges, tandis qu'il marchait en chantant. Ma mère tremblait pour son petit garçon, mais comme il était sous la protection de mon père – que Dieu accueille son âme loin de nos souffrances ! –, elle disait : « C'est la décision du père, alors ça va. »

Ma ville était mon univers, le quartier de Boustane Al-Qasr mon horizon, ma famille et ma vie. Alep est restée belle, même sous les bombardements. Nous y avons été heureux, même avec la peur dans nos entrailles. Comme tous et toutes, j'ai été forcée de partir et Alep me manque : la fraîcheur du cédratier dans le jardin public, la bonté de mon père, ma famille. Tous ceux que je connaissais et qui me connaissaient étaient là-bas, dans cet instant de fusion où nous chantions la révolution. Aujourd'hui, dans mon exil, je peine à m'exprimer. Je me sens confuse. J'ai 20 ans, je suis épouse et mère, mais je ne suis plus que silence et timidité. Une ombre dans la vie. J'ai trois frères : l'un s'est marié en Turquie, le deuxième a 17 ans, le petit en a déjà 11. Ils vivent si loin de moi ! Et toi, mon père… Pourquoi nous as-tu été enlevé ?

*

Bara, 24 ans

La boule à zéro

J'ai rencontré Aala, celle qui serait bien plus tard mon amour, ma vie et mon épouse, aux jours d'Alep en guerre. Pourtant, nous étions presque voisins. Comme elle, j'habitais Boustane Al-Qasr. J'étudiais l'informatique dans un institut privé, mais c'est à l'université que j'ai décidé de manifester, sans doute parce que j'appartenais à une famille d'intellectuels. Mon père et ma mère étaient professeurs d'arabe, une de mes sœurs aînées avait obtenu un master en philosophie, un de mes grands frères étudiait l'économie. Le second était encore au lycée. Il s'appelait Yaman. Yaman fut martyrisé par un sniper, dans une ruelle d'Alep… Après moi, restait le plus jeune de la fratrie. Il est aujourd'hui réfugié dans un pays du Grand Nord, froid et glacé, où il étudie l'anglais. Nous étions six, deux filles et quatre garçons, incités par nos parents aux études supérieures. Jamais ils ne nous ont demandé d'aller à l'embauche pour contribuer aux nécessités quotidiennes. Nous n'étions pas riches, ni pauvres. Notre vie était respectable.

Ma famille était considérée comme opposante au Régime en raison des activités de mon père, poète et membre de la Ligue des écrivains arabes. Il nous parlait sans détour. Il nous racontait à quel point il était harassant d'organiser une simple réunion de poètes, les tracasseries et humiliations qu'il devait affronter auprès des autorités et de la sûreté politique. N'importe laquelle de ses publications relevait du même parcours éreintant d'aberrations. Grâce aux récits détaillés de ce qu'il avait vu pendant les années 1980, nous disposions du bagage nécessaire pour appréhender les événements politiques du pays. Dès les premiers jours de Deraa, j'ai vu mes parents se transfigurer. Une chose qu'ils avaient longtemps espérée était sur le point de nous arriver. Je m'imaginais alors qu'une force émergerait, se dressant contre le Régime – mais pas de la façon dont ça s'est passé. Mes frères et moi, nous allions aux rassemblements de la mosquée Aamné, à Seif Al-Daoulé.

Le premier à avoir été emprisonné fut mon petit frère, alors âgé de 15 ans. J'étais non loin de lui quand les Services l'ont jeté à l'arrière du fourgon. J'ai couru prévenir mes parents. Ils en furent effarés. Le proverbe dit : « Celui qui n'a pas tenu la cuillère ne connaît pas le goût de la soupe. » Or eux la connaissaient. C'étaient des intellectuels informés. Le soir, le téléphone retentit. « Ton fils est avec nous, tu dois venir ! », ordonna une voix à mon père, précisant qu'il s'agissait de la sûreté militaire. Nous avons foncé là-bas. Seul mon père pénétra dans les bureaux, où il s'adressa à un officier de manière respectueuse. L'officier le rabroua : « Vous, les intellectuels, avez pour devoir de soutenir le Régime et de surveiller les jeunes. N'oubliez pas que c'est vous qui avez éduqué cette génération ! » Mon père lui donna aussitôt raison – « mon cher, vous êtes si bon et gracieux, que vive à jamais notre leader bien-aimé… » Si bien que l'officier lui témoigna de la mansuétude : « Nous te rendons l'enfant, mais prie pour qu'il ne recommence pas ! » Mon petit frère avait reçu pléthore de coups, mais il ne souffrait pas trop. Dans la voiture, mon père se tourna vers lui avec tendresse : « Sache que personne n'a le droit de te jeter en prison ! Mon fils, mon âme, fais bien attention à toi la prochaine fois… »

Le deuxième de mes frères à disparaître dans les sous-sols fut Yaman. Nous avions milité ensemble une journée entière, arpentant Boustane Al-Qasr pour exhorter les habitants à se joindre aux cortèges. Yaman avait 19 ans, moi 18. Il parlementait comme personne, il aurait pu convaincre une mule de grimper en haut d'un arbre. Le matin suivant, deux inconnus sonnèrent à notre porte, souhaitant s'entretenir avec lui. Nous sommes sortis ensemble. Un des hommes s'avança sans mot dire, puis enfonça son poing dans le visage de Yaman. Il se présenta ensuite : « Shabiha je suis ! Missionné pour protéger ce quartier ! Vous dévoyez les citoyens pour chier sur notre Régime ! » Puis, à l'intention de mon frère : « Je pourrais t'écraser comme un asticot sous ma botte, et ton père après toi ! » Ils nous ont agonis d'insultes. J'étais pétrifié.

À Aala, son épouse : Je sais que toi, mon amour, tu chérissais ce quartier de Boustane Al-Qasr. Mais souviens-toi comme il était malfamé avant la révolution ! Toute mon enfance, mon père nous a interdit de traîner dans les ruelles, même pour jouer au foot. Les bagarres de rue étaient quotidiennes, ainsi que les interventions de la police. Les dealers tenaient les coins, des jeunes fumaient du haschich, il y avait des ivrognes notoires, d'autres pariaient de l'argent. Certains avaient fait dix ans de prison pour prostitution ou trafic de drogue. Avec mes frères, nous avions réussi un jour à nous évader de la maison pour taper le ballon dans les ruelles : mon père nous rudoya. Il avait raison de se méfier de ces lieux, où voyous et délinquants s'engagèrent ensuite dans les commandos de la mort au service de Bachar.

Avant de quitter la maison, les deux Shabihas nous rouèrent de coups, tout en réitérant leurs menaces de nous transformer en asticots sous leurs bottes au cas où nous prononcerions encore une syllabe de travers. Mon père courut les rattraper et échangea avec eux des mots d'apaisement. Notre voisinage grouillait de Shabihas et il fallait agir avec retenue. À son retour, il nous dit : « Mes fils, vous ne pouvez plus rien faire dans ce quartier, c'est beaucoup trop dangereux ! » Le lendemain, je suis allé avec Yaman dans un café Internet. Dix minutes après nous entrèrent deux hommes qui nous confisquèrent nos cartes d'identité et arrêtèrent Yaman. Je n'ai rien dit, figé que j'étais dans ma peur. Ils ne m'ont même pas regardé, ils voulaient mon frère qui portait encore visibles les marques des coups qu'il avait reçus des Shabihas la veille. Ils l'embarquèrent dans une grosse Mercedes grise. J'ai noté la plaque d'immatriculation, puis j'ai couru prévenir mes parents.

En tant que professeur, ma mère avait des relations. Elle appela l'une de ses amies membre du Parti, lui relatant le kidnapping de Yaman, peut-être par des terroristes, pour lequel nous disposions d'un indice : un numéro d'immatriculation. Cette amie lui conseilla d'en référer à la police. Nous y sommes allés en hâte. L'officier s'est gondolé d'un petit ricanement de hyène : « En vérité ? Tu ignores qui a pris ton fils ? La voiture appartient à nos services de renseignement ! *Le terroriste, c'est ton fils !* » Pour lui, notre situation était comique.

Ils ne l'ont gardé qu'une dizaine de jours, mais ils lui ont fait du mal. À sa sortie, Yaman n'était plus le même. Mon père se résolut alors à vendre la maison de Boustane Al-Qasr pour nous installer dans un endroit plus sûr, loin des Shabihas. Il avait longtemps retardé ce déménagement en raison de ses livres qui remplissaient deux pièces entières, sans compter les cartons pleins et les piles d'ouvrages à l'équilibre précaire qui avaient envahi l'espace jusque dans la salle de bains. Même la Bibliothèque nationale d'Alep téléphonait parfois à mon père à la recherche d'un livre rare. « Fawwaz, disaient-ils, aurais-tu ce titre, par miracle ? » Il l'avait presque toujours. Au retour de Yaman, nous avons dû nous séparer du trésor de mon père et transporter ses livres dans des conteneurs situés dans le quartier d'Amariyé, près de l'appartement de ma tante. Nous en avons stocké d'autres chez mon grand-père, à l'Ouest. Mon père nous logea à Racheddine, en bordure d'Alep, sur la route de Damas. La construction de la maison n'avait pas été achevée. Nous n'y avions pas l'électricité.

Yaman ! Que son nom demeure ! Aala et moi avons baptisé notre bébé Yaman, en sa mémoire… Il a été abattu par un sniper dans une ruelle.

Puis ce fut mon tour d'être arrêté. La manifestation se déroulait à l'université d'Alep. À cette époque, nous étions mieux organisés, grâce à Skype et à l'action des comités. Le plus efficace d'entre eux était alors le comité « Flowers Al-Hourriyé[1] ». C'était un jour d'été. À peine avions-nous eu le temps de lancer le *takbir*[2], notre signal de départ, qu'une cohorte de policiers a fondu sur nous, assommant et boxant sans distinction. Depuis le début, le Régime était obsédé par l'université, qu'il cernait sans répit. Mais, ce jour-là, le déploiement des forces de l'ordre était à peine croyable. Quatre bus hip-hop avaient été réquisitionnés pour l'occasion : nos grands bus, clignotant et klaxonnant, d'habitude si gais car ils traversaient la ville en résonnant des chants alépins qu'entonnaient nos ouvriers, hissés sur le toit pour voyager au plus près du ciel. Silencieux et vides, parqués derrière la soldatesque, ils étaient devenus sinistres… Autour de nous étaient postés plus d'un millier d'hommes des forces de sécurité et de leurs sbires.

1. « *Flowers* de la liberté », c'est-à-dire « Fleurs de la liberté ». Quand un activiste était arrêté, il n'était pas rare de voir l'ensemble du comité tomber. Un autre prenait alors la direction, avec plus ou moins de succès, fort d'une plus grande expérience, jusqu'à sa chute… Parmi les premiers : Tansiquiat Halab (Comité d'Alep), Ahfad Kawakibi (Les petits-enfants de Kawakibi), Ahrar Chahba (Les hommes libres de Chahba)…

2. Le fait de crier « *Allahou Akbar !* », « Dieu est le plus grand ! », donne le signal de départ des manifestations.

Selon nos évaluations les plus optimistes, nous n'étions pas plus de cinq cents manifestants.

Les policiers et les Shabihas matraquèrent et capturèrent y compris des jeunes qui passaient là par hasard, vu que leurs cours étaient terminés, sans autre idée en tête que celle de rentrer chez eux. Ils arrêtèrent trois cents étudiants. Après le trajet dans les hip-hop, nous avons été enfermés dans les locaux de la Sûreté. L'espace était étriqué, nous étions une multitude. Nous nous piétinions les uns les autres, étouffant, suffoquant, bavant, urinant de frayeur. Être en cellule était malgré tout une chance. Les malchanceux restaient dans le couloir, debout, alignés face contre le mur. À chaque passage, les gardes leur distribuaient coups de fouet, claques et crachats morveux. De toute évidence, ils s'amusaient. D'autres étudiants étaient allongés sur le ventre, dans la cour. Ceux-là aussi étaient accablés d'infortunes : les gardes leur marchaient sur la tête et les cinglaient avec des câbles électriques.

Cette situation dura huit jours. L'endroit était archibondé, même du point de vue de la Sûreté générale qui décida de nous transférer à la prison centrale d'Alep, où un officier nous reçut d'un air goguenard et d'un tonitruant « Zééérooo ! ». Nous avons compris qu'il voulait nous raser la tête, nous mettre « la boule à zéro ». Jusqu'à ce jour, je continue à penser que son intention était de nous miner psychologiquement, car ce traitement était d'ordinaire réservé aux prisonniers coupables d'actes immoraux et indignes sur un plan intime et sexuel. Nous avons protesté, car nous n'étions que des étudiants, dont plusieurs avaient été emprisonnés à la suite d'un mauvais coup du sort. Ils ont fouetté et cinglé, puis l'officier a déclaré : « On se fiche que vous soyez étudiants. Vous n'êtes rien d'autre que des fils de pute ! Tout le monde sera rasé ! » Nous avons tous été rasés et, en vérité, cela nous a brisés. Certains, qui avaient tenu bon, se sont effondrés, plongeant dans leur propre sous-sol intérieur.

Puis nous avons été répartis dans des cellules. Nous avons encore crié, exigeant cette fois de parler au responsable de la prison. À notre grand étonnement, il arriva et nous écouta plaider notre cause, évoquer notre statut d'étudiant et combien il était inapproprié de nous enfermer avec des criminels endurcis, des dealers ou des violeurs d'enfants. Il répondit : « Oh ça alors ! Mais ça tombe à pic ! Nous venons justement d'ouvrir une aile spécialisée pour les étudiants ! » Il est reparti en se gondolant, content de lui-même et de son humour carcéral.

Le lendemain, les trois cents étudiants furent entassés dans une seule et même petite cellule. J'y ai passé un mois. Ma famille tenta de m'aider, désemparée face à cette situation incompréhensible où courbettes et pots-de-vin avaient perdu leurs effets. Mon père supplia en vain le juge. Puis, un jour, on m'a dit de sortir. Je me souviens que c'était un mercredi. Le vendredi suivant, j'ai annoncé à mes parents que j'allais à la manif. Pour la première fois, je les ai vus flancher. Ils essayèrent de m'en dissuader, balbutiant que j'avais perdu l'esprit. Mes cheveux avaient déjà repoussé de quelques centimètres et je n'étais plus apte à écouter une autre voix que la mienne, éraillée par plus d'un mois de cris et de gémissements en prison.

Mon téléphone et toutes mes affaires personnelles m'avaient été confisqués lors de mon arrestation, je n'avais aucun moyen de savoir où débuterait le cortège. Je suis allé aux nouvelles à la mosquée Aamné du quartier Seif Al-Daoulé. Je n'y ai trouvé personne. La mosquée avait été condamnée, cadenassée, barricadée par les forces de sécurité.

J'ai voulu reprendre mes études. À l'institut, le fils d'un officier m'a barré le passage, jurant que si j'avançais un orteil, son père s'arrangerait pour m'engloutir dans les sous-sols. Il menaça d'autres élèves : quiconque me laisserait entrer irait me rejoindre en prison.

Les études m'étaient interdites.

Les jeunes étaient enfermés avant même d'avoir manifesté.

J'ai songé que mon destin avait été tracé. Devant moi ne restait qu'une seule issue, un seul chemin : celui qui menait aux villages du Nord, dans le rif alépin, où, disait-on, s'organisaient les premiers combattants de l'Armée syrienne libre.

*

Abdelqader

De la difficulté de manifester en claquettes

Après ma première vraie manif qui avait duré six minutes maximum, et tandis que tous les matins mon père s'évertuait à se rendre au bureau central du Parti avec sa kalachnikov en bandoulière – comme s'il n'y avait pas des centaines de Syriens mourant sous les balles à Deraa, Homs ou Hama ! –, j'ai senti l'espoir me remuer le cœur. Alep était à l'orée de ramadan, et de toutes les opportunités qui allaient avec. Selon les règles édictées par le Régime, il nous était interdit d'être plus de trois personnes réunies dans un espace public. Seules les prières du vendredi dans les mosquées permettaient de contourner cette interdiction. Ramadan, c'était génial, car c'était vendredi tous les jours. Pour les musulmans normaux, ramadan est un mois saint, stimulant courage physique et force mentale. Pour les religieux, cette période est propice aux sacrifices, car s'ils meurent ou sont tués, ils s'envolent sans zigzag jusqu'au paradis. Il est certain que ramadan joua un rôle, car les manifs devinrent plus intenses et téméraires.

En août, il y eut un appel pour manifester à Sakhour, un quartier populaire d'Alep. Les organisateurs avaient décidé d'innover : il n'était plus question de fuir, ni de s'étioler dans les ruelles à l'arrivée des flics et des Shabihas. Nous allions tenir l'asphalte. Des copains en scooter nous ont distribué des bâtons : manches de balais, branches d'arbres, n'importe quoi pour parer les coups. Des médecins volontaires étaient parmi nous, au cas où ce plan tournerait mal. À la sortie de la prière, nous étions six cents. Un millier d'agents de la Sûreté et autant de Shabihas étaient massés devant la mosquée. Le face-à-face a débuté dans un silence de western.

Le *takbir* a retenti et les copains ont entonné les chants révolutionnaires. Puis nous avons scandé, sans déclencher la moindre réaction en face. Les Shabihas avancèrent d'un pas, criant des propos orduriers et provocateurs. Nous avons brandi nos bâtons sans cesser de chanter. Certains avaient ramassé des pierres qu'ils tenaient serrées dans leurs poings, prêts à la riposte. Des commerçants zélés sont sortis, armés de leurs outils habituels. La haine gonflait leurs trous de nez. Ces taureaux impatients de nous encorner piétinaient de rage, mais ils sont restés immobiles. Nous avons entamé la marche en direction du centre-ville. Puis ce fut le bordel suprême. Des hommes aussi nombreux qu'une armée surgirent de toutes parts, nous éparpillant comme la queue d'une vache éparpille les mouches. Des policiers ont lancé des gaz lacrymogènes, d'autres tiré à balles réelles. Ils ne visaient plus le ciel d'Alep… Six d'entre nous sont tombés, martyrisés.

Bien sûr, j'étais horrifié. Bien sûr, j'avais peur. J'étais mort de peur, ainsi que je l'avais été lors de toutes les manifs précédentes et que je le serais pour toutes celles à venir… Comment l'expliquer ? Quand les chants s'élèvent, tu oublies tout. La peur s'évaporait en même temps que s'envolaient nos paroles, nos poèmes et nos slogans. Tu es devant les canons des fusils et tu brames « *Salmiyé, Salmiyé*[1] *!* ». Tu te fous de tout, de ta vie, de ta mort. Ton corps se détache de ton âme. En fait, c'est un putain d'orgasme ! Parce que tu mets le monde au défi. Tu défies l'autorité du Régime, tu défies ceux qui t'attaquent. Tu défies aussi ceux qui ne font rien, ou qui n'osent rien faire. Au moins, tu agis, tu brames la vérité. Dans le pays, les Syriens étaient martyrisés par centaines. Moi, la nonchalance alépine m'a déprimé. J'en étais malade. J'ai même songé à aller me coucher sur la voie ferrée derrière la gare Bagdad. J'ai pensé à partir à Hama, ou à Homs. Puis j'ai réfléchi. Dans les autres provinces, ils étaient nombreux. Ma présence ne changerait pas la donne, Alep était différente. Alep serait *ma* bataille.

Le vendredi suivant, même endroit, situation identique. Nous scandons. Personne ne tire, mais le quartier est encerclé, bouclé de toutes parts. Après les gaz lacrymogènes, quelques jeunes s'écroulent. Ils partent, empilés dans les fourgons. Nous étions cinq cents, ils en prennent la moitié. J'ai fui, mais dans ma course j'ai perdu une de mes claquettes (à l'époque, j'étais assez con pour manifester en tongs). À ma droite, un immeuble. J'entre pour me planquer sous la cage d'escalier. Une dizaine de gars y étaient déjà entassés. Au bout d'un quart d'heure, nous frappons aux portes de l'immeuble – « S'il vous plaît, laissez-nous entrer ! » Personne n'a répondu. Je tente une sortie par le toit, mais l'accès est fermé.

---

1. « Pacifisme, pacifisme ! »

Dehors, c'est la folie : les policiers ont convié des types gras et barbus, armés de kalachs, pour distribuer les raclées. Dans un couloir de l'immeuble, je croise un jeune qui erre, comme moi. Il vient de la ville d'Idlib, il s'est fourvoyé dans cette rue par hasard, lui aussi redoute une arrestation. Il m'explique que s'il parvient à récupérer sa voiture, nous devrions pouvoir passer les barrages. Je ne l'ai jamais vu, je ne le connais pas, mais je chuchote oui, oui, pourquoi pas, bonne idée… Une porte claque. Nous sursautons. Un habitant de l'immeuble a entrouvert sa porte, balancé une paire de tongs dans le couloir, avant de s'enfermer à double tour. Les claquettes sont antiques, rigides et fendillées comme du stuc, mais inespérées pour mes pieds nus et déjà blessés. Le gars d'Idlib prend mon numéro de portable, puis il se sauve. Je sursaute encore, parce que mon portable braille soudain dans la cage d'escalier. Mon père vient d'apprendre la nouvelle sur Al-Jazira. *Breaking news* : « Les forces de police tirent sur les manifestants d'Alep à Sakhour ».

Sa voix est rauque :

– T'es où ?

– Beh… à Sakhour.

– Putain de fils de pute ! Je t'avais pourtant d…

Je raccroche. L'heure n'est pas aux explications. Je désespère de revoir le gars et sa bagnole. Je vais moisir le restant de mes jours dans cette cage d'escalier merdique. Mon téléphone sonne encore. Au lieu d'une salve d'insultes paternelles, le type d'Idlib m'indique où le rejoindre. Il a récupéré un autre péquenaud en fuite. Dans la voiture, nous sommes trois, ruisselants de peur et suintant l'adrénaline. Les vitres s'embuent de notre sueur. Nous roulons, spectateurs. Dehors, des jeunes sont traînés au sol, leurs têtes raclant le pavé, battus par des molosses. Des traces de sang souillent l'asphalte, des lambeaux de vêtements et des sandales jonchent les ruelles. Tous les taxis sont arrêtés et fouillés aux barrages, mais, ainsi que l'a prédit le gars d'Idlib, sa voiture privée passe sans difficulté. C'est de la chance, ou je ne sais pas. En tout cas, nous avons survécu.

La semaine suivante, nous n'étions guère plus d'une centaine. Ils en avaient emprisonné tant et tant qui, sous l'intimidation ou la torture, avaient lâché les noms de ceux qu'ils connaissaient ou ne connaissaient pas. Il y avait eu une tornade d'arrestations ! En fait, je pense qu'ils avaient pris 90 % des contestataires d'Alep. Aucun n'avait donné mon nom. J'étais libre, mais il n'y avait plus de manifs, ni de manifestants. Je n'avais plus peur de rien, excepté d'être menotté dans les sous-sols, à la merci d'un maniaque qui se tripoterait l'entrejambe tout en jouant avec des câbles électriques. La plupart de mes amis – tous, en fait – ont été emprisonnés. Ils m'ont raconté la torture systématique dans les sous-sols. Ils m'ont décrit l'imaginable, et l'inimaginable. Ils m'ont parlé du supplice du *doulab* où ils te coincent en boule à l'intérieur d'un pneu avant de te lacérer avec des fouets, les chocs électriques, la chaise allemande, le tapis volant… Parfois, ils étaient encore plus sauvages.

Malgré l'anéantissement de nos efforts, il subsistait quelques amis qui passaient chez moi pour élaborer de nouveaux plans. Un soir, mon père s'assit parmi nous, à côté de sa kalach gouvernementale. Il avait le teint blanchâtre. Il a pris une grande inspiration : « Mes chers enfants, c'est abominable ! Ce sont des monstres ignobles ! On savait déjà qu'ils envoyaient les innocents de l'autre côté du soleil… Voilà-t-y pas qu'à présent ils coupent même leurs pénis[1] ! »

1. Le 29 avril 2011, Hamza Al-Khattib, 13 ans, fut arrêté à Deraa. Son cadavre fut rendu à sa famille un mois plus tard, cou brisé, rotules broyées, couvert de brûlures de cigarette, les parties

*

Ryan

Si tu n'es pas Ryan,
c'est donc ton frère !

Certains ont commencé à douter de moi, murmurant : « Pourquoi Ryan n'a-t-il jamais été arrêté, alors qu'il organise des manifs et que tout le monde le connaît ? » Plusieurs m'ont accusé. Ceux-là étaient des arrogants, pérorant sur les manifs sans avoir les tripes de descendre dans les ruelles, alors que ma maison avait été attaquée, fouillée, mise à sac. Les Services savaient où j'habitais, puisqu'il y avait parmi nous cet indic que nous n'avions pas encore démasqué. Et puis, j'avais à mes trousses ce mec des Renseignements : Jawad Kamouna.

Jawad Kamouna devait avoir la quarantaine bien tapée. Il était du genre baraqué avec une peau couleur d'eau de Javel, une mâchoire carrée et une barbe tondue de près. Il se prenait pour un détective de première classe malgré ses petits pieds. Les murs de sa chambre devaient être couverts de photos, de rapports d'enquête, avec des flèches dans tous les sens et des post-it, comme dans les films américains où le héros traque les tueurs en série.

---

génitales mutilées. Les photos de son corps firent le tour des réseaux sociaux, déclenchant l'indignation et un regain de manifestations en Syrie. Le 6 septembre 2011, Ghiyath Matar, 26 ans, fut arrêté à Daraya. Distribuant des fleurs et de l'eau aux forces armées, il était devenu l'icône du pacifisme prôné par les manifestants syriens. Trois jours plus tard, sa famille récupéra son cadavre castré, portant de terribles traces de torture.

Il était devenu « chasseur » d'activistes, véritable obsédé nous talonnant jour et nuit…

Bien sûr, les copains l'avaient repéré. Ils m'informèrent un soir que Jawad Kamouna avait été aperçu, fumant des cigarettes au coin de ma ruelle. La période était critique car nous préparions une manif baptisée « la nuit du destin d'Alep[1] » sur laquelle nous fondions de grands espoirs, puisque ramadan touchait à sa fin. La veille de la nuit du destin, j'ai reçu un appel de ma section : « Viens vite ! Cas de force majeure ! » Dire un truc pareil au téléphone… J'ai tout de suite pensé à un traquenard. On savait que les Services se servaient des activistes emprisonnés pour piéger les autres, en utilisant leurs numéros de téléphone. Pour parer à cette menace, nous avions un code. Si la conversation commençait par « Allô ? *Marhaba*[2] ! », cela signifiait « Attention ! je parle sous la contrainte », ou « Je suis surveillé ! ». Si les premiers mots étaient « *Salam aleykoum* », l'appel était sûr. En fait, ce jour-là, l'indic était au bout du fil, il avait bien dit « *Salam aleykoum* », mais le reste sonnait faux.

Il me fallait pourtant sortir car j'avais rendez-vous avec Abou Nadim, le responsable des slogans et des affiches. Au bout de ma rue, j'ai remarqué une voiture stationnée à un endroit suspect. J'étais l'un des organisateurs de la manif, donc mon téléphone n'arrêtait pas de sonner. C'était très dangereux car si un agent était en planque dans cette voiture, et s'il était celui qui m'appelait au téléphone, il m'identifierait comme étant Ryan en me voyant répondre. Dans ma poche, le portable

1. *Leyla Al-Qadr*, la « nuit du destin », correspond à la nuit entre le 26e et le 27e jour du ramadan.

2. « Bonjour ! », utilisé au Levant par toutes les communautés confondues, à la différence de *Al-Salam aleykoum*, littéralement « Que la paix soit avec toi », utilisée par les musulmans.

vibrait sans cesse. J'ai fini par décrocher. Un homme plein de muscles est alors descendu de la voiture : Jawad Kamouna, le fameux chasseur d'activistes en chair et en os ! Il m'a tordu le bras, en disant : « Monsieur Ryan, je présume ? Veuillez nous suivre bien gentiment, s'il vous plaît… » Puis il a arraché mon portable. Mon cerveau fonctionnait à toute berzingue. Je songeais : « S'il m'emmène, je vais être frappé et torturé. Je pourrais essayer de courir, ou même me battre contre lui… Tant qu'à être roué… »

Au moment de lâcher mon portable, je lui ai balancé un direct du droit en pleine face. Kamouna s'est écroulé par terre, m'entraînant dans sa chute. Tandis que ma tête s'aplatissait sur l'asphalte, j'ai distingué des hommes qui déboulaient de tous les bâtiments alentour. Ils m'ont sauté dessus, tabassé à coups de botte et de bâton… La pagaille était magistrale : certains se cognaient entre eux par erreur. J'ai remercié Dieu d'être judoka, car j'ai fini par m'extraire de ce méli-mélo de jambes, de bras et de nez écrasés. J'ai foncé dans la direction opposée, dévalant la ruelle, quand – catastrophe ! – surgit Abou Nadim, dans lequel je faillis m'encastrer. Par chance, il comprit le danger et poursuivit son chemin d'un air innocent.

Arrivé dans mon immeuble, j'ai grimpé les étages jusqu'au toit. Celui-ci permettait de redescendre par un autre bâtiment dont l'issue donnait sur une rue parallèle. J'ai sonné à une porte au hasard. Une femme a ouvert. J'ai soufflé : « Je suis poursuivi par les Services ! Par pitié, laisse-moi entrer ! Je suis ton voisin, j'habite de l'autre côté du mur… » Elle était d'un calme olympien, m'expliquant qu'il n'y avait pour l'heure aucun homme à la maison, seulement des femmes seules et que ma présence parmi elles était donc proscrite et impossible. Je l'ai suppliée de m'aider. Elle restait inflexible. Pour finir, je lui ai dit : « Donne-moi une *abaya*[1], que je me dissimule… » Sur ces mots, son fils est arrivé tout essoufflé. Je lui ai exposé la situation, il a dit : « Bien sûr, sois le bienvenu ! Entre chez nous, je t'en prie ! »

Je ne les connaissais pas. Peut-être nous étions nous déjà croisés dans le quartier. De nouveau, j'ai réclamé une *abaya* et un voile de femme, puis j'ai demandé au fils s'il possédait une voiture pour m'cxtirper de ce guêpier. Il a sélectionné des vêtements pour que je me déguise en femme et nous sommes sortis, bras dessus, bras dessous, comme n'importe quel couple ordinaire, nous dandinant devant les Services (à présent, ils étaient très nombreux), qui n'ont rien décelé d'anormal en nous voyant. J'avais recouvert mon visage. Le fils a pris ma main pour accentuer le côté tourtereaux alépins.

Je ne suis pas très grand, nous étions donc crédibles. En revanche, mes grosses sandales d'homme laissaient apparaître mes chevilles velues. J'ai évité de me focaliser sur cette pilosité singulière pour une personne de la gent féminine. Le fils m'a conduit en voiture à l'autre bout de la ville. Nous étions éberlués par l'affluence des hommes de la Sûreté. Ils étaient partout, dans chaque rue, chaque ruelle. Il m'a déposé à quelques encablures de chez un de mes amis. Je lui ai rendu les vêtements et il est reparti. J'étais très nerveux. J'ai scruté, pour vérifier que personne ne nous avait suivis. Mon ami m'a offert l'hospitalité pour la nuit, mais l'anxiété refoulait le sommeil loin de moi. Au moindre bruit, je bondissais d'effroi. Personne ne savait où j'étais, ni si j'avais été arrêté, et mon téléphone était aux mains des Renseignements… Au matin, mon ami a appelé Camilla.

Des années plus tôt, j'avais décoré l'appartement de Camilla. Depuis elle était devenue ma meilleure amie.

1. Long vêtement féminin islamique, couvrant la totalité du corps à l'exception du visage.

Je l'aimais comme une sœur, comme un frère, plus que tout. Elle habitait à Alep-Ouest, avec son mari et leur fille, dans une zone qui est restée sous contrôle gouvernemental. Camilla m'a toujours soutenu, au risque de sa vie à elle. Que sa belle âme repose parmi les justes !

Mon ami a donc appelé Camilla. Je lui ai aussitôt transmis mes mots de passe pour Facebook, Twitter, Skype en disant : « Camilla, ferme tout au plus vite ! Efface ce que tu pourras et, surtout, ne m'appelle sous aucun prétexte car mon téléphone est aux mains des Renseignements ! » Cette femme lumineuse avait mon entière confiance. Puis mon petit frère est arrivé. Il avait parcouru la ville à ma recherche. Pendant la nuit, les Services avaient encore défoncé notre porte, saccagé notre maison. Ils avaient tabassé mes frères sous les yeux de ma mère qui sanglotait, jurant sur Dieu qu'elle n'avait jamais eu aucun fils du nom de Ryan.

Après la droite que je lui avais collée, le chasseur d'activistes Jawad Kamouna décida que mon petit frère Ziyad était en réalité Ryan. Il procéda à son arrestation avec une joie perverse, le brutalisant personnellement dans les sous-sols. Ziyad fut transféré par hélicoptère dans une prison abjecte de Damas. Trente-huit jours plus tard, les Services conclurent qu'il n'était pas Ryan. Il fut amnistié et libéré. Il supporta très mal cette incarcération. Beaucoup d'officiers à Damas portaient, comme notre famille, le patronyme d'Aoun. Ils usèrent de cet argument pour s'acharner sur Ziyad. Ils le frappaient à tour de rôle, sous prétexte qu'il avait sali leur nom et détruit la réputation des Aoun, bien que ces hommes n'aient jamais eu aucun rapport avec nous, puisqu'ils appartenaient à la communauté alaouite, et non sunnite comme nous. Plusieurs fois, Ziyad s'était évanoui sous leurs coups.

À Boustane Al-Qasr, la pression des Services devenait étouffante. Le quartier s'alarmait de ma présence, chacun redoutant d'éventuelles représailles. L'atmosphère était lourde de peur et de reproches. Je suis parti, changeant de lieu tous les soirs, écumant la ville. Si bien qu'arriva le temps où je n'eus plus nulle part où me cacher. Je m'étendais dans les ruelles, blotti au fond des impasses ou derrière des remblais, les yeux rivés sur les étoiles, rêvant à des aubes splendides, ou prostré dans le froid, la tête sur un caillou. Épuisé d'errance, je m'en retournais parfois chez moi pour me reposer quelques heures, quelques minutes, dormir ! Je me faufilais sur les toits, m'efforçant d'être invisible. Puis les Services défonçaient notre porte, brisant nos meubles en mille morceaux, malgré les sanglots de ma mère qui maudissait Ryan. Alors, je reprenais mon errance dans l'ombre épaisse des vieux murs.

Vint le jour où, exténué, j'escaladai le toit pour me glisser chez moi, chercher un brin d'humanité, un baiser de ma mère. Là, je sombrai dans un sommeil si profond que rien ne put l'interrompre, pas même les Services défonçant notre porte. Mon frère dut me secouer. Il avait déjà entassé tout ce qu'il avait trouvé d'objets et de débris de meubles devant l'entrée pour retarder les Services qui trépignaient dans le couloir. Il fallait fuir. La rue était pleine de cris, de hurlements et d'officiers de toutes sortes. J'enjambai la fenêtre de la salle de bains : à l'étage du dessous, une petite corniche en béton – peut-être une pièce dont la construction n'avait pas été achevée – me permit de me dissimuler, le dos plaqué contre le mur et les doigts de pied recroquevillés, vacillant de vertige et de peur. Les officiers entrèrent. Le néon de la salle de bains s'alluma en grésillant. Une voix traversa la fenêtre : « Préparez vos armes. À mon signal, tirez ! », me rendant plus nerveux et chancelant sur la corniche.

En bas, dans la rue, des hommes cinglaient les habitants : les jeunes, les vieux, les passants, au hasard, ceux qui revenaient du marché, ceux qui sortaient de chez eux. En haut, la salle de bains était de nouveau plongée dans l'obscurité. J'étais pieds nus, j'avais des crampes et je grelottais de froid. Je regrimpai jusqu'à la maison et vis que, cette fois, ils avaient tout détruit. Seule au milieu des destructions, ma mère pleurait et hurlait : « Ils m'ont pris mon enfant ! Ils m'ont pris mon enfant ! » Quand elle m'aperçut, ses yeux s'arrondirent : « Quoi ? Ils ne t'ont pas pris ? Ça cognait si fort dans la ruelle, ce n'était donc pas sur toi qu'ils frappaient ?… Dans ce cas, qui ont-ils emmené ? » Alors, nous réalisâmes qu'ils avaient arrêté mes deux petits frères. L'un avait 20 ans, l'autre 18. Ils les ont gardés dix jours dans les sous-sols.

Une fois, j'ai été arrêté. Quand je repense à tout ce qui m'est arrivé… Tant d'événements étranges se sont produits… J'avais une chance incroyable ! Au point que j'ai pensé : « En vérité, Dieu nous soutient ! » Ce n'était pas possible autrement ! Et pourtant, j'ai été arrêté. Ce jour-là, je participais à un sit-in avec mon grand frère Fadi. Malgré nos dix ans d'écart, nous nous ressemblions beaucoup, assez pour que l'on nous confonde sur une photo d'identité. Cela m'a sauvé car, me sachant recherché, je sortais toujours avec la carte d'identité de Fadi. Nous étions tous deux assis et j'ai vu un type des Services qui houspillait des femmes du sit-in avec des propos orduriers. Je me suis énervé contre lui : « C'est quoi ton problème ? Tu veux parler ? Parle avec moi ! Laisse les femmes tranquilles ! » Sa réaction a été brutale : « Tu te prends pour qui, fils de pute ? » et hop ! il m'a arrêté. J'avais mon téléphone à la main et je me suis empressé d'éteindre Skype, car c'est par ce biais qu'ils piégeaient des comités entiers qui allaient ensuite dépérir en prison. Son collègue a vu ma manœuvre et il a hurlé : « Skype ! Il a Skype ! » Pire que si j'avais brandi une arme nucléaire ! J'avais eu le temps de me déconnecter.

En prison, les gardes et les interrogateurs m'appelaient « *Skypeman* », ou « S*kypy* ». Bien sûr, ils m'ont cogné jusqu'à faire saigner leurs propres poings, m'accusant de sédition et de fomenter des manifs. Malgré mes papiers d'identité au nom de mon frère Fadi, ils essayaient de me piéger en appelant à l'improviste « Mohammad ? ». J'étais attentif à ne pas réagir et à ne répondre qu'au seul nom de « Fadi ». Comme Fadi n'était accusé de rien, je conservais une lueur d'espoir.

Tous les comités locaux étaient reliés à un groupe de compatriotes (dont je tairai le nom) basés hors de Syrie et veillant à la sécurité de nos connexions. Il s'agissait d'une sorte d'avant-garde d'internautes. Internet était notre seule arme, celle qui nous permettait de parler et de nous rencontrer quand la ville nous l'interdisait. Alep, notre cité fourmillante, était devenue une ville-piège sans rencontres – hormis dans les prisons –, sans croisements de regards, où la communication ne s'établissait plus dans les ruelles mais dans l'espace virtuel. Les Services avaient nommé notre avant-garde cybernautique « les Pages noires » d'Internet, dont ils dressaient un portrait cataclysmique destiné aux braves gens ignorants de ces technologies modernes. J'étais très inquiet pour notre réseau, priant pour que, de l'extérieur, tous mes comptes aient été fermés, effacés à temps. Je savais aussi que des camarades n'ayant pas été informés de mon arrestation allaient me téléphoner. Or j'étais ficelé, à genoux, dans une cellule depuis une éternité, accablé en songeant aux malheurs qui pourraient aggraver cette situation. Un garde est entré en lançant : « Bonjour, Mohammad ! Tu vas avoir l'honneur de visiter chacune de nos branches de sécurité, sale fils de pute. » J'en conclus qu'ils savaient tout. Pourtant, dans la salle d'interrogatoire, l'agent m'expliqua qu'il subsistait des doutes sur mon identité. Il me cingla avec des câbles électriques avant de me susurrer à l'oreille : « Alors, il paraît que

Mohammad n'est pas ici ? Nous sommes donc en présence de ce brave Fadi… » puis il reprit les câbles.

Plus tard, le nez plaqué contre du béton humide, un bandeau couvrant mes yeux, j'ai senti une présence humaine à mes côtés. Une voix a murmuré un slogan révolutionnaire avant de demander : « D'où viens-tu, mon frère ? Pourquoi es-tu ici ? » J'ai répondu : « Je ne sais pas ! C'est à n'y rien comprendre ! Ils veulent mon frère, mais c'est moi qu'ils ont attrapé, alors que je suis innocent ! L'erreur doit provenir du téléphone, car c'est celui de mon frère que, pour mon malheur, j'avais dans la poche… » Pendant ce temps, le portable n'arrêtait pas de sonner. Un agent me collait l'appareil sur la figure en hurlant : « Réponds, fils de pute ! » Il décrochait et j'entendais les voix angoissées de mes amis s'égosillant : « Allô ? Allô ? T'es où ? » Je suis resté muet, provoquant la fureur de l'agent qui s'est saisi du téléphone pour me taper, avec une telle violence que j'ai espéré qu'il se brise entre ses mains pour notre salut à tous. Mais il continuait de sonner et l'officier repartait à l'attaque : « *Skypy* ! Hé, *Skypeman*, aboule-toi ici ! »

Lors d'un autre interrogatoire, un officier très poli me serra la main :

– Salut, fils, tu m'as l'air d'un homme respectable. Pas du genre à chercher la destruction de notre pays… Tu ne voudrais pas que la Syrie devienne un pays comme l'Afrique, ou le Soudan, quand même ?

– Bien sûr que non, monsieur l'officier. La vérité, c'est que je ne veux pas de révolution. La seule chose qui me soucie, ce sont les enfants… J'étais au sit-in pour défendre leurs droits, vu que vous les emprisonnez. Pour tout dire, je déteste les manifestations, mais je m'inquiète pour les enfants d'Alep.

– Sais-tu au moins ce qu'ils font, ces « enfants » ? Ce sont des délinquants, des bons à rien ! Ils volent même les voitures !

– Je sais que les enfants écrivent parfois sur les murs et qu'ensuite ils sont envoyés en prison…

– Imbécile ! Pour ces paroles, je pourrais te mettre en prison soixante jours ! Les soixante jours les plus longs et les plus exécrables de ta misérable vie ! Soixante jours inoubliables ! Puisque tu jures être un homme respectable, peut-être en effet n'es-tu pas Mohammad, mais bien Fadi… Sache, mon cher Fadi, que, dehors, la propagande terroriste se répand plus vite que les eaux du Qoueiq en hiver. Sais-tu ce que prétendent ces chiens d'Al-Jazira ? Que nous t'aurions frappé ! Que tu es un activiste bien connu d'Alep et qu'en même temps que toi, nous aurions pris cinq femmes – alors que nous n'en avons pris que quatre ! Comment expliques-tu ces déclarations, si tu es le brave Fadi que tu prétends être ?

Il était hystérique. Bien entendu, j'ignorais tout des appels à ma libération. À l'extérieur de la prison, mes camarades avaient alerté les médias et les réseaux sociaux, mentionnant mon vrai nom et mes activités d'organisateur… Alors j'ai donné cent pour cent raison à l'officier. Le truc fascinant, dans ces joutes oratoires, c'était de constater à quel point ces types étaient convaincus de leurs propres absurdités. En conséquence, j'abondai en son sens : il s'agissait en effet de mensonges patentés, diffusés par la propagande ennemie ; si l'on suivait sa logique et son intuition de professionnel hors pair, les déclarations d'Al-Jazira étaient en fait la preuve irréfutable de mon innocence. L'officier s'est figé avec un regard contrarié, puis ses traits se sont détendus. Il s'est déclaré prêt à me relâcher en échange d'une promesse écrite et signée de ne plus jamais participer à un sit-in. J'ai obtempéré avec enthousiasme.

La seconde partie de son plan m'a pris par surprise, car je croyais l'avoir persuadé que j'étais un autre. « Il ne reste plus qu'à appeler ta mère », m'annonça-t-il en composant le numéro et en mettant le haut-parleur.

Tandis que la sonnerie retentissait, mon corps dégoulinait d'une sueur à la fois brûlante et glaciale car, si ma mère décrochait, elle lui répondrait que son fils Mohammad avait disparu et c'en serait fini de moi.

– Madame ! a grondé l'officier. Ton fils ne nous cause que des problèmes ! Ce maquereau ramène des filles pour organiser des sit-in contre nous ! Nous voulons la confirmation de son nom.

– Oh, a gémi ma mère. Oh, mon Fadi ! Officier, Fadi est un bon fils…

L'officier lui a raccroché au nez, furieux. Ma mère savait tout. Après tout ce temps, mes frères lui avaient révélé l'existence de Ryan et mes déboires. Mon soulagement fut si brutal que je m'évanouis dans la salle d'interrogatoire.

Ils m'ont gardé encore longtemps, obsédés qu'ils étaient par ce compte Skype. Entre-temps, mes codes avaient été changés par nos internautes des « Pages noires ». Les officiers auraient pu m'arracher les oreilles, je n'étais plus en mesure de leur révéler quoi que ce soit d'utile. Puis, un autre jour, je fus emmené les yeux bandés dans une voiture et jeté au-dehors, au coin d'une rue. Je n'y croyais pas : j'étais libre ! Ma première visite fut pour Abou Nadim, le responsable des slogans et des posters, à Boustane Al-Qasr. Lui non plus n'en revenait pas. Pour lui, je ne pouvais être que le fantôme de Ryan. Personne n'imaginait que je puisse être libéré. Tous vivaient dans la terreur d'une arrestation imminente car, sous la torture, nul ne savait ce qui pouvait se passer, j'aurais pu lâcher les noms de camarades. Passé la stupéfaction, les copains m'ont prévenu : « T'es fini, mec ! Non seulement tu es en danger, mais tu mets en danger les autres. Tu dois partir en Turquie. » J'ai refusé avec colère. Ils m'ont alors interdit de participer à toute manifestation, y compris aux funérailles de notre mufti d'Alep qui venait d'être assassiné.

Notre mufti, le grand cheikh Ibrahim Salqini, était un homme empli de sagesse. Quand la majorité des chefs religieux du pays n'étaient que des hypocrites et des vendus, lui dénonçait dans ses prêches les violences commises par les autorités contre les civils pacifiques. Son opposition aux représailles du Régime nous l'avait rendu aimable et très respecté. Sa disparition constituait une perte douloureuse. Les Services l'avaient harcelé, défonçant la porte de sa maison, n'hésitant pas à le secouer avec leur tendresse habituelle, alors que ce cheikh avait 77 ans et la barbe chenue qui va avec. À la suite d'une de leurs visites, il avait été transporté à l'hôpital et maintenu à l'isolement, sous haute surveillance militaire. On nous annonça sa mort, consécutive à une prétendue attaque cérébrale. Les ruelles d'Alep affirmaient qu'il avait été empoisonné par des hommes de main du Régime. C'est pourquoi l'organisation de funérailles populaires pour cheikh Salqini[1] était si importante pour l'opposition, et donc pour moi, bien que je n'aie pas été autorisé à m'y rendre…

Tandis que, dans le cortège, mes camarades réduisaient en confettis des posters de Bachar, la télévision officielle diffusait les images d'un envoyé du président

1. Le Premier mufti d'Alep, cheikh Ibrahim Al-Salqini, né en 1934, est mort le 6 septembre 2011 d'une hémorragie cérébrale, selon une version officielle contestée par l'opposition. Deux semaines après le soulèvement de la ville de Deraa, il avait déclaré que « celui qui pense qu'Alep est calme se trompe ». Quand l'armée lança une offensive impitoyable contre les manifestants de la ville de Hama, le 1er août, soit au premier jour du ramadan, Salqini fut le premier signataire d'une pétition d'oulémas alépins dénonçant un bain de sang. Son décès intervint dans un contexte tendu entre les autorités et le clergé sunnite syrien, dont plusieurs dizaines de membres furent alors placés en détention. De grandes figures, tel le cheikh Oussama Al-Rifaï à Damas, furent tabassées et blessées à l'intérieur de leur mosquée, suscitant des interrogations sur les origines de la mort de Salqini.

à Alep, un type à tête de croque-mort, venu présenter ses condoléances à Abdallah, le frère de notre mufti assassiné. Selon le commentateur à la télé, Abdallah avait « exprimé sa gratitude pour ce geste généreux du président Assad, dont l'impact a été profond dans le soulagement de sa douleur ». En matière d'insanités, ce Régime ne connaissait aucune limite. Nous, on savait bien que cheikh Abdallah était, comme notre mufti, à fond avec nous ! Plus tard, il apporta son soutien à l'Armée syrienne libre : voilà pour sa gratitude et le soulagement de sa douleur ! Quant à son fils, la rumeur a couru dans les ruelles qu'il s'était mis à prêcher le vendredi devant les combattants rebelles, une kalachnikov à la main. Cela se produisit plus tard, quand Alep fut sous le joug des armes et la proie des combats. Notre mufti Salqini, lui, avait œuvré pour la lutte pacifique et la réconciliation. Il fut enterré dans l'est d'Alep, à la toute fin de l'été 2011, au cimetière du Cheikh Jakir.

*

ABDELQADER

Engloutis dans les entrailles de la ville

Les échecs succédaient aux échecs. En novembre, les principaux leaders furent emprisonnés. Le docteur Mohammad Arab fut englouti dans les sous-sols. J'ignore s'ils l'envoyèrent de l'autre côté du soleil car, jusqu'à ce jour, il n'a pas réapparu. Ils attrapèrent aussi Ahmad Azouz[1] – le futur maire de la ville libre d'Alep –,

1. Fils d'un commerçant (son père exportait des *abaya* en Arabie saoudite), Ahmad Azouz étudia le droit avant d'être renvoyé pour

et mon ami le docteur Dia, que j'avais rencontrés à la mosquée des Omeyyades aux premières heures de la révolution. Les Services avaient d'abord arrêté Ahmad Azouz, le cueillant dans sa propre maison. Ils utilisèrent ensuite son compte Skype pour piéger les autres, réunis dans le quartier Cheikh Khoudour, chez l'un des nôtres nommé Wael. Un appel Skype avait suffi à les localiser. Les policiers débarquèrent avec fracas. Wael sauta par la fenêtre malgré les armes braquées sur lui. Il se brisa les deux jambes, mais fut le seul à s'échapper. Il fut évacué par des copains, caché et soigné à Marea, l'un des villages du rif où commençait à s'organiser l'Armée syrienne libre. Une fois guéri, il rejoignit leurs rangs. Il fut tué quelques mois plus tard, dans les combats d'Alep.

Après ce coup de filet, ce fut la crise, la grande dépression. Je me souviens d'un ami, toujours vivant celui-là, quelque part en exil. Il était sans doute le dernier organisateur encore en liberté. Il vint à ma rencontre pour dresser un bilan lamentable :

– Tous nos gars ont été arrêtés…

– Je sais, mon vieux, je suis complètement dépressif.

– En fait, y a plus que toi et moi.

– Eh beh, qu'est-ce qu'on peut y faire ?

– Y a peut-être un truc à tenter, à condition d'avoir des armes. Je connais un moyen de nous en procurer…

Je l'ai interrompu :

– Whowhowho ! Attends, mec ! Tu me dis que nous ne sommes plus que deux, et ta putain de solution, c'est les armes ? C'est quoi ce plan pourri ?

---

manque de discipline. Il participa à la manifestation de la mosquée des Omeyyades (où il rencontra notre Abdelqader). À sa libération, il fit transiter les armes de l'ASL qu'il dissimulait dans son appartement situé à Hanano. De mars à septembre 2013, il devient le premier « maire » élu démocratiquement du Conseil de la ville d'Alep.

Je lui ai conseillé d'attendre l'Aïd[1], propice au ralliement de nouveaux contestataires dans les ruelles, en raison des paradis accessibles sans zigzag.

La priorité était à la prudence. J'avais fourré sous l'escalier de notre maison tout mon barda : les disques durs et les drapeaux vert et rouge de la révolution. Au départ, nous brandissions le drapeau syrien, mais, après le soulèvement de Hama, les bannières révolutionnaires avaient surgi dans toutes les provinces de Syrie, et nous les avions imitées. Elles étaient faciles à coudre : n'importe quel atelier ou tailleur de confiance les fabriquait en cinq minutes. Sinon, nous allions les commander dans les villages du Nord, où l'Armée syrienne libre se renforçait de jour en jour. Plus d'un millier de ces drapeaux étaient planqués chez moi. Quel taré j'étais ! Je ne réfléchissais pas aux risques encourus par ma mère et le reste de ma famille. Mon père continuait de se pointer avec une ponctualité qui n'honorait que lui au quartier général du Parti unique, mais il savait ce qui était caché sous son escalier.

L'Aïd ne changea rien à l'affaire. Les manifs étaient rarissimes, les arrestations pléthoriques. Un copain débarqua chez moi en pleurs, parce que son meilleur ami avait été battu comme plâtre par les Shabihas, avant de disparaître à l'arrière d'une camionnette. Il n'osait pas prévenir sa famille. J'y suis allé, car leur maison était sise dans une rue parallèle à la mienne. Le frère aîné, un prof de maths, a ouvert la porte avec les salutations d'usage. Je lui ai dit : « J'ai une sale nouvelle à t'annoncer : ton frère a été embarqué voilà une heure… » Il m'a répondu : « OK. » J'ai insisté : « Mais réagis, voyons !

1. L'Aïd Al-Kebir ou Aïd Al-Adha, célébré le dixième jour du dernier mois du calendrier musulman, commémore le sacrifice d'Abraham.

Il faut le sortir de là ! » Il a haussé les épaules : « C'était son choix, sa décision. Voici les conséquences. C'est pas mon problème. » Et il a claqué la porte. Telle était sa nature, à se ficher de tout, y compris de son propre frère.

Le lendemain, je suis allé secouer le copain qui continuait à verser des torrents de larmes sur le sort de son ami. Pour lui changer les idées, je l'ai entraîné à l'université. Sa mère nous a appelés alors que nous étions en route, hurlant que les flics avaient débarqué en meute, qu'ils avaient tout saccagé, de la cuisine à la chambre à coucher. Mon copain n'en revenait pas : comment avait-il pu être localisé aussi vite ? Qui l'avait dénoncé ? Il s'est aussitôt enfui rejoindre les villages du rif et l'Armée libre.

En vérité, son histoire m'a fait flipper. À partir de ce jour, je n'ai plus dormi que sur le balcon. J'y avais installé un matelas, mon portefeuille sous l'oreiller et mes baskets aux pieds (on apprend de ses erreurs : plus jamais je n'ai porté de claquettes). À tout moment, j'étais prêt à sauter pour m'enfuir. Je ne me couchais jamais avant trois ou quatre heures du matin, vu que les Services défonçaient toujours les portes peu après minuit. Je bénéficiais aussi d'une protection : ma famille appartenait à une puissante tribu et le *moukhtar*, le chef du quartier, était l'un de mes cousins. Si la police voulait m'arrêter, elle devait le prévenir. En théorie.

Cette situation merdique me rendait dingue. Je voulais manifester dans mon quartier, à Baydine, laisser tomber le centre-ville où commerçants et braves gens s'alliaient aux Shabihas pour nous battre sans vergogne. J'ai établi des connexions avec des voisins de confiance. La plupart d'entre eux ont rejeté cette idée de cortèges autochtones, puisque les habitants du coin nous reconnaîtraient sans peine, même avec un keffieh sur la figure. J'en ai convaincu certains, qui marchèrent avec moi après la prière du vendredi et s'enfuirent avant l'arrivée des flics. Nul habitant ne nous attaqua, puisque c'était mon putain de chez-moi. Si quiconque nous avait agressés, nous l'aurions reconnu, lui et sa famille. Cette situation instaura un nouveau rapport de force local, reposant sur la crainte de représailles. En plus, si quelqu'un avait osé nous frapper, le regard des voisins l'aurait couvert d'opprobre. Les gens étaient donc réticents à nous violenter.

Nous étions quelques dizaines à scander avec drapeaux et pancartes, pendant six ou sept minutes, lors de « manifs volantes ». Les policiers n'étaient jamais loin. Quelques minutes, c'était bref, mais très utile, au moins pour nous, car nous exprimions la colère qui nous écartelait les entrailles. C'était aussi nécessaire vis-à-vis des habitants, forcés ainsi de constater que les manifestations d'Alep étaient réelles, que nous ne réclamions que du changement et, surtout, que nous étions pacifiques. Nous conservions l'espoir d'étendre le mouvement. Dans les autres provinces, les villes s'insurgeaient les unes après les autres. Il était de notre devoir de les soutenir en tant que Syriens. Nous étions des combattants de la liberté, dans la mesure où nous luttions pour les droits de tous, au risque d'être tués de multiples et horribles façons.

Mon ami Dia fut libéré au bout de quatre mois. Mohammad Arab, lui, n'est jamais sorti, peut-être parce qu'il était activiste depuis le « printemps de Damas », ainsi que l'on dénomma cette courte période d'hypocrisie gouvernementale au début des années 2000, qui autorisa les Syriens à s'exprimer avant de se jeter sur eux comme une araignée sur des moucherons. Les autres étaient inconnus des autorités car nouveaux dans l'opposition. La prison les a bousillés. Ils avaient passé des mois les yeux bandés, sans jamais apercevoir la moindre lueur, ignorant tout du cycle des jours et des nuits, de leur environnement, de leurs bourreaux. Selon eux, cette expérience fut ce qu'ils avaient vécu de pire. Ils avaient été transférés dans une prison de Damas contrôlée par la branche des services de l'armée de l'air, soit l'une des plus épouvantables de Syrie.

Quand Dia est sorti, je ne l'ai pas reconnu. Il n'était plus le même. Sa personnalité avait changé, tout comme son regard et sa façon de s'exprimer. Tu pouvais t'asseoir des heures en tenant ses mains écorchées, il restait absent, prisonnier dans un licu qui n'avait pas d'existence réelle. Il était terrifié en permanence. Il n'était pas devenu fou, mais il ne comprenait plus rien. Il avait été torturé, encore et encore. Je ne peux pas décrire à sa place ce qu'il a enduré. Ce n'est pas à moi de rapporter les horreurs qu'il a subies. Il y avait l'imaginable et l'inimaginable. Le dicible et l'indicible. Avant d'être emprisonné, Dia n'avait besoin que d'une seule matière pour valider son diplôme de médecine. Il avait été arrêté quelques jours avant la date du dernier examen. Après sa libération, il partit en Géorgie pour décompresser. Peu de temps après, son meilleur ami tomba martyrisé, alors il revint à Alep pour les funérailles. Dia n'allait pas bien du tout.

*

AMIR

La robe rouge de Rawa

J'ai commencé à manifester à l'âge de 17 ans. D'une façon ou d'une autre, il était question d'oublier Rawa, la fille de mon rêve, rencontrée lors d'une soirée en haut de la Citadelle. Après notre séparation, je me suis senti seul. Avec deux enfants seulement, notre famille était atypique puisque j'étais le seul garçon. Je n'avais pas de frère à qui confier mes idées et les affres de ma rupture sentimentale. J'ai cessé d'aller à l'école pour manifester et m'asseoir la nuit en compagnie de gars plus âgés que moi. Mes parents le savaient, je les en informais avec franchise, mais il y avait trop de sujets impossibles à aborder avec eux. Des sujets qui nécessitent un frère. Je me sentais différent des jeunes de mon âge, affligé par la solitude.

Dans ma famille, j'étais proche de mon oncle maternel, de cinq ans mon aîné. Il n'était pas allé à l'université et travaillait dans une boutique d'électronique. Nous sommes devenus très amis. Il fut le premier à descendre dans les ruelles, nous décrivant comment se déroulaient les cortèges et comment ils se terminaient, avec arrestations, Shabihas et services de sécurité agressant les manifestants. Il nous racontait aussi ce qu'il se tramait dans les autres villes syriennes. Les habitants de Homs avaient été réprimés avec sauvagerie, provoquant un afflux de réfugiés dans notre bonne ville d'Alep. Mon oncle quitta son travail pour se consacrer à ces événements. Ma mère aussi soutenait la révolution. Elle se dépara de tous ses bijoux, pour que le fruit de leur vente vienne en aide aux familles de Homs. Mon oncle organisait avec ses amis des cartons de nourriture et de médicaments. Il passait son temps en voiture, transportant ravitaillement et réfugiés. Un soir, il fut arrêté en compagnie de l'un d'eux à un barrage de police. Lors de la fouille, les policiers découvrirent dans le portable du passager des centaines de vidéos de manifs et de scènes horrifiques de la répression filmées à Homs. Ils auraient dû être arrêtés sur-le-champ. Mais, comme chacun sait, les Homsis sont les plus gros baratineurs du monde et le réfugié se montra à la hauteur de cette réputation. Il réussit à convaincre la police que ce téléphone n'était pas le sien, qu'il avait atterri dans cette voiture par le plus inexplicable et regrettable des hasards, une véritable diablerie qui constituait la preuve irréfutable de l'existence d'un complot de terroristes vicieux. Cette fois, mon oncle s'en tira, mais le danger augmentait chaque jour. Il fut, avec mon cousin Moaz, celui qui influença le plus mon engagement révolutionnaire…

Peut-être as-tu entendu parler de mon cousin Moaz ? Il avait mon âge et était connu à Alep. Ses funérailles furent parmi les plus grandioses de la ville. Il tomba en martyr au cours d'une autre procession funèbre, à Boustane Al-Qasr. Je ne me souviens plus de la date…

Hier, je remplissais mon dossier, celui qui doit me permettre d'obtenir le statut d'exilé politique. Il m'a fallu vérifier sur Internet les dates de ma détention. C'est à peine si je me rappelle que mon père a été tué il y a tout juste un an… Mon père était un Casque blanc, un secouriste de la Défense civile. Quant aux funérailles de mon cousin… Moaz était pour moi ce qui ressemblait le plus à un frère. Une balle lui transperça le cou lors des funérailles d'Amir Barakat, à Boustane Al-Qasr. Amir, lui, n'avait que 13 ans quand il a été tué d'une balle dans l'estomac. C'est son nom que j'ai choisi comme pseudonyme, pour qu'on ne l'oublie pas. Avant je m'appelais Walid, après je suis devenu Amir. J'ai embrassé son âme.

Ce que nous vivions, ce que nous avons vécu à Alep, cet enchaînement insensé de malheurs… Il est impossible de se souvenir de toutes les dates. De toute façon, depuis qu'un missile est tombé à quelques mètres de moi, rien n'y fait, je ne suis plus capable de me concentrer…

Comme mon oncle, mon cousin Moaz m'encouragea beaucoup. C'était un blagueur. Il disait : « Ne sois pas une femmelette, à végéter toute la journée dans ta maison ! Viens avec moi chanter dans les ruelles ! » Alors j'y allais. D'abord à la mosquée Aamné de Seif

Al-Daoulé, puis à l'université. Mon oncle nous avait introduits dans un groupe Skype. Nous étions la Skype-room des « Thouwar de Salaheddine[1] ». Il croyait à fond à la réussite du mouvement. Ma mère me laissait y aller parce que mes cousins étaient avec moi. Je manifestais toujours en compagnie de Moaz, d'abord le vendredi, puis tous les jours de la semaine. Plus tard, elle changea d'avis. Elle ne voulut plus que je participe. Elle savait la brutalité dans les ruelles. Son refus devint plus radical encore après mon arrestation, survenue avant la mort de Moaz. Ma détention fut une épreuve pénible pour mes parents. Tous les jours, mon père se rendait à la Cour, versant des fortunes colossales dans l'espoir de m'apercevoir un instant. Son argent était encaissé, sans qu'il obtienne un droit de visite. Les souffrances de mes parents n'étaient pas liées aux seules circonstances – ma détention –, elles étaient aussi psychologiques. Ils ont vécu mon emprisonnement comme s'ils étaient, eux aussi, dans les sous-sols. Pas en chair et en os bien sûr, mais dans leurs têtes. Les jeunes périssaient dans les prisons. Toute la ville le savait et mes parents craignaient pour ma vie. Au début des événements, ils s'étaient montrés si enthousiastes ! Je leur racontais tout : que nous avions défié les forces de sécurité en leur lançant des cailloux. Pourtant, même s'ils étaient d'Alep-Est, ils ont commencé à tourner le dos à la révolution. Comme eux, de nombreux habitants en ville cessèrent d'y croire, réclamant le droit d'exister sans voir mourir leurs enfants. Moi, je n'essayais de convaincre personne. En réalité, je n'osais pas demander aux gens ce qu'ils pensaient de la situation.

Tant que j'ai été avec Moaz, j'étais Amir l'intrépide. Grâce à Skype, nous avons appris que des funérailles

1. « Les révolutionnaires de Salaheddine ».

allaient être organisées, dans le quartier d'Izaa, pour Abdel Wahid, un garçon qui avait été tué, martyrisé par la police. La mobilisation des habitants lors des funérailles était un phénomène nouveau à Alep. Dans les manifs, nous étions rarement plus d'une centaine, facilitant la tâche des Services qui n'avaient alors aucun mal à nous identifier dans notre pénurie. Ceux qui descendaient dans les ruelles étaient conscients du risque de finir en prison. En comparaison, les funérailles paraissaient plus sûres car la famille, les amis et les voisins y assistaient en multitude. Avec Moaz, nous sommes arrivés au lieu de ralliement avant la prière de l'après-midi, pendant que la famille faisait ses adieux au martyr selon la tradition. Ce cortège funèbre allait virer en grosse manif, car de très nombreuses personnes scandaient déjà leur colère en raison de la mort du garçon, agitant devant sa maison des drapeaux révolutionnaires. Aujourd'hui encore, les images sont sur Facebook : le rassemblement était phénoménal.

J'étais de ceux qui espéraient que ces funérailles provoqueraient un sursaut de conscience chez nos habitants, face à la mort des jeunes Alépins qui, tel Abdel Wahid, avaient chanté mains nues face à la mitraille. J'attendais le jour où nous serions une foule pour marcher jusqu'à Saadallah Al-Jabri, la grande place centrale d'Alep. J'espérais que prenne fin ce cirque qui se répétait de quartier en quartier, à chaque tentative de manifestation : les Services tiraient et tout le monde déguerpissait. Je rêvais de voir éclater notre révolution et que les habitants se posent, enfin, les bonnes questions : tant de jeunes dans les ruelles pouvaient-ils n'être que des terroristes, ainsi que le prétendait la propagande du Régime ? Étions-nous donc tous mauvais et aussi nombreux à avoir tort ? Peut-être nos concitoyens allaient-ils finir par comprendre qu'ils étaient abreuvés de fadaises gouvernementales ? Du haut de leur balcon, ils voyaient bien que nous ne portions pas d'armes, que nous n'étions pas violents, mais que nous réclamions le départ du président.

Ce jour-là, je pensais que les funérailles d'Abdel Wahid allaient peut-être changer la face d'Alep. Il y eut une prière pour le martyr, suivi d'un *takbir*, puis tout le monde cria : « *Allahou Akbar !* » Les Service ont aussitôt tiré. Pas sur nous, mais dans le ciel, pour nous effrayer. Des gens ont fui, d'autres sont restés. Ils nous ont alors lancé des grenades lacrymogènes et quelques-uns furent blessés. J'étais à l'arrière du cortège, je me suis faufilé au-devant. J'avais 17 ans et autant d'énergie qu'un pur-sang de compétition. Les services de sécurité et la police ont disparu, laissant leur place à d'autres hommes vêtus de treillis militaires. Nous étions une dizaine à jeter des cailloux en leur direction. Se produisit alors un événement prodigieux. Les treillis se mirent à nous bombarder… de patates ! Nous étions émerveillés ! Un copain s'est esclaffé : « Qu'est-ce qui leur prend ? Pourquoi sont-ils aussi romantiques ? » En vérité, leur geste était romantique, car nous nous étions habitués aux gaz lacrymogènes et aux balles. Alors, les patates, c'était *waouh* ! Suis-je à New York, à Paris ou à Londres, pour bénéficier d'une réaction aussi civilisée ? La bataille s'est poursuivie, les gens sont restés. Beaucoup riaient à cause des patates. Les manifestants n'avaient jamais été aussi nombreux à Alep. Puis, au milieu de toute cette purée, un soldat a mis un genou à terre, il a braqué sa mitraillette et il a tiré. Pas vers le ciel. Droit sur nous.

Les uns après les autres, les gens sont tombés. J'ai pris la fuite, emporté par la foule. Au milieu de la route, le soldat tirait en tous sens, tournant sur lui-même tel un tourniquet équipé d'une mitrailleuse. Cette attitude n'était pas inhabituelle chez les Services, mais, de la part de notre armée, personne ne s'y attendait. S'ils avaient eu l'intention de faire feu, pourquoi nous avoir amadoués avec des pommes de terre ? Pourquoi avoir attendu pour tirer ? Autour de moi, les gens s'effondraient, se tordant de douleur sur l'asphalte. Je les enjambais ou les contournais en vacillant, une douleur lancinante à la main. Je croyais avoir été heurté par une pierre, car je n'avais senti nulle balle me transpercer. Les blessés aux jambes trouées étaient incapables de se relever et les treillis les ramassaient avec la délicatesse d'éboueurs collectant des sacs d'ordures, avant de les balancer à l'arrière de leurs fourgons militaires. Je m'étais éloigné d'au moins trois cents mètres du tireur fou, mais ma tête virevoltait. Alors seulement j'ai remarqué ma main qui saignait en quantité anormale et j'ai compris que j'avais été touché. J'avais perdu tout espoir de m'échapper lorsque j'ai buté sur un homme que j'ai reconnu comme l'un des nôtres. Il secourait les blessés et m'a crié de le suivre. L'escapade était risquée, car les Services étaient postés dans tous les quartiers attenants. Nous nous sommes entassés dans sa voiture.

J'étais assis à côté d'une belle jeune fille blessée et de deux hommes avec des balles plein les jambes. Nous avons été conduits à Salaheddine, dans un petit bâtiment dont je n'avais jamais soupçonné l'existence. Il avait été aménagé en poste médical clandestin. Là, quelqu'un a téléphoné à ma famille. Mon père a surgi peu après. Quand il m'a vu, il en a presque défailli de soulagement. Il m'a dit : « Tu es vivant ? Quand on m'a prévenu que tu étais blessé, j'étais persuadé que tu étais mort ! » Sa réaction était logique, puisque telle était en effet devenue la tradition alépine : on alertait les familles qu'un des leurs n'était que blessé. Le temps d'arriver leur permettait d'imaginer le pire, d'envisager la possibilité de la mort. Presque toujours, c'était un cadavre qu'on leur rendait.

J'étais bien vivant, avec une douleur infernale. Mon père connaissait un toubib, installé dans un cabinet médical privé du quartier Cheikh Sayyed. Il m'y transporta, caché à l'arrière de la voiture. Quand les fusillades éclataient dans une manif, toute la ville s'emballait dans une psychose collective, avec embouteillages, trajectoires erratiques d'habitants et multiplication de checkpoints. Aussi, mon père me dissimula sous le siège des passagers. Je me souviens du regard effaré du docteur. Mon père le suppliait de me recoudre, mais ce médecin ne croyait ni en la révolution, ni en rien dans la vie. Mon sang dégoulinait, cependant qu'il secouait la tête, protestant qu'il aurait des ennuis s'il me soignait. Après mille palabres, il accepta d'extraire une balle restée à l'intérieur de ma paume. Une seconde balle m'avait presque arraché le doigt. Le docteur disait : « Ce doigt nécessite une opération chirurgicale pour être sauvé. » Mon père s'est agenouillé devant lui, l'implorant de stopper l'hémorragie, de suturer la blessure. Le médecin aurait pu… Il refusa. Il craignait que les autorités ne l'identifient ensuite grâce aux points de suture. Il insistait sur la nécessité d'opérer pour mettre du métal à l'intérieur de mon doigt et donc d'aller à l'hôpital. À l'hôpital, répétait-il, ses points de suture le trahiraient…

Cet homme avait fait le serment d'aider ses semblables, mais il ne pensait qu'à lui-même. Je me demandais pourquoi il avait accompli toutes ces longues études de médecine, s'il regimbait ensuite devant une main ouverte. Je me disais qu'il était inhumain. J'étais en colère, effrayé, confus aussi. Je regardais ma paume : elle ressemblait à une fontaine avec des petits jets de sang gouttant sur le sol où se formait une flaque épaisse et rouge, qui s'allongeait et s'arrondissait. Je reconnus la robe de Rawa sur la Citadelle. Je me suis évanoui, redevenant un tout petit enfant blotti dans les bras de mon père, cependant qu'il me portait, maintenant mon visage contre son cœur.

Il n'avait d'autre solution que de m'emmener à l'hôpital général Al-Razy, un établissement gouvernemental d'où les manifestants blessés n'avaient aucune chance de ressortir libres. Là-bas, les médecins ne m'ont pas soigné, ils ont ficelé les morceaux de chair qui pendouillaient, en attendant l'arrivée de la police. En ce temps-là, même les victimes d'accident de voiture n'étaient pas autorisées à partir sans avoir subi au préalable un interrogatoire. J'ai essayé de mentir. J'ai bredouillé des sornettes, que j'avais cheminé pour rendre visite à mes grands-parents, que j'ignorais comment j'avais été blessé. Les policiers n'étaient pas idiots à ce point, mais moi, j'étais redevenu ce minot réclamant les bras de son papa et je ne savais pas quoi inventer. Ils voulurent m'embarquer, mais l'hôpital certifia qu'une opération était indispensable pour sauver mon doigt. Ma main saignait toujours. Le flot ne s'arrêtait pas et, à chaque fois, il dessinait la robe de Rawa.

Les policiers sont repartis après avoir menotté une de mes jambes à mon lit d'hôpital. En me réveillant, j'ai vu mon oncle assis à côté de moi. Il avait renvoyé mes parents à la maison, parce qu'ils étaient sous le choc et que leur émotion n'allait pas m'aider à affronter la fatalité. J'allais partir en prison. Je pensais être opéré d'abord, mais les policiers décidèrent qu'aucune chirurgie n'était nécessaire. C'est la raison de ce bout de moignon tout moche sur cette partie de ma main. Ils n'ont pas sauvé mon doigt.

Les médecins de l'hôpital Al-Razy se fichaient pas mal du sort de leurs patients. Seule leur importait la satisfaction du Régime. Ils me dévisageaient comme si j'avais commis un crime répugnant. Une matrone aux yeux de réfrigérateur a recousu ma main avec rudesse, plantant son aiguille dans ma blessure avec un rictus dégoûté. Elle ne m'a pas adressé un mot, elle commentait tout haut avec un collègue : « Eh beh ! En voilà de belles choses ! C'est ce qui arrive quand on désobéit ! » Elle parlait d'un ton acerbe, avec de la méchanceté dans la voix. En vérité, il m'était bien difficile de retenir mes larmes.

*

Ryan

Le caïd du quartier

Quand je suis sorti de prison, j'ai trouvé ma mère au milieu de notre maison délabrée. Elle m'a serré contre elle en murmurant « Ryan, Ryan… mon fils ». Je ne pouvais plus rester auprès d'elle. Les copains avaient peur de m'héberger, mes frères aussi. Je me suis senti très déprimé. J'ai essayé de louer un logement. Mes économies d'entraîneur de l'équipe de judo et de décorateur d'intérieur ne le permettaient pas. Je n'avais qu'une pensée : trouver un toit au-dessus de ma tête. En fait, seule mon amie Camilla se démena pour m'aider. Elle insista pour payer une location, mais je pensais que c'était trop dangereux pour elle. Cette femme était lumineuse. Je l'aimais tant, je refusais qu'il lui arrive quoi que ce soit. Ce fut la meilleure amie que j'aie jamais eue. C'était moi qui l'avais convertie à la révolution au fil de nos conversations, alors que rien ne l'y prédisposait. Elle était même venue manifester à l'université. Elle habitait à l'Ouest dans une rue cossue. Son mari était pro-Assad. À part son look très chic, il était l'incarnation type du Shabiha alépin. Il travaillait pour MTN, le réseau téléphonique bien connu appartenant à Rami Makhlouf, Roi de la Corruption et cousin du président, que nous haïssions tous. Quand j'allais leur rendre visite, Camilla s'interposait en douceur : « Pitié, ne parlez pas de révolution, vous allez vous entre-tuer ! » J'avais décoré leur intérieur, ce qui avait scellé notre amitié, à Camilla et à moi.

Depuis mon séjour en prison, l'atmosphère en ville avait changé. Les autorités avaient condamné la mosquée Aamné, notre point de ralliement situé à Seif Al-Daoulé. Les cortèges s'organisaient dorénavant à partir d'une mosquée du quartier de Kalassé. Il y avait aussi de gros mouvements chez ceux de Marjé. Mes ruelles de Boustane Al-Qasr, elles, étaient à la fois stratégiques car proches du centre, et ultrasensibles. Comment dire ? Nos habitants n'y jouissaient pas d'une réputation favorable, à cause de la délinquance et des bagarres pour un oui, pour un non. Beaucoup de jeunes étaient ignorants et influençables, en particulier les nouveaux venus dans la ville. Si un cador du secteur décidait de devenir Shabiha, sa meute le suivait sans réfléchir. De la même manière, si le cador choisissait la révolution, il entraînait tous ses partisans. Il fallait donc agir avec précaution pour susciter le soutien du plus grand nombre.

Parmi les caïds du quartier, Alaa Adnan était l'un des plus redoutables. Il avait été parmi les premiers à s'engager dans la Ligue populaire, cette milice créée par le gouvernement au début de la révolution qui rassemblait certains groupes spécifiques, puis s'est mise à enrôler n'importe quel volontaire prêt à « garder » le quartier. Le Régime leur avait distribué autant d'armes qu'ils en voulaient, les transformant en tueurs de grand chemin. Quand ils s'énervaient, ils pouvaient exécuter un gars d'une balle, en plein jour. Depuis sa naissance, Alaa Adnan était un bagarreur invétéré. Son ralliement à la Ligue populaire n'avait donc étonné personne. Il fut aussi l'un des premiers à changer d'avis, délaissant la Ligue pour clamer son amour de la révolution. Dans notre comité, nous étions très stricts : chaque nouveau membre devait partager nos idéaux et adhérer au principe de non-violence. Abou Nadim avait décidé d'accorder sa confiance à Alaa Adnan ; moi, je restais circonspect.

Notre comité insistait pour que nous soyons plus actifs dans les ruelles de Boustane Al-Qasr. Pour le coup, que je sois ou non recherché par les autorités, je ne pouvais être exclu de cette initiative. La manif se déroula au début de l'année 2012, après le martyre de plusieurs jeunes manifestants. Au bout de quelques secondes, les Shabihas nous rouèrent de coups, sortant leurs couteaux et leurs armes à feu. Alaa fut le premier à tomber, transpercé à l'estomac. Ce fut un événement considérable, en raison de son image d'invincible dur à cuire. Toute la ruelle avait les yeux rivés sur lui, sur ses boyaux à l'air et son nez couvert de poussière, tandis qu'il gueulait : « Vive la révolution ! » Il gisait au milieu de son sang, sans cesser ses encouragements : « Allez les mecs, tenez bon l'asphalte ! Vous êtes les chéris d'Alep et de cette révolution ! » La chute du caïd du quartier était inimaginable. Elle suscita une telle stupéfaction qu'au lieu de fuir, tous – y compris des habitants descendus en hâte de leur balcon – coururent droit sur les Shabihas. Ces chiens décampèrent, tandis que la foule brisait les vitres de leurs camionnettes sans qu'aucun fusil ni couteau, sans qu'aucune peur ne les en dissuade. Un autre escadron de crânes rasés prit la relève. Les manifestants furent arrêtés par centaines, mais il s'était produit un événement majeur : Boustane Al-Qasr venait de choisir la révolution.

Alaa n'était pas le seul à avoir été blessé. Des dizaines de manifestants avaient reçu des balles dans les jambes, les bras ou l'estomac. Tous furent embarqués par la police et transportés à l'hôpital Al-Hayat. Parmi ceux qui avaient réchappé aux blessures et aux arrestations se trouvaient mon ami Abou Quteiba et moi-même. Nous étions soucieux, redoutant un raid des Shabihas dans l'hôpital dans le but d'achever les victimes. Le réseau a fonctionné pour organiser un sit-in sur la pelouse, devant l'établissement[1]. Des petits groupes arrivaient de-ci, de-là, n'osant s'asseoir, se méfiant les uns des autres, car ils ne se connaissaient pas. Le nombre de protestataires a augmenté, formant une foule devant l'hôpital. Un couple s'est installé près de moi, feignant d'attendre un taxi. La femme s'appelait Abir – plus tard, nous sommes devenus bons amis. L'homme qui l'accompagnait était son frère, Bayan.

Bayan travaille aujourd'hui encore dans une ONG. Abir s'engagea comme infirmière avec les premiers secours. Elle mourut martyrisée pendant qu'elle évacuait les blessés d'un immeuble bombardé, sous la déflagration d'une seconde bombe larguée quelques minutes plus tard, au même endroit que la première. Malgré son visage angélique, Abir ne m'était pas devenue aussi proche que Camilla, mais sa mort m'affecta beaucoup. J'espère que Dieu mentionne son nom parmi les braves. Tous ces malheurs se produisirent bien plus tard. Personne, à l'époque du sit-in, n'aurait pu les concevoir.

Certains organisateurs hésitaient sur la marche à suivre. Notre but était d'empêcher les Services de pénétrer dans l'hôpital, car il était de notoriété publique qu'ils emmenaient les blessés, même moribonds, dans leurs maudits sous-sols. Consigne fut donnée de ne pas crier, de ne pas bouger et de rester assis dans le calme et en silence : « Ne leur fournissez aucune excuse pour nous attaquer ! » La foule enflait, attirant activistes photographes et cameramen et donc suscitant de futures images pour Al-Jazira. Leur présence restreignait l'usage de la violence par les Services : nous attaquer aurait donné d'eux une piètre image télévisée, au moment où le Régime s'époumonait à clamer que la stabilité régnait

1. Sit-in du vendredi 3 février 2012. Parmi les morts se trouvait Moaz, le cousin préféré d'Amir.

à Alep et cherchait à se montrer sympathique envers les Alépins de peur qu'ils ne s'enflamment à leur tour. Tandis que l'armée avait tiré sur ceux de Deraa, de Homs et de Hama, le pouvoir testait chez nous une autre stratégie, laissant la barbarie s'exercer via les Shabihas et la Ligue populaire. Les représentants de l'autorité, eux, conservaient leur sang-froid la plupart du temps – du moins en dehors des sous-sols. Des officiers des Services débarquèrent à l'hôpital, demandant « Qu'est-ce qui se passe ici ? » et « Qu'est-ce qui ne va pas avec ces blessés ? ». Une voix s'éleva dans la foule : « Ce qui ne va pas avec ces blessés, c'est que vous leur avez tiré dessus ! » et tous crièrent leur mécontentement. L'officier ne voulait pas réveiller le volcan alépin, alors il fit demi-tour.

Le réseau a encore fonctionné. Des habitants ordinaires nous ont rejoints pour contribuer financièrement aux soins des blessés. Un médecin nous a donné cinquante mille livres syriennes. La moitié de cette somme était nécessaire au traitement d'urgence d'un garçon de 17 ans, paralysé à cause d'une balle de gros calibre logée dans sa colonne vertébrale. Sa famille appartenait à une tribu pauvre du rif. Le père, désespéré, sollicitait au téléphone chaque membre de son entourage en sanglotant. Nous lui avons remis vingt-cinq mille livres grâce au don de ce médecin dont j'ai oublié le nom et qui, comme Abir, fut tué plus tard dans un bombardement. Les Alépins ordinaires offrirent une aide de cinquante mille livres supplémentaires. Tant de gens apportèrent leur soutien ! Je me souviens de cette femme, Oum Khaled, qui s'était déplacée de très loin pour contribuer à régler la facture. Par la suite, elle entreprit de transporter en cachette des médicaments destinés aux quartiers de l'Est. Dieu soit loué, elle vit encore, même si, comme nous tous, elle a dû s'exiler.

Est alors apparu un type du Parlement syrien, prétendant n'appartenir à aucun des deux camps, qui voulait servir de « conciliateur » entre le Régime et l'opposition. Il nous avait déjà aidés à sortir une fille de prison, mais je restais méfiant. À mon avis, cet homme n'était qu'un hypocrite attendant de voir de quel côté le vent allait souffler. Il demanda à parler à deux représentants du sit-in. Je fus désigné, ainsi que le grand-père d'un des jeunes martyrs. Nous nous sommes assis dans la cafétéria de l'hôpital et je lui ai décrit les violences survenues à Boustane Al-Qasr. Le vieux s'est aussitôt emporté :

– Vous frappez et tirez sur nos enfants, et vous osez ensuite nous demander ce que nous voulons ?

Je me suis adressé au député :

– Laisse-moi être honnête avec toi. J'ai manifesté dans chaque quartier d'Alep et je n'arrive pas à comprendre en quoi marcher, chanter et clamer que Dieu est grand est un si grand problème…

– Tu as raison, ce n'en est pas un, et je refuse que des types vous agressent de cette façon répugnante.

– Je vis dans une démocratie, n'est-ce pas, député ? Je devrais donc avoir le droit de marcher et de chanter… Nous vivons dans un pays démocratique, oui ou non ?

– Pour être franc, non, nous ne vivons pas dans une démocratie…

– OK, nous sommes d'accord sur ce point. Voici nos conditions : les blessés de cet hôpital ne seront pas menacés, ni meurtris davantage. Nous devons être certains que les Shabihas ne viendront pas les achever. Nous ne partirons pas avant qu'ils aient quitté les lieux. Quand ils s'en iront, nous mettrons fin au sit-in.

Il a acquiescé. Dehors, la foule a été prévenue que nous lèverions le camp après le départ des Shabihas, mais beaucoup ont refusé : « Non ! On ne peut pas leur faire confiance ! Si nous partons, ils reviendront pendant la nuit achever nos blessés ! » J'ai appelé au calme, affirmant que l'accord avait été conclu. Une femme du sit-in s'est frayé un chemin dans la foule pour venir me parler. Elle portait un niqab couvrant son visage, peut-être par conviction religieuse, ou pour dissimuler son identité. Plus tard j'ai rencontré son frère – il fut tué l'année suivante dans les combats d'Alep. La dame au niqab m'a dit qu'elle était chirurgienne puis elle ajouta : « Je sais que les chirurgiens ont pratiqué une ablation d'une partie des intestins d'Alaa. Il est à présent dans un état stable. Si vous parvenez à le sortir de l'hôpital, je m'occuperai de le soigner. Pareil pour les autres blessés. » Sur ce, un inconnu m'a tiré à l'écart. Il m'a confié qu'il arrivait du village d'Anadane, dans le rif alépin : « Nous disposons de véhicules ici même, à Alep. Allons chercher les blessés ! Il y a de quoi les soigner là-bas. » Ce trajet était risqué pour leur santé, je redoutais aussi le chaos à l'hôpital, car les médecins s'opposeraient à leur départ. Le type a rétorqué : « S'ils s'y opposent, on leur collera un flingue sur la tempe ! Tu verras à quelle vitesse ils changeront d'avis. » Il était habillé en civil, mais il appartenait à l'Armée syrienne libre ! Depuis le temps que j'en entendais parler : un de ces combattants était là, devant l'hôpital Al-Hayat… J'ai gardé pour moi cette information, ainsi que les détails de notre conversation. Il fallait à tout prix éviter que la situation dégénère.

Dehors, les jeunes avaient allumé des bougies, et même fait du feu pour se réchauffer. Nous leur avons demandé de les éteindre pour ne pas contrarier les Services qui tournaient autour de l'hôpital. Après avoir découvert les images à la télévision, des habitants ordinaires étaient sortis de chez eux pour venir assister au spectacle de notre sit-in, depuis leur voiture. Une petite femme hystérique d'au moins 150 ans a ouvert sa vitre : « Hé, vous ! Sales Arabes ! Je vous ai vus sur Al-Jazira ! Maudits soient vos pères à tous ! »

Au bout de plusieurs heures, les Shabihas ont quitté les lieux et la foule s'est éparpillée, se diluant dans la ville, chacun rejoignant sa maison, sa ruelle, son quartier. Le député conciliateur nous a fourgué vingt-cinq mille livres en cash, histoire de contribuer à la note. Nous avons décliné, car les habitants solidaires avaient déjà payé la totalité. Il a insisté, il tenait à montrer qu'il avait participé.

À l'hôpital, ne restaient plus qu'Abou Quteiba et moi. Un jeune soldat montait la garde devant la chambre d'Alaa. Abou Quteiba l'a interpellé :

– Ô Syrien ! D'où viens-tu ?

– De la citadelle de Homs.

– Quoi ? Tu n'as pas encore déserté, espèce de grand crétin ?

J'ai interrompu mon ami :

– Arrête ! Ne lui dis pas des trucs pareils, reste calme…

Mais le garde a répondu, peinard :

– Beh non, la situation est sous contrôle à Alep. Pourquoi déserter ? Tout va bien ! Ça va même finir par s'arranger pour vous… Enfin, si les combattants de l'Armée libre restent en dehors de la ville.

Alaa Adnan est mort quelques jours plus tard. Abou Quteiba a été arrêté par les Services. J'ai repris mon errance.

La suite révéla que les caïds du quartier, tous les petits délinquants qui avaient suscité la crainte et le mépris des Alépins, avaient cette faculté de se transformer en véritables héros. Quelques-uns sont demeurés des gangsters, mais beaucoup se sont battus avec un courage sans pareil. Ils étaient toujours volontaires, escaladant les immeubles fracassés, sautant dans les fossés pour secourir les habitants blessés ensevelis sous les gravats après les bombardements. J'ai passé mon enfance à éviter de croiser les lascars de Boustane Al-Qasr. La révolution a révélé de belles âmes, là où on ne l'avait pas imaginé : ces voyous ont été capables de vaillance et de loyauté jusqu'à la mort. Ils ont aussi constitué un rempart contre les extrémistes qui les traitaient de laïques tout en redoutant leur ardeur au combat. Mon ami Wael Ibrahim – qui fut plus tard connu sous le nom d'Abou Maryam – était un de ceux-là, que l'on disait vaurien patenté. Il fut le plus sympathique, le plus humble, le plus généreux d'entre nous. Avant la révolution, il avait été pâtissier, puis chauffeur routier. La première fois que je l'avais croisé, je n'avais pu déterminer si ce gaillard était un opposant doté d'une forte musculature ou un Shabiha. Ses cheveux noirs luisants de gomina étaient coiffés à la Tony Montana, il avait un nez de traviole et de fines moustaches. Il devint si maigre qu'à la fin on lui voyait les os. Son tempérament était colérique. Il pouvait être très bête, ou très intelligent. C'est sûr, il adorait la bagarre. Nous sommes devenus des frères. J'espère que Dieu prononce avec bienveillance le nom de nos lascars héroïques, et que leurs âmes demeurent dans le cœur des gens de Boustane Al-Qasr !

*

Abdelqader

Comme le Jamaïcain le plus rapide du monde à Alep

Le premier anniversaire de la révolution syrienne, le 15 mars 2012, était un événement que nous attendions tous avec fébrilité. À Alep, rendez-vous avait été fixé là où tout avait commencé – sans succès –, à la grande mosquée des Omeyyades. J'y suis donc retourné avec mes frères, mes cousins et mes amis. Nous étions peut-être deux mille personnes, pour la plupart des étudiants. Les Shabihas ont éventré à coups de couteau et transpercé à coups de pistolet. Il y a eu quatorze martyrs, des centaines de blessés. J'ai vu trop de trucs atroces ce jour-là. Nous avons fui. Ceux qui nous poursuivaient n'étaient plus les flics, mais les services de sécurité, des bêtes enragées. En vérité, ce nom de « sécurité » dont ils avaient été dotés était d'un cynisme à gerber. À côté de moi, un jeune type s'est écroulé après avoir reçu une balle dans la jambe. Nous nous y sommes mis à quatre pour le ramasser, tout en continuant à courir.

Ce n'était pas mon quartier, je n'y connaissais personne, les lieux ne m'étaient pas familiers. Nous avons échoué dans une impasse. Elle était bordée d'habitations, mais personne n'a accepté de recueillir le jeune type blessé. En fait, ceux qui ont ouvert leur porte nous l'ont claquée en pleine face. Il n'y avait plus rien à espérer, tout était foutu. Devant nous ont surgi trois agents des Services, dont celui qui avait troué la jambe de notre blessé. Mon premier réflexe a été de retirer la carte SIM de mon téléphone et de la jeter très loin.

Nous étions dans une partie ancienne de la ville, où les ruelles permettaient tout au plus le passage d'une mobylette ou d'une carriole de vendeur de figues de Barbarie ou de pépins de pastèque. L'officier a envoyé ses deux acolytes récupérer nos papiers d'identité et nos téléphones. Nous étions alignés contre le mur, attendant la fouille. J'ai chuchoté aux camarades : « Ils ne sont que trois, avec une seule kalach… Nous sommes plus nombreux qu'eux. Si l'un d'entre nous se sacrifie, les autres pourront attaquer, piquer le flingue et les buter tous les trois ! » Ils ont refusé. Il faut dire qu'on ne se connaissait pas. À cet instant, j'ai pris la résolution définitive de ne pas être capturé. La perspective de la prison m'était insupportable. L'officier armé a téléphoné pour appeler le fourgon. Il a eu l'air embêté puis nous a expliqué que les ruelles étant trop étroites pour ce genre de véhicule, nous marcherions jusque dans la rue principale : « N'oubliez pas le blessé, bande de fils de pute ! »

J'ai décidé de ne plus le porter. Le type à la kalach marchait devant moi. Les deux autres agents fermaient le cortège. J'hésitais entre sauter à la gorge de l'officier armé et courir. Dix mètres me séparaient de lui, ne m'offrant aucune chance de l'attaquer par surprise, lui laissant tout le loisir de m'abattre. J'ai accéléré. Il s'est retourné, pointant son arme sur moi : « T'es pressé, fils de pute ? » Nous sommes parvenus à un premier croisement. Il s'est arrêté pour vérifier la direction. Alors, j'ai couru. J'ai détalé aussi vite que j'ai pu. Quatre fois, il m'a tiré dessus ! Il était trop nul, et j'étais très chanceux. Les balles sifflaient sans m'atteindre. J'ai sprinté plus vite qu'Usain Bolt, le Jamaïcain le plus rapide du monde !

J'ai survécu, je ne sais pas pourquoi, je ne sais pas comment…

J'ai continué mon sprint jusque chez moi, criant à ma famille : « Préparez-vous au pire ! Ils ont mes papiers d'identité ! Ils sont à mes trousses ! Ils arrivent ! » Nous avons rassemblé les drapeaux, tout mon barda révolutionnaire planqué sous l'escalier et j'ai filé me planquer chez un cousin. Alors qu'après ma fuite nous nous attendions au pire, personne n'est venu défoncer la porte de ma maison. Plus tard, grâce au récit d'un copain capturé le même jour, j'ai appris que la rumeur d'une évasion miraculeuse avait circulé dans les sous-sols. J'ai rigolé : « Ce fils de pute, c'était moi ! » Mon copain était estomaqué et enchanté. Selon lui, les officiers avaient égaré nos papiers d'identité – et donc mon adresse – au cours de la fusillade et de la course-poursuite.

Je n'ai jamais récupéré ces papiers. Jusqu'à aujourd'hui, je n'ai plus de documents officiels prouvant qui je suis… Est-ce que je sais moi-même qui j'étais alors et qui je suis devenu ?

Après cette mésaventure, j'ai perdu tout espoir pour Alep. Je manifestais à visage découvert, j'interpellais les passants sans me gêner, puisqu'ils ne réagissaient pas et que rien ne se passait dans la ville, hormis les jeunes capturés ou tués. Plutôt que de m'enfuir lors des manifs, je m'arrêtais à côté d'un policier, tel un badaud malsain. On apprend de ses erreurs et, depuis mon dernier sprint olympique à la Usain Bolt, plus jamais je n'ai couru. Nos flics sont si bêtes ! Ils ne poursuivent que ceux qui courent ! Alors, je m'accroupissais à côté d'eux en braillant : « Ah, les fils de pute ! Ils détalent ! Les terroristes s'échappent ! Si c'étaient de braves gens innocents, ils resteraient là bien sagement ! » Je singeais les pro-Assad. Un jour, le chef de la police m'a saisi le bras d'un air exaspéré : « Rentre chez toi ! La prière est terminée depuis deux heures ! Tu n'as donc pas remarqué que tu es tout seul à beugler dans la ruelle ? »

Le *moukhtar*, chef de notre quartier, a fini par recevoir la visite d'un officier rageur des services de l'armée de l'air : « Dis à ton cousin d'arrêter de manifester, ou nous allons lui faire très, très mal. » Le *moukhtar* a prévenu mon père, qui travaillait toujours au quartier général du Parti, et lui a expliqué que j'étais attendu au bureau des Services pour signer une promesse comme quoi j'allais cesser toute activité. Mon père m'a exposé la situation, j'ai explosé : « Jamais ! J'irai pas ! Ils vont m'arrêter, *ya baba*… Je leur ai échappé par miracle, hors de question de me rendre ! Ils n'ont qu'à t'arrêter toi, avec ta kalach gouvernementale débile. Je n'en ai plus rien à foutre ! » Mon père a alors imaginé un stratagème avec l'aide de cousins influents au conseil municipal. Bref, ils ont magouillé à l'ancienne pour que tout s'arrange. Mon père a signé un document qui établissait qu'en cas de récidive de ma part, lui-même serait viré de son boulot, ainsi qu'un de mes frères aînés qui était prof de sport. Il est ensuite revenu à la maison où il s'est effondré dans son fauteuil :

– Mon fils, c'est vraiment la merde ! Ils savent tout de toi ! Tu dois trouver une solution au plus vite.

– Jamais je n'arrêterai !

– Au moins, ne retourne pas dans la même mosquée. Par pitié ! Quand bien même tu irais prier pour le salut de ton père !

– Je retournerai dans cette même mosquée !

– Sérieusement, fils, sérieusement…

Il m'a supplié, mais j'étais dans ma période ultra-révolutionnaire. J'ai consenti à manifester ailleurs pendant une semaine. Le vendredi suivant, je suis redescendu dans les ruelles de Baydine. J'étais devenu une figure publique, les habitants du quartier me connaissaient. Si j'allais dans une mosquée, tout le monde se doutait que la prière virerait en manif. Je suis entré dans la salle de prière, seuls une vingtaine d'hommes s'y trouvaient, tous de vieux croyants décrépits. En me voyant, ils se sont hâtés de sortir, sans attendre la fin de la prière.

*

Zakariya

L'adieu à l'Ouest

J'étais le fils d'un riche commerçant dont les affaires florissantes m'avaient conduit jusqu'en Chine. À mon retour, mon père décida de répartir une partie de ses millions entre mes frères et moi, chacun acquérant un bel appartement avec climatisation intégrée et ascenseur moderne. Ce luxe ne changeait rien à l'essentiel : j'avais la révolution dans le sang. Et quand, enfin, elle arriva chez nous, se produisit ma véritable naissance.

Je suis né le 11 juin 2011, au cours d'une manifestation dans le quartier Jabariyé, où Jihad, le vendeur de prêt-à-porter de la gare Bagdad, le fleuriste et moi marchions d'un pas allègre en chantant de toute notre âme. Les naissances sont merveilleuses et douloureuses, la mienne ne dérogea pas à la règle. Les Shabihas nous torgnolèrent, nous envoyant valdinguer dans l'espace, nous laissant retomber sur le bitume, groggy et pourtant heureux comme des rois. Je ne dis pas que nous avions tous les mêmes rêves, mais, pour la première fois, nous nous arrogions ensemble le droit de rêver. Les coups des Shabihas me grêlaient la tête. Malgré ma peur cosmique, je kiffais, sachant que les copains étaient là, derrière moi, ainsi que les gars des comités. J'étais euphorique car jamais ceux-là ne me planteraient un poignard dans le dos.

Il apparut bientôt que l'Ouest n'était pas le meilleur secteur de la ville pour organiser des cortèges. Je craignais d'y être reconnu par le voisinage, malgré le keffieh camouflant mon visage, et beaucoup d'habitants s'y comportaient pire que des Shabihas. D'un point de vue pragmatique, les quartiers occidentaux hébergeaient aussi la majorité des postes de police, les bureaux du Parti et la totalité des bâtiments des services de renseignement. Le Régime disposait donc d'un avantage considérable, alors qu'à l'est ses forces étaient moindres. Cette question d'est et d'ouest, la séparation qui s'imposa entre les citoyens d'Alep, fut en grande partie le résultat de ce rapport de force stratégique. Pour toutes ces raisons, nous sommes partis manifester à l'est, à Salaheddine, Seif Al-Daoulé et Boustane Al-Qasr. Tous les soirs, je rentrais dormir chez moi, à l'ouest.

Ces jours révélèrent aussi ma passion. J'avais toujours aimé la photo. Avant, j'allais au stade avec un petit appareil numérique dans l'espoir de saisir les footballeurs exécutant des ailes de pigeon spectaculaires. Je n'avais jamais songé à transformer ce hobby en activité sérieuse car, à cette époque, les sujets étaient limités : du genre, tu ne pouvais pas photographier la corruption... Mais il m'était agréable de prendre des images des joueurs au stade en pleine action ou les paysages champêtres du rif alépin. Pendant la révolution, la photo est devenue pour moi une évidence. Je documentais et, ainsi, je participais à l'Histoire. Je me suis senti *waouh* ! Je capturais la réalité, ce qui arrivait *aux vraies gens* ! J'aimais regarder la vie à travers la lentille de mon appareil. Par magie, les images pouvaient ensuite être catapultées sur la chaîne de télé Al-Jazira ! Quant à moi, je les affichais de préférence sur ma page Facebook – sous un faux nom bien sûr –, constatant avec satisfaction qu'elles étaient partagées et repartagées, qu'elles circulaient en se jouant des check-points et des frontières, à la manière des papillons.

J'ai annoncé à mes potes que j'allais devenir photographe. Dans les manifs, je voulais chanter et photographier. J'étais à *ma* place, celle qui me conférait un rôle et une identité dans *notre* histoire, avec un sentiment de plénitude. Les autorités déclaraient qu'il ne se passait rien à Alep, que ses rues étaient vides et ses ruelles sereines. Alors je sillonnais les cortèges pour dénoncer ces mensonges, *clic-clac,* et je postais mes photos sur Facebook. Le Régime réagissait aux images des réseaux sociaux, les accusant d'être truquées ou d'avoir été prises ailleurs, à une autre époque, et patati et patata. Pour contrer cette propagande, j'ai pris l'habitude d'insérer la date sur mes clichés. Je l'écrivais à la main sur un bout de papier ou, mieux, j'achetais la une du journal gouvernemental *Tichrine* que je plaçais au premier plan des images, pour bien énerver le fan-club des Assad.

Telle était ma manière de participer à la révolution. J'ai documenté l'arrivée des premiers secours. Quand les familles de la ville de Homs se sont réfugiées en masse dans notre province, j'ai organisé des lieux d'asile et l'acheminement de l'aide médicale. J'allais chez les commerçants, les tannant jusqu'à ce qu'ils cèdent un peu de leur richesse en faveur de la cause. Mon père n'échappait pas à ma campagne de harcèlement. Je pouvais obtenir jusqu'à mille dollars, ce qui permettait d'acheter nourriture et médicaments pour les déplacés qui rappliquaient chez nous dans un état d'hébétude et de délabrement. Je me sentais libre d'aller au bout de ma mission, sans plus jamais accepter de « non », surtout pas de la part du Régime.

Bien entendu, j'étais pourchassé par les Services et, jusqu'à l'arrivée de l'Armée libre, il m'a fallu un nombre incalculable de cachettes. Un soir, alors que je rentrais chez moi, j'ai découvert un papier cloué à ma porte avec ces mots griffonnés : « Nous t'avons à l'œil ! » Je n'ai pas réfléchi, j'ai attrapé quelques affaires, mon appareil photo et j'ai détalé chez mon ami Jihad. Il m'a conseillé d'aller me faire oublier à la campagne, dans ma ferme familiale, puis dans la sienne. J'y suis resté deux semaines, les copains m'y rendaient visite et même la famille. J'ai fini par retourner chez moi, mais le quartier était désormais blindé d'agents des Services. J'avais toujours l'un ou l'autre de ces types louches qui me filait le train en se croyant hyper-discret. J'avais une nouvelle responsabilité : un médecin alépin me refilait des cartons bourrés de médicaments que je dissimulais dans mon magasin. Quand je m'aventurais à l'Ouest pour rendre visite à ma famille, je récupérais les caisses de médocs et les transportais à l'Est. Tout avait été rodé : le ravitaillement, mon rôle de mule au volant de ma Peugeot 206, jusqu'à l'Est. La traversée restait assez aisée, même si les barrages du Régime se multipliaient à la vitesse de champignons vénéneux. J'étais recherché dans mon quartier, mais aux check-points les flics ignoraient tout de moi. Avec un sens inné de l'inefficacité, la Sûreté avait posté aux barrages des agents sans aucune coordination avec ceux qui grouillaient à l'intérieur des quartiers. Du coup, seule la dénonciation d'un voisin aurait pu m'empêcher de franchir un check-point. Mon frère Zaher, qui était doux comme un agneau, m'aidait parfois à charger la cargaison dans le coffre de la Peugeot. Zaher s'était marié juste avant la révolution. Il venait d'avoir un fils. J'espère que Dieu mentionne son nom de la meilleure façon…

À Alep, les cortèges se multipliaient, toujours plus meurtriers pour les manifestants. Nous savions que l'Armée syrienne libre approchait de la ville et qu'elle n'allait pas tarder à intervenir. La rumeur courait sur la présence d'armes à l'Est, en prévision de son arrivée. Mon père l'avait entendue, lui aussi. Il m'a réclamé une « discussion sérieuse » :

– Fils, ça suffit ! Tes manifs me donnent mal à la tête !

– C'est ma décision, pas la tienne. Je veux chanter dans les cortèges. J'adore chanter, et je chanterai !

Le soir même, je suis passé chez lui récupérer une paire de chaussures. J'avais un coquard et les pieds nus, à la suite du tabassage en règle d'un Shabiha. Mon père est revenu à la charge. Il était à la fois calme et doux. Je ne l'avais jamais vu ainsi. Il n'était plus dans un rapport de force avec moi :

– Mon fils, manifester est une chose. Une bonne chose même… Mais les armes, non ! Nous, Syriens, n'avons rien à faire avec les armes.

– *Hajji*, les armes, moi, je m'en fous ! Mais c'est une révolution… Prendre des photos, transporter des caisses de pansements et de médicaments, ce n'est plus suffisant.

– Fils, écoute ton père ! Les choses sont allées trop loin. Tu dois t'arrêter.

J'ai fouillé mes poches, j'en ai sorti mes clés : celles de mon appart, de mon magasin, de ma voiture et je les ai tendues à mon père.

– Tiens ! C'est pour toi : tout ce que je te dois. Demain matin, à sept heures, je partirai dans la zone libérée. Je ne reviendrai pas.

Il a eu l'air très surpris.

– Qu'est-ce que c'est que cette histoire de zone libérée ?

– À l'Est, *baba*, une partie d'Alep est déjà libérée, sans que les armes aient été nécessaires, sans l'aide de combattants armés. Plus loin, les faubourgs sont sous contrôle de l'Armée libre. Nous allons vaincre, père !

– Zakariya, mon fils, nous sommes des gens pacifiques ! Reste à l'écart des armes ! Reste à l'écart des combats !

– Voyons, *baba* ! Je suis le dieu du pacifisme en personne ! Souviens-toi que, durant ma corvée militaire, j'étais incapable de me servir d'une arme à feu. Les armes, c'est pas mon truc, mais la révolution, je veux y participer. Jusqu'à la victoire.

– N'y va pas, fils !... Tu ne peux pas y aller... Il va t'arriver des calamités. Tu pourrais être blessé, ou pire ! Il n'y aura rien que je puisse faire pour t'en protéger...

Mon père était un être aussi têtu que moi. Il se confia à l'un de mes amis d'enfance, le suppliant de me convaincre de ne pas partir. Cet ami me donna rendez-vous, l'air de rien, pour me persuader à sa façon :

– Ne possèdes-tu pas tout ce que tu veux dans la vie ? Tu as un bon métier, une belle voiture... La vie a été généreuse avec toi. S'il te plaît, reste !

Cet ami appartenait à une brigade de la 4e division de l'armée, rattachée à la protection des palais présidentiels et, à présent, de la Citadelle. J'ai vite compris qui l'avait dépêché pour m'infliger cette leçon de morale :

– Dis à mon père d'arrêter l'envoi de messagers. Je suis un gars de la révolution : je vais niquer l'âme de Hafez Al-Assad et toute sa descendance.

C'était mon ami, mais il était aussi de la 4e division. Il a commencé à verdir. J'ai poursuivi :

– Dis à mon père qu'il serait plus avisé pour toi de ne pas me revoir, car je suis devenu un pur révolutionnaire et je le resterai jusqu'à la mort !

– Enfin, Zak ! Reprends tes esprits ! Ce sont des terroristes ! Tu n'as quand même pas l'intention d'être mêlé à ça ?

– Je te félicite, mon cher. Tu as bien retenu tes leçons. Accorde-moi une faveur : dégage !

Cet homme avait été mon ami pendant plus de dix ans. Nos adieux ne prirent que quelques secondes. La soirée s'était colorée d'ocre et de brun, laissant paraître les premières étoiles et le prélude d'une nuit délectable. Si j'avais su qu'elle serait l'une des dernières sans bombes ni fracas d'obus, j'aurais pris le temps de savourer son obscurité ondoyante et le parfum du jasmin. À l'aube, je suis parti. Mon père s'est composé un air flegmatique qui ne trompait personne. Ma mère m'a murmuré de prendre soin de moi. Ils avaient peur, tout en haïssant le Régime, car j'étais leur fils, leur chair et leur sang.

Aujourd'hui, je comprends leur réaction. Si j'avais un fils, jamais je ne le laisserais partir sachant, comme tout le monde le savait à Alep, que les hélicoptères viendraient lâcher des bombes. À l'Est, j'avais tous mes cousins. À l'Ouest, j'avais mes parents, ma sœur et Zaher. Le reste de ma famille n'aimait que le fric et irait là où irait l'argent. Mon père et ma mère se mirent à prier pour mon salut.

Je suis parti. Je me suis d'abord installé à Salaheddine, je logeais chez des gars que je ne connaissais pas. Il y régnait une superbe organisation : des logements où planquer des activistes recherchés, une clinique clandestine, un bureau d'aide pour nos habitants. Tous mes amis étaient présents et je pouvais visiter n'importe lequel d'entre eux sans crainte d'un traquenard. Au bout de deux mois, ma mère téléphona, gémissant qu'elle devait me voir de toute urgence. J'ai repris la route de l'Ouest avec inquiétude. Je lui ai dit : « Bien, ma mère, que se trame-t-il ? » Elle m'a répondu que je lui manquais terriblement, qu'elle voulait toucher mon visage et me nourrir de sa main de la *mouloukhié*[1] qu'elle avait cuisinée en pensant à moi. J'ai embrassé ses doigts et dîné avec elle, avalant sa *mouloukhié* tout en lui souriant.

Avant de repartir, je comptais aller saluer des amis du quartier. J'étais encore à la maison quand le téléphone sonna :

– Va-t'en, Zakariya ! Les Services ont pris ton frère ! Quitte le quartier !

Devant moi, les yeux de ma mère avaient la couleur d'un puits sans fond. J'ai crié :

– Quoi ! Que dis-tu ? Zaher ? C'est impossible !

– Ils ont arrêté Zaher dans ton magasin, tu dois fuir à l'Est au plus vite !

J'ai dit aux yeux de ma mère :

– *Ya Ammé !* Zaher… ils l'ont pris… Je repars en zone libre.

Ils avaient pris Zaher, l'un des jumeaux au caractère doux comme un agneau. Pour le contenter, Zaher aurait acquiescé de toute son âme si mon père lui avait affirmé qu'il neigeait au milieu de l'été. Il était un bon

1. Plat populaire s'apparentant à une soupe à base de corète potagère, en général accompagné de riz et de viande.

fils auprès de ma mère, savourant chaque bouchée de *mouloukhié*, se régalant aussi de la voir s'illuminer. Ma mère s'effondra, secouée de sanglots, puis elle se mit à parcourir la maison, de pièce en pièce, et sa douleur devenait démence. Elle déambulait sans un mot, avec des yeux immenses et sombres comme un puits sans fond.

Jusqu'à ce jour, quand j'y pense ou que je mentionne le nom de Zaher, je sais que c'est ma faute. J'étais celui qui aurait dû disparaître à Alep, cette nuit-là. Les Services me cherchaient depuis longtemps et ils avaient découvert le magasin à mon nom. Quand ils en défoncèrent la porte, ils trouvèrent mon frère occupé à établir l'inventaire. Les agents lui avaient demandé où était le propriétaire ; il leur avait répondu qu'il l'ignorait, qu'il croyait que le « patron » était au Liban pour affaires. Zaher ne savait pas mentir. Ils vérifièrent ses papiers d'identité, découvrirent qu'il était mon frère et le jetèrent à l'arrière d'un fourgon militaire. Les voisins avaient tout vu. Les recherches qu'entreprirent mes parents pour retrouver sa trace dans les sous-sols labyrinthiques n'aboutirent à rien.

Quelques mois plus tard, ils reçurent ce message : « Si Zakariya se rend, nous libérerons le frère. » Le contenu de cet ultimatum courait dans les ruelles, si bien que j'en eus connaissance et me débrouillai pour rencontrer mon père.

– Père, je suis là. Je vais y aller ! Il est temps de me rendre…

– Non, mon fils, non ! Ils ne libéreront pas ton frère pour autant : ils vous prendront tous les deux.

Peu après, les Service l'ont arrêté, mon propre père, malgré son âge considérable. Ils l'ont interrogé quarante-huit heures durant. Ils ont aussi emprisonné l'autre jumeau pendant plusieurs jours. Quand ils ont été relâchés, sans nouvelles de Zaher, j'ai encore supplié :

– Père, ça suffit ! Tu vois bien que je dois me rendre. Que veux-tu que je fasse ? Dis-le-moi, père ! Ordonne-moi ! Sur mon âme, je t'obéirai !

– N'y va pas, fils ! J'ai porté mon fardeau. Je n'ai plus d'argent, je n'ai plus rien, je suis en banqueroute… Oh, loué soit Dieu !

Il était sarcastique et amer.

– *Ya baba*…

– Écoute ! C'est suffisant qu'ils aient pris ton frère. J'ai donné tout ce que je possédais pour le sortir de prison. Laisse-le là où il est pour l'instant. Car ils te prendront, et ton autre frère après toi. Et moi, je ne suis pas encore prêt à aller vous rendre visite à tous trois en prison, et je n'ai plus un sou pour vous venir en aide.

Dans ces circonstances, je l'ai convaincu de prendre le chemin de l'exil, en Turquie. De l'autre côté, à l'Est, les premiers bataillons de l'Armée libre progressaient avec rapidité. Rien ne semblait pouvoir les arrêter.

*

Sami

À la vie, à la mort

Dans la cave, j'ai senti le bras d'un homme sous mes doigts. J'ai sursauté. Il était roide, il était froid, il était mort. Il y avait deux cadavres à mes côtés. J'aurais préféré mourir dans ce sous-sol. Tout, plutôt que ce qui nous est arrivé ensuite… Contre toute attente, les miliciens ont appelé le colonel alaouite dont les coordonnées s'étaient affichées dans mon téléphone. Il a dû les rassurer… Je ne sais pas… J'enseignais à ses enfants depuis quatre ans. Il m'avait même invité à déjeuner dans un club privé d'officiers, à Damas. J'avais confiance en lui. Nous étions d'accord sur pas mal de points, sur cette nécessité d'un changement en Syrie. Lui pensait que c'était impossible et que, chez nous, une révolution serait tragique. Il disait : « Si une chose pareille se produit en Syrie, tout le monde va mourir ! » Il m'avait expliqué que notre Régime était comme une pieuvre dont les tentacules s'étaient glissés dans tous les interstices de la société, dans ses institutions et dans nos cerveaux. On discutait de l'économie et du pétrole vendu par le Régime pour se remplir les poches. Nous avions calculé que, partagé entre tous les habitants, hommes, femmes et enfants, cet argent pourrait rendre les Syriens plus riches que ceux du Golfe.

Il a parlé aux bourreaux, leur a certifié que je n'étais pas un terroriste mais le professeur de ses enfants. Ce colonel alaouite m'a sorti de la cave. Je n'ai jamais eu l'occasion de lui reparler. Il est mort plus tard, tué à la guerre. J'aurais préféré qu'il ne me sauve pas.

J'avais été retenu prisonnier dans une petite maison de pierre, à un kilomètre à peine de mon appartement. J'ai rampé jusque chez moi. La porte avait été défoncée. À l'intérieur, tout avait été saccagé. Dans mon quartier, les croyants sunnites étaient considérés comme terroristes, or je ne m'étais jamais caché pour aller à la mosquée où s'organisaient les manifs. J'étais endolori. Tout était confus dans ma tête et je n'ai pas bien réfléchi. Je me savais recherché, je me sentais encerclé. J'avais peur, je pensais : « Je dois rentrer à Marea, là où vivent ma famille et mes proches. Là-bas, je serai plus fort. » J'étais venu à Homs pour étudier, puis enseigner, mais je m'y retrouvais seul. Mes amis venaient d'ailleurs, d'Idlib, de Hama, de Deir Ez-Zor. Ils étaient comme moi : égarés dans cette cité qui n'était pas la nôtre. Nous n'avions pas le courage d'y rester.

J'ai filé vers le nord. Ô Dieu, si j'étais resté ! Peut-être aurait-il pu en être autrement ? Mais j'avais peur : les miliciens m'avaient laissé avec des cadavres inconnus dans la cave. Qui étaient-ils ? Des disparus de la révolution ? Je ne l'ai jamais su. Le message assadiste était limpide : « Voilà ce qu'il adviendra de toi si tu poursuis dans la voie de la contestation ! » Peut-être leur objectif était-il autre, lié à une autre histoire ? Je ne le saurai jamais. Dans mon téléphone, ils avaient trouvé le nom du colonel, qui m'avait libéré. Et celui de ma fiancée, ma belle chérie alaouite. Le père de Dounia m'a appelé tandis que je fonçais vers le nord. J'étais déjà loin, trop loin. Il m'a dit : « Les *moukhabarat* ont pris Dounia. Ils l'ont prise pour l'interroger *sur toi*, pour qu'elle leur révèle où tu es ! »

Si je n'étais pas parti si vite, peut-être… Si je m'étais rendu aux autorités, peut-être que…

Dounia était sensible. Elle n'a pas supporté. Peut-être n'avaient-ils pas eu l'intention de la tuer, mais c'était une jeune femme. Ce que je veux dire, c'est qu'elle était fragile et qu'elle en est morte. Elle a été abandonnée nue, son corps marbré de sang devant la porte de son père, devant la maison de l'homme qui devait devenir mon beau-père. Nous l'avons enterrée. Je connais l'emplacement de sa tombe. Son père m'a dit : « Pars ! Tout de suite, fuis la Syrie ! » J'étais revenu trop tard. Je suis reparti. J'ai fui chez un Turkmène de Marea qui possédait une maison en Turquie. Il a ouvert sa porte aux miens… Il a préparé sa maison pour nous tous… Notre famille, mon père, ma mère, mes frères, mes sœurs… Tous ont quitté la Syrie. Ils sont entrés en Turquie dans la clandestinité. Ils ont été sauvés grâce à ce Turkmène. Deux jours après leur départ, notre maison de Marea a été mise à sac par des agents des forces de sécurité.

Ils ont brûlé la maison, puis quitté le village. Ils ne nous ont pas trouvés, ils ne nous ont pas rattrapés. J'étais sauf, mais j'avais perdu Dounia. J'avais 24 ans. J'étais mort à l'intérieur.

Cécile

« Mon drame s'il avait encore lieu, aurait lieu dans le temps du soulèvement. Le soulèvement commence en promenade. Contraire aux règles de la circulation pendant le temps de travail. La rue appartient aux piétons. Ici et là on retourne une voiture. [...] L'appel à plus de liberté se change en cri à la chute du gouvernement. »

« Je me couchai par terre et j'entendis le monde tourner au pas cadencé de la putréfaction. »

« On devrait coudre les femmes, un monde sans mères. Nous pourrions nous massacrer tranquillement les uns les autres, et avec quelque espoir, quand la vie nous devient trop longue ou la gorge trop serrée pour nos cris. »

« Donne-nous aujourd'hui notre meurtre quotidien
Car de toi vient le néant Nausée
Des mensonges auxquels croient
Les menteurs et personne d'autre Nausée »

« Au cœur des ténèbres. Sous le soleil de la torture. Aux métropoles du monde. Au nom des victimes. Je rejette toute la semence que j'ai reçue. Je change le lait de mes seins en poison mortel.

Je reprends le monde auquel j'ai donné naissance. Je l'ensevelis dans mon sexe. À bas le bonheur de la soumission. Vive la haine, le mépris, le soulèvement, la mort. Quand elle traversera vos chambres avec des couteaux de boucher, vous connaîtrez la vérité. »[1]

Ces tirades parmi d'autres, tout aussi tranchantes et prophétiques, Husain les avait apprises par cœur, à la veille de la révolution d'Alep. Lui et ses camarades, amoureux du théâtre et de l'« expression du réel », répétaient jour après jour des heures durant la pièce *Hamlet-machine* dont sont issus ces extraits, pour une représentation qui n'eut jamais lieu. Les acteurs ne jouèrent pas la pièce, car l'université d'Alep tout entière se transforma en théâtre du soulèvement. Les tirades saccadées, ces saillies que les jeunes gens s'étaient préparés à déclamer sur scène, restèrent là où elles étaient, sur les feuillets récupérés grâce à Internet, dans leurs gorges étouffant les cris quand la violence les submergea. Les mots s'enfouirent dans la mémoire de Husain, à l'aube d'une révolution qu'il avait appelée de ses vœux sans imaginer qu'elle entraînerait cette putréfaction décrite par l'auteur de *Hamlet-machine*, l'Allemand Heiner Müller, artiste obsessionnel de la destruction.

Husain lui-même ne mentionna pas *Hamlet-machine* lors de ces longs entretiens nocturnes arrosés d'arak. Il ne détailla pas non plus sa participation aux manifestations d'Alep. À peine mentionna-t-il sa présence dans les cortèges, comme si c'était là une évidence sans intérêt, et sa participation à l'un des comités révolutionnaires, dont il ne précisa jamais le nom. En revanche, il insista

1. Extraits de *Hamlet-machine, Le Père, Horace, Mauser, Héraklès 5 et autres pièces*, de Heiner Müller, Éditions de Minuit pour la traduction française, 1979-1985.

sur la « prescience » des calamités à venir qu'avaient les Alépins, eux qui avaient eu le temps de voir, avant que leur tour ne soit venu, chaque ville de Syrie sombrer dans un cycle infernal de manifestations, représailles, désespoir, haine, destruction.

J'ai longtemps ignoré qu'il avait étudié cette pièce de théâtre et qu'en préparation du spectacle il avait joué et rejoué le drame à venir, tel qu'il avait été écrit par Heiner Müller, à la ligne près, ou presque. Arriverait le jour – cela, il le raconta – où Husain se coucherait dans la ruelle, écoutant le monde tourner au pas cadencé de la putréfaction. La scène se produirait à Boustane Al-Qasr et l'acteur-poète déciderait de jeter son costume de révolutionnaire pour revêtir celui de l'exilé, dégoûté par ce qu'il avait vu. « Vive la haine, le mépris, le soulèvement, la mort » : avant beaucoup d'autres, Hussain avait rencontré « sa » vérité.

C'est en remontant le fil de leurs vies, ces existences brisées par la guerre et les deuils, que je découvris que Husain et ses amis avaient projeté de jouer *Hamlet-machine* avant que la révolution ne prenne le pas sur leur projet. Le jeune Alépin m'avait parlé du succès de la pièce *Qui est mort ?* et de son intérêt pour ce conte allégorique de cerveau greffé sur un ministre, et pour le théâtre turc en général. La grande cité ottomane d'Alep a longtemps appartenu à un espace économique et culturel la reliant aux côtes turques actuelles, à la différence de Damas ancrée dans l'espace levantin. Ville-carrefour entre l'Euphrate et la Méditerranée, elle avait été jadis l'étape obligatoire des caravaniers en provenance d'Iran ou d'Inde transportant leurs marchandises jusqu'aux ports commerciaux d'Alexandrette et de Smyrne et, dans l'autre sens, celle des marchands grecs ou vénitiens.

Le dialecte alépin emprunte aujourd'hui encore des mots turcs pour désigner des objets du quotidien. Les habitants d'Alep sont parfois surnommés « les Turcs » par les autres Syriens, non sans une pointe de mépris. De ce point de vue, l'intérêt de Husain et ses amis pour la culture turque pouvait être considéré comme évident, car inscrit dans une logique historique. En revanche, l'appropriation par ces jeunes du texte *Hamlet-machine* était plus inattendue. Du moins pour moi. J'avoue que seul le titre m'était connu, et encore, il m'évoquait une chanson hard rock plutôt qu'un chef-d'œuvre du théâtre allemand, dont je dois à Husain de l'avoir lu et relu, et d'envisager son obsession de la prescience alépine sous un autre jour.

Quels que soient les sujets qu'abordait Husain – peut-être en raison de son enfance marquée par la magie obscure des disparitions et réapparitions paternelles –, l'ésotérisme, le fantastique, voire le paranormal flottaient toujours d'une façon ou d'une autre autour de ses récits. Sa « prescience » du désastre l'avait convaincu que les piétons désarmés d'Alep ne survivraient pas sans cavalerie. Le jeune homme affirme avoir rédigé une lettre destinée à l'Armée libre, la suppliant de venir à leur rescousse. L'avait-il envoyée par mail, ou ficelée aux pattes d'une colombe ou d'un corbeau d'Alep ? Cette missive n'allait certes pas changer le cours de l'Histoire, mais il est certain que Husain n'était pas le seul à être parvenu à cette conclusion. Pour s'en convaincre, il suffit de relire les slogans définissant les objectifs des manifestations syriennes entre l'été 2011 et l'été 2012, date de l'intervention de l'Armée libre à Alep :

Vendredi 29 juillet 2011 : *Votre silence nous tue !*

Vendredi 9 septembre : *Protection internationale !*

Vendredi 14 octobre : *Armée des hommes libres !*

Vendredi 28 octobre : *Pour une zone d'exclusion aérienne !*

Vendredi 13 janvier 2012 : *Soutenez l'Armée syrienne libre !*

Vendredi 27 janvier : *Droit à l'autodéfense !*

Vendredi 2 mars : *Des armes pour l'Armée libre !*

Vendredi 16 mars : *Intervention militaire immédiate !*

Vendredi 6 juillet : *Guerre de libération du peuple !*

Vendredi 10 août : *Donnez-nous de l'armement anti-aérien !*

Vendredi 17 août : *Avec l'union de l'Armée libre, nous vaincrons !*

Vendredi 5 octobre : *Nous avons besoin d'armes, pas de déclarations !*

Etc.

1er février 2013 : *La communauté internationale est le partenaire d'Assad dans les massacres !*

15 février : *Allah nous suffira comme soutien !*

Cela n'appelle aucun commentaire. Le rideau est levé. Le scénario est écrit. À Alep, il n'y eut pas de représentation théâtrale de *Hamlet-machine*, mais une version grandeur nature de la tragédie, dans le réel. La guerre a commencé.

LIVRE IV

LE TEMPS DES FUSILS

Moulham, 39 ans

Des fusils pour Gandhi

J'ai pris les armes pour sauver la non-violence. La brigade, nous n'avons même pas pensé à lui donner un nom. Nous l'avons créée pendant que l'Armée syrienne libre s'organisait dans les villages du rif alépin avec les déserteurs – officiers ou troufions – et avec les civils volontaires, en attendant une aide militaire qui n'arrivait pas. Mon tempérament est aride. Les tueries d'ados qui chantent, je ne peux pas. Bien avant d'intégrer les rangs des soldats libres et de devenir combattants à part entière, les membres de notre petite brigade menaient des activités secrètes. Les armes et la lutte non violente, ça peut paraître paradoxal, pourtant je ne considère pas que ce soit incohérent. Quoi qu'il en soit, telle fut ma décision sans appel, ma stricte vérité aux jours d'Alep.

Je pose la question : a-t-on déjà vu des oisillons survivre à un déluge parce qu'ils s'étaient accrochés à un rameau d'olivier ? Les imagine-t-on changer le monde parce qu'ils auraient tenu bon sur la branche, malgré les éléments déchaînés ?

Nos jeunes étaient ces hirondelles suspendues au rêve de la révolte pacifique, bravant les cataclysmes. Écoliers, ils avaient été programmés pour adorer le seul nom d'Assad. Dorénavant, ils invoquaient Gandhi et Martin Luther King ! Leurs prouesses forçaient l'admiration, mais, encore une fois, je pose la question : quel pouvait être le bienfait de ces sacrifices, puisque leurs vies avaient été décrétées sans valeur aucune et qu'ils tombaient dans les ruelles, martyrs inutiles à l'âge incandescent de 14 ans, laissant leurs mères accablées de désespoir ? Pour tout dire, ceux qui considèrent ça comme beau ou émouvant, je les trouve bizarres. Pour moi, qui avais observé en retrait le cours des événements, ce n'était pas tenable. Ce drame à répétition me triturait la tête, le cœur et le foie. Cela me rendait fou. Ces mômes n'avaient que leurs sandales, leur froc, et un de leurs tee-shirts « Nikke » qu'ils relevaient sur la tête – soi-disant pour se protéger des gaz lacrymogènes. Ils s'éparpillaient ensuite, aveuglés dans leurs tee-shirts retroussés, avant de se faire embrocher, ou faucher par les balles.

En ces temps d'Alep, nos hirondelles ressemblaient à leurs idoles. Oh oui, les petits Alépins ressemblaient beaucoup à leurs stars du football ! Ils sprintaient avec la superbe des joueurs qui viennent de marquer le but décisif. Et après ? Leurs poitrines étaient offertes aux porteurs de kalachnikov, à ceux qui se moquaient bien de Gandhi et des petites fleurs de la révolution. Pour les prédateurs commençait alors la chasse aux ortolans, un sale jeu de massacre. Ils n'avaient qu'à presser la détente pour imposer le silence à nos petits Gandhis alépins.

Ces mômes m'étaient chers, chaque jour davantage. Ils n'ont pas éveillé ma compassion, ils ont suscité ma révolte impérieuse. Le sang coulait le long des ruelles en un scandale intolérable. Voilà pourquoi j'ai pris les armes, devinant bien que les gamins qui tenaient l'asphalte avec pour seule protection leur duvet d'oisillon au-dessus du cœur m'en auraient blâmé, car ils persistaient dans une naïveté et un idéalisme ancrés en eux jusqu'au tréfonds de la moelle. Ils aspergeaient leurs yeux écarlates de Coca-Cola, s'esclaffant que ce « remède » avait été autorisé à la vente quelques années plus tôt par ces mêmes autorités qui, à présent, les attaquaient. Les orbites gonflées comme des outres et le froc couvert de sang dilué au Coca-Cola, ils disparaissaient ensuite à l'arrière des fourgons militaires.

Ah, qu'ils étaient beaux, nos mômes ! Gracieux comme les roses. Éphémères comme les roses… La vie leur était ôtée, telles des herbes folles qu'on arrache d'un bosquet. Leurs rêves s'étaient perchés au firmament, en compagnie des anges et des martyrs, loin des réalités de notre ville. Alep hébergeait pléthore de familles militaires qui ne voulaient rien savoir des drames endeuillant nos ruelles. Ceux-là étaient opposés à toute forme de contestation ou d'idées révolutionnaires. Les étudiants distribuaient leurs tracts pacifistes devant la mosquée Aamné à Seif Al-Daoulé, devant celles des Omeyyades, de Nour Al-Chouhada dans le quartier d'Al-Chaar, devant toutes les mosquées du quartier de Salaheddine, excitant les instincts les plus vils des Shabihas chargés d'empêcher la formation des cortèges, au mépris de la valeur des vies et de la beauté des roses.

Durant les six mois qui précédèrent le mois de ramadan 2012, leurs braves petites manifestations ne les menèrent nulle part, sinon en prison ou au cimetière, ensevelis sous une terre qui n'avait pas voulu d'eux vivants. Comment aurait-il pu en être autrement ? Qu'est-ce que les mômes s'imaginaient ? Le gouvernement voulait décourager les hésitants, les raisonnables, les fragiles, les plus âgés… Pour cela, il cultivait la terreur, inondant la ville de prédateurs dépourvus de cervelle et de compassion.

Je n'étais pas le seul à désavouer cette folie. Notre façon d'envisager la situation était, je pense, liée à un facteur générationnel. Moi et d'autres étions des « aînés » : nous veillions sur les plus jeunes, à la manière de grands frères. L'aîné se doit de protéger les plus petits. Si le père gronde et rappelle le règlement, le grand frère ne juge pas : il se jette dans la mêlée avec ses poings pour secourir son petit frère. Il en a toujours été ainsi, et il en sera toujours ainsi, tant qu'il restera des frères. Nous ne voulions pas briser leurs rêves, mais les protéger de l'agresseur dénué de scrupules. Notre plan consistait à effrayer l'effrayeur, à agresser l'agresseur. À défaut de scrupules, il fallait leur donner des soucis, quelque chose qui gâcherait leur plaisir au moment où ils sortiraient une lame ou un pistolet. Notre petite brigade commença à attaquer les Shabihas, à les menacer, à les kidnapper, et même, la nuit, à les assassiner.

Si j'avais opté pour une position d'observateur, restant d'abord en retrait puis agissant dans l'ombre, je fus l'un des premiers à croire en notre révolution. Avant d'avoir eu le temps de l'envisager, je fus aussi l'un des premiers à être enfermés dans les sous-sols. J'avais acquis davantage d'expérience que la majorité des activistes, puisque je suis né en 1978, une date inscrite dans un siècle que nombre d'entre eux n'ont jamais arpenté, même à quatre pattes et en couche-culotte. Je ne partageais pas leur conviction selon laquelle nos problèmes syriens se résoudraient par la bonne volonté, les patates, les fleurs ou le Coca-Cola.

Il faut préciser que je suis un Alépin particulier en raison de mon appartenance à la grande tribu des Aqidat, ce qui explique ma naissance à Zeydane, un bled paumé qui n'existe même pas sur Google Maps. J'ai ensuite vécu à Alep dans différents quartiers, si bien que j'étais fils de la ville tout en étant fils de la campagne, compréhensif à l'égard des Alépins comme des rifains, malgré leurs différends et l'arrogance ordinaire. J'habitais dans la maison de mon père, avec mes deux frères et mes quatre sœurs, mais je conservais des liens étroits avec ceux de la tribu restés à trimer dans les champs à qui je rendais visite deux à trois fois par semaine. Ils vivaient dans un univers à part, situé à au moins un siècle d'Alep et de ses rues grouillantes de commerces et d'activités frénétiques, dont le tourbillon perpétuel semblait ne pouvoir être enrayé par rien ni personne. Pas même par les sécheresses qui vidaient les puits, les greniers et les seins des villageoises, ces sécheresses cruelles qui décimaient les troupeaux, arrachaient à la vie les petits rifains quand les sillons n'avaient plus rien à leur offrir que des racines amères. Je me sentais chez moi parmi eux, comme je me sentais chez moi dans la ville.

Cette trajectoire m'a façonné, en homme familier des mentalités villageoises et citadines. Alep était tout à fait spéciale, plus civilisée qu'Idlib ou même que Damas, une évidence que les Aqidat avaient intégrée depuis plusieurs générations. Dès que le Baas s'imposa dans le pays au début des années 1960, la tribu tint conseil. Elle décida de ne pas laisser ces inconnus régner au-dessus de nos têtes. Son chef, qui était mon grand-père, ordonna alors à deux de ses fils – mon père l'ingénieur et mon oncle le commerçant – de s'inscrire au Parti.

Mon père tenait son caractère aride des hommes de notre tribu. Il m'a raconté que, lorsque Hafez Al-Assad avait réussi son putsch quelques années plus tard, de sales gens avaient été installés aux postes clés dans les rouages de l'État. Lui avait poursuivi la stratégie des Aqidat : conserver un boulon dans ces rouages – une ruse pour ne pas subir l'omnipotence du gang Assad. Avant la révolution, mon père nourrissait le projet de devenir représentant du peuple. Pour réaliser cette ambition, habiter la cité ne suffisait plus : c'était l'Ouest clinquant, dorénavant, qu'il fallait intégrer. Avec ses sept enfants – j'étais le deuxième après Ayham –, il quitta donc l'Est pour l'un de ces quartiers sans âme ni passé, baptisé du nom fade de « Nouvel-Alep », plus précisément à Jamaiyat Al-Zahra, entre un jardin public et l'école Moustapha Al-Akkad.

Dès les premiers jours de manifestations à Deraa, alors que j'achevais ma quatrième année d'études en génie civil, l'université d'Alep fut placée sous haute surveillance par les autorités. La mesure était certes excessive, mais elle ne manquait pas de logique. Les étudiants étaient des habitants comme les autres, animés de peurs et d'espoirs, et aucun, quelle que soit son inclination politique, n'était un imbécile. En revanche, ils étaient mieux informés que quiconque, puisqu'ils bidouillaient sur Facebook et que des jeunes originaires de toutes les villes de Syrie vivaient sur le campus. L'étudiant originaire de Deraa savait ce qui se tramait dans sa ville, de la même manière que celui de Homs ou de Douma connaissait la vérité au sujet de ses ruelles. Leurs propos, ce qu'ils nous rapportaient des récits de leurs familles restées là-bas, n'étaient ni contestables ni contestés – contrairement aux infos des chaînes de télévision –, puisqu'ils étaient nos camarades et nos frères de Syrie. Sur le campus, pour connaître la vérité sur une ville, il suffisait de croiser le camarade qui l'avait quittée dans l'espoir d'obtenir un diplôme à Alep et qui, désormais, se morfondait de culpabilité et d'inquiétude pour les siens.

Nous en étions encore aux tout premiers jours et, voulant savoir, j'ai longé les couloirs de la faculté d'économie pour m'entretenir avec un copain de Deraa. Trois enjambées dans le corridor et j'ai été arrêté. Les surveillants m'ont dit : « Depuis quand tu t'intéresses à l'économie ? », puis ils m'ont livré aux Renseignements, étant donné que j'étudiais le génie civil et que je me trouvais dans le mauvais couloir. J'ai été relâché au bout de deux jours. Rien de grave – une pacotille ! –, mais les Services ne m'ont plus lâché : je n'étais pas un péquenaud, j'entamais ma quatrième et dernière année d'études, avec les connaissances et le prestige que cela impliquait dans notre université. La nouvelle de mon arrestation avait couru dans les corridors. Que je le veuille ou non, les étudiants me considéraient comme un opposant. Il était inutile de feindre ou de dissimuler, ceux qui souhaitaient agir venaient droit vers moi. Je leur parlais, ainsi qu'à certains professeurs, bien que ceux-ci n'aient pas la possibilité de mentionner le président autrement qu'en le couvrant de louanges sous peine de licenciement. Les portraits du « docteur » s'étalaient en format géant dans l'amphithéâtre, au cas où un moineau rêveur aurait oublié son existence. Les yeux présidentiels étaient comme ceux de Mona Lisa : capables de fixer chaque étudiant personnellement, quelle que soit sa place dans les gradins.

Je me bornais à échanger quelques mots sur la situation de notre ville et de notre pays. Je savais qu'il y avait mille Mona Lisa parmi les profs et les étudiants : à six reprises, j'ai été convoqué par les autorités de l'université et la Sûreté générale ! Alors j'ai décidé d'agir dans l'ombre. Par exemple, quand le campus créa son comité, j'ai préféré ne pas m'y associer malgré les sollicitations, tout en restant connecté avec les activistes chargés d'organiser la contestation. Il y avait là Ahmed Hajj Hamid, de Deir Ez-Zor, qui vit à présent en exil, ou encore Abdallah Al-Moussa, de Hama. Je le précise car ces étudiants syriens venus d'ailleurs ont eu un rôle essentiel dans la propagation des idées révolutionnaires. Ils insufflèrent du courage à leurs camarades universitaires et aux gens d'Alep, surtout à partir du ramadan 2012.

Il fallut attendre un peu plus d'une année avant que notre ville s'éveille. À l'été 2012, enfin, ses ruelles s'échauffèrent. Les Alépins tenaient l'asphalte. Leurs marches restaient pacifiques et les chants révolutionnaires s'élevaient, plus magnifiques que jamais car ils portaient l'espoir immense d'une victoire à venir. La mitraille redoubla. Les oisillons tombèrent, criblés de balles, les ailes brisées, roulant dans la poussière. Gandhi était assassiné sans scrupule.

Mon père était en pleins préparatifs pour les élections. Dès les premiers coups de feu tirés à Deraa, il retira sa candidature. Il refusa de remettre les pieds au siège du Parti, se murant dans un silence agité, ne quittant plus la maison. Il m'est arrivé de le surprendre maudissant et gémissant derrière la porte de son bureau. Personne ne le malmena, car il avait conservé des relations puissantes. Je pense aussi que la plupart de ses collègues n'osaient pas exprimer leur mécontentement, tout en désapprouvant comme lui les violences commises à l'encontre des Syriens dans les cortèges et lors des funérailles pacifiques. Quant à moi, il me devint intolérable d'assister impuissant au martyre des jeunes Alépins qui mouraient comme, à la chasse, meurent les ortolans.

Quand les enfants trépassent de diarrhée à cause des racines amères des sillons, il n'y a rien d'autre à faire que s'en remettre à la volonté de Dieu…

Mais Dieu, les sillons n'étaient pas les ruelles !

Par Dieu, mes ruelles n'étaient pas les sillons !

À Alep, je n'étais pas face à la volonté divine, mais devant des criminels qu'il fallait bien appeler des « hommes », malgré la noirceur de leurs âmes psychotiques et leurs actes planifiés et diaboliques. Un camarade de Homs m'avait expliqué que plusieurs quartiers, là-bas, avaient été placés sous protection révolutionnaire armée, afin d'empêcher leurs Shabihas d'infiltrer les manifs. Je trouvais l'idée pleine de bon sens et cette protection, légitime. Les armes étaient devenues une nécessité. Les cortèges pouvaient continuer de chanter le pacifisme, mais il fallait des gars pour qu'on les laisse chanter. Les criminels devaient comprendre que, s'ils interféraient, s'ils brutalisaient nos marcheurs, ils seraient frappés en retour. J'ai pris les armes pour qu'ils cessent de molester nos enfants dans les ruelles. Pour *shabihiser* les Shabihas. On repérait leurs commerces pour y faire une entrée fracassante, les menacer et leur instiller la crainte de représailles. Quand on apercevait une de leurs voitures dans une manifestation, on la peinturlurait ensuite de graffitis infamants ou on y mettait le feu… Quand les Shabihas ont commencé les tueries, nous sommes partis en chasse pour les trouer. Il nous a fallu beaucoup de temps pour mettre au point ces opérations. Mon territoire de prédilection était Salaheddine, plutôt que Chaar ou les grandes tours déprimantes de Massakine Hanano avec leurs souks crasseux, car je souhaitais m'entourer de mes cousins et tous vivaient à Salaheddine, dans ce quartier même qui serait l'enjeu de notre première grande bataille en tant que combattants de l'Armée libre et, déjà, le lieu de notre première défaite, lors de jours tragiques qui demeurent les plus tristes de ma vie.

Le Régime brisait les familles, arrêtant plus d'étudiants que ne pouvaient en contenir les prisons, capturant les meneurs pour les expédier dans les sous-sols de manière aussi définitive qu'un cadavre dans une tombe. Mon grand frère Ayham était l'un de ces meneurs. Grâce à son calme et à sa méticulosité, il avait excellé dans des études de traduction. Dans les ruelles, ces qualités étaient de précieux atouts. Il dissimulait sa véritable identité aux autres activistes, entretenait le secret. Moi-même, je ne le questionnais jamais sur ses déplacements. Ces précautions lui permirent d'échapper à la vague d'arrestations de l'hiver 2011-2012. À ce stade, lui et d'autres pacifistes déclarèrent forfait. Ils étaient allés aussi loin qu'ils le pouvaient. Désormais, ils n'avaient d'autre choix que de mourir ou vaincre par tous les moyens possibles. En tuant les petits frères (ou en les torturant, ce qui revenait parfois au même), les autorités détruisirent dans les esprits toute perspective de compromis. Ils furent nombreux, ceux d'Alep, à prendre le chemin du rif pour rejoindre l'Armée libre. À la fin, ils avaient opté pour cette voie, la seule à laquelle ils n'avaient jamais songé dans l'effervescence de leurs idées farfelues : l'appel aux armes.

Tout en approuvant le mouvement contestataire qu'ils trouvaient juste, mes parents ignoraient nos activités. Ils s'affolèrent en apprenant que leurs fils Ayham et Moulham étaient tous deux recherchés par les autorités. Nous leur avions déjà conseillé de quitter l'Ouest pour s'en retourner à l'Est : notre ville se fendillait, aussi sûrement qu'un champ de blé desséché. Dans cette configuration urbaine qu'aucun Alépin n'avait souhaitée, la partie orientale de la ville était en passe, ruelle après ruelle, de devenir notre territoire. Ils déménagèrent dans la panique, à Seif Al-Daoulé, au cœur de la contestation. Le lendemain, la Sûreté débarqua dans l'école de mon petit frère Saleh. Saleh avait 13 ans (aujourd'hui il vit en exil) et étudiait dans un établissement spécialisé pour enfants surdoués. Les agents des Renseignements molestèrent les profs, posant des milliards de questions sur Saleh, s'enquérant avec agressivité de son absence soudaine, de la disparition de mon père des bureaux du Parti et du déménagement impromptu de la famille.

Mon père s'effarait de cet étau qui l'oppressait chaque jour un peu plus fort. Il en était tant tourneboulé qu'il n'eut aucune réaction quand je lui avouai qu'il était vain d'attendre mon diplôme d'ingénieur. J'avais redouté un choc émotionnel fatal, car la totalité de ses économies avait servi à financer nos études, et celles-ci s'interrompaient dans un gâchis complet, y compris pour Saleh, qui avait pourtant été diagnostiqué génie surdoué parmi les enfants d'Alep. Les rêves de mon père se consumaient dans la même inanité que le sang de la jeunesse dans les égouts de la ville. Soudain oublieux de ses laïus sur la nécessité de la réussite scolaire et de l'importance du savoir en ce bas monde, mon père ne chancela pas. Seul lui importait de quitter le pays, et au plus vite : voilà ce qu'il me répondit. Je relevai la tête et lui promis mon aide pour passer en Turquie. Dans la province d'Alep, la noble tribu des Aqidat tout entière se rangea du côté de l'opposition.

Excepté Ayham qui s'entraînait au maniement des armes dans le rif, la famille fila vers la frontière avec pour unique bagage les vêtements que nous portions sur le dos. Mon père arborait ses chaussures lustrées et un costume deux pièces qui signifiaient son importance. Il fallut traverser les barbelés de façon illégale puisque aucun de nous ne possédait de passeport. De l'autre côté s'étendait la province turque de Hatay où était basé le quartier général du commandement de l'Armée syrienne libre. Je me rappelle que ce périple se déroula au début du printemps, même si je n'ai pas gardé souvenir de paysages en fleurs, ni d'aucun autre signe éloquent tel que, par exemple, la couleur céruléenne du ciel, typique des premiers jours de chaleur.

À Hatay, l'ambiance était au grabuge depuis que le tout premier déserteur de l'armée officielle, le lieutenant-colonel Hussein Harmouch – celui qui avait fondé la Brigade des officiers libres, entraînant la désertion de nombreux soldats déterminés à sauver le peuple syrien –, avait été kidnappé Les officiers libres soupçonnaient les Turcs de fourberie congénitale qui les aurait menés à livrer notre chef au Régime. Ils scrutaient aussi avec nervosité les milliers de réfugiés syriens qui s'entassaient dans les camps à la frontière, au sein desquels la présence de nombreuses Mona Lisa était inévitable. L'atmosphère devint toxique quand le colonel Harmouch fit une réapparition calamiteuse à la télévision officielle syrienne, déclarant que les manifs n'étaient que du flan, que nul n'avait jamais forcé l'armée à tirer sur quiconque, et que toute cette pagaille était la faute des Frères musulmans.

Seuls ceux qui en avaient besoin avalèrent ces sornettes – peut-être parce que cette confession bancale était, somme toute, plus facile à gober que d'envisager des fils de la nation tuant d'autres fils de la nation, même sous la contrainte. Après tout, les soldats syriens étaient eux aussi les enfants de familles et de tribus respectables, au même titre que les victimes syriennes à l'autre extrémité du canon. Cette vérité perturbait tout le monde et vous remuait les méninges, parce que la totalité des garçons de Syrie était obligée, un jour ou l'autre, de partir à l'armée. Si bien qu'au sein d'une même fratrie, l'un pouvait manifester en chantant, tandis que l'autre accomplissait sa corvée militaire, mitraillant les manifestants pacifiques.

Ya heif ! Ya heif ! Les balles sur les gens désarmés !
Et les enfants, à l'âge des roses, pourquoi sont-ils emprisonnés ?
Ils ont vu les fusils, ô ma mère ! Alors ils ont dit :
« Ce sont nos frères, ils ne tireront pas... »
Ils ont tiré ! Ô ma mère ! À balles réelles ! Nous sommes morts, de la main de nos frères.

Ya heif, en vérité, nous étions déboussolés. Cependant, les désertions se multipliaient depuis l'appel solennel du colonel Harmouch et je suis presque certain qu'aucun Syrien de Syrie ne crut à son revirement médiatique. Ils avaient dû le torturer, menacer de violer sa mère ou d'étriper sa grand-mère. Le saura-t-on jamais ? Son frère avait été retrouvé assassiné une semaine avant ses confessions insensées diffusées à heure d'écoute familiale. Harmouch fut fusillé quelques semaines plus tard[1].

---

1. Hussein Harmouch déserta le 9 juin 2011 et disparut le 29 août 2011, aux abords d'un camp de réfugiés situé près de la ville d'Altinözü. Ses « confessions » furent diffusées le 15 septembre 2011, une semaine après l'assassinat de l'un de ses frères (sans qu'il ait été démontré de lien formel entre ces deux événements). D'après le rapport « César » sur les détenus syriens morts en détention, Hussein Harmouch aurait été fusillé dans la prison de Sednaya, dès le mois

Ces événements avaient porté un sale coup à la révolution – sans parler de l'humiliation et du ridicule de la mise en scène, car beaucoup espéraient l'émergence d'un meneur d'hommes tel que Harmouch, capable d'incarner une vision de l'avenir et, surtout, de rassembler les Syriens à un moment où le pays se fendillait de toutes parts. Ce colonel était au sommet de la hiérarchie, il avait désobéi aux ordres de tirer sur le peuple, malgré une carrière militaire exemplaire longue de plus de vingt ans. Rien à voir avec les milliers de péquenauds fuyant leur corvée militaire… Harmouch disparu, d'autres prendraient sa place, mais nul n'aurait sa légitimité ni son visage rassembleur. En me penchant ainsi sur le passé, je songe que c'était là un signe précurseur des divisions à venir. Je n'étais pas devin et, pour tout dire, en ce printemps 2012, on sentait surtout grandir en nous la colère, en même temps qu'un grisant sentiment d'invincibilité.

Mon père étant membre officiel du parti Baas, il fut considéré comme déserteur avec les égards, les faveurs et la protection rapprochée qui lui étaient dus en Turquie. Les Turcs l'ont installé dans une baraque de luxe de deux cent cinquante mètres carrés. Ces privilèges l'ont pourtant miné. Il se rongeait de mal-être et de culpabilité. Il aurait pu se considérer comme déserteur héroïque du Régime ; je crois qu'il s'en voulait d'avoir déserté la révolution à laquelle il aspirait. De sa fenêtre surprotégée, il avait une vue imprenable sur le camp de réfugiés où les mômes haillonneux quémandaient pitance, dans un dénuement total qui, en soi, aurait justifié qu'ils donnent Harmouch ou n'importe qui d'autre en échange d'un sandwich au poulet. Mon père ne l'a pas supporté. Il décida d'emmener la famille vivre dans un camping-car, près d'Istanbul. L'exil lui avait ôté beaucoup de

de janvier 2012. Sa « Brigade des officiers libres » fusionna avec l'Armée syrienne libre peu après sa disparition, le 23 septembre 2011.

ses biens matériels et de ses expectatives, mais pas son tempérament aride qu'il tenait de la tribu des Aqidat.

Bunker de luxe ou caravane, ma famille vivait en lieu sûr. Mon devoir était accompli. Je repartis en hâte vers le rif alépin, à Tell Rifaat, rejoindre l'Armée libre et mon grand frère. Ayham se chargea de m'initier aux techniques militaires. Quand j'y songe, c'était folie, car lui-même venait à peine de terminer une formation accélérée auprès de l'officier Khalil, un ami de mon père, qui lui avait montré comment tenir un fusil, ainsi que le comportement à adopter pour survivre dans les combats, par exemple se mettre à l'abri sous la mitraille ennemie. J'ai ensuite intégré un groupe de cinq, tous soldats déserteurs. Tell Rifaat avait été libéré, les habitants y manifestaient tranquilles ; il ne restait plus grand-chose à y accomplir. Notre groupe fut missionné pour des va-et-vient à Alep, avec ce double objectif : encourager la révolution et cogner sur le Régime.

Nos opérations étaient définies le jour même, en fonction des informations collectées auprès des paysans : tel matin, les forces gouvernementales contrôlaient cinq, huit ou dix barrages sur la route. Nous foncions alors vers Alep, toujours à cinq, car c'était le nombre de gars maximal que pouvait contenir la voiture, nos fusils dissimulés en vrac sous les sièges. On fonçait sans réfléchir. Mieux valait éviter de penser en pareille circonstance : nous savions qu'en cas de fouille à un check-point gouvernemental, nous serions emprisonnés ou exécutés sur place. Ces missions se poursuivirent trois mois, au cours desquels les manifs prirent une ampleur mirifique, en particulier dans les quartiers de Salaheddine, Marjé et Boustane Al-Qasr. Les représailles n'en furent que plus cruelles. Le Régime avait longtemps préservé les Alépins ; il inversa sa stratégie en trouant le plus de gens possible. Ce revirement prit de court les manifestants, qui se retrouvèrent aussi démunis que sous le déluge des ortolans rivés à une branche.

Un jour, nous partions jeter une bombe, le lendemain, tuer un Shabiha. Il fallait frapper et fuir aussitôt. Surtout ne pas être pris. S'il n'y avait pas d'échappatoire possible, l'ordre était d'annuler l'opération. En cas de manif, nous devions essayer de tenir des barrages pour bloquer les agresseurs. Quand notre cible était un Shabiha, on lui tirait dessus ou on balançait un explosif dans sa bagnole, selon l'endroit et la configuration des lieux car, toujours – je le jure sur Dieu ! –, nos actions avaient pour finalité de protéger les manifestants. Dans 90 % des cas, nos opérations échouaient. Sur place, nous étions face à la masse des services de sécurité et nous repartions en piteux état émotionnel, puisque nous restions impuissants, tandis que dix à quinze gamins tombaient à chaque nouvelle manifestation.

Je me souviens d'une de nos missions qui faillit tourner au désastre. Ce jour-là, notre cible était les services de renseignement de l'armée de l'air. De tous les Services, ceux-là étaient les plus féroces et les plus redoutés. Nous avions pour ordre de déposer une mine devant leur base, puis de la faire exploser quand ils sortiraient. Nous avons réussi à positionner l'explosif sans avoir été repérés. Nous nous sommes planqués deux cents mètres plus loin, aux aguets et retenant notre souffle, prêts à actionner le détonateur… quand l'imprévisible se produisit. L'imprévisible apparut sous la forme d'un attroupement devant l'entrée de la base, de femmes en noir accompagnées de leur marmaille revêtue pour l'occasion de vêtements chamarrés d'ordinaire réservés aux cérémonies de mariage. Elles hurlaient les injures les plus obscènes que j'aie jamais entendues. En face, les agents moulinaient des bras pour signifier : « Dégagez, bande de…, y a rien à voir ! » Or ces mères et ces veuves inconsolables n'étaient plus effrayées par rien, pas même par la branche la plus redoutables et la plus redoutée des Services, qu'elles maudissaient sans vergogne, traitant les agents de maquereaux, de fils de pute et pire encore. Elles déclamaient les noms de leurs adolescents martyrs ou disparus, puis hululaient et houspillaient leurs tortionnaires avec un vocabulaire qui rendait hilares les petits enfants en tenue d'apparat et réveillait les bébés, malgré le confort des poitrines maternelles. Nos femmes tenaient l'asphalte dans une sérénade mêlant berceuses et sanglots déchirants, puis promettaient aux officiers de leur coller une raclée et de disséquer leur virilité avec le même aplomb que s'il s'agissait d'envoyer leurs rejetons au dodo.

Bien sûr, l'opération fut annulée sitôt qu'elles apparurent sous nos yeux médusés, mais, à quelques mètres d'elles, la mine était là et nous ne savions pas quel stratagème inventer pour la récupérer sans nous trahir. Des gamins s'amusaient dans la poussière, attrapant tout ce qui jonchait la ruelle. J'étais terrifié à l'idée que l'un d'eux se saisisse de notre bombe artisanale comme d'un jouet, se massacrant et massacrant la foule. L'affaire prit un tour inextricable car les femmes s'obstinaient à manifester, cependant qu'une angoisse sidérale nous clouait au sol. Pour finir, j'ai passé un coup de fil anonyme, dénonçant aux Services un homme très suspect – dont je fis une description idiote –, que j'avais vu déposer un objet très suspect, à tel endroit très suspect. Des agents se frayèrent un passage parmi les mères et les veuves déchaînées et récupérèrent la mine qui, grâce à Dieu, n'explosa pas.

Notre boulot visait à saper le moral de l'ennemi, ce qui était difficile quand la révolution empruntait des détours aussi imprévisibles. Des scènes similaires, il y en eut des tas ! Les missions se révélaient toujours plus dérisoires, au fur et à mesure que le nombre des martyrs augmentait. Ce constat d'échec fut à l'origine de la décision de libérer Alep une bonne fois pour toutes, les armes à la main. La myriade de petites unités urbaines et villageoises qui s'était constituée dans le rif s'unit sous le commandement de l'Armée libre. Ainsi naquit la « Liwa Al-Tawhid », la « Brigade de l'Unicité ». Nos combattants entrèrent dans la ville, à la veille du premier jour du mois de ramadan.

*

Sami

Les bombatchés

Après la mort de Dounia, je ne pouvais pas rester en Turquie. Mon grand frère m'a prévenu : « Si tu rejoins la révolution et les ruelles, tu n'es plus mon frère ! Tu mets notre famille en danger. » Il m'a frappé. Il n'a jamais rien fait pour aider la cause. Il s'en fichait, il la rejetait. Aujourd'hui, il vit pourtant lui aussi en exil, à cause de moi. Dommage. Dans le village de Marea, la colère a pris tout de suite, un vrai raz de marée révolutionnaire. Mon village s'est soulevé le 24 mai 2011, comme un seul homme, vent debout. J'ai filmé notre premier martyr. Il s'appelait Ahmed Dada. Il est mort d'une balle dans la tête sur la route de campagne reliant Marea à Anadane, lors d'un cortège unifiant pour la première fois les forces révolutionnaires du rif, le 28 décembre, soit quelques jours avant mes 25 ans : l'âge d'Ahmed Dada.

Dans les villages, nous n'avions que des fusils de chasse, chez nous appelés « bombatchés », avec des cartouches pleines de poudre. Je n'ai jamais porté d'armes, ni à cette époque ni plus tard, mais je n'ai jamais douté non plus de la légitimité de la lutte armée, à cause des outrages subis par Dounia, ma belle fiancée assassinée, et à cause du calvaire de toutes les Syriennes. Les gens accouraient dans les cortèges en criant : « On va mourir et on s'en fout ! On n'en peut plus de cette famille qui massacre les femmes et les enfants ! » Les Assad avaient trop tué à Deraa, à Homs et dans le rif alépin. La tuerie de Baniyas[1] avec les viols d'une centaine de jeunes filles a provoqué un choc insurmontable. Dès le lendemain, nous sont parvenues des vidéos de survivantes. Une femme y racontait que ses deux filles avaient été violées avant d'être étranglées. Ces histoires de viols, on ne pensait qu'à ça. Les hommes organisaïent des manifs pendant que des femmes innocentes étaient forcées, possédées, souillées, torturées, tuées. Alors quoi ? Ces mamans dans leur foyer étaient, elles aussi, des terroristes ? Ce n'était plus une question d'honneur ou de dignité, nous étions déchiquetés de douleur.

Le Régime avait distribué des tas de kalachnikovs et de pistolets à ses Shabihas. Ceux-ci terrorisaient les habitants d'Alep avec la bénédiction des businessmen qui les arrosaient de fric pour qu'ils gardent leurs usines, contrôlent les ruelles, espionnent les pauvres gens et violent les filles… Dans le village de Marea, ils n'ont pas réussi. Nous étions trop de jeunes, pour la plupart acquis à la révolution : toutes leurs armes ont fini en notre possession. Ce fut là notre premier arsenal, avec les bombatchés. Puis nous avons choisi notre chef.

Il s'appelait Abdelqader. C'était un riche commerçant du village, vendant du blé et des graines de toutes sortes : lentilles, fèves, pois chiches… C'était un homme

1. Le 2 mai 2012, l'entrée de l'armée loyaliste dans les villes de Bayda et Ras Al-Nabaa, proches de Baniyas sur la côte méditerranéenne, a été suivie d'un crime de masse : 450 civils, dont nombre de femmes et d'enfants, y furent tués, selon le rapport d'enquête des Nations-Unies qui a conclu que les forces gouvernementales en étaient « presque certainement les responsables ».

simple et calme à peine plus âgé que nous, un gars de Marea pieux et respecté, qui nous ressemblait – pas le genre vétéran d'Afghanistan avec une barbe touffue, ni politique hypocrite aux discours fleuris. Il n'avait aucune expérience militaire et il avait le verbe rare : son talent à lui était de savoir écouter. Il avait ainsi gagné l'amour des habitants, devenant « Hajji Marea », c'est-à-dire chef de notre village, puis commandant dc l'Armée libre d'Alep qui rassemblait les unités rifaines et alépines sous le nom de « Liwa Al-Tawhid ». Hajji Marea était surtout mon ami, et pas un jour ne s'écoule sans que j'adresse une pensée à son âme.

J'appartenais à la chambre d'opérations, au sein du Conseil que nous nommons « Choura » par chez nous. Au départ, cette Choura ne comprenait que sept civils ignorant tout de la guerre et des affaires militaires. Notre objectif principal était de protéger les manifestants dézingués par les Shabihas. Au fur et à mesure de la libération du rif alépin, la Choura s'est élargie. À la veille de la prise d'Alep, nous étions vingt-cinq, dont deux médecins, trois ingénieurs, un imam qui connaissait le Coran et la Sunna à la perfection, trois avocats… Le sort d'Alep nous taraudait : fallait-il y entrer les armes à la main pour la libérer ? Les manifestants y étaient capturés par milliers, engloutis dans les sous-sols à chaque tentative de manifestation. Notre village, lui, s'était libéré des Shabihas, mais les hélicoptères du Régime s'acharnaient à nous bombarder. Il y eut une grande assemblée pour évoquer les différents aspects de ce problème. Quelqu'un avait compté les munitions que nous possédions à Marea : sept mille, pas une de plus. Une misère qui ne nous protégerait pas des hélicos.

« Nous n'avons guère d'options, ont déclaré les anciens de la Choura. Soit nous laissons les hélicoptères nous détruire, soit nous prenons l'initiative en attaquant Alep. Les quartiers de l'Est nous supplient de leur venir en aide. » Il y eut un long conciliabule. À la grande majorité, la décision fut prise d'entrer dans Alep.

*

Ryan

J'ai entendu parler du djihad...

L'errance sur les toits ou dans l'ombre des vieux murs m'avait condamné à une solitude cruelle. J'étais devenu aussi infréquentable qu'un lépreux. Chacune des branches des Services avait défoncé la porte de notre maison. Ma mère connaissait maintenant l'identité de « Ryan », mais elle continuait à maudire la terre entière pour le principe, et parce qu'un changement d'attitude aurait pu nous trahir auprès d'observateurs indiscrets et des indics qui pullulaient dans notre cité. Ayant épuisé chaque recoin de la ville, je ne savais plus où ni comment dormir, car j'étais tout à fait hanté par la certitude qu'avec mon frère Ziyad en prison, accusé d'être lui-même Ryan, mon arrestation n'était plus qu'une question de jours. Je dormais les yeux ouverts. En vérité, je ne dormais plus et je dépérissais.

J'avais tout arrêté : mes jobs, mes activités professionnelles et même le judo, une passion qui avait forgé mes rêves de jeunesse. J'avais tout quitté pour me dévouer à notre révolution. Quand j'ai rencontré Heba, ma future fiancée, je me suis montré désagréable et distant avec elle. Ce n'était pas sa faute ! Je m'oubliais dans cette histoire. J'oubliais ma vie ; je vivais la révolution, organisant les meetings, les cortèges, les funérailles… Les jeunes avachis, qui bavassaient et gloussaient à l'ombre des ruelles, me rendaient furibond. Trop de gens avaient été tués à Homs et ailleurs pour que l'on puisse prétendre à la récréation et à la léthargie. Par la suite, j'ai appris à me calmer et à être plus coulant sur ce point. Mon caractère s'était transformé en même temps que mon existence. Je pense que mon irritation était aussi le résultat du harcèlement des Services, de la peur qui ne me lâchait plus, du manque de sommeil et de mon statut de lépreux pestiféré.

Je continuais à ramper sur les toits de la ville, afin d'apercevoir les yeux de ma mère et de prendre une douche devenue trop rare. Lors d'une de ces visites éclairs, quelqu'un tambourina à la porte, demandant à me parler. Ma mère savait à quoi s'en tenir et elle cria sans ouvrir : « Ô homme ! Qu'est-ce qui ne va pas avec celui-là de mes fils ? Que lui veux-tu maintenant qu'il nous a quittés ? » Une voix a chuchoté : « J'apporte un message de Ziyad, j'étais avec lui en prison ! » Ma mère a dit : « D'accord, oui, une minute ! » Puis elle a couru me chercher, sautillante et joyeuse car nous ignorions si mon frère était encore vivant. Moi, je restais méfiant. Par le trou de la serrure, j'ai aperçu deux types dont l'un portait un pistolet. J'ai pris la fuite, escaladant la fenêtre de la salle de bains, dégringolant dans la ruelle. Mes flip-flop humides m'empêchaient de courir. Un voisin passait par-là, qui m'a tendu du fric sans poser de questions, et j'ai sauté dans un taxi. C'était une échappée miraculeuse parmi tant d'autres. Comme d'habitude, elle me ramenait à ma solitude.

Avant de raconter la suite, je veux parler de l'indic qui s'était introduit parmi nous. Tant de gens ont été détenus et torturés à cause de lui ! J'avais suspecté quelqu'un, il s'avéra que c'était bien lui la Taupe. S'il avait été aussi nocif aussi longtemps, c'était parce que des liens amicaux le liaient à Abou Quteiba, notre chef à tous, et qu'Abou Quteiba, malgré des indices accablants, s'obstinait à lui vouer une confiance aveugle au nom de l'amitié.

Abou Quteiba fut emprisonné à deux reprises : la première fois, parce que des bâtons avaient été découverts dans sa voiture lors d'une fouille au barrage ; la seconde, il tomba nez à nez avec son « ami » la Taupe, qui dégustait un café en toute rigolade avec un des bourreaux du sous-sol. Pris en flagrant délit de traîtrise, l'indic cracha : « Eh bien, mon cher ! Comme ça, au moins, tu sais avec qui je roule ! Plus besoin de te triturer la cervelle ! » Durant sa détention, Abou Quteiba fut torturé par un sauvage qui lui répétait : « Tu veux expulser les alaouites du pays ? nous jeter à la mer ? nous mettre au cimetière ? Nous ne partirons jamais ! Et toi, tu disparaîtras ! Nous aurons ta tête ! Nous ferons ça à ton frère ! Et ça à ta sœur ! » Et en même temps, il lui montrait ce à quoi il pensait !

Le comportement de cet officier sema les graines de la colère dans l'esprit d'Abou Quteiba. Quand, par-dessus le marché, il comprit qu'il devait ces tortures à la trahison de son ami, un homme qu'il avait apprécié et même aidé financièrement, les graines germèrent en un cactus géant assoiffé de vengeance. À sa libération, il était malade de rage et ne parlait plus que d'« opération de représailles ». Il m'a dit : « Nous allons former notre propre unité de combattants libres ! » Ses paroles m'ont choqué car, jusque-là, il avait toujours prôné le pacifisme. Les armes m'effrayaient et j'étais horrifié à l'idée que, à notre tour, nous serions ceux qui tueraient. J'ai tenté de le raisonner :

– Même si nous trouvons des armes et que nous les distribuons aux gens, comment être assurés que nous pourrons les récupérer ensuite ? Imagine qu'elles tombent entre de mauvaises mains ! Imagine cette catastrophe ! Comment déterminer qui saura en faire bon usage ? Regarde les comités révolutionnaires : pas un jour ne s'écoule sans qu'un conflit éclate entre eux pour des niaiseries. Distribuer des armes à tout le monde, mon frère, c'est le massacre garanti ! De toute façon, les armes, c'est pas du tout mon truc.

– Ça peut le devenir, Ryan, je t'apprendrai.

J'ai refusé, mais rien ne pouvait le détourner de son obsession vengeresse. En prison, il s'était mis d'accord avec des détenus pour organiser une « brigade libre ». Il savait « de source sûre » que les officiers déserteurs s'étaient emparés d'un arsenal appartenant aux Services, quelque part dans le rif alépin. Des armes étaient déjà planquées dans plusieurs apparts en ville, chez des opposants. Abou Quteiba était un grand gars mystérieux au sourire communicatif, mais, dans le danger, il conservait son calme et un sang-froid à toute épreuve.

Il a mis ses projets à exécution sans attendre, circulant dans les rues d'Alep en civil, mais avec des armes véritables : d'abord des fusils de chasse, des pistolets, puis des kalachnikovs et des explosifs. Ainsi fut créée la première unité d'Alep, dans mon quartier de Boustane Al-Qasr, avec pour chef mon camarade Moustapha Berro, alias Saqer Abou Quteiba[1]. J'ai été franc avec lui. Je l'ai prévenu que je resterais son ami, mais que tuer me répugnait et que je me tiendrais à l'écart.

Abou Quteiba traqua la Taupe sans répit. Il finit par dénicher le traître dans un état d'ivresse pitoyable, titubant et jurant sans vergogne au fond d'une ruelle obscure. Il devait avoir calculé que son heure avait sonné. L'unité le garda pendant trois jours avant de l'exécuter.

1. D'autres petites unités urbaines sont formées, parmi lesquelles la « Brigade de la paix », la « Brigade de la cité d'Alep », la « Brigade Al-Chahba d'Alep ». Elles se sont unies au sein de *Fastaqim Kama Urmit*, le 18 décembre 2012, sous le commandement d'Abou Quteiba. Parmi les autres dirigeants, on retrouve Moulham, qui témoigne dans ces pages et qui deviendra chef de la chambre d'opérations d'Alep.

Je ne l'appris que plus tard car, à la mort de la Taupe, j'avais quitté Alep et la Syrie. Je m'étais résigné à fuir en Turquie.

Voici comment c'est arrivé. Lors d'une autre visite éclair à la maison, le téléphone a sonné et j'ai décroché. Mon frère Ziyad annonçait sa sortie de prison. Il bégayait : « Quoi ! Tu… tu… tu… tu… tu es à la maison ? Mais, tu dois fuir ! Quitter le pays ! Ils te veulent ! » Ses affaires lui avaient été volées, ainsi que son argent. Il n'avait plus que son tricot de flanelle pour affronter le froid. Il cherchait à Damas une personne charitable qui financerait pour lui l'achat d'une paire de chaussures et son voyage jusqu'à Alep. Il la trouva. La première chose qu'il me conseilla à son retour fut de déguerpir en Turquie, vu que les officiers qui l'avaient cinglé pour préserver la bonne réputation des Aoun étaient déterminés à m'attraper. Quand il était question de déshonneur, ces types n'étaient pas du genre à oublier leur prochain.

J'étais à bout de forces, mon corps et mon esprit s'affaiblissaient. Je ne dormais plus, je vivais dans un cauchemar permanent. Au point que j'ai demandé son aide à Abou Quteiba. Je ne l'avais pas revu depuis notre conversation sur les armes. Il palabrait avec un activiste dans une ruelle de Boustane. Je lui ai dit : « Je veux dormir. » Dormir était mon rêve unique. Mon ami repartait le soir à Anadane, dans le rif, et a proposé que je l'accompagne. Ma tête a fait oui, je n'avais plus la force de parler. Rendez-vous fut fixé rue du Nil, une des grandes artères d'Alep. Mon frère devait m'y apporter mon ordinateur et du linge, mais il prit du retard et Abou Quteiba annonça qu'il était l'heure de partir.

J'étais très nerveux. Ce départ précipité était une folie. Au loin, sur la route à travers champs, j'ai aperçu un char d'assaut à côté d'un check-point et j'ai paniqué. Abou Quteiba m'a dit : « T'inquiète pas… Ignore-les et tout ira bien. » De fait, on passait comme si de rien n'était ! Aux barrages, les hommes du gouvernement lançaient : « Salut les singes ! Vous allez où ? » Les singes, c'était l'expression fétiche des alaouites, une sorte de salut dans leur patois à eux. On leur répondait : « Ô officier, nous allons droit devant ! » Sans plus. Et on passait. Je me souviens qu'un des hommes dans notre voiture a même osé déclarer : « Nous allons chez Hajji Marea ! » Et l'autre, au barrage : « Ok ! Pas de problème ! » Tout était irréel et même hallucinant – à moins que j'aie rêvé en raison de ma fatigue immense –, car Hajji Marea n'était pas encore le puissant chef militaire de la plus grande brigade d'Alep, mais il était déjà le patron des révolutionnaires du village libéré de Marea. En toute logique, mentionner ne serait-ce que son existence était un délit passible d'exécution immédiate. Mais non. Nous avons circulé sans incident jusqu'à la ville d'Anadane.

Notre destination était la cour intérieure superclasse d'un grand *hoch* arabe, avec fontaine marbrée et lauriers-roses fleuris, où nous attendaient des combattants assis en cercle. D'autres étaient installés à côté, dans une villa avec piscine. En découvrant ces jeunes gars au visage paisible qui m'invitaient à les rejoindre, j'ai senti un air nouveau, un parfum d'espoir. Ils m'interpellaient par les mots « *Ya thouwar !* », « Ô révolutionnaire ! », me gratifiant d'un respect qui réchauffait mon âme, car cela signifiait qu'ils reconnaissaient mon utilité. La lutte pacifique, mon errance de lépreux, la détention de mon frère, le salon dévasté de ma mère… Ces sacrifices méritaient considération et mon anxiété s'est dissipée. Pour la première fois, je pénétrais en zone libre, sans militaires ni services de sécurité. Abou Quteiba m'a laissé en compagnie des combattants, à qui il a expliqué qu'ils devaient organiser mon passage en Turquie.

Un certain Mahmoud est passé me prendre en voiture. Il m'a demandé qui j'étais. J'ai répondu : « Ryan. » Il a répété : « *Ryan* ! Ryan du comité des hommes libres de Chahba ? J'ai travaillé avec vous, les gars ! Quel honneur de te rencontrer, mon cher révolutionnaire ! » Il paraissait sincère. L'ambiance était chaleureuse. Tout le monde avait l'air de s'aimer. Mahmoud se félicitait en toute franchise de ma présence. Ce climat me réjouissait, me rassérénait. Partout, j'observais la solidarité, la fraternité, une noblesse d'esprit. Tout ce que nous avons fini par perdre en somme, quand les tarés de Jabhat Al-Nosra et autres maboules de Daech ont débarqué chez nous, détruisant tout, y compris ce que nous avions préservé d'humanité dans le fracas meurtrier des bombes-barils.

Deux officiers déserteurs nous ont rejoints qui devaient s'exfiltrer en Turquie pour rallier la base de l'Armée libre. Pendant des mois, ils avaient été les indics d'Abou Quteiba au sein de l'armée officielle – c'était vraiment la saison des indics ! Nous avons poursuivi notre route vers le nord, jusqu'au village de Tell Rifaat. Le jour déclinait. Bientôt, il allait s'éteindre derrière le djebel Samaan dont on apercevait les reliefs de calcaire. Jamais je n'oublierai cette étape… Les habitants y étaient plus pauvres qu'à Anadane. Ils avaient enduré un siège pendant plus d'un an. Ils nous ont accueillis avec une générosité qui les honorait et qui honorait la révolution, nous offrant un poulet grillé entier en guise de bienvenue. J'y ai passé ma première nuit de bon sommeil. Une nuit régénératrice. Tell Rifaat était superbe, pavoisé de drapeaux révolutionnaires, le mot « liberté » calligraphié de toutes les couleurs sur les murs des maisons. Les villageois s'y baladaient relax. Une liberté pareille, voilà ce que j'espérais encore qu'il se produise, un beau jour, à Alep.

Le lendemain, nous nous sommes arrêtés dans une petite usine reconvertie en fabrique d'explosifs. Y étaient assemblées à la main des mines pour piéger les Shabihas et le Régime, avec des morceaux de métal et des shrapnels. La procédure était supervisée par un instructeur irakien, spécialiste des engins explosifs artisanaux. Puis nous avons traversé la ville d'Azaz qui n'avait pas encore été libérée. Nous étions escortés par des soldats de l'Armée libre, tous originaires d'Alep. L'un d'eux en ressentait beaucoup d'amertume. Il s'affligeait que notre bonne ville ne soit pas du côté de la révolution, que les gens d'Alep soient incapables de sympathie pendant que les autres Syriens étaient accablés d'infinies souffrances. À cette époque, tous nous regardaient d'un œil noir. Même si le soldat avait remarqué que les quartiers de Boustane Al-Qasr, Salaheddine ou Marjé constituaient de glorieuses exceptions, j'eus honte. J'ai répondu qu'Al-Jazira était responsable de cette perception injuste et erronée des Alépins, car les cameramen de la chaîne ne filmaient jamais ce qui se tramait dans nos ruelles ou dans notre université, en dépit de nos martyrs et de nos disparus.

Nous sommes parvenus à la frontière. De part et d'autre, deux groupes d'officiers se lorgnaient. J'avais du mal à décrypter la situation. Les uns devaient appartenir à l'Armée libre, les autres à celle de Bachar. J'ai quitté la Syrie après avoir payé trois mille livres à ces voleurs de Turcs. Les *thouwar*, eux, m'auraient rendu n'importe quel service sans réclamer un sou ! Ils m'ont déposé dans un supermarché, dont le propriétaire, un Turc d'origine syrienne, soutenait la révolution. Je me suis affalé sur un siège. Un Jordanien est entré. Je lui ai dit : « Salut, comment ça va ? Que viens-tu faire par ici ? » Il a répondu qu'il allait en Syrie. J'ai compris alors que le type qui avait organisé mon exfiltration vers la Turquie s'occupait aussi du passage de ce Jordanien dans mon pays. Plus tard, j'ai appris qu'il était un moudjahid. En fait, des étrangers commençaient à arriver en Syrie, mais nous n'en savions rien, pas plus que nous ne connaissions les noms de Jabhat Al-Nosra ou d'État islamique. Là, le Jordanien m'a dit : « J'ai entendu parler du djihad. Je viens accomplir mon djihad en Syrie. »

En vérité, en voyant un jeune mec comme lui, tu ne pouvais qu'éprouver du respect et de la reconnaissance. C'était un frère solidaire de notre cause et je n'ai pas réfléchi plus loin. Je me suis même senti minable, car il se préparait à entrer en Syrie quand, moi, je fuyais mon pays… Le Turc a interrompu notre conversation. Je pouvais dormir à l'étage, dans le supermarché. J'étais épuisé, j'ai sombré dans un trou noir à côté des boîtes de conserve.

Le lendemain matin, un type inconnu est arrivé pour me conduire à Antakya. Quand je lui ai dit que je m'appelais Ryan, il s'est écrié : « Oh mon Dieu ! Ryan ! Nous avons parlé ensemble sur Skype, mec ! » Je m'étais senti si seul à Alep ! Voilà que je découvrais les visages de ceux dont seule la voix m'était connue et qui n'avaient eu pour moi qu'une réalité virtuelle… Je mesurais l'étendue de notre réseau. À Antakya, j'ai enfin trouvé le repos. L'endroit était insolite, entre centre de convalescence et base d'entraînement. J'y ai rencontré plein de jeunes Syriens. Il s'avère que beaucoup d'entre eux ont plus tard intégré les rangs de Daech. Pour tout dire, certains se sont même comportés pire que Daech. Mais, sur le moment, qui aurait pu imaginer les affres à venir ? J'étais sur une autre planète, dans un temps différent, loin du rythme de ma ville. La mer était proche, j'aimais l'odeur du sel dans le vent. Ryan était un touriste en vacances qui dormait son content.

Au bout de quinze jours, j'étais rafistolé et je ne tenais plus en place. Je suis rentré chez moi, fin prêt à reprendre la lutte pacifique ou même une errance de lépreux. Arrivé à Boustane, j'ai tout de suite perçu un changement. Les manifs étaient quotidiennes. Elles duraient parfois une heure entière avant que les Services n'interviennent. Ça se voyait qu'ils étaient fatigués. Ils s'étaient aussi lassés de Ryan. Tout le monde savait pourtant que j'avais collé une raclée au chasseur d'activistes Jawad Kamouna, mais j'avais aussi la réputation de m'en sortir dans n'importe quelle situation. À tel point que le choc fut immense dans mon quartier quand les habitants apprirent la nouvelle de ma capture par Jabhat Al-Nosra, bien que ces tarés, je les aie aussi cognés sans pitié. Mais cela se produisit bien plus tard.

L'Armée libre était aux portes de la ville. Elle insistait pour nous envoyer des combattants censés nous protéger, malgré notre refus. Ce n'était pas nécessaire. La révolution fleurissait. Même les femmes n'hésitaient plus à descendre dans nos ruelles avec des fleurs et des ballons de baudruche. En fait, tout Alep défilait à Boustane. Les habitants des autres quartiers venaient chez nous car c'était le seul endroit où cela se passait bien. Les manifs se multipliaient aussi à Sakhour et surtout à Marjé, mais ceux de Marjé étaient réputés pour leur extrémisme, alors les gens préféraient manifester chez nous : c'était plus festif et ils étaient contents de danser et de chanter.

Mes camarades m'ont suggéré de motiver Khaldiyé, un quartier auparavant très actif devenu pauvre, situé au nord-ouest le long de la belle rue du Nil. Ses souks s'étaient spécialisés dans toutes sortes de légumes épluchés, destinés aux riches d'à côté qui les achetaient pour en farcir leurs courgettes et leurs aubergines sans plus se fatiguer les doigts. Les habitants étaient si nombreux à y avoir été emprisonnés que ses ruelles s'étaient retrouvées désertes. Les activistes réclamaient des ordinateurs, des téléphones, des appareils photos, des équipements médicaux, alors je me suis arrangé pour que ceux parmi nous dont c'était la fonction leur en distribuent. Puis j'ai proposé que les gars de Boustane viennent manifester chez eux, à Khaldiyé. Ils ont accepté et le quartier s'est enflammé de liesse. Je voulais que le brasier révolutionnaire s'empare de la ville entière. Il fallait prouver aux habitants confus et oscillants qu'ils étaient concernés. Que nous étions tous concernés. Par malheur, ma stratégie ne fut pas retenue. Les activistes préféraient se concentrer sur leurs seuls quartiers, ce qui mena, par une sorte de fatalité, à la division irréparable de notre belle cité.

En attendant, les manifestations pacifiques gagnaient du terrain, malgré la répression. La révolution avait viré au sanglant, nous continuions à dire non aux armes. Nous les refusions absolument. Le mot d'ordre restait « Des cailloux, seulement des cailloux, et uniquement si nécessaire ». Certains vendredis, les cailloux volaient pendant que nous comptions nos morts. Il y eut ainsi, à Boustane Al-Qasr, des funérailles meurtrières lors desquelles les Services mitraillèrent sans pitié la foule. Elle fut prise d'une telle colère qu'au lieu de fuir, elle marcha vers la station de police pour la réduire en miettes. L'Armée libre trépignait ; certains de ses combattants étaient déjà dans Salaheddine. Bien entendu, Abou Quteiba fut l'un des premiers à débarquer avec sa brigade. Leur présence en ville déclencha la guerre avec le Régime. Une vraie guerre, avec des obus de canons et des hélicoptères-mitrailleurs. Abou Quteiba reçut une balle qui ricocha et il en perdit un œil, sans que cela affecte sa volonté. Les combattants, surexcités, se lancèrent dans une guerre de libération, quartier après quartier.

Les habitants s'enfuyaient, effarés par les lance-roquettes et autres engins inconnus que se trimballait l'Armée libre. Ils avaient en mémoire la double attaque à la bombe, lancée quelques mois plus tôt contre les centres de la Sûreté générale et des renseignements militaires à Alep-Ouest, qui avait provoqué un carnage et terrorisé la ville entière. Beaucoup de nos concitoyens n'accordaient pas grande confiance, voire se montraient très méfiants envers les combattants. Ils se doutaient bien aussi qu'avec cet arrivage ils n'allaient pas tarder à se prendre des bombes gouvernementales sur la tête. C'est pourquoi une foule de gens courait en tous sens, les hommes emportant femmes, enfants et sacs plastique bourrés de nourriture. Dans la panique, ils laissaient derrière eux leurs foyers et des quartiers presque vides. De mon point de vue de révolutionnaire, nous assistions à une catastrophe. L'Armée libre venait de commettre une erreur fatidique.

Nombre de mes camarades pensaient comme moi et ils n'hésitèrent pas à hurler sur les combattants, malgré leurs lance-roquettes : « Pourquoi êtes-vous entrés dans la ville ? Nous gérons la situation ! » « Nous ne voulons pas de votre aide, ni de vos armes ! » D'autant que certains quartiers comme Boustane ou même Sakhour avaient déjà été quasiment libérés – par nous, les fils d'Alep seulement armés de nos cailloux ! À cet instant, nous, les leaders de la révolution pacifique, avons compris que les choix ne nous appartenaient plus et que l'avenir ne reposerait plus entre nos mains. Les armes étaient entrées dans la ville, aucun retour en arrière n'était envisageable. J'ai essayé de trouver des compromis. J'ai contacté Nimr, « le Tigre », ainsi qu'avait été surnommé le chef du bataillon des Martyrs de Badr. Cet homme avait bonne réputation et je lui ai demandé s'il pouvait s'installer, lui plutôt qu'un autre, dans mon quartier. Il est mort peu de temps après… De toute façon, ces décisions n'étaient plus de notre ressort.

Les combattants entraient, piétinaient, reculaient, revenaient, repartaient. Je me trouvais avec eux quand ils atteignirent Boustane. Nous étions partis de Salaheddine dans un bus déglingué, plus perforé qu'une passoire, fonçant à toute berzingue. Devant nous, les Shabihas détalaient tels des chiens galeux. Nous franchissions les barrages du Régime sans difficulté et traversions même les zones quadrillées par les snipers. Les snipers, eh beh, ils n'ont presque pas ouvert le feu ! Ils n'étaient pas assez nombreux pour empêcher cette déferlante, ou peut-être n'avaient-ils pas compris que cet arrivage peu reluisant était l'assaut promis par la fameuse Armée libre, vu que nos véhicules n'étaient que carcasses de pick-up champêtres, rien à voir avec une quelconque infanterie. La libération officielle de Boustane Al-Qasr eut lieu le 21 juillet 2012. En vérité, notre quartier, nous l'avions libéré nous-mêmes, manifestants pacifiques, et sans l'aide de personne ; les combattants en prirent le contrôle une fois que tout le boulot avait déjà été fignolé. J'ai retroussé mes manches : organiser la vie civile était la seule tâche que je me voyais entreprendre.

J'entretenais de bonnes relations avec un déserteur, le général Sabah. Je l'ai convié à une réunion avec Abou Ahmad. Ce dernier était le chef d'une milice appartenant au petit groupe de Jabhat Al-Nosra. Bien entendu, à cette époque, je ne me doutais pas un instant que Nosra puisse être liée à Al-Qaida… Une fois les deux hommes réunis, je leur ai dit : « Nous sommes libérés, OK. À présent, il faut organiser la vie du quartier, comme l'électricité ou la distribution de l'aide alimentaire. Les affaires civiles doivent rester aux mains des civils. Vous autres vous chargerez des affaires militaires. »

En comprenant qui était le général, Abou Ahmad a réagi en bondissant, on aurait dit qu'il avait été électrocuté ou qu'il avait vu le diable en personne. Il a hurlé que jamais, au grand jamais, il ne serait sous les ordres, ou ne serait-ce qu'à côté, du général Sabah, vu que celui-ci avait servi dans l'armée du Régime. Peu importait qu'il ait eu le courage de déserter. Abou Ahmad a craché que la cause nationaliste défendue par l'Armée libre le faisait vomir. Il a psalmodié « *La illaha illa-l-lah*[1] *!* », et il a quitté la réunion, furibard.

*

Husain

Un acte d'amour pur

Le théâtre du réel, la liberté artistique et d'expression, tous ces idéaux auxquels nous avions rêvé et que nous avions chantés de toute notre âme dans les cortèges, que nous avions bramé le long des venelles, cheminant sous la mitraille, scandant les plus beaux slogans poétiques que nous avions pu imaginer, dans lesquels nous avions versé le fond de nos cœurs, cette marche exemplaire pour la liberté, m'ont paru secondaires quand des milliers et des milliers d'Alépins furent broyés dans le ventre de la ville. J'avais davantage d'amis emprisonnés que de copains scandant l'unité du peuple et le changement pacifique. Cette réalité-là n'avait plus rien d'artistique ou d'idéal. Nous étions, face à cette machine infernale, des potiches en argile réduites en poussière. En quelques jours à peine, j'ai vu la plupart de mes amis tués ou arrêtés. Alors, j'ai compris que la guerre avait commencé. En fait, j'ai été l'un de ces Alépins qui ont signé une lettre adressée aux Forces libres pour leur demander d'intervenir à Alep. J'accomplissais là un nouvel acte révolutionnaire, pas un acte guerrier tel qu'on le croit aujourd'hui. Nous étions tous prêts à mourir mais, si nous mourions

1. « Il n'y a pas de divinité en dehors de Dieu et Mohammad est son prophète » : début de la *Chahada*, la profession de foi musulmane.

tous, il n'y aurait plus de révolution, seulement des bris d'argile et de la poussière. Il n'était plus possible de survivre sans l'appui d'une force armée.

Puis se produisit l'impensable, l'inimaginable. J'étais caché dans la maison de ma sœur dans les faubourgs d'Alep, espérant échapper aux services de sécurité. L'été était brûlant, je suis sorti sur le balcon vers cinq heures de l'après-midi, attiré par la clameur qui montait des ruelles. Les habitants se hâtaient à pied, en voiture, par centaines, par milliers, traînant des valises, du mobilier, dans la chaleur et les klaxons. Je les ai interpellés : « Ô gens ! Ô Alépins ! Que se trame-t-il ? Pourquoi vous sauvez-vous ? » La plupart n'ont pas levé la tête. Certains ont crié en retour : « Le gouvernement nous envoie des bombardiers ! Ce soir, ils attaqueront ! » J'étais sidéré par leurs prédictions dont je ne croyais pas un traître mot : « Revenez, mes braves ! C'est impossible ! Cela n'arrivera jamais ! Ce sont encore des mensonges ! Ne partez pas ! » Ils couraient en une foule compacte et affolée, laissant derrière eux les rues du faubourg silencieuses et désertes, parsemées d'une chaise, d'une casserole, d'une chaussure qui avaient dû s'échapper de leurs cartons et baluchons. Le soir, les hélicoptères arrivèrent. Je les ai aperçus de loin et j'en ai été bouleversé car, en vérité, j'avais refusé de croire les prédictions des habitants. Les hélicoptères s'approchaient dans un vacarme de rotors qui soulevaient la poussière et me fendaient l'âme. Sous les pales tournoyantes brillait l'éclat métallique des mitrailleuses. Les aviateurs tiraient sur la ville ! Ils nous tiraient dessus ! Puis apparurent des tanks qui firent feu d'obus, comme s'ils se trouvaient en rase campagne et non dans la deuxième métropole de Syrie, peuplée par des millions d'habitants ! Le lendemain, ma famille quitta Alep et la Syrie. Moi seul suis resté.

L'Armée libre était en chemin, se préparant à combattre pour notre révolution. J'ai quitté l'appartement de ma sœur et fui les combats pour rejoindre Sakhour. Car là, dans mon quartier, je savais que les révolutionnaires vaincraient. Nos habitants les attendaient, impatients de leur prêter main-forte. Trop de fils avaient été tués sans pitié dans nos ruelles. Ceux de Sakhour en avaient conçu une douleur et une rage qui les avaient transformés en guerriers. Comme je le pensais, notre Armée libéra sans peine ce secteur. Je me souviens que le ramadan avait commencé. J'ai dégringolé dans les ruelles pour me jeter dans leurs bras, les embrasser et les féliciter. Je m'asseyais à côté des combattants avec fierté, partageant avec eux cigarettes et haschich. Les habitants défilaient, tout sourire, et déposaient devant eux des mets délicieux à foison. Des journalistes étrangers étaient présents qui assistaient à des scènes qu'ils ne comprenaient pas : quoi ? Toutes ces victuailles pendant le jeûne du ramadan ? Leur stupéfaction m'emplissait d'aise. En ces temps bénis, nos ruelles valsaient au rythme d'une chanson libérale. J'en étais si heureux ! Quand j'y repense aujourd'hui, malgré les malheurs et les deuils qui nous ont frappés par la suite, j'en suis encore tout égayé. Merveille des merveilles ! Ah, les beaux jours ! Les Alépins goûtaient leur liberté. Nous existions ! J'existais !

Pour la première fois de ma vie, je n'étais plus un esclave.

La clique des Assad s'était comportée comme n'importe quelle dictature : elle nous avait transformés en esclaves de l'administration, des banques, des assurances, du système scolaire, des corvées militaires… Nos existences étaient vides de sens, puisque chaque aspect nous avait été imposé, sans qu'il soit possible de deviner quelle nouvelle bizarrerie allait frapper à notre porte, tomber sur nos têtes ou sur le dos de nos pères qui avaient disparu et réapparu pendant des années sans que personne, jamais, n'ose évoquer ce phénomène. Tout avait été ainsi : incompréhensible, hors de portée, hors de volonté, effrayant.

Et soudain, la liberté !

La liberté signifiait que chacun agissait selon ses propres talents, avec un objectif formidable : rebâtir ensemble pour le bien de tous. L'électricien électrifiait, le balayeur balayait, le charpentier charpentait, l'éboueur ébouait, le boulanger moulait son pain, le philosophe philosophait, l'enseignant enseignait sans être obligé d'ouvrir un livre de propagande sous le portrait ridicule du chef de la clique. L'humiliation s'envolait, car nos vies revêtaient du sens. Nous étions fiers de participer à l'édification de notre nouveau monde. Et chaque geste, fût-il l'œuvre du plombier, de l'électricien, du charpentier, de l'ouvrier, du balayeur, de l'éboueur, était pur acte d'amour ! La révolution était la somme de ces gestes d'amour purs et généreux, car il s'agissait de donner tout, et même davantage, tout le temps. Chacun offrait l'optimum de ses capacités et de son savoir, non pour éviter une punition ou des problèmes, mais pour aider ses frères, sa famille, ses voisins et les autres Alépins qu'il ne connaissait même pas. La perspective d'être tué dans les bombardements ou par les snipers nous effrayait moins que la perspective d'un retour à une vie de servitude sous la tyrannie du Régime.

La splendeur de ces jours m'a plongé dans une telle béatitude que je n'ai pas vu les signes. J'ai refusé de les voir. La situation changeait. Des bassesses de cœur, des actes minables se manifestaient, creusant le lit d'un mal rampant sous nos pieds, mais je n'y ai pas cru. Je l'ai ignoré. Je baignais dans la lumière euphorique de la révolution. J'entendais parler de rapines, je constatais autour de moi des « problèmes », mais je me blottissais dans un confortable déni. Des camarades se lamentaient : « L'esprit de la révolution est mort ! » Je me fâchais avec eux, je défendais mon point de vue de poète rêveur.

Certes, tout n'était pas parfait, mais il fallait du temps, de la patience, de la tolérance. Je souhaitais que cette période ne s'arrête jamais.

J'étais amoureux de l'idée révolutionnaire, amoureux de la liberté, et amoureux d'une jolie fille. Je l'avais rencontrée avant la révolution, au théâtre. Son père était officier de police et ils vivaient à l'Ouest, dans la zone restée sous contrôle gouvernemental. La ligne Est-Ouest devenait chaque jour plus difficile à franchir, en raison des snipers qui tiraient sur tout ce qui bougeait, y compris sur les chats, par jeu ou comme un entraînement militaire sur des cibles bien vivantes. Je ne pouvais pas voir mon amoureuse. Nous vivions notre romance au téléphone. Les portables ne marchaient pas toujours, des quartiers entiers étaient privés de réseau. Mais j'étais un révolutionnaire que l'amour rendait sans peur et sans reproche. Je marchais aussi loin qu'il le fallait pour lui parler, quitte à courir sous les balles d'un sniper jusqu'à l'endroit qui me permettrait d'entendre sa voix douce, et à elle d'écouter la mienne, qui se voulait rassurante. Notre passion téléphonique avait l'étrangeté de la nouvelle configuration de la ville : « Allô chéri ? Vous avez été frappés par un missile aujourd'hui ? Tout va bien ? »

Nous nous disputions pour des motifs extravagants. Par exemple, elle m'annonçait être invitée à une soirée d'anniversaire et je m'emportais : « Vraiment ! Vous avez des fêtes d'anniversaire à l'Ouest ? Honte à vous ! Je te souhaite de bien t'amuser avec ces gentlemen du Régime ! » Tout était propice à chamailleries : telle était notre manière d'alléger notre condition à tous les deux. Nous trouvions délectable d'incarner un vieux couple s'irritant de vétilles, car cela suggérait la possibilité d'une vie entière passée à s'aimer, quand bien même celle-ci s'inscrivait dans un imaginaire situé hors du temps et des nouvelles frontières d'Alep. Parfois, la réalité, l'embarras et la culpabilité prenaient le dessus sur nos rêves naïfs de normalité. Si une bombe tombait près de chez moi, ma fiancée se blâmait et sanglotait. Quand l'Ouest était frappé par nos mortiers, je me sentais défaillir, craignant pour sa sécurité, et je gémissais : « Ô Dieu ! Nous sommes devenus les méchants ! »

Au bout de trois mois de cette relation, nos dérivatifs amoureux se révélèrent insuffisants à nous voiler la vérité, c'est-à-dire cette impossibilité de nous deux, de part et d'autre de la cité disloquée à cause des snipers, des morts trop nombreux, de la haine et de la guerre. Nous nous sommes séparés comme nous nous étions aimés : par téléphone. Je me souviens de lui avoir dit : « Soyons réalistes, tu vas vivre ta vie. Tu as encore cette chance, cet espoir d'une existence pleine devant toi. Moi, je ne l'ai plus. » Je vivais dans un endroit misérable, je l'encourageais à se sauver. Elle a fui en Turquie où, depuis, elle s'est mariée. Elle est devenue professeur de mathématiques et peintre talentueuse. Il paraît qu'elle a organisé une exposition de tableaux sur notre histoire d'amour interdite dans Alep écartelée, nous dépeignant, sur ces deux rives qui n'en avaient formé qu'une par le passé, et qui désormais s'éloignaient sans retour : l'Est et l'Ouest, cette mortelle déchirure.

*

ABDELQADER

À l'heure du doute

J'avais manifesté comme un dingue dans mon quartier de Baydine et, malgré la multitude de nos échecs, l'action a fini par porter ses fruits. À l'été 2012, les forces de l'ordre commençaient à perdre la face devant les mouvements pacifiques. Nous accomplissions notre révolution. J'étais opposé à l'entrée de l'Armée libre dans notre ville, puisque nous étions sur le point de vaincre. Mon quartier excentré, proche de la campagne, était un accès logique, voire obligatoire, pour la chevauchée des combattants provenant des villages du Nord et de l'Est rifains. Les mecs de l'Armée libre débarquèrent en juillet sur des pick-up miteux équipés de douchkas et de kalachs. Aussitôt, des combats éclatèrent dans les ruelles, genre guérilla urbaine contre les forces du Régime. Les gars en douchka étaient ultra-motivés et ils dézinguèrent trois tanks stationnés aux abords de Baydine. Ils ont poursuivi leur cavalcade à travers l'est d'Alep, qui réunissait pour eux tous les avantages : des quartiers populaires où les postes de police étaient faibles, des quartiers pauvres dont nombre d'habitants étaient des Syriens venus d'Idlib ou des campagnes au temps de la sécheresse. La grande majorité des Alépins de l'Est étaient des Arabes sunnites, tout comme les combattants de l'Armée libre, ce qui rendait ces derniers plus acceptables aux yeux de la population. Pour des raisons inverses, l'Armée libre resta à l'écart des quartiers de l'Ouest, blindés de centres de renseignement et de forces de sécurité.

Je vis alors des avions de guerre pour la première fois de ma vie : des bombardiers du Régime ! J'étais installé sur le toit de ma maison, filmant avec mon téléphone portable, quand les avions surgirent dans le ciel pour larguer leurs bombes. Ils étaient encore à une certaine distance, mais je faillis tomber à la renverse sous le choc de leur apparition, car les masses explosives qu'ils lâchaient écrasaient les immeubles et leurs habitants avec. Je n'avais jamais imaginé que le pouvoir en vienne à ce degré de brutalité. Il nous avait d'abord envoyé des hélicoptères pour nous mitrailler, puis pour nous balancer des bombes, mais les gens avaient fini par les intégrer dans leur quotidien. Le Régime utilisa ensuite d'énormes machines de guerre volantes, qui ne faisaient pas de quartier. En fait, il n'existait aucun moyen de s'en protéger. Au début, les bombardiers visèrent les positions de l'Armée libre, mais comme celles-ci étaient situées en pleine ville, dans les établissements scolaires fermés en raison des vacances d'été, les écoles furent bombardées et les civils des bâtiments alentour pâtissaient des explosions, au point d'y perdre un bras ou une jambe.

J'avais été un manifestant de la première heure, je connaissais mes habitants, et j'ai vite remarqué que l'Armée libre avait intégré dans ses rangs des Shabihas, et ça, je ne le supportais pas. Je n'appréciais pas non plus qu'ils pillent les usines de vêtements, d'huile, de coton, de tabac… Toutes les grosses usines de mon quartier, ils les ont dévalisées. J'ignore ce qu'ils trafiquaient avec ce butin, s'ils l'emportaient dans le rif ou organisaient du business avec la Turquie, mais ils s'appropriaient les richesses de notre ville sans se poser de questions. J'avais ouvert ma gueule face au Régime, je n'allais pas me taire devant ces putain de malfrats. Une vieille mule ne se met pas à trembler devant des grelots ! Je suis allé me planter devant les miliciens pour hurler mon dégoût : « Qu'est-ce que vous foutez ? Bande d'hypocrites ! Toutes vos saloperies n'ont rien à voir avec la révolution ! » En fait, ils nous volaient la révolution.

Leur parler était facile. Ils n'arrêtaient pas les civils, ni ne les tuaient, mais ils agissaient sans discernement. Le pire, c'était de reconnaître parmi eux des Shabihas notoires, ceux-là mêmes dont ils étaient supposés nous protéger. Voir ces salopards arborer des mines héroïques me foutait dans une rage hystérique. Je gueulais : « Hé toi, putain de Shabiha ! On peut savoir ce que tu fous avec l'Armée libre ? C'est quoi ce bordel ?! Allez tous vous faire foutre ! » Personne ne m'écoutait. J'étais minoritaire dans ma colère. Pour tout dire, la plupart de mes amis sont allés rejoindre l'Armée libre avec enthousiasme, la fleur au fusil comme on dit. J'en ai été déprimé. Les bombardements s'intensifiaient, les habitants fuyaient. Ma famille était partie dans notre ferme, préférant la compagnie des moutons crasseux et des pâturins à notre pauvre ville d'Alep. Moi seul suis resté, dépressif comme jamais. Je me suis claquemuré chez moi pendant un mois, vautré sur mon lit à mater des films et des séries télé. Quand des amis me rendaient visite, je ne pouvais m'empêcher de critiquer toute cette merde.

En vérité, la plupart des combattants étaient des gars corrects et valeureux, mais leur stratégie débile n'allait pas dans le sens de la victoire. Ils n'avaient rien trouvé de mieux que nos écoles pour installer leurs bases militaires, ils pillaient les machines-outils à l'intérieur des usines abandonnées. Même la récolte de blé, ils l'ont prise ! En toute logique, ils provoquèrent ainsi une pénurie, mais ils s'en foutaient… Dans les ruelles, les poubelles s'entassaient, vomissant leurs ordures, sans que personne ne s'en offusque. À tous points de vue, la situation pourrissait. L'énervement fut plus fort que la dépression. Il me fallait passer à l'action. L'un de mes amis m'avait recommandé une brigade installée à l'écart des autres, dans les faubourgs d'Alep. La rumeur disait qu'à l'inverse des gangsters de l'Armée libre, leurs combattants étaient très convenables. Cette brigade avait pour nom Jabhat Al-Nosra.

À l'époque, nous ne savions rien de Nosra. Ses miliciens restaient éloignés de la population et j'entendais parler d'eux en termes élogieux. J'étais curieux et impatient de les rencontrer.

Je partis vers le nord, jusqu'au petit village de Rityane, où se trouvait l'une de leurs bases. Le premier mec que j'y ai croisé était un Jordanien du nom d'Abou Mouslim. Cet homme était un pur cliché d'Al-Qaida et j'ai tout de suite pensé « Putain de merde ! ». Après les bombardiers, la rencontre avec cet Abou Mouslim me fit l'effet d'une grosse claque. Nous avons discuté, je m'exprimais avec lui dans un arabe classique et raffiné car je connaissais le Coran depuis l'âge de 6 ans, sans oublier ma période salafiste. Des tensions ont surgi parce qu'il s'avéra que je connaissais l'islam mieux que lui et ses potes d'Al-Qaida. Ces mecs ne cachaient pas leur appartenance à ce groupe terroriste et se présentaient comme tels avec arrogance. Ils venaient de Tchétchénie, et même du Daghestan. Je me suis dit : « Sainte merde, la situation est vraiment en train de dégénérer ! » J'avais 19 ans et déjà donné toute mon énergie à la révolution. Elle était devenue ma vie, en quelque sorte. En un instant, tout s'effondrait.

J'ai laissé les mecs de Nosra à Rityane et je suis revenu à Alep encore plus dépité qu'auparavant. Alors je suis parti sur la ligne de front rejoindre mes meilleurs amis. Peut-être avaient-ils raison après tout, la lutte devait continuer. Ils m'ont expliqué qu'ils défendaient un point stratégique de la ville et qu'ils étaient une dizaine – sans aucun voleur parmi eux, uniquement des gars respectables – à se battre contre l'ennemi. Je les ai accompagnés sur leur point stratégique, qui était en fait l'enceinte de la mosquée des Omeyyades. Comme ils me l'avaient dit, nous étions dix. Ils m'ont refilé un flingue en me montrant comment tirer. Je suis resté trois jours avec eux, terrorisé, non par l'idée de la mort, mais parce que leurs pétoires, comparées à l'armada du Régime, c'était comme combattre avec des courants d'air. Je leur ai dit : « Les gars, vous êtes bien braves, mais je vais pas me faire tuer pour le plaisir. » Le lendemain, les tanks dirigeaient leurs obus sur dix mecs en goguette juchés sur la mosquée des Omeyyades, armés de kalachs plus vieilles que mon arrière-grand-mère. La Citadelle nous dominait, truffée d'artillerie et de snipers. Je ne savais pas me battre, ni manier un fusil. J'ai dit : « Je suis inutile ici. Je rentre dans mon quartier. Je ne suis pas un combattant. »

*

Akil

Déserteur

J'ai déserté l'armée pour retourner chez moi à Alep, parmi ceux de Marjé. Comme je l'ai déjà expliqué, j'étais parti pour étudier le journalisme sportif à Damas, y découvrant des richesses insoupçonnées qui n'avaient d'égale que la pauvreté écrasante des faubourgs. J'avais intégré les milieux de l'opposition intellectuelle et j'y avais aussi rencontré ma future épouse. Elle était irakienne et vivait en Syrie depuis que la guerre avait ravagé son pays. L'amour nous surprit quand j'étais étudiant. Nous attendions la fin de ma corvée militaire pour nous marier, mais la révolution survint qui bouleversa tout. Je décidai de déserter et d'embrasser la lutte pacifique qui devait libérer Marjé de ses démons : l'ignorance et la pauvreté. Ma fiancée ne s'y opposa pas et son père respecta ma décision : ils étaient des invités dans mon pays et ne souhaitaient pas s'immiscer dans la politique syrienne. Pendant des années, nous avons patienté, elle et moi. Nous pensions que le Régime tomberait et que nous connaîtrions ensemble des jours heureux. Mais cela n'est pas arrivé.

Je ne dirai jamais que j'ai préféré la révolution à mon amour, jamais ! Ce n'est pas ce qui s'est passé. En vérité, je n'avais pas envisagé que puissent s'ériger des murs infranchissables entre ces cités à la dérive, confinées à l'isolement comme autant de navires pestiférés. Quand ces frontières se sont dressées, j'ai pensé qu'elles ne nous sépareraient qu'un temps très court, que nous serions vite réunis, et que je l'épouserais.

De mon bureau administratif damascène où j'effectuais une corvée militaire monotone, je contemplais en secret la révolution. Dès les premiers jours, j'avais décidé de déserter, mais j'attendais le moment opportun pour rejoindre les manifestants, au bon endroit. Dès 2012, des faubourgs entiers de la capitale, Qadam ou Tadamon, entrèrent en révolution, et je voulais y rejoindre mes amis. Ceux-là me convainquirent que ma place n'était pas avec eux, mais à Alep la Retardataire. J'ai déserté quand nos quartiers alépins furent libérés par l'Armée libre, à l'été 2012. J'avais alors presque achevé ma deuxième et dernière année de corvée militaire. En théorie, il ne me restait plus que quelques semaines à tenir, mais l'armée ne libérait plus ses bidasses depuis que les Syriens se révoltaient de partout. La corvée militaire se transforma en sas de recrutement obligatoire pour étoffer les rangs. Ma désertion fut si aisée que, par égard pour les déserteurs fusillés, j'ai honte de la raconter.

J'ai expliqué à mes supérieurs hiérarchiques que je souhaitais passer ma permission auprès de ma famille. J'ai menti en précisant que les miens vivaient dans l'ouest d'Alep, dans la partie fameusement pro-Régime. Ils m'ont donné leur accord. J'ai pris le bus jusqu'à Alep, puis j'ai marché vers l'est où mes frères m'attendaient avec les papiers civils d'un d'entre eux – l'un de ma fratrie de dix. Le passage en zone libre était assez simple. Chaque camp disposait de son check-point qu'il fallait traverser. Personne n'a pris la peine de vérifier mes papiers. Quelques minutes plus tard, j'étais à Marjé. En résumé : je suis descendu du bus et voilà, j'avais déserté… À cette époque, tout était encore possible. Plus tard sont venus des temps très durs qui continuent de m'affliger. Je suis désespéré au souvenir de ces jeunes soldats malgré eux qui ont perdu la vie, de ceux qui, de nos jours encore, sont incorporés de force dans l'armée gouvernementale. Tant d'amis servent dans l'armée : ceux-là meurent aussi. La désertion est devenue utopique. Même au début, tout le monde n'avait pas les moyens de quitter l'armée. Quoi qu'on en dise, la volonté ne suffisait pas. Des déserteurs ou des soldats suspectés de vouloir déserter sont tombés, criblés par les pelotons d'exécution. D'autres étaient trop pauvres pour éviter la corvée militaire, même s'ils avaient l'âme révolutionnaire.

Une fois que je fus arrivé à Marjé, la première nouvelle qu'on m'annonça fut le martyre d'un de mes frères. Il avait été tué dans les toutes premières batailles de libération d'Alep, à Salaheddine, où il s'était battu dans les rangs de l'Armée libre. Il était un héros. À cette époque, les Alépins étaient enthousiastes, ils couraient rejoindre la révolution et se battaient pour elle. En 2012 et 2013, tout le monde était héroïque. À Marjé, tous en sont morts, de cet héroïsme ! Ils étaient exaltés, optimistes, entiers. Ils l'ont payé d'un lourd tribut de sang. Après 2013, la situation changea. Ceux qui contrôlaient les armes n'étaient plus à coup sûr des révolutionnaires. Alors, le désastre a commencé.

La métamorphose qu'avait connue Marjé durant mon absence était stupéfiante. Nos ruelles étaient désertiques. L'expérience révolutionnaire d'Alep avait été tardive, comparée à celle d'autres villes syriennes, si bien que nos gens savaient très bien ce que signifiait l'arrivée de l'Armée libre chez eux. Ils ne l'avaient même pas attendue, puisque leurs maisons allaient être bombardées par l'artillerie du Régime, comme cela s'était déjà produit à Deraa, Homs ou Hama. Beaucoup étaient partis sans hésitation, d'autant que la plupart possédaient une ferme ou de la famille dans le rif. Il restait si peu d'habitants à mon retour que la peur me serra la gorge. J'ignorais quelles pouvaient être les conséquences de leur migration. Je ne craignais pas pour ma vie, mais pour le projet révolutionnaire, car il était évident que nous venions de franchir une étape et que ces temps nouveaux n'avaient rien de commun avec l'époque des cortèges pacifiques.

Nous avions combattu l'idée d'armer la révolution. J'étais moi-même opposé au port d'armes, sans concession possible. Cependant, quand ceux de Marjé ont réclamé des fusils, je les ai compris. Cette décision était émotionnelle, et non raisonnée. Devant la détresse inouïe de ces gens qui avaient tout perdu, y compris leurs enfants, il était impossible de prodiguer des leçons de morale ou de pontifier « Vous ne devriez pas réagir de cette façon ». Ils souffraient tant que, pour notre malheur, nous les avons laissés épancher leur peine et se donner les moyens de se faire justice eux-mêmes. Ce fut une erreur colossale, en particulier dans ce contexte de confusion générale. Au début de la révolution, nous avions formé ces comités réclamant la démocratie. À présent, nous étions minoritaires. Nous ne parvenions plus à élever la voix pour détourner la majorité de sa quête de châtiments. Ces gens étaient humbles et crédules, sans immunité face au déferlement de mensonges. Ils furent manipulés par des pays étrangers qui leur promettaient monts et merveilles, en même temps qu'une justice chimérique.

Ils prirent les fusils, car c'était là une exigence populaire que la raison ne pouvait endiguer. Nous ne les y avons pas encouragés mais nous les comprenions, tout en espérant que cette phase ne durerait qu'un mois ou deux et s'achèverait, une fois les comptes réglés et la sécurité rétablie dans nos quartiers. De retour à Marjé, j'avais scruté le regard des habitants. J'y avais lu la joie de la libération, mais aussi une peur nouvelle qui les taraudait. Ils étaient heureux de la disparition des services de renseignement, des indics, de la police, de tous ceux qui avaient arrêté, torturé, tué, de ceux qui avaient mis à sac leurs maisons, mais ils étaient démunis face aux bombardements qui, chaque jour, fauchaient au hasard ceux de Marjé. Mes parents et ma sœur partirent à la campagne, espaçant leurs visites en ville pour venir nous voir, mes frères et moi.

Durant cette période, j'ai créé le Centre des médias d'Alep avec un ami rencontré à Damas. Nous avons bientôt été rejoints par les activistes chargés de photographier ou de filmer les événements pour en informer le monde entier. Notre action a été reconnue et appréciée des citoyens. Nous travaillions dans un environnement qui, pour la première fois, nous laissait libres. Alep-Est était sous le contrôle de l'Armée libre, mais nous n'avions aucune restriction. Cela a duré neuf mois – une saison magnifique. Dans mon blog, j'ai écrit que ce goût de liberté suffirait au bonheur de ma vie entière. J'allais là où je voulais sans brimades, sans personne pour me dire « oui », « non », « qu'est-ce que tu fais là ? », ni m'emprisonner. Surtout, j'écrivais sans fard le fond de ma pensée.

Il n'y avait ni loi ni réelle autorité, mais personne ne tuait, ne kidnappait. Chacun réprimait ses bas instincts en usant de sa conscience et de sa moralité. Il n'y eut pas de crimes, jusqu'au moment où ceux de Daech séquestrèrent les habitants pour leur couper la tête. Quand Daech s'immisça dans la ville, les activistes furent pourchassés et une nouvelle ère pleine de terreur débuta. En vérité, avant l'arrivée de Daech, nos combattants n'étaient pas d'une intégrité irréprochable. Chez nous, l'un d'eux était devenu célèbre sous le surnom de *Jazara*, « la Carotte ». La Carotte était un voyou né. Il combattait comme personne, mais n'avait aucune moralité. Il rapinait tout ce qu'il trouvait, autant qu'il le pouvait, sans vergogne, ce qui n'empêchait pas nos habitants, en particulier les jeunes, de le trouver sympathique et d'admirer son indéniable courage devant le feu ennemi. La Carotte n'avait pourtant ni conscience ni probité, même s'il justifiait ses forfaits par la nécessité d'obtenir des armes pour ses troupes et la cause révolutionnaire.

Plusieurs fois, je me suis assis à côté de la Carotte dans l'espoir de le convaincre de revenir dans le droit chemin. Il m'expliquait qu'il refusait l'aide de tout pays étranger, qu'il était hors de question de quémander des sous à la Turquie, que les dollars saoudiens puaient la viande faisandée. Il me disait : « Beaucoup d'habitants ont rejoint l'Ouest en abandonnant leurs usines et leurs commerces. Je vais revendre ces biens pour financer notre combat jusqu'à la chute du Régime. Ils seront remboursés à la victoire, ou décorés pour leur contribution à la Syrie libre… T'inquiète ! C'est affaire de quelques mois… » Avec les activistes, nous critiquions les exactions sans détour. Excepté la Carotte qui se moquait de tout, y compris de sa propre mort, les miliciens refusaient d'admettre que leurs maraudages menaçaient l'esprit de la révolution et, plus grave encore, l'adhésion du bon peuple d'Alep. Les vrais gangsters n'étaient malgré tout que des cas isolés. Personne, par exemple, n'aurait pénétré dans une maison vide pour la piller. Et jamais je n'ai entendu parler d'une personne enlevée contre rançon, a fortiori pour être rendue assassinée.

Les gens ne mouraient pas dans les attentats-suicides des djihadistes, ils périssaient dans l'explosion des bombes-barils. À vrai dire, à cette époque, notre seul et unique ennemi était le Régime, qu'incarnaient ses pilotes largueurs de bombes. De ce point de vue, ces temps étaient bénis. Nous autres activistes étions respectés par les habitants et les milices. Nous discutions en toute franchise avec le chef de n'importe quel bataillon. Pourtant, j'ai perdu des proches : mon frère, le fils de mon frère, et tous mes cousins tant du côté paternel que maternel. De la mi-2013 jusqu'au début de l'année 2014, durant ces neuf mois « bénis », cent de mes proches, combattants ou civils, ont été tués. J'ai établi unc liste des membres de ma famille, de mes amis activistes et de mes voisins qui ont ainsi quitté le monde des vivants. Je les ai comptés et je suis parvenu au nombre de cent ! Malgré cette hécatombe, fin 2013 encore, nous disions : « OK, c'est le prix à payer ! » Nous disions « morts *par accident* », à cause d'une bombe-baril ou d'un tir de sniper. Ces morts étaient *accidentelles,* car elles survenaient quand on passait au mauvais endroit au mauvais moment, par hasard. Un coup du destin, en somme. Alors nous répétions : « Courage ! C'est le prix à payer ! »

Par malheur, ce prix ne cessa de croître, nous obligeant à nous confronter à la sinistre réalité. Celle-ci nous apparut de façon aussi brutale qu'un éclair dans un ciel d'été. Soudain, l'enthousiasme et l'optimisme ne suffirent plus à contrebalancer ces incessantes funérailles. Pour moi et les camarades, ce fut un choc indicible. Beaucoup d'Alépins avaient grandi avec la révolution. Ils en avaient été affectés de façon positive, mais aussi néfaste. Voilà que nous constations le *pourrissement.* Je ne prétends pas que la révolution nous appartenait, ni même que notre cause perdait de sa pureté. Nous mesurions tout le mal que drainaient ces chambardements tout en considérant qu'il s'agissait d'un processus regrettable, mais logique, voire inévitable, tel que l'avaient connu toutes les révolutions au cours de l'Histoire. La nôtre avait déjà presque trois ans. Elle avait été menée dans la désorganisation totale par des gens très spontanés, luttant avec des moyens ridicules contre un Régime pourvu de moyens militaires illimités : les catastrophes qui en résultaient nous fendaient l'âme.

*

SAMI

Les compagnons du Prophète ont volé ma voiture !

La Choura s'était prononcée en faveur de la libération d'Alep par les armes. Ainsi soit-il. Notre chef à tous, mon ami Hajji Marea, prépara ses troupes et se mit en marche vers la grande ville. Avec le recul, je pense que ce fut une erreur stratégique de concentrer la révolution à Alep et dans le nord de la Syrie. L'important, là où l'Armée libre aurait dû faire converger l'ensemble de ses maigres forces, c'était la capitale syrienne. Si nous avions réussi à prendre Damas, nous aurions été les vainqueurs. Je ne l'ai compris que plus tard. Ce fut là notre erreur. Au bout du compte, nous avons tout perdu. Dommage. Nous n'étions pas des experts, nous étions des civils, et nous étions seuls. En face de nous, le Régime se dressait avec ses immenses capacités militaires et des États puissants qui le soutenaient. Nous étions des rien-du-tout. Il y avait bien quelques officiers déserteurs dans nos troupes, mais nous n'avions pas confiance en eux. Nous redoutions les espions, les traîtres. Nous ne savions pas vraiment qui ils étaient. Entre civils, entre habitants, entre étudiants, nous commencions tout juste à nous connaître…

La Choura opta pour la bataille d'Alep. Ce n'est pas le seul choix déterminant qui fut pris lors de cette assemblée organisée tandis que la ville d'Azaz se libérait, nous permettant de contrôler un point d'accès stratégique à la frontière turque. Une autre décision fut suggérée par les anciens. Elle concernait ces maudits Shabihas aux ordres de la famille Berri. Un accord fut passé avec cette dernière, un serment solennel. Chacune des parties donna sa parole d'honneur : les Shabihas n'attaqueraient pas les révolutionnaires, ils n'interviendraient pas dans la bataille que nous allions livrer à Alep. En échange, nous les laisserions tranquilles ; ils recevraient une sorte d'absolution.

L'Armée libre est entrée dans la grande ville, enchaînant les succès. Quelques tanks ont même été enlevés au Régime. Notre avancée était rapide. Parvenus dans le quartier de Bab Al-Nayrab, fief de la famille Berri et de ses hordes de garçons bouchers autrement surnommés Shabihas, nos soldats furent victimes d'une mortelle embuscade. Sept des nôtres périrent sous leurs balles : *Bam ! Bam ! Bam ! Bam ! Bam ! Bam ! Bam !* Cinq d'entre eux étaient de jeunes gars de Marea. Nos troupes sont devenues très nerveuses en raison du pacte qu'avaient passé les anciens et de cette trahison qui les humiliait. Ceux qui avaient réussi à s'emparer des tanks ont alors foncé à Bab Al-Nayrab, utilisant l'artillerie lourde pour défoncer ce quartier de traîtres. Des membres de la famille Berri furent capturés et ramenés prisonniers devant Hajji Marea. Notre chef était furieux. Il leur rappela la parole d'honneur qui avait été donnée, et par eux rompue. Un procès fut organisé à la hâte. Au bout de quinze minutes, ils furent jugés coupables. Ils étaient cinq, ils furent exécutés sur-le-champ : *Bam ! Bam ! Bam ! Bam ! Bam !* Justice fut rendue dans la cour d'une école d'Alep.

Au sein de la Choura, avait été posée la question des Shabihas ainsi que celle des combattants étrangers. Nous n'en voulions pas. Bien avant Daech, des volontaires arabes « indépendants » étaient arrivés pour se battre avec nous. À leur sujet, notre chef Hajji Marea avait eu le dernier mot : « C'est notre révolution, nous la remporterons sans leur aide ! » Mais les étrangers ont continué d'affluer, si nombreux que nous avons été pris au dépourvu. Ils n'intégraient pas nos brigades, mais étaient accueillis à bras ouverts par d'autres, surtout par les islamistes d'Al-Qaida, autrement appelée par chez nous Al-Nosra. Notre chef réitérait ses mises en garde : « Ne les provoquez pas, mais ne leur faites pas confiance ! » Pourtant, nous n'avons pas eu le choix. Il était nécessaire de laisser des hommes pour sécuriser les quartiers libérés d'Alep, ce qui diminuait d'autant nos troupes actives déjà mal équipées. Les djihadistes étrangers possédaient un armement moderne et des liasses de dollars. La Turquie les laissait passer en Syrie comme si c'était là la moindre des politesses. Nous avons longtemps espéré un soutien extérieur pour faire le poids. La France fut le premier pays, avant même les États-Unis, à proposer de soutenir l'Armée libre. Quelle déception… Leur aide, c'était du vent dans les branches ! Il nous fallut donc accepter l'aide de Nosra pour libérer Alep. Dommage. Nous n'avions pourtant pas besoin de grand-chose, juste de l'antiaérien : deux Mistral[1] nous auraient suffi pour dézinguer les deux bombardiers du Régime qui bourdonnaient au-dessus d'Alep. Deux putain de Mistral et c'était fini ! On l'aurait emporté.

1. Les lance-missiles Mistral (français) ou Stinger (américains) sont des armes sol-air à courte portée, en général munies de viseurs infrarouges ou laser, aisément transportables et très maniables. Le tube de lancement est à la fois l'emballage, qui se pose sur l'épaule ou sur un trépied, d'où leur réputation « Tu tires et t'oublies », parce qu'une fois la cible visée, le missile fait le reste. Même sans entraînement, un tireur peut réussir son coup. Lors de l'invasion russe en Afghanistan (1979-1989), les Américains avaient ainsi distribué des Stinger aux Afghans, qui se mirent à dézinguer les hélicoptères russes.

Les premiers combattants de l'Armée libre étaient des hommes sincères. Tout le monde l'était, au début. Puis l'argent a commencé à manquer, ainsi que l'essence et à peu près tout. Beaucoup ont quitté nos rangs parce qu'ils n'avaient plus rien à manger. Ils sont partis en Turquie pour trouver du travail et nourrir leur famille. Aujourd'hui, les vrais révolutionnaires sont morts, ou ils ont quitté l'Armée libre. Quelques-uns demeurent en Syrie, isolés et démunis. Cette dégradation des conditions de vie a entraîné notre plus grave défaite : nous avons perdu de vue la cause et l'importance de la moralité. Toutes les unités lançaient des *takbir* retentissants, elles avaient des *Allahou Akbar* plein la bouche. Pourtant, beaucoup n'étaient que des ramassis de crapules. Des miliciens se donnaient de grands airs sous des bannières inspirées du Coran, mais quand ils entraient dans un quartier et trouvaient une maison vide, ils se l'appropriaient. Une voiture ? Ils s'en emparaient. Ceux-là sont devenus des chercheurs d'or plutôt que des chercheurs de liberté. Dommage. Les habitants se lamentaient : « Ils nous ont volé ceci, ils nous ont volé cela ! » Nous avons essayé d'y remédier. Une cour pénale a été instaurée à Salaheddine. J'ai assisté à une audience lors de laquelle un homme d'une cinquantaine d'années est venu déposer plainte. Il a pris une profonde inspiration et a déclaré : « On m'a volé ma voiture ! » Le juge lui a demandé : « Sais-tu qui est le coupable ? Connais-tu les miliciens qui te l'ont volée ? » L'homme a répondu : « Je ne sais pas, ô juge. Dans mon quartier, nous avons deux unités : les "Martyrs de je ne sais plus qui"… et la Brigade d'Othman. Ou serait-ce celle d'Abou Bakr ? Enfin, bref ! L'un ou l'autre de ces compagnons du Prophète a volé ma bagnole ! » Tous ces noms illustres pour des voleurs à la petite semaine, c'était trop pathétique.

L'Armée libre a installé une sorte de prison à Marea, avec un tribunal pour éviter les exécutions sommaires. Les gens interpellés passaient devant le juge. Sept cents de nos soldats y ont été emprisonnés, parce que c'étaient des voyous. Moi, je les ramassais pour les mettre en prison. J'en ai trouvé un qui avait volé quatre millions de livres syriennes – quarante mille dollars à l'époque ! Cette fortune, ce combattant l'avait amassée en se livrant à un trafic des prisonniers de sa propre armée ! Il les refilait à l'ennemi en échange d'un gros paquet… En vérité, nous avons perdu à cause de gangsters sans foi ni loi de son acabit.

Parmi ces sales types sans scrupule, un seul sortait du lot. La ville l'avait surnommé *Jazara*, « la Carotte », j'ignore pourquoi. Je le kiffais, même si c'était un vaurien patenté. Avec sa tête de gitan, il embrouillait tout le monde. Chez lui, le vol était assumé et revendiqué. Il réussissait des coups tellement énormes que ça en devenait des prouesses ou une sorte de happening artistique. Aucune brigade de la province ne possédait un arsenal aussi fourni que le sien. L'Armée libre faisait donc souvent appel à lui pour profiter de toutes ses armes dont on ne savait ni où ni comment il se les était procurées. Toujours volontaire pour se battre contre le Régime, il déboulait au premier rang et *tatatata !*, il défouraillait sans compter ses bastos. La Carotte, c'était un tank à lui tout seul. Il ne calculait pas : ni combien de nos gars étaient avec lui, ni combien étaient les ennemis d'en face. Il surgissait, harnaché de munitions, avec une arme dans chaque main et un lance-roquettes en guise de sac à dos. Il campait sur ses jambes, se fumait un joint de haschich et *hop !*, il fonçait dans le tas en hurlant « *Allahou Akbar !* ». C'était le pire des voleurs et le plus courageux des combattants. Tout le monde a oublié son vrai nom, mais personne n'oubliera la Carotte. J'allais souvent à sa rencontre, parce qu'il m'était sympathique.

Il était très drôle, surtout quand il avait fumé, c'est-à-dire la plupart du temps. Je lui disais : « Carotte, arrête ! Tu vas mourir. Avec toutes tes bêtises, tu te diriges droit vers l'enfer ! » Il me répondait : « J'y peux rien, mec, c'est dans mon sang ! » Sa mort m'a beaucoup affecté. Ceux de Daech l'ont tué. Ils l'ont capturé et lui ont coupé la tête. Ce fut la triste fin de notre Carotte.

*

MOULHAM

Citadelle

Notre brigade était si petite qu'elle n'avait même pas de nom, mais, davantage que toute autre, elle connaissait Alep et le lacis de ses ruelles labyrinthiques. Nous étions tous des fils de la ville – sauf moi, qui étais à la fois de la ville et de la campagne, puisque j'appartenais à la grande tribu des Aqidat. Quand l'Armée libre décida de mettre un terme aux meurtres de nos adolescents abattus comme on abat les ortolans, notre brigade a été choisie pour préparer le terrain. Nous avons ainsi été les premiers à entrer à Salaheddine, en éclaireurs, avant d'être rejoints par le reste des troupes qui déboulonnèrent avec méthode les centres de la police et des services de sécurité. Les habitants espéraient cette intervention et guettaient notre arrivée avec impatience, de sorte que nous fûmes accueillis dans la joie, avec gratitude et sous des monceaux de fleurs. Le quartier de Salaheddine avait fourni un grand nombre de combattants qui rentraient chez eux en héros. Nous dormions chez des amis, nous connaissions chaque cache d'armes et base clandestine. Au début, nous n'étions pas plus de trois cents soldats et, quelles que soient l'heure et la porte à laquelle nous frappions, nous étions les bienvenus : on nous proposait un repas, un lit, ou un placard où nous dissimuler.

Une fois à Salaheddine, nous avons troqué nos vêtements civils pour des tenues militaires, afin de déclarer en toute officialité : « L'Armée syrienne libre est arrivée ! » Parmi les troupes, plus d'une quinzaine d'unités étaient originaires de Salaheddine : c'est pour cette raison que ce quartier avait été choisi pour l'annonce de la victoire. Le Régime bombarda aussitôt cette position qui revêtait une importance stratégique, car elle était en lisière des zones de l'Ouest sous son contrôle. Nous avons ensuite libéré les grandes tours populeuses de Massakine Hanano et les quartiers déshérités de Chaar et Fardous. Ces lieux aussi étaient limitrophes du cœur de la ville, où se concentraient les forces de l'ordre. S'il restait difficile d'agir le jour, la nuit, ces dernières se cachaient, se retiraient, ou laissaient faire : la ville nous appartenait. Nous avancions avec diligence, sans rencontrer d'obstacles majeurs.

La zone libérée s'élargissait sans résistance, sauf à Salaheddine, que le Régime refusait de céder. Ce fut la première bataille frontale, notre grand combat inaugural. Pour Salaheddine, unités et milices se battirent ensemble, les troupes du rif et de la cité, main dans la main. Les fils de la ville indiquaient aux campagnards où dissimuler les armes, où se retrancher en sécurité, évitant ainsi un repli à l'extérieur d'Alep. La bigarrure de nos brigades a induit en confusion le Régime sur la nature de son adversaire, si bien que nous avons été victorieux. Salaheddine était libéré ! Ce jour fut d'une stupéfiante clarté, chamarré de youyous et de bonheurs inconnus. L'injustice avait si longtemps régné sur Alep : ses habitants y avaient été privés de tout, de sorte qu'ils s'étaient sentis étrangers dans leurs propres ruelles. À la libération, nous avons été envahis d'émotions prodigieuses, l'exaltation de reconquérir notre terre et notre droit à exister. Chacun en avait payé le prix mais, au final, la victoire était nôtre. Les gens riaient, improvisaient des célébrations, des fêtes vibrantes de flûtes et de tambourins. C'était le ramadan et ceux de Salaheddine nous couvraient de victuailles, de plats en sauce, de dattes, de montagnes de fruits mûrs… Nous étions leurs héros ! Un homme vint à notre rencontre avec deux cents livres syriennes à la main, nous réclamant d'aller trouer tel policier. Nous avons ri ; sur le moment, son attitude ne m'a pas inquiété.

Jour après jour, nos troupes s'étoffaient car, malgré le délabrement de notre armement, nous avions gagné le cœur des hommes. L'armée gouvernementale se renforçait elle aussi de son côté, rameutant à Alep ses troupes occupées à tuer ailleurs dans le pays.

Notre objectif était la ville entière, il n'était pas question d'Est ni d'Ouest dans nos esprits. En quelques jours, nous avons libéré de nombreux quartiers. Alep, depuis les années 1980, était une place forte pour les officiers de sécurité et les services de renseignement, mais l'armée gouvernementale, elle, y était moins présente qu'ailleurs. C'est pourquoi il aurait fallu continuer sur notre lancée, ne surtout pas laisser au Régime le temps de se réorganiser. À vrai dire, nous n'avions aucune stratégie claire pour parachever la prise d'Alep. Dès l'arrivée des renforts, l'ennemi s'acharna à reprendre Salaheddine. Autour de la Citadelle et dans la vieille ville, les combats étaient sauvages. Ramadan était à son mitan, Salaheddine devint la mère de toutes les batailles de la liberté. Face au déferlement ennemi, nous avons érigé en hâte, avec l'aide des habitants, une ligne de défense dans l'objectif de conforter notre contrôle sur les territoires déjà libérés. Ce fut là notre erreur, à l'origine de la déchirure entre l'Est et l'Ouest que nous n'avions jamais envisagée. Le 8 août, le Régime lança une offensive implacable.

Ce fut le jour le plus noir de ma vie. Dans ces combats tragiques qui s'achevèrent par la perte de Salaheddine, mon grand frère Ayham fut l'un des premiers martyrs. Son instructeur, l'officier Khalil, fut lui aussi tué, à un autre endroit, au même moment exactement.

La mort d'Ayham me bouleversa. Pour la première fois, nous battions en retraite et j'entrevis la possibilité que le Régime récupère finalement la ville et son autorité. Jusqu'alors, j'avais foncé droit devant, sans renoncer ni abandonner un pouce de terrain. La perte de Salaheddine était un pas en arrière, la mort de mon frère, une perte irréparable. Il se tenait à mes côtés quand une balle de sniper lui traversa la tête sans un bruit, presque sans une goutte de sang. Ayham n'était pas marié, il n'avait qu'un an de plus que moi. Durant mes études, j'avais sauté une classe, si bien que nous étions entrés à l'université la même année, devenant bien plus que des frères. Nous avions conclu ce pacte : « Ensemble, jusqu'à la mort ! » Nous avions tout partagé : études, révolution, combats sur le front. Il partit sans moi dans la mort.

La révolution changea nos vies. Grâce à elle, être syrien avait une signification, la Syrie valait la peine que l'on se batte. Avant, rien n'avait de sens : des toilettes publiques jusqu'à l'apprentissage du Coran, on trouvait toujours Assad par-ci, Assad par-là. Ce n'était pas un pays, *nous vivions chez Assad*… Nous ne savions pas *qui* nous étions. On pouvait l'accepter, ou partir dans le Golfe, comme tant d'autres l'ont fait sans oser avouer là-bas qu'ils étaient syriens, parce que c'était *la honte* ! La révolution nous offrit une identité inestimable : nous étions des *Syriens* qui défendaient le pays des *Syriens*, avec une fierté retrouvée ! C'était une cause noble, en laquelle je me reconnaissais. *J'étais syrien !* Notre peuple, toutes nos familles qui fuyaient l'enfer, nos réfugiés, la multitude de nos morts… ce n'étaient pas des mots creux : pour les nôtres, pour notre pays, nous étions prêts à verser notre sang. Ayham était tombé pour eux, aux premiers jours de la guerre de libération.

Bien qu'admis en même temps que moi à l'université, Ayham était demeuré mon grand frère selon la tradition. Il était l'aîné, jouissant de ce statut particulier qui lui valait le respect des plus jeunes. Il pouvait me sermonner, me dire « Tais-toi ! Silence ! ». Peu importait que mon récit soit ou non terminé : il était le plus âgé, il détenait la primauté de la parole, le droit de mettre fin à la mienne ou de la reprendre à son compte. Ce respect avait persisté entre nous, en même temps qu'avait grandi une indéfectible amitié. Mes amis passaient des soirées en sa compagnie, recherchant sa présence. Ayham avait un réel pouvoir d'attraction et une autorité naturelle. Il mesurait deux mètres (moi 1,85 mètre seulement) et n'avait peur de personne. Du moins était-ce ce qu'il s'escrima à me prouver. De fait, quand j'étais avec lui, je ne craignais plus rien. Déjà à l'école primaire, je marchais derrière lui, en sécurité, sur le chemin qui nous menait à la maison. Pendant les combats, c'était pareil. Il était le plus brave, marchant devant, selon cette habitude qu'il avait contractée dans notre enfance. Ayham était immortel. Quand, foudroyé par le sniper, il s'écroula à mes pieds, ses deux mètres étalés dans la ruelle… C'était une erreur, l'impossible venait de se produire.

Ensuite, pendant longtemps, je fus incapable de prendre la moindre décision. Toute ma vie, j'avais suivi mon grand frère, quel que soit son chemin, sans réfléchir aux dangers ou à l'éventualité qu'il puisse en exister de meilleur. Je marchais derrière ses deux mètres, protégé par son ombre. Qu'il ait tort ou raison ne me souciait guère. Sa mort me laissa désemparé, désespéré. Les trois premiers mois après sa disparition furent meurtriers. Beaucoup de gars tombèrent au front, à Salaheddine. L'artillerie lourde et les bombardements aériens avaient commencé leur œuvre funeste, harassant les civils. Mon sentiment d'échec était terrible. Les visites à ma mère, réfugiée en Turquie, ne me procuraient aucun réconfort. La malheureuse avait été habituée à nous voir inséparables, Ayham et moi. Je sentais bien, à son regard triste, que ma présence la torturait, car je lui rappelais son absence à lui. Je repartais meurtri vers les combats d'Alep.

Puis l'anarchie s'empara de la ville. Durant les six premiers mois de lutte, quand un jeune réclamait un fusil, sa famille l'en empêchait. Les armes étaient chères et difficiles à trouver – soixante ou soixante-dix dollars représentaient une fortune pour beaucoup. Plus encore, elles mettaient en péril trop de vies, sans compter l'esprit de la révolution. Puis tous les garde-fous sautèrent, l'un après l'autre. Dans les quartiers libérés, n'importe qui put bientôt se procurer une kalach pour presque rien. Acheter une arme devint tout à fait banal, déclenchant une incontrôlable pagaille. Autant il était légitime que les soldats libres soient armés, autant l'armement des voleurs, des dealers de drogue, des vendeurs de tabac ou de n'importe quoi, d'ailleurs, était inacceptable. Cette évolution portait en elle un mal que beaucoup avaient redouté. Pour moi, la révolution et les idéaux qu'elle incarnait étaient sacrés et je ne comprenais pas que, dans un tel contexte, quelqu'un se mette à voler ou à trafiquer. Ma révolte et ma déception furent aussi profondes et amères qu'un puits asséché au milieu du désert. Alep se perdait elle-même, insultant l'âme de mon frère. Ma vie devait reprendre un cours ordinaire. Il m'apparut plus judicieux d'achever mes études universitaires et de songer à mon avenir que de m'embourber dans le marasme alépin. Cette décision, je la pris sur un coup de tête, fonçant sur le chemin de l'exil pour retrouver ma mère dans le camp de réfugiés de Kilis, en Turquie, près de la frontière.

Je me suis présenté à elle comme de coutume. Elle avait pris l'habitude de me voir surgir sans en avoir été prévenue, et disparaître sur un bye-bye au bout d'une nuit ou deux. Cette fois, les jours se succédaient sans que je lui signifie un quelconque départ, de sorte qu'elle, si discrète, finit par me demander pourquoi je ne repartais pas. Je lui dis :

– C'est fini, mère, je ne veux plus combattre.

– Que Dieu t'apporte du réconfort, fils ! Et qu'Il t'assiste dans ta décision !

Au bout d'une demi-heure de silence, elle leva ses grands yeux bleus vers moi :

– Je ne t'ai pas élevé pour que tu restes assis dans ma maison. N'es-tu donc pas un homme ? T'ai-je éduqué de sorte que tu n'aies plus de dignité ? Je ne pense pas !

Ma mère était comme toutes les femmes dont le fils aîné a été tué en martyr et qui vivaient dans la terreur d'en perdre un autre, sans pour autant parvenir à faire la paix avec l'idée que l'aîné soit tombé en vain. La bataille se poursuivait à Alep et moi, son autre fils, j'étais dans un camp de réfugiés, assis à ne rien faire…

J'aurais pu décider d'ignorer ses remontrances, mais ses paroles m'auraient taraudé jusqu'à l'heure de ma mort. La révolution avait changé, ma vie avait changé. Bien sûr, toute révolution évolue : il y avait eu la période avec Ayham ; celle qui suivit cette visite à ma mère en serait une autre. Avant ces événements, j'étais comme tout le monde : occupé à festoyer et à jouer aux cartes dès le début de l'après-midi. J'étais blagueur, j'adorais lancer de bons mots et tourner la vie en dérision. Ma seule obsession concernait mes études et l'obtention de mon diplôme en génie civil. Quand les manifestations débutèrent, il ne me restait que quelques semaines de cours avant les examens finals, mais des possibilités énormes s'étaient alors ouvertes à moi. Mon objectif, désormais, c'était le pays tout entier et la libération de mon peuple. J'ai changé mon comportement, ma façon de m'adresser aux gens. J'ai beaucoup changé.

J'ai empaqueté mes affaires, embrassé les mains de ma mère et je suis reparti sur le front.

L'objectif stratégique prioritaire était la Citadelle. La contrôler était fondamental, car du haut de son tell plurimillénaire situé en bordure de la rivière Qoueiq, sur ce belvédère planté au cœur de la ville, l'imposante forteresse dominait Alep, ses faubourgs et même, par-delà les champs de blé des plaines du rif, la lagune salée de Djabboul. Le Régime y avait entassé artillerie et snipers, profitant de ce panorama exceptionnel pour atteindre sans effort n'importe quelle cible. Comment provoquer sa reddition ? L'opération aurait nécessité une planification minutieuse. Nous avions déjà quasiment encerclé la Citadelle, qui ne disposait plus que d'une voie de ravitaillement. Nous avons creusé un tunnel, l'ennemi en a creusé un autre. Il y a eu une grosse bataille. Nous restions prudents, tâchant d'éviter les initiatives susceptibles d'endommager la Citadelle plus que nécessaire. En réalité, nombreux se moquaient de cet aspect de la guerre, avec une mentalité typique de notre société syrienne à l'éducation sinistrée. Certains l'auraient fait sauter avec plaisir, s'ils en avaient eu les moyens et si d'autres ne s'y étaient pas fermement opposés. Dans nos troupes, les ex-professeurs étaient aussi nombreux que les ex-boutiquiers : obtenir l'unanimité n'était pas une mince affaire. Les uns disaient « Rasez la Citadelle ! », les autres répondaient : « N'en touchez pas une pierre ! »

Les habitants eux-mêmes étaient divisés sur la question. Certains connaissaient des galeries secrètes, des chemins détournés, des passages invisibles, nous fournissant de précieuses informations et un avantage tactique. Mais la ville était en crise, tout le pays était en crise. Seuls les partisans du Régime avaient bénéficié d'emplois dignes de ce nom et avaient eu le temps et les moyens de se cultiver. La majorité manquait d'éducation. « Ça va, c'est très bien, détruisons cette satanée Citadelle ! Que nous apporte-t-elle ? L'important, c'est que les gens vivent ! », voilà ce qu'ils affirmaient. D'autres étaient conscients de la valeur de notre civilisation et agirent de leur mieux pour la protéger. Parfois, un simple mot suffisait pour convaincre de l'importance de conserver la mémoire de notre ville et les vestiges de son passé. C'est l'une des raisons pour lesquelles je suis resté jusqu'au bout : pour que ma voix porte. Certaines de mes paroles ont évité de grands malheurs en matière de destruction. En cela, je me suis senti utile et j'en reste fier. Nous avons encerclé la Citadelle, renonçant à la prendre, en partie parce que nous voulions la préserver. Toutes nos tentatives de nous en emparer échouèrent.

La Citadelle revêtait pour moi une signification singulière, au-delà de sa valeur historique ou de ce qu'elle pouvait représenter en termes d'atout touristique, parce que j'étais ingénieur civil de formation. Jamais je ne prétendrai connaître Alep dans son intégralité, mais j'avais étudié sa civilisation et son vieux cœur pendant des années. Les écrivains et les historiens ont décrit la Citadelle à leur façon. Moi, en tant qu'ingénieur civil, j'avais contemplé, émerveillé, la complexité de ses angles et de ses courbes, j'avais admiré sa croupe rousse. J'avais déchiffré son histoire dans ses arcs, ses colonnes, ses temples, ses églises, ses mosquées, ses palais... Toutes ces splendeurs s'étaient imbriquées pour composer cette architecture d'une profondeur inégalable. Je les avais observées durant de longues journées d'études, m'appliquant à reproduire sur mon carnet de croquis ses contours et ses volumes alambiqués, m'imprégnant de la beauté des structures et du génie des hommes qui les avaient jadis érigées. L'incendie des souks de la Mdiné, la destruction des tombeaux des saints ou de la mosquée des Omeyyades m'ont fendu l'âme.

Durant la révolution, j'observais la Citadelle de loin. Dans mon horizon, elle constituait un point cardinal. Elle était tout entière embrassée dans mes rêves de libération. Sur le plan militaire, elle était essentielle. Par la suite, les jours où je me sentais malheureux, j'allais arpenter la vieille ville et ses venelles tortueuses, tâchant de ressusciter mes émois de jeunesse. Je me remémorais alors à quel point notre ville était grande par sa taille, mais surtout par sa valeur immanente, et je constatais avec soulagement que des petits morceaux d'elle tenaient encore, malgré la violence des combats et des bombardements. J'essayais de me convaincre : des petits bouts d'Alep subsistent ! Ses quartiers avaient été mutilés au point que les Alépins peinaient à reconnaître leur propre cité.

Mon ami Ahmed Hajj Hamid de Deir Ez-Zor – que j'ai déjà mentionné car nous étions ensemble à l'université – avait comme moi étudié le génie civil. Pendant la guerre, nous avons sillonné ensemble ses ruelles historiques, étudiant des solutions pour les protéger. Quand un mur antique menaçait de s'écrouler, nous cherchions à en préserver la structure pour le maintenir debout. Nous le renforcions de lourds sacs de sable, non parce que c'était une position militaire, mais parce que nous avions passé notre jeunesse à apprendre et à aimer l'ossature de la cité. Nous allions à la rencontre des brigades basées dans les vieux quartiers, les informant et les prévenant : « Derrière vous, les gars, se trouve un *hoch* de toute splendeur qui doit être protégé. » Nous leur indiquions des pièces architecturales ou des objets qui devaient être cachés ou confiés au Conseil local d'Alep. Il y eut tant de destructions qui auraient pu, qui auraient dû être évitées. Même l'invasion des barbares mongols n'avait pas provoqué un tel désastre. Les blessures des murs ne font pas pleurer les pierres ; elles ne m'ont pas fait pleurer, mais ma douleur était insondable.

La révolution m'a permis de comprendre que nous avions été sous le joug d'un Régime sans conscience ni respect du passé. J'eus alors la certitude que notre civilisation ne pourrait pas perdurer, qu'elle ne serait jamais rebâtie tant que ce Régime en resterait le maître. Selon l'un de nos célèbres proverbes, « il y aura toujours des Alépins pour faire du savon à Alep ». C'est un vaste mensonge. Nous étions en grand danger. Pas moi, Moulham, citoyen d'Alep, mais nous, en tant que civilisation de plusieurs millénaires sur le point de s'éteindre. De ce point de vue, sur cet aspect précis de la guerre, nous sommes tous, encore aujourd'hui, en grand danger.

*

Ola, 24 ans

Sniper

Mon nom est Ola, j'ai 24 ans. Mentionnez mon nom ! Je viens d'Alep, du quartier Zebdiyé. J'ai grandi là-bas, dans la maison où je suis née, et comme n'importe quelle fille syrienne, je me préoccupais de mode, de fringues, et un peu de mes études. J'ai décroché mon baccalauréat une semaine après l'arrivée de l'Armée libre, alors que, depuis de longs mois, je n'allais plus au lycée. J'avais abandonné l'école pour rejoindre les cortèges et réclamer la chute du président et de son gang. Mon père m'a élevée dans la haine du Régime.

Mon oncle Madjid – le frère de mon père – avait été Frère musulman. J'ignore quelles étaient ses fonctions à l'époque du soulèvement d'Alep ; je crois qu'il organisait des meetings, rien de très prestigieux. Il fut arrêté au début des années 1980. Peu avant la révolution de 2011, un inconnu maigrelet au teint blet se présenta à notre porte. Il nous annonça que Madjid avait été exécuté à la prison de Sednaya, où lui-même avait été longtemps détenu. Il attesta que mon oncle Madjid avait été exécuté à l'âge de 19 ans, un 8 août, c'est-à-dire quelques jours à peine après son arrivée à Sednaya[1]. Nous apprîmes ainsi que Madjid était mort depuis plus de vingt-cinq ans ! Voilà ce que nous confia cet inconnu qui s'était donné pour mission, s'il sortait un jour de prison, d'apporter la vérité aux familles de prisonniers. Les détenus conservaient en mémoire la cause et la date de ces morts et se les transmettaient, au fur et à mesure qu'eux-mêmes dépérissaient en prison, étaient fusillés, pendus, ou transférés dans d'autres geôles. Je n'oublierai jamais la date de l'exécution de mon oncle, car le 8 août est aussi la date d'anniversaire de mon père. Bien avant que cet inconnu ne lui révèle le destin tragique de son frère disparu à l'âge de 19 ans, *baba* avait donné à son propre fils le nom de Madjid, de sorte que l'âme de mon oncle demeure parmi les siens.

Dès le début des manifestations à Deraa, *baba* encouragea ses enfants. Ma sœur aînée était déjà mariée, mais il y avait mon frère Madjid, moi et mes deux petites sœurs. J'étais celle du milieu. Mon père disait que cette révolution appartenait à tous, hommes et femmes confondus, et que chacun avait le droit de s'y joindre corps et âme. Ma mère s'y opposa avec des arguments qu'aucun

1. La prison de Sednaya, située à trente kilomètres au nord de Damas, fut de nouveau remplie à partir de 2011. Elle fut comparée à un « abattoir humain » par Amnesty International, dont une enquête établit que 13 000 opposants au Régime y furent pendus entre 2011 et 2015.

de nous n'ignorait, à savoir que ce Régime était un gang de criminels qui violaient les filles en prison. Puis elle est descendue manifester avec nous. Notre vie n'était plus que cortèges, tous les jours et en famille, jusqu'à ce qu'un soir un officier des services de renseignement de l'armée de l'air défonce notre porte pour arrêter mon père. Grâce à Dieu, il avait déjà fui dans le rif aux côtés de l'Armée libre, sans nous en parler.

Dès que les combattants libérèrent notre quartier, ma sœur et moi nous sommes aussitôt portées volontaires dans un hôpital de campagne installé à Salaheddine, où un médecin du Croissant-Rouge nous enseigna les bases du métier d'infirmière. Mon premier jour de travail coïncida avec le début du ramadan. À peine avais-je enfilé ma blouse blanche que nous avons été submergés d'enfants blessés en provenance des faubourgs bombardés. On m'apporta une toute petite fille à l'abdomen ouvert. De ma vie je n'avais vu pareille blessure, sauf à la télévision. Les cours du médecin du Croissant-Rouge n'avaient pas abordé les cas d'une telle gravité. Je me suis figée devant l'enfant. Mes membres sont devenus plus raides que du bois sec, incapables de mouvoir un muscle devant ce trou béant dans le ventre de la fillette. Je n'ai rien fait pour cette petite. La vue du sang m'a tourné la tête et mes sens se sont éteints, l'un après l'autre. J'ai repris mes esprits à la maison, sous le regard inquiet de ma mère. Trois jours plus tard, gérer ce genre de blessures était devenu pour moi aussi naturel que boire un verre d'eau. Les habitants nous arrivaient avec des bras et des jambes escamotés, leurs membres manquants étant restés enfouis sous leurs maisons détruites ; c'était là une situation désormais tout à fait banale. C'est ainsi que ma sœur et moi sommes devenues infirmières et secouristes.

Quelques semaines plus tard, l'hôpital s'effondra sous la déflagration d'une bombe, nous obligeant à déménager les blessés et le matériel médical dans une école du quartier qui, à son tour, fut aussitôt bombardée. L'école disposait d'un sous-sol où nous sommes descendus nous abriter, ignorant par quel miracle nous en sortirions – si nous en sortions un jour, car la rumeur courait d'une percée gouvernementale décisive à Salaheddine. La peur m'étreignait plus fort qu'aux jours des manifestations puisque, désormais, notre révolution s'était transformée en une lutte armée dont l'issue ne pouvait être que la victoire ou la mort. Nous étions blottis dans le sous-sol, avec une infirmière dont une main avait été arrachée dans le bombardement. Zakariya – le photographe, celui que tu connais – était avec nous et, malgré sa bonne humeur perpétuelle, il était mal en point. Un mur de l'école lui avait écrasé le dos, ce qui l'empêchait de marcher. Cette attente dans l'obscurité était terrifiante. Les soldats du Régime pouvaient surgir à tout moment pour nous mener vers un destin auquel nul d'entre nous ne voulait songer, mais qui, pour sûr, équivalait à l'enfer.

Grâce à Dieu, nous avons été épargnés. Les bombes avaient chassé les habitants des maisons alentour, ce qui nous a permis de nous cacher dans un grand bâtiment vide, espérant un répit dans ce déchaînement du ciel. Nous voulions organiser au plus vite et dans la plus grande discrétion un hôpital clandestin. Le Régime ne devait surtout pas comprendre notre intention, ni établir sa localisation – même si, à vrai dire, nous étions tous vêtus de blouses blanches assez repérables. Il nous a fallu une semaine, besognant jour et nuit, pour mettre en marche notre nouvel hôpital dans le quartier d'Izaa, destiné à réparer les habitants qui étaient de plus en plus nombreux à perdre des morceaux d'eux-mêmes dans les frappes aériennes. L'hôpital fut prêt en un temps record, quoique beaucoup trop long pour ma mère qui scrutait sa porte et son téléphone avec une angoisse frénétique. À chaque sonnerie, elle visualisait l'ange de la mort lui annonçant la disparition de ses enfants. Comme nous travaillions au même endroit, mon frère Madjid, ma sœur et moi, nous aurions pu être fauchés tous ensemble, par une seule bombe. Quand, une fois le labeur accompli, nous sommes rentrés à la maison, maman n'a plus voulu entendre parler de secourisme ou d'hôpital pour ses filles. Elle n'en a pas démordu pendant environ un an. Nous avons donc arrêté toute activité, ne rencontrant plus personne, pas même nos amis. Puis les combats se sont déplacés, de telle sorte que notre quartier s'est retrouvé proche de la ligne de front, nous forçant à un casse-tête quotidien, car nous ne savions plus quelles ruelles emprunter pour éviter les échanges de feu et les tirs de snipers qui fauchaient nos concitoyens par dizaines chaque jour. Les itinéraires variaient au rythme des jours, parfois en l'espace de quelques heures, quand nous sortions acheter du pain et des légumes. Cette situation empira lorsqu'un de ces snipers s'installa sur un toit situé en face de chez nous. Désormais, nous étions recluses dans notre propre maison, il n'était même plus question d'ouvrir les fenêtres.

Un jour, pourtant, mon père est entré d'un pas tonitruant et a ouvert grand notre porte. Un souffle s'est engouffré, balayant les mèches grises sur son front, nous découvrant son visage fatigué et heureux. L'Armée libre avait dégommé le sniper d'en face ! Nous étions autorisées à sortir. J'allais enfin apercevoir la couleur du ciel alépin et quitter l'air vicié de notre cage. Je rêvais de voir un arbre, un caillou, un voisin, un brin d'herbe, si bien que j'ai couru sur le perron sans me préoccuper de mon apparence. Je portais de vieux vêtements de prière élimés, à l'aspect moins respectable qu'une nuisette. J'ai attrapé la main de ma sœur et nous avons dansé dehors en riant. En face de chez nous, il y avait une petite école désertée, dotée d'un joli escalier de pierre. Nous nous sommes assises sous un rayon de soleil, assoiffées de lumière, nous étirant pour accueillir un peu d'énergie vitale après ces longues privations. Il me semblait alors que rien ne pouvait entraver notre félicité, si bien que je chantonnais à l'oreille de ma sœur un air populaire qui racontait l'histoire d'amoureux alanguis sous le pont de la rivière Qoueiq.

Des claquements secs. J'eus le temps de voir la balle me traverser la main. J'entraînai ma sœur tout en ignorant de quel côté fuir, car le sniper était invisible. Puis je sentis un foudroiement dans le haut du dos. La douleur m'empêcha de crier. Le sniper tirait avec des balles de gros calibre.

Quand je ferme les yeux, je me revois : devant notre maison ma sœur marche devant moi je suis immobile dans la ruelle impossible de bouger je n'arrive pas à lui dire. Je n'arrive pas à lui dire je vois ces balles énormes fonçant droit sur moi fonçant sur ma sœur s'approche je ne peux pas lui dire le sniper.

Je n'arrivais pas à lui dire : « Cours ! Cours, dans l'autre sens ! » Ma sœur continuait à chantonner, elle ne s'était aperçue de rien. Pourtant les balles fonçaient. J'ai réussi à murmurer : « Je suis blessée. » Elle a ri. Elle riait en disant : « S'il te plaît, ma sœur, ne plaisante pas avec ça ! »

Je revois l'arbre. Il y a un arbre la maison est trop loin se cacher derrière l'arbre pourquoi tire-t-il encore la rue déserte sauf nous des filles pas même 20 ans je veux toucher l'herbe. Des copeaux de bois s'arrachent du tronc de l'arbre sur lequel s'acharne le sniper. Les branches brisées volent avec des sifflements de flèches.

Le bruit des balles à gros calibre attira la curiosité de voisins sortis sur leur balcon. Ils scrutèrent les toits, le sniper était invisible, et pourquoi donc ne s'arrêtait-il pas ? Puis ils nous aperçurent, adossées au tronc de l'arbre qui devenait trop étroit.

Je croise le regard des voisins ma sœur contre l'arbre protégez-la et puis après un poids énorme sur mes poumons un rocher sur ma gorge je vomis du sang sur l'herbe sèche. Les voisins hurlent, ma sœur sanglote car elle voit que je meurs. Ma tête tourne, j'aperçois enfin la couleur du ciel.

J'ai rouvert les yeux dans des draps et des néons. Avec l'aide des Forces libres, mon père avait réussi à nous extraire des gros calibres, puis à me transporter à Zarzour, l'hôpital de notre quartier. Les camarades avec qui j'avais travaillé en tant qu'infirmière se tenaient autour de moi, ainsi que beaucoup d'activistes. Mon amie Asma pleurait parce que j'avais l'air d'une mourante. C'est elle qui a lavé mes blessures. Nous avions si longtemps redouté le sniper du toit d'en face… Celui qui nous avait pris en chasse, ma sœur et moi, nous ne l'avions pas remarqué. Nous n'aurions pas pu le voir : il s'était dissimulé chez nous, sur le toit de notre propre maison.

Trois opérations ont été nécessaires rien que pour ma main. À chaque fois, au moment de retirer le plâtre, mes os se brisaient comme du verre. J'étais très maigre et, d'après les médecins, j'avais un problème de calcium. Deux mois plus tard, le chirurgien a installé une tige de métal dans ma main. Il a retiré un peu de peau sur ma jambe pour refermer la blessure. D'où cette drôle de forme au bout de mon bras. Il n'y a plus d'ongles ici, ce pauvre morceau rabougri de moi.

Ma main ne pouvait plus bouger, mais la physiothérapie m'a beaucoup aidée. Il m'a fallu sept mois pour m'en remettre. Depuis, elle bouge, mais le moindre contact, même avec de la soie ou la peau douce d'un nouveau-né, reste très douloureux. La douleur ne s'en est jamais allée. Je peux apprendre à l'aimer : elle me rappelle Alep et les arbres de Zebdiyé.

Après cette épreuve, j'ai repris un travail au sein du Conseil local d'Alep que les activistes avaient mis en place pour les civils. Même douloureuse et tordue, ma main était utile à la révolution et aux premiers secours. Un de mes amis était activiste photographe sur le front. Un soir qu'il revenait d'une bataille, il m'a montré ses images. Parmi les photos, une a retenu mon attention. Elle montrait un homme très séduisant. J'ai dit à mon ami en riant : « Par Dieu, tu ne pourrais pas me le faire rencontrer, celui-là qui est si beau ? » Chaque fois qu'il revenait de ses expéditions sur le front, je lui demandais des nouvelles de l'inconnu sur la photo : « Comment va-t-il, ce gars si sexy que tu m'as montré ? » Ce petit manège a duré jusqu'au jour où mon ami a répondu : « Ce costaud que tu désires, il est sniper. »

Puis, il a ajouté : « C'est un sniper de l'Armée libre. »

Plus tard, j'en ai parlé à mon père. Il nous avait souvent conté les exploits d'un certain Abou Ghaith. En dégommant les snipers ennemis, Abou Ghaith était devenu sniper de notre armée, et le héros du quartier. Il était réputé pour sa grande moralité et s'était lié d'amitié avec mon père et mon frère Madjid, si bien qu'il vint nous rendre visite à la maison… Par Dieu, il était encore plus sexy que sur la photo ! Le soir même, je l'ai ajouté sur mon Facebook, et nous avons fait connaissance. Trois mois plus tard, il a demandé ma main à mon père, car il me voulait pour fiancée. J'ai dit : « Quand la révolution vaincra, alors nous nous marierons. Nous sommes encore jeunes. » J'avais 20 ans. Ma mère m'encourageait à passer du temps avec lui, à lui parler – « pour savoir si tu l'apprécies ». C'était inutile, puisqu'en vérité je sentais bien que je le connaissais depuis toujours. Il était gentil et si beau, avec des yeux très verts. Avant la révolution, je disais toujours à qui voulait m'entendre que celui que j'épouserais serait un homme aux yeux verts.

Abou Ghaith s'appelait Obada dans la vraie vie. Nous nous sommes mariés après quatre mois de fiançailles. À cette époque, les hommes étaient nombreux parmi les activistes à me convoiter. Je voulais un gars de l'Armée libre. Je trouvais ces combattants pleins de virilité et de bravoure. Ma mère me disait : « Tu le sais qu'un soir Obada ne rentrera pas. Tu le sais, puisqu'il se bat sur le front et qu'il se fera tuer. » Je lui répondais que je le supporterais. Je voulais un combattant. Obada, cet homme sexy aux yeux verts, le héros du quartier, je l'attendais depuis toujours.

*

Hassan

L'enfance envolée

Je n'ai connu qu'une seule ville : celle qui m'a vu naître, dans un rez-de-jardin ombragé du quartier d'Izaa ; la même qui fut réduite en un tas de cendres par les barils d'explosifs. Dans cette ville, j'étais un gamin parmi d'autres. J'étais tout petit garçon dans ses ruelles. Elles étaient mon chemin joyeux en compagnie des enfants du quartier, entre l'école et la maison. Mon stade de foot avec des dribbles imprévisibles sur les pavés saillants, une piste de course pour déterminer qui serait le cheval le plus fougueux ou le champion olympique. Pendant la guerre, j'étais encore un gamin, mais, à mon avis, il faut être encore beaucoup plus jeune que ça pour ignorer les bombes et les tirs de snipers. Pour moi, il était déjà trop tard. J'avais peur tout le temps et je ne comprenais rien à rien. Rien à la situation. Rien aux réactions des voisins ou de mes parents. Mon enfance s'est envolée, alors qu'en vérité je n'y étais pas prêt.

Pour tout dire, les manifs, j'en avais entendu parler sans saisir à quoi elles servaient et j'ignorais à quoi elles ressemblaient. En revanche, je me souviens très bien du jour où tout a changé, quand, malgré la frivolité de mon savoir enfantin, j'ai su sans hésitation que c'était la *guerre* à Alep. C'était jour de ramadan. Les ruelles résonnaient d'un vacarme effrayant. J'avais toujours été celui que les grands envoyaient dehors, pour leur rapporter du *foul*[1] ou du houmous à l'échoppe du *fawwal*, ou encore notre pain quotidien. Mes parents m'avaient demandé d'aller chercher les pâtisseries traditionnelles de ramadan – des *atayef*, des *karabij* et des *maarouk* alépins – que ma mère avait commandées chez le pâtissier. Dehors, une foule d'hommes excentriques avec sur la tête une cagoule ou un keffieh noirs vociféraient en dévalant en tous sens telle une nuée d'*afarit*[2]. Jusqu'à ce jour, j'ignore si c'étaient des gens du Régime, de l'opposition ou un mélange des deux, ou que sais-je encore. Peut-être même des *afarit*. Comme d'habitude, je ne comprenais rien à cette horde de barbares, et j'ai eu très peur. Je me suis accroupi derrière la porte, mouillant mon pantalon. Je ne suis pas allé chez le pâtissier. Je suis retourné les jambes flageolantes devant mes parents, qui m'ont dit : « C'est pas grave, *habibi*, ne t'en fais pas, tout va très bien, c'est tout à fait normal. » En fait, rien n'était normal, puisque personne n'allait chercher les pâtisseries de ramadan. Mon père nous rassembla au centre de l'appartement, nous ordonnant de rester loin des fenêtres et de ne pas bouger d'un centimètre. La nuit tomba, apportant des rugissements d'avions et des explosions lointaines. Mes frères et sœurs étaient si petits ! Nos

1. Plat à base de fèves.
2. Pluriel d'*afrit* : djinn ou mauvais génie.

parents essayaient de nous calmer car chaque secousse nous terrifiait ; elles terrifiaient même les meubles, qui tremblaient eux aussi à côté des fenêtres. Mon père nous promettait que tout allait pour le mieux.

Malgré leurs regards énigmatiques, les adultes savaient tout. Leur silence habituel avait été remplacé par des chuchotements continuels avec les voisins, qui racontaient des histoires horribles au sujet de petits garçons tués pendant qu'ils attendaient le pain quotidien devant les fourneaux de la ville. Puis, un soir, mon père nous annonça qu'il était temps de partir. J'ai ainsi échappé à la plupart des gros bombardements, car mon père possédait une science infuse lui permettant presque toujours de nous mettre à l'abri avant qu'ils n'éclatent. Je ne sais même plus combien de fois nous avons déménagé en panique, avec nos sacs qui rétrécissaient à chaque nouveau départ.

Je n'oublierai jamais ce matin où il fallut laisser derrière nous le rez-de-chaussée d'Izaa. J'étais si triste. Ma mère remplissait les valises et, tout enfant que j'étais, je savais qu'il n'était pas question de revenir avant longtemps, encore moins de partir en vacances. J'accaparais mon père avec mon anxiété débordante, réclamant le droit d'emporter un souvenir de notre maison. Ses yeux ont dit oui, il a hoché la tête, alors j'ai crié : « Je veux le ventilateur ! » Le ventilateur était suspendu au plafond de ma chambre ; le ronronnement de ses larges hélices nous avait bercés pendant toutes ces années où mes petites sœurs et moi avions dormi ensemble. Mon père n'a pas voulu décrocher le ventilateur et l'existence de cet objet m'est sortie de la tête, ainsi que celle d'un tas d'autres pourtant essentiels à mes yeux. À l'heure du départ, j'ai joué au clown : je me suis plaqué contre les murs du salon en les embrassant avec des bruits de ventouse rigolos. Ça a fait rire mes sœurs et j'ai dit à mon père : « Voilà ce que j'emporterai de notre maison :

ses baisers ! » Lui aussi a souri. Puis nous avons couru jusqu'à la voiture, les portières ont claqué. Je me suis retourné pour regarder l'appartement d'Izaa se ratatiner au fond de la ruelle, avec son ventilateur à l'intérieur, et mon chat minuscule. En vérité, le chat aussi m'était sorti de la tête, alors qu'en tant qu'enfant j'aurais dû m'en souvenir, puisque j'étais son ami.

Je me souviens d'un autre quartier, beaucoup plus tard, dont les ruelles étaient devenues collines à cause des avions. J'avais cru apercevoir une peluche abandonnée au bord d'un monticule. J'ai trouvé un chaton mort, avec de la craie jaune dans la bouche et des yeux disparus. Ces images et tant d'autres m'ont fait grandir avec brutalité et je préfère ne pas en parler. Ce qui est certain, c'est que, pendant les guerres, les enfants ont besoin de leurs parents, tout comme les petits chats ont besoin des enfants. Le jour du départ d'Izaa pourtant, je n'avais pensé à rien, sauf à la peur des bombes. En vérité, ces jours d'Alep, je les ai tous oubliés.

Mes parents nous déménageaient d'un quartier d'Alep à l'autre, de-ci, de-là, chez des proches qui avaient quitté la ville, je crois. On prenait les sacs et la voiture. C'était l'Ouest ; l'Est, je ne sais pas. Il y avait des jours sans électricité, ceux où l'eau nous parvenait par gouttelettes, puis plus du tout. Nous disions toujours : « Ces temps difficiles finiront. Demain, il y aura des abricots ! » Mais ces temps n'ont jamais cessé. Chaque jour est devenu plus angoissant que la veille. Bien sûr, je grandissais, il m'a bien fallu grandir. Loin d'en tirer de la sagesse, j'étais nerveux et agressif. Je songeais à notre maison, redoutant qu'on nous la vole ou qu'elle soit détruite. Ma personnalité s'est transformée, car ce que je voyais de la ville, et aussi du manque d'amour, affectait mon caractère, alourdissant mon estomac d'un roc constitué d'un amas de peurs. Je ne désirais plus redevenir un enfant, je voulais retourner me calfeutrer à l'intérieur du ventre de ma mère : ne plus voir, ne rien entendre, et, surtout, ne pas être un grand frère.

Nous avons aussi habité à côté de chez ma tante, une femme élégante qui avait été très riche avant la guerre. Sa fortune s'étalait partout, des bracelets dorés tintinnabulant à ses poignets jusqu'au mobilier coordonné de son salon, où la table avait la même couleur que la commode et que le grand miroir incrusté d'éclats d'argent et de nacre. Elle se plaignait de notre turbulence qui, il est vrai, menaçait son musée personnel, au centre duquel trônait un immense canapé, qu'elle conservait comme une momie égyptienne, recouvert de plastoc. De toute façon, la guerre n'épargnait personne, pas même ma tante. Il n'y eut bientôt plus de nourriture dans son quartier et sa fortune ne pouvait rien contre ça.

L'unique façon de se procurer des légumes était de franchir le croisement de Boustane Al-Qasr. C'était le dernier passage reliant les deux parties de la ville. Il était donc incontournable pour les habitants mais, bizarrement, il l'était tout autant pour les snipers, ce qui rendait sa traversée effroyable. De grosses alvéoles avaient été perforées dans les murs des appartements, afin que les Alépins puissent se déplacer tout en restant à l'intérieur, évitant ainsi les ruelles. J'y suis allé avec mon père, découvrant une salle de bains où s'alignaient les brosses à dents, puis le salon d'une autre famille, partie en oubliant sur un plateau de cuivre des verres qui avaient dû contenir du thé avant que le liquide ne soit mêlé de saletés. Étaient affichés les portraits d'un papa, d'une maman, d'enfants, ce qui me donnait l'impression étrange de visiter une ville fantôme. À l'extérieur, les habitants du quartier avaient sacrifié leurs plus épais tapis que les femmes avaient cousus les uns aux autres avant de les suspendre entre les immeubles, fabriquant ainsi des rideaux d'invisibilité pour contrer l'œil de lynx des snipers.

C'était l'après-midi et nous nous apprêtions à franchir le fameux croisement. À côté de moi, une fille de mon âge portait un sac plein de légumes. Elle entama la traversée avec ses parents. La fusillade la troua au genou et plus haut sur la cuisse. Je l'ai vue s'effondrer, tandis que ses fruits et légumes dégringolaient et roulaient jusqu'à mes pieds. C'étaient peut-être des tomates ou des oranges, en tout cas ils étaient rouges comme le sang qui coulait de cette fille qui aurait pu être moi, vu qu'elle avait mon âge et s'était retrouvée au même endroit, au même moment que moi. La fulgurance avec laquelle elle était tombée me coupa le souffle et me frappa aussi fort que si j'avais été moi-même transpercé par le sniper. Car sa mort et la mienne ne revêtaient dans l'absolu aucune différence, puisqu'elle aurait pu être moi, de la même façon que j'aurais pu être elle, étendu au milieu des légumes.

Cet événement m'inocula une terreur sans répit. Du moins c'est ce que les médecins m'ont expliqué, après que mes parents affolés m'ont transporté dans un hôpital du Nouvel-Alep : sans raison connue, j'étais en train de mourir d'une infection du foie. J'y suis resté sept jours, dans un état de stupeur intégrale, durant lesquels je me suis concentré sur les pochettes de fluide qui se vidaient dans mes veines : il y en eut vingt-cinq. J'étais tout jaune et apeuré, le docteur répétait que c'était la conséquence d'un choc psychologique et que si mes parents n'avaient pas réagi à temps, j'aurais pu mourir de peur. Après ça, j'étais encore plus sensible et nerveux, n'acceptant que des aliments sucrés, rien qui ressemble à des légumes portés par une fille de mon âge. Je n'arrivais plus à me concentrer sur une conversation, encore moins sur l'avenir. Parce que, grandissant comme j'y avais été bien obligé, et les écoles ayant fermé, j'allais finir par atteindre l'âge de la corvée militaire. En Syrie, à cette époque, c'était fatal. Même les enfants le savaient.

C'est pour ça que mes parents ont organisé mon évasion, à cause de cette trop grande sensibilité qui blessait mon esprit et mon foie et parce que la peur de l'armée aggravait mon choc psychologique. Mon oncle a pris la route avec moi, puis la mer. Nous avons accosté à bord d'un bateau pneumatique sur une île grecque dont je n'ai jamais su le nom. Des années ont passé, mais la mémoire et la concentration me posent encore des problèmes. Peut-être que je pourrais devenir coiffeur. En fait, le jour où nous avons franchi la frontière turque, j'ai fermé la porte d'Alep. Je n'y pense pas et je ne veux pas y penser, sauf peut-être aux mains fines de ma grand-mère qui changeaient de couleur au fil des saisons de mon enfance trop tôt envolée.

HASSAN A QUITTÉ ALEP EN 2014. IL VIT EN EXIL.

CÉCILE

Beyrouth, automne 2012

J'étais de retour au Liban, de retour à mon poste de travail, journaliste prête à scruter la région. Du moins le pensais-je. Les révoltes arabes continuaient à secouer la région. J'avais vaincu la maladie inconnue et j'allais pouvoir reprendre mon existence là où je l'avais laissée, à Beyrouth. Il y avait eu une lésion requérant la pose d'une prothèse cardiaque. La fatigue et les douleurs de l'opération s'étaient atténuées au profit d'une sale impression de perte. Je comptais les activités dorénavant interdites. Fallait-il ajouter le reportage dans cette liste ? Comment, alors, abandonner ce qui avait été une passion, l'engagement d'une vie ? Dans ce drame personnel se nouait aussi une histoire d'amour-propre et de belle arrogance. Mon corps m'imposait des limites vexantes. Cette prothèse était une humiliation, plutôt qu'un progrès de la médecine. Ainsi débuta une sorte de guerre personnelle intérieure où corps et volonté s'affrontèrent sans merci.

Il aurait fallu compter ce qui m'était encore possible plutôt que de se noyer dans la masse des nouveaux interdits. Facile à dire. J'avais la sérotonine en chute libre. Patrick Chauvel, un copain photographe de génie de passage à Beyrouth, s'est exclamé : « Un pacemaker ? Génial ! Tu vas en profiter pour te faire refaire les seins, j'imagine. » Il avait lancé ce conseil extraterrestre avec un naturel absolu, en plein mezze libanais, dans un restaurant beyrouthin plutôt chic. J'ai hurlé de rire, m'étouffant de taboulé qui, par vase communicant, ressurgit en confettis par le nez, maculant la nappe blanche et la chemise de ce merveilleux convive. *Merci, Patrick !* Puis les copains syriens se sont extasiés à leur tour : « Enfin quelqu'un qui va pouvoir nous apporter des flingues sans sonner aux portillons des aéroports ! » Durant mon absence, ils avaient redoublé d'activités, organisant des planques pour les déserteurs de l'armée de Bachar Al-Assad qui ont déboulé, sunnites, alaouites, chrétiens pour fêter Noël à la maison avec oud, darbouka, litres d'arak, histoires drôles à se rouler par terre et chansons orientales aux trémolos nous arrachant des larmes. Quel que soit le problème, le Liban, avec sa folie ordinaire, était l'endroit idéal pour vaincre les méchantes dépressions.

Ahmed l'Alépin, ma Shéhérazade des longs après-midi d'hôpital, était de retour de Syrie. Entre-temps, il avait été viré de son job de portier de mon immeuble pour des motifs que je n'ai jamais élucidés. Il ne grimpait plus les étages en tant qu'employé, mais en tant qu'ami. Il avait traversé l'enfer mais, fidèle à lui-même, il s'inquiétait pour moi, tandis que je m'inquiétais pour lui. Il revenait avec un récit effroyable, dont j'ai envoyé un aperçu au *Monde*, qui le publia dans son édition datée du 4 novembre 2012 :

> Ahmed n'est pas un militant féru de Facebook. Il n'est pas un manifestant appelant la révolution ni un volontaire de l'Armée syrienne libre. Il n'est pas un homme d'affaires dont les privilèges sont liés au maintien du régime de Bachar Al-Assad. Il n'appartient pas à une minorité religieuse menacée par le changement. Ahmed est un Syrien « ordinaire » : la trentaine, musulman sunnite, qui n'a jamais terminé ses études.
>
> Il est originaire d'un hameau situé au nord-est d'Alep. Comme beaucoup d'autres Syriens, il a accepté pendant

des années n'importe quel travail dans les quartiers chics de la capitale libanaise pour faire vivre ses parents, son épouse et ses trois enfants restés au pays. En 2004, il a déniché un emploi stable de gardien d'immeuble.

Bien avant les bombardements et la répression tous azimuts du régime, la traversée de la Syrie, passant par des villes – Homs, Hama et Idlib – en pleine insurrection, était dangereuse. C'est ainsi que neuf ouvriers originaires de Hama, travaillant dans un chantier voisin de l'immeuble d'Ahmed, qui avaient décidé de faire route ensemble pour voir leur famille à la fin du printemps 2011, ne sont jamais revenus. Leur véhicule a été mitraillé près de Homs. Une des veuves a prévenu Ahmed. Dans la rue beyrouthine, l'absence des ouvriers n'a pas créé de vide. Les habitants les avaient côtoyés sans les connaître. Ils ont été remplacés par d'autres ouvriers, Syriens ordinaires, personnages presque invisibles d'un drame qu'ils traversent en silence.

Ahmed a toujours été avenant et calme, mais sa voix douce quand il évoque son récent retour chez lui détonne avec l'horreur du récit. En septembre, il est licencié. Sans toit ni travail, il décide de rentrer avec tout ce qu'il possède (mille dollars). Les obstacles ont surgi dès le poste-frontière syrien d'Arida. « Quand l'officier a su que j'étais d'Alep, raconte Ahmed, il a dit : "Nous allons nous renseigner. Si tu as commis la moindre infraction, tu peux commencer à prier." » Cinq heures plus tard, la permission est arrivée, le jour déclinait. « J'ai cherché où dormir. Un habitant m'a refusé sa bergerie. Je n'ai pas osé aller à la mosquée. J'ai repéré un groupe qui semblait attendre un taxi. Une voiture est arrivée et nous sommes montés. L'un des hommes a alors plaqué un couteau sous ma gorge. Il a crié : "Tu es avec le régime ?" J'ai dit : "Je ne suis avec personne, ni avec le régime, ni avec ceux qui le combattent." Alors il m'a demandé combien d'argent je possédais. Je sentais la lame froide du couteau et le sang chaud qui coulait. J'ai donné les dollars. Ils m'ont laissé sur la route. J'ai dormi derrière un muret. » De cet épisode, Ahmed a gardé une vilaine balafre au cou.

Son voyage a duré deux jours. Il a fallu contourner la ville de Homs, encerclée par l'armée du régime, pour rejoindre la route de Hama. Les descriptions d'Ahmed sont lapidaires : « Hama est détruite, je n'y ai pas vu d'habitants, mais l'armée du régime. La ville de Khan Cheikhoun est détruite, je n'y ai vu que l'armée du régime. Plus au nord, la ville de Saraqeb est divisée. On a passé les barrages officiels, les fouilles des bagages, puis ceux d'une brigade rebelle : dix hommes de Jabhat Al-Nosra, une brigade affiliée à Al-Qaida, chevauchant une douchka, kalachnikov à la main. Avec eux, j'ai vu deux hommes de mon village connus pour être des *takfiri* – l'Inquisition salafiste. Il y avait aussi des étrangers, peut-être des Afghans, portant des tuniques courtes. Nous sommes arrivés à Alep à 21 h 30. »

Dans la partie ouest de la ville encore tenue par le régime, Ahmed dit qu'il y avait « de l'électricité, des voitures, et même des habitants. Nous avons roulé quelques minutes puis, de l'autre côté de la rivière Queiq, tout a changé. L'air d'Alep était saturé de fumée âcre. On n'y voyait rien, même avec les phares. Les bombardements n'ont plus cessé. » Ahmed voulait trouver refuge pour la nuit, « mais, explique-t-il, l'un des voyageurs venait pour les funérailles de son frère, tué la veille : il ne pouvait pas reporter son arrivée. Le chauffeur a donc roulé sous les bombes et les balles. Il fonçait, tête sous le volant. Il a failli emboutir un barrage de l'ASL tenu par des adolescents. Les jeunes nous ont assuré que, passé ce point, il n'y aurait plus de sniper, mais qu'il fallait faire attention aux avions ». La veille, une motocyclette avait explosé sous un missile.

« À l'entrée de mon village, on m'a demandé quelle était ma tribu. La mienne est divisée entre pro et anti-régime, alors j'ai pu rentrer. Je suis resté seize jours sans rien manger d'autre que du bourghoul cuit sur des excréments d'animaux, car il n'y avait plus de gaz. Un jour, j'ai voulu acheter du pain. J'ai vu un avion, j'ai

> eu peur. J'ai fait demi-tour. Une douchka était postée devant la boulangerie. Elle a été visée par un missile. Cinq personnes venues chercher du pain sont mortes dans l'explosion. Mon voisin est apparu, portant le cadavre d'un enfant. Il hurlait : "Salah, mon fils !" En fait, son fils était vivant, mais le corps qu'il portait était méconnaissable et il avait pensé qu'il s'agissait de Salah. Là-bas, dit Ahmed sans émotion, la vie est très dure. Personne n'ose plus aller à l'hôpital. Quand nos enfants sont malades, on demande à Dieu qu'Il les emporte vite, pour leur éviter de souffrir. »
>
> Ahmed a fui l'enfer. Il a pris la route du désert et regagné le Liban. Son récit touche à sa fin : « Ce jour-là, j'ai appris que j'étais papa d'un deuxième garçon », dit-il sans joie. Comme si c'était là une malédiction[1].

Je n'ai pas écrit la phrase qu'il a prononcée ensuite, quand, arrachant plusieurs boutons de sa chemise et découvrant le haut de son torse dans un geste désespéré, il a supplié : « Prends-le, mon cœur ! Il marche ! À moi, il ne me sert plus à rien ! » J'étais avec lui, de tout cœur, de retour dans la tragédie d'Alep.

1. « Retour d'enfer pour Ahmed le Syrien », Cécile Hennion, *Le Monde*, 4 novembre 2012.

LIVRE V

LES HOMMES-POISSONS DE LA RIVIÈRE QOUEIQ

Oum Ibrahim, 36 ans

Dialogue entre une fille et sa mère

Oum Ibrahim : J'ai cinq enfants. Je fus mariée à l'âge de 13 ans avec le fils de mon oncle, à cause des circonstances.

Sa mère : Les circonstances, c'est que mon époux avait divorcé de moi pour en épouser une autre à Damas, me laissant seule à Alep avec les enfants. Chez les gens de l'Est, eh beh, ces circonstances sont pleines d'incompatibilités et de commérages pour la femme délaissée, sans parler des soucis matériels. Je ne voulais pas, en plus, qu'un inconnu se marie ma fille et qu'elle s'éloigne de moi. Nous avons donc arrangé ce mariage avec son cousin…

Oum Ibrahim : J'aurais accepté n'importe quel événement, n'importe quel malheur ! Mais je le jure sur Dieu, la perte d'Alep, ça me reste ! Alep était très forte ! *Wallah,* des traîtres s'en sont emparés ! Ils ont vendu la ville ! Les traîtres l'ont vendue. Le Régime et les traîtres de l'opposition ! Même Bachar l'a dit. Il a dit qu'il avait recruté des agents dans l'opposition ! Il l'a dit dans ses discours. D'ailleurs, par quatre fois, il a déclaré des amnisties, et, à chaque fois, qui il amnistiait ? Des criminels ! Est-ce qu'il a libéré les prisonniers politiques ? Pas du tout ! Il a amnistié les criminels qui se sont empressés de rejoindre les combattants de l'opposition. C'est comme si un ver avait été mis dans le fruit car, au commencement, notre révolution était magnifique.

Sa mère : J'étais là dès les premières heures de la révolution et j'ai tout vu. Tout ce qui est arrivé. J'étais employée de la Poste. Avant les événements de Deraa, ma mentalité était que les révolutions de Tunisie ou d'Égypte, chez nous, c'était pas possible. Notre président était trop intelligent, personne n'oserait le défier. Je disais : « S'il se produit un événement et que Bachar renonce à son pouvoir, j'irai ramper jusqu'à son palais pour le supplier de rester ! » Mais quand il a y a eu les enfants de Deraa, quand nous avons vu ce qui se tramait à Deraa… Par Dieu ! Ce champion de foot tué d'une balle, ainsi que ces braves gens des tribus martyrisés ! Ceux de Deraa étaient pour certains avec le Régime, pour d'autres avec l'opposition, mais, tous, ils aimaient ce champion sportif et les braves gens des tribus, et tous, comme il est bien Dieu normal, sont allés ensemble enterrer les martyrs… Par Dieu, ils se sont fait canarder pendant les funérailles ! Beh là, ma mentalité s'en est retrouvée tourneboulée, parce qu'il n'est pas du tout autorisé ni autorisable de tirer sur de braves gens qui enterrent leurs morts. Peu importe ton président ou ton Régime, c'est pas un comportement respectable, c'est du crime.

J'étais divorcée avec encore quatre enfants, dont un garçon, sur les bras. Je vivais chez mes parents et trimais à la Poste. Je suis née dans le quartier Jabariyé à Alep, mais notre famille est originaire du Turquie, de la maison Agha. J'ai emménagé dans le quartier Soukkari quelques mois avant la révolution. Quand l'Armée libre est entrée dans la ville, j'étais là. Quand les cortèges partaient de la mosquée Aamné de Seif Al-Daoulé, ou des mosquées de Salaheddine, j'étais là ! Nous avions créé notre propre organisation, un groupe de femmes déterminées, qui manifestait devant le palais de la municipalité.

Nous, le peuple, sommes les enfants de ce pays. Ce pays est le nôtre : on s'en fout de Bachar ! Jamais on n'avait imaginé qu'il nous chasserait de notre pays. Il nous a chassés, mais il n'a pas réussi à chasser le pays de notre cœur. Alors, il peut bien essayer de nous remplacer par des Russes ou des Iraniens, ça change rien à la vérité : nous restons les enfants de ce pays. Si moi, j'y retourne pas, y aura mes enfants après moi. Si mes enfants meurent, y aura encore leurs enfants après eux. Nous serons toujours des Syriens. Cette fois-ci nous avons échoué, mais je crois que la prochaine fois nous vaincrons, *Inch'Allah*, car Dieu ne nous abandonnera pas.

Je suis née en 1962. J'ai eu un cancer du sein et j'ai survécu. Tous les jours, je me fume trois paquets de cigarettes à cause de la tristesse. J'ai aimé nos combattants de l'Armée libre de toute mon âme. Depuis la défaite, oh que je les déteste ! Ils n'ont pas été attentifs à ce qui se tramait autour d'eux. Ils étaient jaloux les uns des autres, ils se sont même entre-tués ! Leur devoir était de combattre le Régime et de protéger les gens. Donc, tout ce malheur, c'est leur faute ! Ils nous ont donné le sentiment que le sang de nos martyrs, de nos enfants tombés dans les ruelles, a été versé en vain. Des enfants sont morts, des femmes sont mortes ! Tout le monde leur faisait confiance et croyait en eux. En fait, ils ne se sont préoccupés que d'eux-mêmes et de leur jalousie.

J'avais été la première à dire : « Je m'en fiche, je mourrai ! Même mes enfants mourront ! Je donnerai tout pour ce pays ! »

Il faut savoir que j'ai accompli le pèlerinage à La Mecque : je suis une pèlerine, donc je ne mens jamais. Tout ce que je dis là est la stricte vérité.

Je disais : « Quelle importance, moi ou mes enfants ? Nous tous, nous mourrons pour ce pays ! » Malheureusement, nos cœurs ont brûlé, et le pays avec. Je veux raconter l'histoire de l'enfant qui dort ici, à mes côtés. Sa mère lui a donné vie à l'hôpital, une nuit durant laquelle quatre autres enfants sont morts…

Oum Ibrahim : Je ne suis pas d'accord ! Nos combattants de l'Armée libre, ils ont été très braves, jusqu'à la fin. Ils ont bien travaillé…

Sa mère : Au début, oui…

Oum Ibrahim : Au début, à la fin et au milieu ! Jusqu'à ce jour ! Il est vrai qu'ils ont commis des erreurs, mais pas de graves erreurs. Ils ont travaillé dur et ils ont été braves.

Sa mère : Je sais qu'ils ont travaillé, personne ne dit le contraire. C'est pas là la question…

Oum Ibrahim : Si ça l'est ! Car ils ont peiné, ils ont dû tremper leurs mains dans le sang. Ils disaient adieu à leur épouse et partaient se battre pour nous. Comment pouvaient-ils affronter des avions militaires ? Ces avions, ce fut notre misère : entre une bombe-baril et un baril de chlore, il y avait un missile qui s'écrasait ! Que voulais-tu qu'ils fassent, nos combattants ? Qu'est-ce qu'ils pouvaient contre ça ? Moi, je sentais… Au-dessus de nos têtes, *wallah,* il n'y avait plus de limites ! Le Régime a tout essayé. Il nous a traités comme des souris, de la vermine, des moins que rien du tout.

Nos combattants, après tout, ce n'étaient que des hommes. Se battre contre un soldat, c'est normal, mais contre un avion ? Quand il y a un avion, c'est trop effrayant. On se cache, on court en tous sens, c'est folie pure !

Sa mère : Prends un café… Tiens, voilà une cigarette. C'était pas pour te fâcher. Vois ta sœur, elle a épousé un soldat libre, un héros. Et regarde-le, ce petit-fils qu'ils m'ont donné : fabriqué tout chaud pendant la révolution. Il est né à Alep, durant le siège ! Calme-toi… Raconte ton histoire. Car si moi je suis forte, toi ma fille, tu n'étais pas n'importe qui. Mariée à 13 ans, pauvrette, et devenue « Mère des moudjahidines » !

*

Zakariya

Les hommes-poissons de la rivière Qoueiq

J'avais rendu les clés de la voiture, les clés de l'appartement climatisé et celles du magasin à mon père. Lui, je l'avais ruiné jusqu'à sa dernière livre, jusqu'à son dernier stylo-bille *made in China*. J'avais quitté l'Ouest pour rejoindre les zones libérées de l'Est. Mon frère Zaher avait été arrêté à ma place et englouti dans les sous-sols de la ville. Il était marié, père d'un petit garçon, et je me désespérais de sa disparition. J'allais parfois jeter un coup d'œil aux cadavres que le Régime balançait dans nos quartiers. J'y allais pour voir. Je cherchais le cadavre de mon frère.

Entre l'Ouest et l'Est, dans le no man's land séparant nos deux mondes irréconciliables coulaient les eaux de la rivière Qoueiq. Un jour, des agriculteurs affirmèrent avoir aperçu un noyé qui flottait, à reculons. Jamais, au grand jamais, il ne nous était venu à l'idée que les méandres de la rivière puissent être utilisés par le Régime pour nous exhiber ses trophées… En aval, les agriculteurs se plaignaient de manquer d'eau pour irriguer leurs champs. Bien sûr, tout le monde s'interrogea sur ce brusque retrait des flots. Les gens disaient : « Ils veulent nous affamer, alors ils ont fermé le barrage en amont ! » Puis, un matin glacial – c'était un mardi, le mardi 29 janvier 2013 –, les agriculteurs grimpèrent, affolés, dans les quartiers : le Qoueiq avait soudain débordé, charriant des cadavres, des dizaines de cadavres, puis, au fil des jours, tant et tant de cadavres qu'il nous fut impossible de les compter[1].

Je cherchais mon frère. Je suis parti à sa recherche sur les berges de la rivière, parmi les corps échoués. Tous avaient les mains liées dans le dos et un gros trou dans la tête. Des jeunes, des enfants, des vieux, et oh leurs visages ! Leurs pauvres visages suppliciés ! Un œil en haut, un autre à droite, le nez, la bouche… Rien n'était plus à sa place sur ces peaux vertes et violacées. Les souffrances et ce bain forcé avaient transformé ces martyrs d'un crime abominable en œuvre d'art. De l'art moderne, des Picasso ! Leurs visages étaient hallucinants dans leur monstruosité ! J'ai pris mon appareil photo, je ne l'ai plus lâché. Devant chaque corps, je frémissais en songeant : « Dieu ! » Je me révoltais en moi-même : « Dieu ! C'étaient des hommes ! », car ils n'avaient plus rien d'humain, sauf à les regarder comme des portraits mortuaires surréalistes. J'espère donner un jour ces photos à la Cour pénale internationale pour leur montrer ce massacre psychédélique. Montrer à tous ce qui nous a été infligé : ces crimes monstrueux, ces hommes-poissons échoués sur la grève, parmi lesquels je cherchais à reconnaître mon frère.

Chaque jour, de nouveaux morts nous arrivaient. Chaque jour, j'arpentais les berges pour photographier les morts. Depuis, je suis devenu photographe professionnel. Sur les bords de la rivière Qoueiq, c'était

1. Au moins 147 victimes, selon le rapport d'enquête effectué par Human Rights Watch.

différent : je documentais. Ces images que j'ai prises, je ne veux pas les publier. Peut-être, un jour, en ferai-je un film spécial, personnel, sur les hommes-poissons d'Alep ou sur Zaher. Cette idée m'est venue plus tard, car en ces jours d'hiver alépin mon intention première était de retrouver mon frère. Chaque aube, je retournais à la rivière en priant : « Ô mon Dieu, montre-moi où est Zaher ! »

Je ne me sentais pas triste, j'en avais fini avec la tristesse. En ce temps-là, quand mon meilleur ami était tué à côté de moi, j'étais dévasté pendant deux heures, après quoi j'étais capable d'aller danser la farandole. Je voulais goûter à tous les aspects de la vie puisque je savais qu'à mon tour j'allais mourir. Je répétais aux copains : « Si je meurs, surtout, ne perdez pas de temps avec la tristesse ! Pleurez-moi une heure, enterrez-moi vite, et courez vers la vie et la révolution ! » C'est comme ça qu'on philosophait.

Si je descendais dans les eaux du Qoueiq chercher mon frère, en même temps, je n'osais rien dire à ma mère. Je lui cachais mes activités à la rivière. Elle me demandait : « Zakariya, dis-moi ce qu'il se trame en bas, sur les berges… » Elle vivait dans la zone du Régime et je voulais la préserver, alors je répondais : « Rien, *Ammé*, il ne se trame rien du tout, sois tranquille ! » Et je scrutais mes portraits mortuaires surréalistes, ces visages cassés, tâchant de reconnaître le fils de ma mère, celui des jumeaux qui était né le premier. Je lui mentais et m'abîmais dans les yeux marécageux des hommes-poissons échoués, de tous ces inconnus que je photographiais. J'avais *besoin* de documenter. C'était mon devoir impérieux, pas pour les médias, pas pour Al-Jazira ou Al-Arabiya ; de toute façon, je m'en foutais des téloches. À certains moments, je les haïssais : c'était rien que des pastèques et des menteurs de première !

Quand tu vois de tes propres yeux cent cadavres sur les rives du Queiq, des hommes-poissons verts et mauves ne ressemblant à rien de connu sur cette planète, arrivant chez toi, en provenance des zones du Régime, tu te dis : « Que le monde aille se faire foutre, qu'ils aillent vraiment tous se faire foutre ! Car ce monde n'est plus capable de la moindre émotion. Cent cadavres ! Et personne ne dit rien ? Quelqu'un a-t-il ressenti, quelque part, ne serait-ce qu'une émotion en apprenant ce massacre alépin ? » Je me suis dit : « Je ne donnerai jamais ces photos à personne. » Je les ai toujours, je ne les ai pas utilisées, je ne les ai jamais montrées.

Ces hommes réduits à des créatures fluviales, à du poisson crevé à tête de Picasso, nous les avons repêchés, portés dans nos bras et ramenés parmi nous, pauvres vivants. Nous les avons couchés sur le sol, à l'intérieur de l'école Yarmouk. L'information a circulé, avec des heures spécifiques pour les identifications. Tant de gens avaient disparu : tous les villages du rif ont défilé, tous nos habitants ont défilé. Ils ont examiné les visages, et ils les ont reconnus. Les femmes découvraient des fils, des frères, un mari : c'étaient tous des pauvres gars de l'Est.

Zaher n'était pas parmi eux. En vérité, je n'avais pas espéré le retrouver, ce n'était pas de l'espoir. Je voulais savoir ce qu'il était advenu de lui, mais je voulais le croire vivant, et à chaque nouveau corps charrié par la rivière je me demandais s'il allait être celui-là. Si je l'avais retrouvé, jamais je n'aurais osé montrer sa photo à ma mère. Je lui aurais menti, je lui aurais juré qu'il n'était pas parmi les hommes-poissons sur la rive. Je longeais les flots en pensant : « Aujourd'hui, il va sûrement venir. » Dieu merci, je ne l'ai pas trouvé ! Je crois que je serais devenu fou ; je me serais tué, je me serais fait exploser ! Si j'avais vu mon frère en poisson échoué, ses mains ficelées et son visage mutilé, j'aurais pu détruire la ville entière.

Pourquoi les gens se sont-ils mis à porter des armes à Alep ? Aujourd'hui encore, personne ne l'a compris. Ils ont pris les armes parce qu'un jour leur frère est mort, ou leur père, ou leur propre mère. Si j'avais été dans leurs chaussures, j'aurais agi comme eux. L'Armée syrienne libre s'est créée comme ça, à cause des martyrs, des maisons détruites, des jambes arrachées et des hommes-poissons échoués. Je le jure, si un mec avait touché à ma famille, j'aurais niqué sa sœur ! On nous dit : « Vous avez commis l'erreur de prendre les armes ! », je réponds : « Venez chez nous ! Venez voir pourquoi nous avons pris les armes ! » Il fut un temps où même les femmes ont porté des armes à Alep, parce que leurs maris et leurs fils avaient été tués et qu'elles étaient toutes seules. Il y eut même un bataillon de veuves. Leurs enfants étaient tombés dans les ruelles ; alors, oui, elles réclamaient vengeance.

Beaucoup de gens, en Syrie et ailleurs, ont déclaré : « Nous ne voulons pas entendre parler des armes… » Je rétorque : « Putain, les mecs ! Venez donc voir chez nous, vous comprendrez tout ! *Don't say* : *Yeeh…* Venez à Alep ! Vous sentirez l'odeur… Vous nous direz alors de quel côté était l'erreur, de quel côté était la folie ! » Je suis furieux contre ceux qui nous jugent, qui déclarent : « Oh, les armes, vraiment, quelle faute tragique ! » Bien sûr, je suis opposé aux armes ; bien sûr je reste le *père* du pacifisme, mais qu'ils viennent voir quelle fut la vraie « faute tragique », ou seulement renifler sa puanteur, avant de condamner et d'énoncer une sentence définitive. Allez visiter l'orphelinat où ma mère turbine depuis maintenant deux ans. Il s'en ouvre partout dans la région, des orphelinats. Encore récemment, à Dar As-Salam Al-Quelque Chose : ces orphelins, tous sont des Syriens !

Parfois, je rêve, je crois que mon frère est vivant, qu'il existe quelque part sur terre. Je continue de scruter les photos qui nous parviennent de Syrie, celles des prisonniers et des morts. Un an après les hommes-poissons de la rivière Queiq, nous avons appris l'existence du dossier « César », qui contenait les photos des cadavres numérotés – trois chiffres sur la clavicule – de milliers de détenus morts en prison, qu'un militaire avait eu les tripes de transmettre à l'opposition. Toutes les familles syriennes ont regardé ces images horribles qu'avait photographiées « César ». Ma mère m'en a un jour envoyé une. Elle m'a dit : « Regarde comme ce jeune homme ressemble à ton frère. » Je lui ai répondu : « *Ya Ammé*, tu te trompes ! Ce n'est pas Zaher sur la photo. Ce jeune homme ne lui ressemble pas. » Pour être honnête, ce pourrait être lui, il lui ressemblait beaucoup, mais ô mon Dieu cette photo qu'elle m'avait envoyée ! Zaher pesait peut-être soixante kilos quand il avait été arrêté. Le mort lui ressemblait, mais sa peau n'était plus que parchemin sur les os. Tous, nous avons dit à ma mère que ce ne pouvait pas être lui. On voulait la protéger de ce cadavre décharné, mais elle était sûre. Elle a conservé la photo, elle dort avec. C'est une mère. Cette mère a décidé qu'il s'agissait bien de son fils et que plus jamais elle ne le quitterait des yeux. Même quand elle a été malade à l'hôpital, cette image de squelette restait sous son oreiller. Elle dit partout que c'est Zaher.

Jusqu'à ce jour, quand je mentionne le nom de mon frère, je pense que c'est ma faute, que c'est moi qu'ils auraient dû arrêter dans le magasin. Ce n'est pas une question débile, du genre « C'est la faute à qui ? ». Au contraire, c'est très profond. Quand j'établis le compte de tout ce qui a détruit ma famille et bouleversé nos existences, il n'y a rien à discuter, j'en porte la responsabilité. Au nom de la révolution, j'ai changé leur vie absolument. Mon père était un commerçant très riche, je l'ai ruiné. À cause des décisions que j'ai prises, il a perdu ses affaires, ses propriétés. Je l'ai blessé, j'ai blessé ma famille. J'ai blessé Zaher et sa famille. Sa femme s'est remariée il n'y a pas longtemps, après l'avoir attendu plus de cinq ans. C'est comme ça, en Islam : au bout de deux ou trois ans, si ton mari disparaît, tu peux te remarier, il existe un mot pour définir ce droit. C'est une femme forte, elle est restée seule avec l'enfant dans leur maison conjugale, elle a même obtenu son diplôme de pharmacienne. Puis un bombardement a endommagé la maison, et elle est partie vivre chez ses parents.

Il y a trois mois, nous avons appris qu'elle s'était remariée. J'ai proposé que mon neveu me rejoigne en exil, ou qu'il aille chez ma mère qui attend jour et nuit de le revoir, je paierai toutes les dépenses. Elle a refusé. Elle est pleine de haine. Toutes ces années, je les ai aidés financièrement, elle et son fils. Bien sûr, je continue. Lui n'a que 8 ans, j'ai déjà détruit sa vie. Elle l'a abandonné à ses parents. Elle ne s'en occupe plus, mais elle ne veut pas nous le rendre. D'une certaine façon, elle déteste même Zaher. Elle dit que si Zaher sort de prison, elle rendra l'enfant. J'ai essayé de la convaincre, elle a refusé. Elle considère que tout est de ma faute. Elle dit que j'ai détruit leur foyer. Elle m'a envoyé ce message : « N'essaie même plus de m'adresser la parole ! »

Mon frère, je n'ai jamais cessé de le chercher. À ce jour, j'ai payé dix-huit mille euros pour le retrouver. À la fin, c'est tous des traîtres et des menteurs de première. Quiconque me disait : « Ah, j'ai entendu parler de Zaher, je sais où il est ! Je peux t'obtenir une preuve de vie, mais j'ai besoin de deux mille euros », aussitôt je les lui donnais. Il y a un business dégueulasse autour des prisonniers syriens disparus. J'ai beau le savoir, si quelqu'un venait avec n'importe quelle promesse, je donnerais tout, tout de suite, pour une parcelle de vérité sur ce qu'il est advenu de lui. Je pense à ma famille, à tout ce que nous avons traversé, à toutes les familles syriennes : nous avons tant d'histoires à raconter ! Mon oncle, le frère de ma mère, il a été tué par un tir de sniper : un sniper de l'Armée libre ! Comme ça, par erreur ! Le fils de cet oncle a été arrêté par Daech, pour des broutilles d'adolescent : exécuté sur-le-champ ! Il n'avait pas 16 ans.

Les disparus qui ont réapparu sous forme d'hommes-poissons sur les berges de la rivière Queiq, déshonorés dans leur mort par ces profanations inutiles, il a fallu les enterrer. C'était la fin du mois de janvier 2013 et, déjà, nos cimetières étaient pleins à craquer. Nous leur avons creusé une tombe, une fosse immense, dans un jardin d'enfants. Tout Alep a pleuré. Nous avons prié pour leurs âmes, pour nos martyrs profanés. Puis nous les avons couchés ensemble dans ce grand trou glacé, entre les balançoires et les tourniquets.

*

Oum Ibrahim

Moi et l'officier alaouite

Oum Ibrahim : J'ai été mariée à 13 ans à mon cousin. Après la noce, j'ai travaillé comme aide-soignante à l'hôpital Zarzour, dans le quartier Ansari, et j'ai enfanté cinq enfants, dont trois garçons et deux filles. Grâce à Dieu, ça a bien marché ! L'aîné a 22 ans et vit en Europe ; sa sœur s'est mariée avec un soldat de l'Armée libre pendant la guerre. J'ai même des petits-enfants.

Quand les manifs ont commencé, je suis allée dans les ruelles avec le docteur Mohammad Nour Al-Maqtabi. Le pauvre, il est mort. Nous descendions pour soigner les manifestants blessés, les dissimulant ici ou là dans des cachettes de quartier. Ce fut un grand tourment, car si ma mère avait changé sa mentalité, devenant plus révolutionnaire que les révolutionnaires, mon époux, lui, n'était pas du mêmc bois. Il me collait aux basques en geignant : « Ne va pas là ! Ne parle pas comme ça ! Ce qui se passe est plus grand que toi et moi. » Il me serinait : « Tais-toi donc, les murs ont des oreilles ! » Il était ainsi. Que pouvais-je y faire ? Dieu merci, moi non plus, personne ne pouvait me changer.

J'ai été arrêtée deux fois dans les manifs. La première, ils m'ont prise avec une autre fille et je ne pouvais pas avertir mon mari. À cette époque, des proches de ma mère travaillaient pour les Renseignements, donc je suis sortie au bout de vingt-quatre heures. La seconde, j'ai couru comme une dératée, poursuivie par des agents de la Sûreté. J'ai réussi à atteindre la maison en soufflant comme une mule, et *vlan !*, j'ai claqué la porte derrière moi. Mon époux était là, il m'a attrapée par le bras et m'a poussée dehors en déclarant aux agents : « Vous pouvez la prendre, je divorce, elle n'est plus mon épouse ! » Ses paroles n'avaient aucune importance, vu que j'avais perdu tout intérêt et tout respect pour lui ! Voilà-t-y pas qu'il se met à répéter sans vergogne : « Prenez-la ! » Ils m'ont gardée deux jours et les relations de ma mère m'ont encore tirée d'affaire.

Ensuite, bien sûr, il était pas question de rentrer chez mon époux. Je suis allée chez ma mère. Il est venu m'y chercher, mais je l'ai disputé en lui assenant la vérité : il n'avait ni virilité ni courage ! Non seulement il n'était pas un homme, mais il considérait les femmes comme pires que des moins que rien. Il me voulait à la cuisine et à la merci de toutes ses volontés. Pour ne rien arranger, ma tante – ma belle-mère – était pro-Assad. Je ne me souviens plus de la date du divorce, mais bref, je n'ai plus jamais posé un pied chez lui. Qu'il se la fasse, sa cuisine !

Quand l'Armée libre est entrée dans Alep, la majorité du personnel hospitalier a détalé comme un lapin. Nous sommes restés à dix, dont trois docteurs et des étudiants en médecine. Avec toute cette pagaille de combats et de bombes, les itinéraires n'avaient plus rien à voir avec ceux de la veille et le docteur Abdel Salam, l'anesthésiste, s'est perdu. Le pauvre s'est retrouvé sur la route de l'aéroport, où il s'est pris plusieurs balles dans les jambes. Eh beh ! Il est arrivé à l'hôpital avec ses jambes trouées, et il s'est mis au travail. On n'était pas nombreux, mais c'était la fine équipe.

En ce temps-là, nous recevions les combattants sans savoir qui était soldat du Régime et qui était de l'Armée libre. L'hôpital Zarzour était proche de Salaheddine, où se déroulait la grosse bataille, donc il y avait de tout parmi nos blessés. Dès le début, quand nous avons pris le contrôle de l'hôpital, nous avons eu une discussion à ce sujet. Nous sommes tombés d'accord : la médecine ne fait pas de différence entre les uns et les autres. Quelqu'un a dit : « Si Bachar Al-Assad arrive blessé dans cet hôpital, nous le soignerons ! » Notre objectif, c'étaient les humains, pas les drapeaux. Nous avons même soigné des Shabihas ! Un jour – je le jure sur Dieu ! –, nous est arrivé un officier alaouite dans un sale état de blessures. Au cas où cet officier lirait ce livre, je voudrais lui rappeler quelque chose. À l'hôpital, c'est nous qui cuisinions le repas des blessés et, ce jour-là, il y avait du *chichbarak*, un ragoût de viande cuit dans du yaourt. C'est délicieux, mais ça prend un temps fou. Cet officier alaouite, je l'ai nourri avec du *chichbarak*, de mes propres mains !

Sa mère : C'est fastidieux, le *chichbarak*. Tu émiettes un beau morceau d'agneau, tu prends les oignons frais, les pignons de pin, la farine, et des œufs bien ronds. Tu malaxes la pâte, tu l'étales toute fine, tu la coupes en une ribambelle de cercles. Sur chacun d'eux, tu déposes la viande coupée menu, en compagnie des oignons frits, de la coriandre, de l'ail et mille autres épices bien de chez nous... Tu refermes la pâte avec délicatesse pour fabriquer des jolis croissants. Après, tu prépares ton yaourt qui s'appelle chez nous *labane*. C'est un art minutieux et précis, pas un plat d'hôpital...

Oum Ibrahim : Au début, nous ne savions jamais de quel bord étaient nos blessés. Ensuite, on les reconnaissait, parce que nous avions l'information que les alaouites avaient attaqué l'Armée libre à tel endroit. Cet officier alaouite luttait du côté de Bachar. Certains de nos combattants lui disaient : « Vois comme nous t'avons traité ! Tu vas être soigné ! Tu vas être nourri comme un prince ! » D'autres voulaient se jeter sur lui pour le trucider. Le docteur Abdel Aziz est intervenu : « Personne ne touchera un poil de cet homme ! Tout le monde dehors ! Nous allons le soigner et prendre soin de lui. » J'étais responsable de sa santé, alors je l'ai transporté en salle des urgences et mis au lit. J'ai demandé à l'officier : « As-tu faim ? » Il m'a dit qu'il n'avait rien mangé depuis deux jours. Alors je l'ai nourri avec le *chichbarak*. Des combattants me serinaient :

– Que fais-tu ? Pourquoi le nourris-tu, alors que ses mains sont pleines du sang de tes frères ?

– Qui a tué qui dans cette bataille, c'est point mon problème. Mon truc à moi, c'est de faire le maximum sur le plan médical. Je le soignerai, ainsi que l'a dit le docteur Abdel Aziz.

Souvent, j'accompagnais les combattants sur le front – c'était en pleine période de séparation d'avec mon mari. Nous avions beaucoup de jambes blessées et cassées. J'avais un équipement médical et je savais qu'il fallait réagir à toute vitesse. Si un soldat était troué à l'abdomen, je posais du coton sous un pansement très serré, car il fallait ralentir l'hémorragie le temps de le ramener à l'hôpital. Avant, je ne connaissais rien à ce type de lésions, encore moins aux blessures de guerre, mais j'ai reçu un enseignement à l'hôpital et j'ai suivi un entraînement avec les Casques blancs – c'est ainsi qu'on surnomme nos secouristes de la Défense civile. La première chose qu'ils t'apprennent, c'est la manière de transporter les blessés.

À l'hôpital, quand les gens ont commencé à nous arriver avec des mains ou des jambes arrachées, j'étais prise d'étourdissements, je manquais de m'évanouir. Ensuite, les choses ont empiré, beaucoup mouraient pendant l'opération. Si un homme gisait mort sur la table d'opération, les médecins me disaient : « Oum Ibrahim, tu dois le recoudre tout de suite. » Ces six années de guerre m'ont beaucoup appris sur le plan médical. En même temps, j'ai vu des blessures que j'aurais pas crues Dieu possibles. J'aimerais que cet officier alaouite sache que je fus celle qui l'a nourri de ses propres mains, par amour de l'humanité.

Sa mère : Personnellement, je ne supportais pas le sang. Dès que j'en voyais une goutte, je tournais de l'œil et *pof !*, je m'évanouissais... Mais, pendant la guerre, le sang était partout et j'ai arrêté de m'évanouir.

Oum Ibrahim : Dans les explosions ou lors de certaines blessures, les hommes se retrouvaient nus. La seule femme qu'ils autorisaient à les ausculter dans leur pauvre nudité, c'était Oum Ibrahim. Je n'appartenais pas à l'armée, je dépendais de l'hôpital, mais j'allais tout le temps sur le front pour en ramener les blessés. En fait, mon mari ne supportait pas ma présence auprès d'autres hommes. Il est revenu me voir en geignant : « Je vais trop mal, je pars en Turquie. Je te laisse deux options : le divorce ou la Turquie. Viens avec moi, car tu détruis tes propres enfants en restant à Alep. » Je lui ai répondu que mes enfants n'étaient pas meilleurs ni plus précieux que les enfants qui mouraient dans la ville sans aucun moyen d'en sortir et de partir en vacances en Turquie. Ces chicanes ont duré un mois. « Je crois que tu fais tout pour que je divorce », qu'il m'a geint. J'ai dit : « Le divorce me convient à merveille ! » et *vlan !*, il est parti, en me laissant la marmaille. Je devais lutter pour vivre à chaque seconde. Peut-on imaginer une femme seule avec cinq enfants, parmi les soldats de l'Armée libre ?

Mes enfants me reprochaient parfois d'avoir détruit leurs vies. Ils se lamentaient : « Pourquoi as-tu divorcé ? Que va-t-il nous arriver ? » Je leur rétorquais qu'ils devaient croire en la bonté de Dieu ; il est vrai que j'avais quitté leur père, mais eux, c'est leur père qui les avait quittés ! Moi, je m'occupais de chacun d'eux. Je m'activais comme une bourrique. J'ai encouragé mon fils à rejoindre le djihad pour le pays, et aussi pour des raisons religieuses. Je ne parle pas de Daech ou de ce genre d'extrémistes qui m'ont causé tant de tourments. Quand je parle de djihad, c'est au sens premier : *la défense du pays dans lequel tu es né et dans lequel tu mourras*. La Syrie était notre pays. « Nous en serons chassés par la force, ou nous resterons le visage bien droit et les yeux clairs », voilà ce que je serinais à mes gosses. Au sein de l'Armée libre, ils m'ont surnommée « la Mère des moudjahidines ».

Tous les jeunes combattants réclamaient ma présence dans les familles alépines pour trouver le courage de demander la main des jeunes filles. Ils espéraient des conseils. Je les connaissais tous, ils étaient comme mes enfants. Un jour, ma propre fille est tombée malade et je l'ai emmenée à l'hôpital. Il y avait là un de ces gars qui me serinait de l'aider à trouver son âme sœur. Il a rencontré ma fille. Elle ne le connaissait pas, mais moi je savais qu'il était bon et que c'était un brave combattant. Voilà comment ça s'est passé. Ils se sont mariés.

Il y en eut même un – pauvre fou ! – qui est venu demander ma main au docteur à genoux ! J'ai eu une envie terrible de retirer mes claquettes pour le frapper avec. « Je pourrais être ta mère et tu veux m'épouser ! », que j'ai hurlé. Par la suite, j'ai déclaré partout que j'avais dépassé la cinquantaine. Tout le monde s'étonnait : « Oum Ibrahim ne fait pas du tout son âge ! » À quoi je répondais : « Oui, plus je vieillis, plus j'ai l'air fraîche ! Ça doit être le résultat de la politique du Régime qui ne voulait pas de fêtes d'anniversaire ! Ces diableries, même Dieu, ça l'a mis en confusion ! » C'est vrai qu'à l'époque, j'avais pas encore 35 ans, mais je pouvais pas aimer d'homme, vu que j'étais tombée amoureuse de la révolution. Malgré mon âge, j'ai maintenant un fils de 22 ans et des petits-enfants, et je pourrais bientôt en avoir d'autres.

Après le mariage de ma fille, mon fils a intégré l'Armée libre, rejoignant ainsi mon gendre. Durant quinze jours, je suis restée sans nouvelles de lui. Je ne suis pas allée le voir, car les soldats devant leurs mères, c'est imparable, ils se ramollissent pareils que des spaghettis trop cuits. À son départ, je lui avais dit : « Ce sera pour toi comme pour les autres. Si la mort vient à ta rencontre, tu t'envoleras comme n'importe quel Syrien. » Mon mari m'a appelé pour geindre : « Tu te rends compte que tu viens d'envoyer ton enfant à la mort ? » J'ai répondu : « Il est mon fils, mon enfant chéri, et je ne suis pas inquiète. Dieu est plus inquiet que moi à son sujet, car Il est le Maître de la vie et de la destinée. »

C'est à ce moment que mon père a décidé de réapparaître pour quelques secondes dans ma vie. Il m'a téléphoné, expliquant qu'il souhaitait me rendre visite à Alep. Bien sûr, ça me faisait plaisir. Depuis qu'il avait divorcé de ma mère, il vivait à Damas. Sa fille – ma demi-sœur – l'a dénoncé et il a été arrêté le jour de son départ. Ces emprisonnements sans queue ni tête nous mettaient sous pression, tout ça pour nous forcer à abandonner la lutte révolutionnaire. Le pauvre a été englouti dans les sous-sols. Jusqu'à ce jour, j'ignore s'il est vivant ou mort. Parfois, on entend des rumeurs : il serait dans cette prison-là… Avec l'aide de l'Armée libre, j'ai essayé d'organiser un échange de prisonniers, mais ma demi-sœur était trop pro-Assad. Chaque fois que j'ai tenté d'en causer avec sa famille à Damas, ils disaient que mon père pouvait bien être dissous dans de l'acide et que sa disparition, c'était en rien mes affaires. « Reste loin de nous ! », qu'ils m'engueulaient. J'ai arrêté de dialoguer avec eux, mais j'ai cherché sans relâche. Dès que quelqu'un émergeait de prison, j'allais l'interroger, au cas où il aurait aperçu mon père ou entendu son nom. Un jour, on m'a dit qu'il était mort. Je pense qu'en effet c'est ce qui a dû lui arriver.

J'éprouve encore une émotion très forte dans mon exil quand j'entends le son d'une sirène. C'est l'écho d'une voix familière qui me projette au milieu de la guerre, en raison de tous ces blessés que j'ai accompagnés dans l'ambulance aux sirènes hurlantes. Les médecins me sermonnaient :

– Pourquoi tu y vas ? C'est pas ton boulot. Reste à l'hôpital !

– Une bombe-baril vient de s'écraser, il y a tant de blessés…

– Les Casques blancs s'en chargent, n'y va pas !

J'y allais quand même. Avant de démarrer l'ambulance, les Casques blancs me suppliaient :

– Ne viens pas, c'est dangereux ! Les blessés, nous te les ramènerons.

Je répondais :

– Je suis une humble aide-soignante, ma place est à leurs côtés.

J'ai passé six ans à l'hôpital. C'est devenu ma maison, ma famille. Pendant deux ans, je n'ai pas vu mes frères, mais ceux de l'hôpital, je les voyais tous les jours. On travaillait ensemble, on partageait nos repas. La plupart du temps, je dormais là-bas.

Ma famille vivait dans le quartier Soukkari. Je disais à ma mère : « Telle personne a un membre arraché. Ces pauvres gens n'ont plus rien, ils doivent se reposer. Occupe-toi d'eux à la maison ! » Je les confiais à ma mère, car l'hôpital débordait de blessés, il n'était pas réalisable de les garder plus de quelques heures.

L'officier alaouite a guéri. J'ignore ce qu'il est devenu aujourd'hui. Il était réparé et en bonne santé. Quand j'ai posé la question, on m'a répondu que cette histoire ne me concernait plus.

J'ai été beaucoup de choses à Alep : j'étais infirmière, j'allais sur la ligne de front et je menais des interrogatoires. L'Armée libre me convoquait par talkie-walkie : « Nous avons capturé une femme, tu dois l'interroger. » C'était là une méthode obligatoire, puisqu'il allait contre nos traditions et contre toute respectabilité qu'un homme interroge une femme. Or certaines étaient des espionnes pires que tout. Elles circulaient dans l'Est avec des boîtiers qu'elles déposaient sur nos positions et *boum !*, les avions défonçaient la moitié du quartier. Pendant ces interrogatoires, je devenais une autre, j'étais très dure. Je songeais que ces diablesses étaient responsables de la mort des enfants de ma ville et j'en ressentais une colère abyssale. Pour tout dire, je ne les ménageais pas et il m'est arrivé de les frapper. C'est ma vérité.

Un jour, un gars de la brigade Zenki m'a contactée : « Il y a cette femme que nous avons trouvée près de la ligne de front, nous ne savons pas si c'est une espionne ou autre chose. En fait, nous ne comprenons rien à sa situation. Nous n'arrivons même pas à savoir qui elle est ! » Je l'ai l'interrogée. Cette pauvre fille devait avoir 14 ans, sa voix était toute douce. Elle était partie de l'Ouest et avait traversé le feu des combats pour ressurgir à l'Est, aussi fraîche que la rosée ! Cette trajectoire déraisonnable et le fait qu'elle ait survécu sans une égratignure étaient suspects. Ses propos étaient décousus et témoignaient de sa grande naïveté d'esprit. Elle affirmait s'être enfuie de chez elle. Puis elle m'a expliqué qu'elle vivait chez sa mère et son beau-père et que celui-ci la forçait à coucher avec des hommes. Elle m'a raconté qu'elle s'était sentie si mal qu'elle avait couru droit devant elle, ignorant tout de la ligne de front et des positions militaires. Tous les jours, je revenais la voir. Elle me donnait l'impression d'être ailleurs, comme si sa situation de prisonnière ne la dérangeait pas plus que ça.

Ce que j'ai compris au bout d'un moment, c'est que son beau-père voulait organiser un mariage forcé. Sa mère l'avait battue – elle m'a montré les traces de coups et les bleus partout sur son corps. Cet interrogatoire a duré trois semaines et mon avis à la fin était qu'elle ne présentait aucun risque pour personne. Sur mon conseil, tout le monde a estimé qu'elle était une victime et non pas une menace. Les hommes se sont inquiétés : qui allait prendre soin de cette pauvre fille ? J'ai répondu : « Moi, bien sûr ! Pourquoi pas ? » Je l'ai emmenée chez ma mère. Gloire à Dieu, elle était toujours vierge ! Deux mois plus tard, je lui ai trouvé un bon époux. Maintenant ils ont un petit bébé et vivent à l'Ouest. Je prends régulièrement de leurs nouvelles, nous causons au téléphone.

Sa mère : Elle était vraiment douce, cette petite. Jusqu'à ce jour, elle m'appelle *Ammé*, avec de la tendresse pareille que si j'étais sa mère. Nous l'avons traitée comme si elle était de notre famille ; elle nous a adoptés comme parents.

*

Bara

Les cuisines du bataillon

Les études m'avaient été interdites. Les jeunes étaient emprisonnés, qu'ils aient ou non manifesté. Nous avions eu la tête rasée comme de vulgaires délinquants. J'ai songé que mon destin avait été tracé et que seule me restait la voie menant à l'Armée libre. J'ai proposé mes services comme cuisinier, vu que je n'avais aucune expérience militaire. Il s'avéra que j'étais au moins aussi nul en cuisine qu'au maniement des armes. Si nul, en fait, qu'ils m'ont supplié de ne plus m'approcher des casseroles et de m'occuper de la distribution des rations. Puis nos combattants sont entrés dans Alep, libérant l'est de la ville et les ruelles de mon enfance, à Boustane Al-Qasr. J'ai aussitôt prévenu mon père. Il avait abandonné ses livres, des plus anciens aux plus précieux, avec des dorures sur la reliure, pour mettre à l'abri sa famille, loin des Shabihas de Boustane, dans un quartier qui n'était pas libéré. Il m'était impossible de les rejoindre car, en plus d'être recherché par les Services, je risquais là-bas d'être incorporé dans l'armée du Régime.

Sitôt averti, mon père a téléphoné au propriétaire de notre ancienne maison à Boustane pour lui expliquer que je n'avais nulle part où aller. Hasard curieux, le propriétaire venait tout juste de fuir Alep, abandonnant le logement qu'il avait acheté à mon père, et il n'avait aucune intention d'y revenir. « Que ton fils brise les verrous et qu'il s'y installe », a-t-il proposé à mon père. C'est ainsi que je suis retourné dans la maison de mon enfance, dans ce quartier où j'avais grandi, non sans fierté, car tous les Shabihas qui nous avaient menacés, moi et ma famille, avaient déguerpi à l'Ouest pour intégrer les forces gouvernementales.

Beaucoup d'habitants étaient tombés dans les ruelles de Boustane. Les conditions de vie étaient déplorables en raison de la guerre qui s'installait, mais aussi à cause de la pauvreté généralisée qui affectait ceux de l'Est déjà bien avant la révolution. Les affamés, les chômeurs et les dépossédés déambulaient dans les ruelles de Boustane, Fardous ou Soukkari, dans une misère poignante. Ils étaient les symboles de l'injustice sociale et du mépris des autorités à l'égard de nos habitants. Je les ai photographiés comme j'avais photographié les manifs de l'université, plus d'un an auparavant. À cette époque j'avais emprunté trois cents dollars à des copains pour m'acheter un bon appareil. J'étais amateur, quoique bien plus habile qu'en recettes de cuisine. J'ai intégré le Centre des médias d'Alep et j'ai même suivi un stage sur Internet : une agence de presse européenne nous montrait des photos en nous expliquant quels en étaient les défauts et les qualités. Après la misère de nos habitants, je photographiais le front, pour conserver la mémoire des batailles que menaient nos combattants sous-équipés face à l'armée du Régime.

Je ne pouvais pas rendre visite à mes parents, mais mon frère Yaman maintenait le lien. Yaman s'était donné pour mission de garder notre famille unie, coûte que coûte, en dépit de l'Ouest, de l'Est et du croisement de Boustane Al-Qasr infesté de snipers. Chaque jour, des centaines d'habitants s'agglutinaient devant ce minuscule trait d'union entre les deux parties de la ville, pour se rendre à leur travail, situé de l'autre côté. Chaque jour, les snipers du Régime en tuaient quatre ou cinq. Les travailleurs se lançaient dans cette traversée mortelle quotidienne. Ils n'avaient pas le choix.

Yaman effectuait ce trajet pour prendre de mes nouvelles, m'en apporter de la famille et s'assurer que tout allait bien. Il a été abattu d'une balle dans la tête par un sniper tandis qu'il retournait à l'Ouest, chez nos parents. Il a été évacué en Turquie, où il est resté vingt-deux jours en soins intensifs. Yaman avait un peu plus de 20 ans et n'était même pas recherché par les Renseignements. Comme à son habitude, il était venu vérifier de ses propres yeux que je me portais bien. Je l'avais rassuré, lui avais dit « Au revoir, à la prochaine », puis il était reparti. Il fut fauché par un sniper, un mec qui passait ses journées à décider, selon son humeur, quelles seraient les cinq vies qu'il anéantirait avant son dîner.

À cette époque, quand un Alépin était blessé, une ambulance l'embarquait pour la Turquie, sans en informer personne. Des copains m'ont appelé de là-bas pour me prévenir que Yaman était arrivé à l'hôpital en mauvais état. Je suis aussitôt parti avec ma mère pour l'y rejoindre. Elle a pleuré à fendre l'âme, dans cet hôpital turc, pendant vingt-deux jours. Vingt-deux jours durant lesquels les médecins ne nous ont jamais donné la moindre lueur d'espoir. La balle était logée dans sa tête et nous n'étions pas autorisés ne serait-ce qu'à entrapercevoir le visage de celui que nous chérissions tant. Pour cela, il nous a fallu attendre la morgue. Nous sommes repartis à Alep, son corps sans vie cahotant sur nos genoux. Yaman fut inhumé à Boustane Al-Qasr. Pour ses funérailles, ma mère et mon père durent emprunter ce même chemin où mon frère avait été abattu sous les ricanements de hyène des snipers.

Les familles d'Alep étaient séparées par ce mur invisible, ou plutôt cette fosse dans laquelle s'amoncelaient les proches tombés, parce qu'ils avaient voulu travailler, prendre des nouvelles, participer à des événements de la vie, des naissances ou des mariages, qui se raréfiaient au profit d'événements liés à la mort. Les funérailles devinrent si nombreuses qu'on ne savait plus où mettre en terre ceux qui nous quittaient. La nourriture elle-même était cause de décès. Les habitants mordaient la poussière, des trous dans la tête, pour un kilo de concombres. La traversée prenait cinq minutes. Cinq minutes interminables. À certains endroits, il était presque impossible de récupérer les corps, en particulier dans une zone appelée Qasr Al-Baladi. Là, c'était l'enfer. Les snipers vous observaient de leur perchoir, situés dans la mairie d'Alep, avec la sensibilité des prédateurs épiant leurs proies avant de les dévorer toutes crues. L'Armée libre monta sa propre unité de snipers pour mettre fin à ces meurtres quotidiens.

Mon frère était né en 1991, nous n'avions que dix mois de différence, si bien qu'on nous considérait comme des jumeaux. Nous avions joué ensemble, nous nous étions battus ensemble, nous étions « les inséparables », toujours à partager nos secrets. Après sa mort, tout a changé, y compris la voix de mes parents quand, parfois, nous réussissions à nous parler au téléphone. Ils disaient : « Nous avons perdu un petit, nous ne voulons pas en perdre un autre », et je pouvais deviner à leur intonation les larmes que je ne pouvais voir. Sa mort fut une blessure incurable, surtout pour ma mère. En 2015, la fratrie est partie en exil. Seuls mes parents sont restés à Alep. Par bonheur, j'ai rencontré Aala, pour l'aimer et l'épouser. Elle était celle qui m'offrirait un fils que nous appellerions Yaman, afin que ne s'égare pas l'âme de mon frère errant dans cette ville devenue méconnaissable à force de destructions. Afin qu'elle demeure parmi nous, au-delà des cités et des frontières.

*

Aala

Mon père

Alep était mon univers, le quartier de Boustane Al-Qasr, mon horizon. La ville est restée belle, même sous les bombardements. Nous y avons été heureux, même avec la peur dans nos entrailles. Comme tous et toutes, j'ai été forcée de partir. Alep me manque : l'ombre du cédratier dans le jardin public, ma famille. Ils vivent éloignés, chacun dans leur exil. L'absence de mon père est un gouffre dans ma poitrine.

L'Armée libre arriva par surprise, pendant la nuit. Nous ne nous y attendions pas, mais nous en avons été très heureux. Nos soldats conquéraient de larges territoires et posaient des barrages. Puis, nous avons appris que telle zone était libre, que telle autre restait sous le contrôle du Régime, et que nous pouvions choisir où mettre nos pas. Mon père avait défilé dans les cortèges, portant mon petit frère Zein sur ses épaules, alors nous sommes restés chez nous, à Boustane Al-Qasr libéré. À cette époque, mon père travaillait encore comme fonctionnaire responsable de la distribution de la paie des employés. À deux reprises déjà, il avait été arrêté, dénoncé par des gens qui l'avaient reconnu dans les manifs. Après la libération, l'administration le contacta, le convoquant pour une affaire importante. Il se présenta à son poste, des collègues le ligotèrent et l'enfermèrent dans un bureau. Ils lui avaient tendu un piège. Par chance, l'un d'entre eux était son ami ; il le libéra pendant que les autres étaient occupés à guetter l'arrivée de la police. Grâce à Dieu, il en réchappa. Il s'enfuit sans jeter un regard par-dessus son épaule. Par la suite, il reçut des tonnes de menaces, des appels téléphoniques horribles qui nous jetaient dans l'effroi, sans que cela l'affecte : il demeurait tel qu'en lui-même, brave et rassurant. Il avait pourtant perdu son emploi et les moyens de subvenir aux besoins de notre famille. Son calme et sa voix grave nous communiquaient de la force et de l'optimisme. Si bien que nous disions toujours : « Dieu ne nous oubliera pas. » De fait, mon oncle couturier embaucha mon père dans son atelier. La famille était sauve.

J'avais 15 ans. Les écoles avaient fermé à cause de la guerre et des bombardements. J'étais désœuvrée, tournant en rond sans autre activité que celle d'écouter les explosions dans toute leur diversité, tâchant de reconnaître lesquelles nous menaçaient, lesquelles étaient lointaines. Les tirs d'artillerie, par exemple, même quand ils étaient proches, ne nous inquiétaient plus. Lorsque les canons tonnaient, nous disions « Ça va ! », mais quand les avions se sont mis à bourdonner dans le ciel alépin, mon père, si calme, est devenu nerveux. Nous lui disions : « Ô mon *bey*, rien ne sert de t'inquiéter ! Quels que soient les projets que Dieu nous réserve, ils se réaliseront ! » En vérité, les bombes dégringolant du ciel me terrifiaient, mais je devais me montrer forte. La famille était comme un château d'allumettes, il suffisait d'un souffle de travers pour qu'elle s'effondre. Un soir, mon père nous annonça que nous partirions à la prochaine aurore.

Nous avons empaqueté nos affaires avec tristesse, car qui pouvait prédire si nous reverrions notre maison ? J'ai pris des vêtements, mes livres de dessins et mon cahier de souvenirs. Ce cahier datait de mon dernier jour d'école. Nous ignorions si nous nous reverrions le lendemain, ou un autre jour, alors chaque élève avait écrit un souvenir qu'il gardait des autres. Chacun de mes camarades avait noté une phrase à mon sujet. J'ai emporté mon cahier et, lors de ces longs mois passés loin d'Alep, je découvrais chaque jour une nouvelle page et ce que mes amis avaient pensé de moi. Cette lecture me rendait mélancolique, car je ne savais pas ce qu'il était advenu d'eux. Dans ce cahier, ils m'appelaient « la sympathique », en raison des bons conseils que je leur prodiguais. Nous avions le même âge, mais ils me considéraient comme leur grande sœur. C'est ce qu'ils ont écrit.

Mon père nous mena dans une grande maison arabe située dans la région d'Idlib, à un endroit appelé Kafr Tahnine, puis il s'en retourna à Alep. La bâtisse appartenait à un oncle exilé en Libye. Elle était vide, dépourvue de lits, de gazinière, d'électricité. Chaque jour, il fallait rapporter de l'eau. La famille de ma tante s'y était réfugiée au grand complet, envahissant chaque coin et recoin avec tapis, théières, enfants et bébés fatigués. Ces conditions étaient rudes, en particulier pour mon petit frère Zein, dont la santé fragile préoccupait ma mère, mais le ciel y était silencieux avec plein d'étoiles au-dessus des champs. Mon père nous y laissait, l'esprit apaisé, puis venait nous chercher quelques mois plus tard, quand les bombardements s'effilochaient dans le firmament de Boustane. Nous y avons fait de nombreux séjours.

Puis Kafr Tahnine fut à son tour bombardé, plongeant notre petite communauté de réfugiés dans l'effroi, car nous n'avions pas la moindre idée de la façon dont nous protéger. Cette grande maison vide était dépourvue de sous-sol, et ce lieu qui nous avait longtemps paru un havre, isolé des combats et des hommes, s'était transformé en radeau égaré dans la tempête. Nous nous pressions les uns contre les autres, immobiles et tremblotants, car il n'y avait pas d'abri, mais des vergers inconnus à perte de vue. Les explosions se rapprochaient, si fortes qu'un de mes oncles sortit pour évaluer notre situation. Une bombe tomba et il revint, le corps transpercé de shrapnels. Nous n'avions plus d'eau pour laver ses blessures. J'ai alors songé : « Que faire ? Ça bombarde ici, ça bombarde à Alep. » Ici, c'était la campagne. Les bombardements se voyaient de très loin, ils descendaient du ciel et incendiaient les champs. Les vergers n'étaient d'aucun secours, ni d'aucun réconfort. Je pense que les humains se divisent entre ceux des villes et ceux des champs. Moi j'étais fille de ma ville. À Alep, j'avais appris à écouter les bombes, mais je ne les voyais pas, à cause des immeubles qui s'élançaient vers le soleil. Tout bien considéré, je préférais ces grands murs de pierre et de ciment qui dissimulaient à nos yeux l'arrivée de la mort. Si ces explosifs nous tombaient dessus, il était trop tard pour s'en inquiéter. Plus insupportables que les souffrances et la mort environnante était cette angoisse à la perspective de souffrir et de mourir. Dans ces horribles vergers, cette peur nous emprisonnait tous, hommes ou femmes, car il n'y avait pas un voisin pour nous tendre la main. Et puis Alep nous manquait. Mon père me manquait davantage. Il vint nous chercher sous les bombes. Nos affaires n'avaient pas été dépaquetées, nous sommes rentrés à la maison.

Durant ces mois passés dans les vergers de Kafr Tahnine, quelques écoles avaient rouvert à Alep. Mon père nous encouragea aussitôt à reprendre nos études. Il disait que nous devions aller jusqu'au bout et accomplir nos rêves, que tels étaient l'esprit de la révolution et la vie à laquelle nous devions aspirer… Je me souviens que c'était l'année de mon brevet. J'ai donc repris le chemin du collège. Malgré les hauts immeubles qui dissimulaient le ciel par trop effrayant, je sursautais à chaque explosion. Les leçons s'achevaient souvent dans les abris avec nos professeurs. Quand les bombardements étaient trop forts, mes parents m'incitaient à rester à la maison. J'étais devenue têtue et, surtout, je me voulais la disciple de mon père : j'aspirais à suivre sa philosophie sur l'accomplissement des rêves. Il était mon devoir de poursuivre ma vie et, donc, l'école. En vérité, je bondissais de frayeur incontrôlable sur le chemin et j'avais peine à dissimuler ma nervosité. Les bombardements lointains ne nous affolaient plus, mais quand ils se rapprochaient, la panique reprenait de plus belle. Dans les ruelles, les habitants tournaient, pareils à des derviches, ou couraient en zigzag, croyant sans doute que ces mouvements réduiraient la probabilité d'être fauché par une bombe.

Un mois avant mon examen du brevet, la santé du petit Zein périclita. Ses yeux écarquillés étaient immenses et brillants, ses membres chétifs. Mes parents partirent en quête d'un médecin disponible dans une des zones libérées. Ils marchèrent ensemble, portant mon petit frère malade enroulé dans une couverture, jusqu'à une sorte de cabinet médical. Il y avait foule, de sorte que mon père suggéra à ma mère de rester là avec l'enfant, pendant que lui irait acheter des légumes à Jibb Al-Qobé. Ma mère l'a longtemps attendu. L'obscurité annonçait la nuit et ses dangers, aussi décida-t-elle de rentrer seule avec son enfant malade. Elle nous raconta que, sur le chemin du retour, elle avait remarqué les devantures fermées des boutiques. Elle en avait ressenti un malaise indéfinissable, sans comprendre quelle pouvait en être la cause.

Nous avons attendu le retour de mon père. Ma tante est arrivée la première. Elle nous a dit avec un visage fermé qu'un missile avait frappé une rue commerçante de Jibb Al-Qobé, là où mon père était parti faire des courses, et qu'il avait été blessé au pied. Elle nous a suggéré d'habiter chez elle, le temps de son hospitalisation. Nous avons regardé ma tante, silencieux et accablés de chagrin, car nous ne savions rien : ni où était mon père, ni la gravité de sa blessure, ni pourquoi elle arborait ce visage tragique. Nous nous disions qu'il avait été blessé au pied, et peut-être aussi à la jambe. « Ça va », a dit ma mère. Ma tante est repartie, le téléphone a aussitôt sonné : son époux insistait pour que nous ne restions pas seuls et nous pressait de venir. Ma mère lui a dit : « Donne-moi une heure, le temps que j'arrange notre maison. »

Je l'ai aidée à installer un lit au salon, un endroit douillet pour la convalescence de mon père. Nous avons superposé des matelas. Ma mère a pris un drap de lin qu'elle avait reçu pour ses noces et nous en avons recouvert les matelas, en tirant sur les coins pour qu'il n'y ait pas de plis. Puis nous avons apporté des coussins, des couvertures ainsi qu'une table où il pourrait poser son café. La blessure de mon père était mauvaise, sans doute allait-il nous être rendu avec le pied ou la jambe coupés. Mais tout compte fait, ce n'était qu'un pied, qu'une jambe, alors nous nous disions : « Ça va. » L'essentiel était qu'il dispose de cette couche confortable au milieu de nous. Quand tout fut prêt pour l'accueillir, nous nous sommes mis en route.

Il régnait chez mon oncle un grand désordre et une confusion créée par tous les voisins accourus pour prendre des nouvelles. Au bout d'un long moment, mon oncle nous a expliqué que mon père était en fait blessé aux poumons, ajoutant : « Ça va. L'être humain peut très bien vivre avec un seul poumon. » Plus tard, les voisins nous ont dit qu'il avait été blessé à la tête. C'était un cauchemar, car chaque minute écoulée annonçait une autre blessure, plus grave que la précédente. Nous étions plongés dans le flou complet, noyés dans ces bribes d'informations dont on ne savait d'où elles provenaient ni si elles étaient vraies. Nous nous mettions à douter, avec un désespoir croissant. Mon oncle nous a alors avoué que papa avait été évacué en Turquie avec un médecin syrien, qui l'informait par téléphone de son état. La sonnerie a retenti. C'était le médecin. Mon père était mort.

Le lendemain, à dix-huit heures, son corps nous fut rendu. Je n'ai pas pu le voir. J'en étais incapable.

Je voulais continuer à l'imaginer vivant parmi nous. Je me suis cachée chez les voisins. Il fut enterré à Boustane Al-Qasr, à la va-vite, à cause des bombardements. Il n'était pas possible d'attendre, c'est un devoir de mettre en terre les défunts au lendemain de leur mort.

Sans mon père, la maison était vide. Le bonheur s'en était allé, ainsi que la philosophie de l'accomplissement des rêves. Ma mère devenue veuve s'est cloîtrée durant quatre mois et dix jours, selon la tradition[1]. Le jour où elle put sortir, le petit Zein était de nouveau très malade. J'ignore quel mal l'affaiblissait ainsi, mais il lui fallait des injections quotidiennes. Pour sa première sortie d'après-veuvage, maman se rendit au cabinet médical, en prenant le chemin qu'elle avait emprunté le jour de la mort de son époux. Elle revint sans encombre et se prépara pour une visite à mes grands-parents, qui n'étaient éloignés que de quelques pas, dans l'immeuble d'en face. Mes deux grands-pères, anciens coéquipiers au sein de la police, avaient été à l'origine de l'union de mes parents. En scellant ainsi leurs destinées, ils avaient engendré notre famille, une famille parfaite où l'amour avait régné jusqu'à mes 15 ans. Il était donc naturel que la première visite de ma mère soit pour notre grand-père paternel. Son retour dans le monde extérieur était comme un premier pas vers une nouvelle vie. Il nous semblait qu'après la mort de mon père, plus rien ne pourrait jamais nous atteindre.

Nous étions côte à côte, mon frère et moi, quand maman nous confia le petit Zein qui grelottait de fièvre. Elle franchit la porte d'entrée, s'apprêtant à nous adresser un au revoir. Il n'y eut aucun signe précurseur, aucun bruit, pas un sifflement. Une bombe-baril s'écrasa dans

1. L'*îdat*, qui définit les règles que doit suivre l'épouse devenue veuve, prévoit une période de quatre mois et dix jours durant laquelle elle ne peut sortir de la maison conjugale.

le salon, brisant chaque objet et chaque mur de la maison qui s'écroula sur nous. Sur le pas de la porte, ma mère était restée figée malgré la violence de la déflagration, regardant la pièce se désintégrer dans un nuage âcre, comprenant qu'après son mari, elle venait de perdre tous ses enfants.

Les shrapnels et les clous du baril explosif accomplirent leur œuvre de destruction sans atteindre aucun d'entre nous, mais ils déclenchèrent un incendie qui ravagea avec une telle fureur les pauvres ruines de ce qui avait jadis été chez nous que nous avons fui, abandonnant tout, objets utiles ou inutiles, souvenirs de mon père et tout ce qu'il avait bâti pour nous.

Nous nous sommes réfugiés dans les vergers perdus de Kafr Tahnine, où la grande maison avait résisté aux bombardements. Nous étions dans un état de guenilles qui aurait arraché des larmes de honte à mon père, s'il avait été vivant. Mais il était mort, et nous devions continuer sans lui, dans cette campagne horrible où nous manquions de tout. Au bout de deux mois de lamentations et de suppliques, ma mère se résigna à nous ramener dans la ville, à laquelle nous appartenions corps et âme. Nous sommes retournés sur les vestiges noircis de notre maison. Après avoir dégagé les gravats, savonné le sol et les murs autant qu'il était possible de le faire, nous avons découvert une pièce intacte, décrétant qu'elle avait toujours été notre chez-nous et qu'elle le resterait. Une organisation d'aide aux orphelins d'Alep nous prit en charge et nous donna quatre-vingt-dix dollars mensuels qui nous permirent de survivre.

Ma mère s'affairait sans relâche. Quand elle ne soupçonnait pas notre présence, si elle se croyait à l'abri de nos regards inquiets, elle laissait exploser sa douleur, sanglotant, se frappant la poitrine puis levant ses bras en direction du ciel. Si elle croisait notre regard, elle essuyait ses larmes à la va-vite, se redressait avec l'air d'avoir retrouvé un objet perdu et nous disait : « Ça va. »

*

Husain

L'ange de la mort

La beauté des premiers jours de la libération m'avait plongé dans un tel état de béatitude que je n'ai pas vu les signes. Plutôt, je me suis efforcé de ne pas les voir. Il m'a pourtant fallu ouvrir les yeux. Les drames succédaient aux drames. Pour moi, l'événement révélateur fut la mort d'Ahmed, mon pote depuis le lycée, mon meilleur ami depuis la révolution. Après ses funérailles, je n'ai plus considéré notre situation dans un clair-obscur, mais comme un lieu de ténèbres. Ce n'était plus la vie, c'était la pleine démence ! Ahmed avait été tué, par hasard, dans un marché aux légumes. C'était le hasard, car nous nous trouvions à quelques mètres l'un de l'autre. Il était mort, alors que je n'avais pas eu la moindre égratignure. C'était la fin décembre. Dans ma mémoire s'est inscrite la date du 27 décembre 2013, même si je ne pourrais jurer de rien.

Avec des amis, je réparais des générateurs électriques près du marché. Nous avons croisé un vieillard loqueteux qui s'est pétrifié devant nous avec un regard intense en balbutiant : « Où est Bachar Al-Assad ? » À notre tour, nous sommes restés pétrifiés, car cette scène était ubuesque, cauchemardesque. La décrépitude personnifiée nous marmottait le nom d'un président honni dont nous nous croyions débarrassés, avec la même insistance que s'il l'avait croisé trois minutes plus tôt, parmi la foule du marché. Il répétait : « Dites-le-moi ! Où est-il donc ? Où est Bachar Al-Assad ? » L'un d'entre nous a fini par réagir : « Laissons-le tranquille, ce n'est qu'un vieux fou ! » Nous avons continué notre chemin vers les générateurs électriques, mais cette rencontre m'avait contrarié et je regardais autour de moi avec nervosité. Les paroles du vieux étaient trop étranges, aussi perturbantes que celles d'un prophète annonçant l'imminence de l'apocalypse. Mon malaise grandissait. J'ai dit aux amis : « Partons d'ici en vitesse ! »

Nous sommes montés dans le premier taxi. Je sentais encore la présence du vieillard à mes côtés, ainsi que l'angoisse qui émanait de lui, puis j'ai eu l'impression oppressante que le marché aux légumes était lui aussi contenu dans la voiture, avec ses marchands, ses acheteurs et le quartier tout entier. Cela créait une pression phénoménale à l'intérieur du taxi et une tension réelle, car l'atmosphère s'est mise à enfler dans un sifflement à crever les tympans. Puis la bombe-baril explosa. Il y eut quatre-vingts morts en quelques secondes, dont mon ami Ahmed. Parfois, je me demande si ce vieillard n'était pas la Mort en personne, ou un de ses anges venus m'éloigner du danger. Je ne l'ai plus jamais revu.

J'ai assisté à l'enterrement d'Ahmed en songeant à cette absurdité morbide : le marché aux légumes, quelques secondes, quatre-vingts morts. Je songeais : « Vais-je continuer à risquer de mourir à chaque instant ? Pourquoi alors ne pas aller jusqu'au bout ? Pourquoi ne pas mourir tout de suite ? » Vivre à Alep revenait à jouer à la roulette russe avec une arme automatique. Quel idiot appuierait sur la détente en connaissant l'issue fatale ? Allais-je être cet idiot ? Ou allais-je protéger ma vie et m'enfuir ? La mort d'Ahmed eut cet effet de prise de conscience personnelle. Mais il y eut pire. Il y avait toujours pire à Alep.

Il se produisit ensuite cet autre événement. Les bombardements tuaient, désintégraient, incendiaient partout dans la ville. Un missile Scud s'écrasa à cinq cents mètres de chez moi, à Sakhour. L'explosion détruisit dix-huit maisons. J'ai accouru pour secourir les blessés. J'étais un voisin et suis donc arrivé l'un des premiers sur les lieux. J'ai voulu aider un petit garçon de 4 ou 5 ans. Il était couvert de poudre de ciment et tremblait de tous ses membres. Il a gémi : « Prends-moi dans tes bras… » Je l'ai serré contre moi et j'en ai été bouleversé car son petit être se convulsait entre mes mains d'adulte, on aurait dit que son cœur cherchait à s'échapper de sa maigre poitrine. J'ai été submergé par mon impuissance, en même temps que par la terrible injustice qui s'exerçait à l'encontre de ce corps d'enfant. Je l'ai bercé, je l'ai serré de toutes mes forces, j'aurais voulu l'absorber, le glisser à l'intérieur de moi, faire rempart de mes chairs. J'aurais voulu posséder le pouvoir de l'apaiser.

Je l'ai transporté dans un centre médical, il n'était pas blessé. Je l'ai laissé avec les médecins et suis retourné sur les lieux du bombardement, avec l'espoir insensé de retrouver ses parents. J'ai entendu des gens qui criaient le nom de l'enfant. Je leur ai dit qu'il était vivant, qu'il les attendait au centre médical. En quelque sorte, cette histoire se terminait bien, mais la terreur secouant le petit garçon m'avait fendu l'âme. J'ai décidé de quitter Alep. À mon tour, j'avais peur et j'avais perdu foi en ce que je croyais, en la révolution, en des jours meilleurs, en la liberté d'expression, en la Vérité vraie et tout le reste.

Tout le monde devrait pouvoir vivre comme il l'entend. C'est le droit des gens de ne pas mourir, même pour la plus belle des causes, de façon aussi stupide. C'est leur droit de refuser d'être réduits à des personnages de jeux vidéo courant en tous sens pour éviter une balle, un baril d'explosif, un missile, pendant que des millions d'autres les regardent sur leur écran, tout en bouffant des chips et en jugeant que tel ou tel méritait son sort. Alep en guerre était devenue aussi insensée qu'un putain de jeu vidéo. J'ai refusé de jouer.

HUSAIN A QUITTÉ ALEP DÉBUT 2014. IL VIT EN EXIL.

Cécile

Le mercredi 1er novembre 1911, Giulio Gavotti, lieutenant génois âgé de 29 ans, s'envola à bord de son aéroplane. L'armée royale italienne était en guerre contre l'Empire ottoman en Afrique du Nord, dans une région qui n'était pas encore la Libye, mais qui le deviendrait après la victoire de l'Italie. Les troupes ottomanes, appuyées par des bataillons arabes, se retranchèrent dans les lieux stratégiques qui contrôlaient l'eau : les oasis d'Ain Zahra et de Tadjoura. Le lieutenant emporta avec lui quatre bombes de la taille d'un pamplemousse, d'environ un kilo et demi chacune, qu'il balança à la main par-dessus bord, à sept cents mètres d'altitude. Le premier bombardement aérien de l'histoire de l'humanité démontra aussitôt son efficacité : les explosions ravagèrent par le feu l'oasis d'Ain Zahra, provoquant la débandade ottomane. L'homme avait appris à voler moins de dix ans auparavant.

En 1925, l'artillerie française bombarda Damas et sa campagne, en particulier les opulents vergers de la Ghouta, pendant quarante-huit heures. Quelques bombardiers furent de la partie pour mater la rébellion contre la puissance mandataire française en Syrie. Le dimanche 18 octobre 1925, ces bombardements firent plus de mille morts dans les quartiers musulmans et allumèrent un gigantesque incendie dans le quartier Sidi Amoud, situé entre les souks Hamidiyé et Medhat Pacha. Ce quartier avait été baptisé d'après le nom d'un saint homme vénéré, Sidi Amoud, qui y avait été enterré. Les destructions furent si massives que la communauté internationale, et notamment la presse britannique, y trouva à redire. Les lieux furent reconstruits et réhabilités, changeant de nom pour être rebaptisés *Al-Hariqa*, « l'incendie », en mémoire des hommes et du patrimoine ancestral syrien qui avaient été réduits en cendres par les bombes de l'armée coloniale française.

La mémoire des gens et celle des pierres divergent. Ainsi, l'incident inaugural de la révolution syrienne, en 2011, se produisit à Hariqa : une paire de gifles distribuée par un policier au jeune fils d'un riche boutiquier. S'ensuivit la première manifestation dans le pays. Si les Alépins se rappellent tous cet épisode et l'endroit où il eut lieu, Hariqa n'évoque plus le symbole de la lutte pour l'indépendance qu'il avait été un peu moins d'un siècle plus tôt, mais, selon Abdelqader, un lieu « bien connu pour ses vitrines exhibant soutiens-gorge sexy et petites culottes en dentelle ».

À Alep, les exemples de cette dissociation du souvenir sont multiples. Les jeunes révolutionnaires – Karam, Zakariya, Ryan, Abdelqader et les autres – tentèrent de s'approprier la grande place de leur ville, dont le nom pouvait être considéré de bon augure puisqu'elle s'appelait – et s'appelle encore – place Saadallah Al-Jabri, d'après le fils du grand mufti d'Alep. Né en 1893 et mort en 1947, il avait été deux fois Premier ministre. L'homme était surtout l'une des grandes figures de la lutte pour l'indépendance durant le mandat français. Son engagement lui avait valu d'être condamné à huit mois de prison pour avoir participé à des manifestations contre la présence française. Ce héros d'Alep, tenant l'asphalte, marchant dans les cortèges et englouti dans les sous-sols français, n'a guère porté chance à ses descendants.

Cernée par les centres des services de sécurité et de renseignement de la ville, la grande place d'Alep restera, chez ceux de l'Est, comme le symbole de la puissance du Régime et de l'échec de leur révolution.

La grande mosquée des Omeyyades, aujourd'hui ravagée, avait été construite sur le parvis d'une cathédrale. À l'époque hellénistique, cette vaste esplanade abritait l'Agora, où les citoyens se rassemblaient pour discuter des affaires de la cité. Les préludes à la révolution lui ont rendu en partie cette fonction antique. Dernier lieu de rassemblement autorisé par le Régime, la mosquée a ainsi abrité les assemblées civiles où furent décidés et accomplis des actes majeurs pour la destinée de la ville. Si la religion y a tenu sa place, la politique l'a supplantée, au point que l'opposition issue des autres communautés (notamment chrétienne) y est venue aussi, pour participer.

Dans les mémoires alépines, le quartier de Salaheddine est désormais associé à la rébellion, lieu emblématique de la ferveur révolutionnaire, où se déroulèrent des combats épiques qui dévastèrent ses ruelles et où s'organisa la résistance contre les djihadistes de Daech. Abritant dans ses souterrains le dernier des hôpitaux de la ville assiégée, il est devenu l'incarnation d'une identité collective liée à révolution, déconnectée du héros qui lui avait donné son nom : Salaheddine, Saladin, celui « qui avait étrillé les croisés », dixit Zakariya. Le quartier conservera-t-il ce nom ? Quel fil de la mémoire le régime de Bachar Al-Assad gardera-t-il, ou brisera-t-il, s'il récupère son emprise comme par le passé ? Que dire encore de la rivière Queiq ? Que sont devenus les vieux sages évoquant les carpes étincelantes et dodues d'antan ? Leurs descendants raconteront-ils que les seules créatures qu'ils virent émerger de ses flots furent, un matin d'hiver, des hommes-poissons suppliciés au point de ressembler à des tableaux de Picasso ?

Alep change. Dans les interstices des récits de ses habitants, elle se transforme. Étalée autour de la croupe blonde de la Citadelle, elle a d'abord été d'un blanc calcaire, couleur *chahba* comme la vache d'Abraham, et binaire, intercalée entre la voûte du ciel – vers lequel révolutionnaires, rêveurs, amoureux et croyants envoyaient leurs prières, déchiffrant dans ses constellations l'espoir et les signes annonciateurs des aubes enchanteresses –, et les sous-sols, ventre maudit et insatiable dans lequel furent jetés les adolescents.

La ville se distord. La rivière, soudain tarie, surgit de son lit sous le regard inquiet des agriculteurs et dégueule sur ses rives des cargaisons psychédéliques. « La ville se fendille ». Elle n'est plus une, mais deux. L'Est et l'Ouest, dont la démarcation ne se matérialise pas par un mur, même si elle en possède toutes les caractéristiques. Pas celles des vieux remparts couverts d'aspérités, dissimulant aux passants les jardins secrets des *hoch* traditionnels, mais celles, minimalistes, du mur de Berlin. « Une absence créée[1] », comme disent les urbanistes, un « non-mur » infranchissable, avec des tentatives désespérées dans les deux sens, et une séparation idéologique. Elle est aussi une ligne d'affrontement pour les seules forces armées cependant, car, de part et d'autre – entre l'Ouest qui demeure et l'Est qui largue les amarres vers des horizons incertains –, les liens familiaux résistent autant que possible à la rupture.

La ville change de volume, elle rétrécit. Ce n'est plus Alep la Belle ; c'est « Alep-Ouest du Régime » ou « Alep-Est des zones libérées ». Elle est victime d'une embolie non loin du cœur, à un croisement dans Boustane Al-Qasr. Son ciel n'est plus le réceptacle céruléen

1. Rem Koolhaas, *Études sur (ce qui s'appelait autrefois) la ville*, Paris, Payot & Rivages, 2017.

des prières et des rêves, il écrase les immeubles de bombes-barils, les réduit en tas informes effaçant les anciennes artères et les venelles, dans lesquels s'amoncellent canalisations éclatées et tuyaux tordus de *sobié*, lambeaux des tenues de fête, un morceau déchiré de soie orangée, des bris d'assiettes ou de tasses à café, tous ces résidus dérisoires de la vie quotidienne.

Et comme si la mort ne suffisait pas, les corps disloqués dans des postures grotesques. Le souffle des bombes ajoute l'obscénité à l'absurdité de la guerre. Les vêtements arrachés laissent saillir les sexes dénudés, dans une insupportable indécence car elle ajoute, au gâchis d'une vie humaine pulvérisée, l'humiliation et l'impuissance des organes. Un homme est fauché le pénis à l'air, une femme les cuisses ouvertes, en une ultime désacralisation d'eux-mêmes et de ce qu'ils avaient été dans l'intimité, de ce qu'ils révélaient à l'être aimé ou, à l'extrême rigueur, à un médecin, désormais réduits à une horreur de plus, un vestige de ce qui avait été et ne serait plus. Une mort exhibitionniste à vomir. La mort n'apporte pas le réconfort. Elle n'est pas l'abrogation des souffrances, mais la mise à sac de toutes les petites ruses que nous employons pour lui résister.

Dans la nuit des temps, quand la plupart des humains survivaient dans des huttes et des grottes, Alep était déjà Alep, une métropole florissante. La cité était aussi un centre religieux très fréquenté, car son dieu tutélaire n'était autre qu'Addad, l'un des plus vénérés au panthéon de l'Orient antique. Dans les représentations statuaires qui nous sont parvenues, il est souvent représenté avec des cornes de taureau et un foudre. Addad est le dieu de l'Orage et il régna longtemps sur Alep sous ce nom, puis sous celui de Zeus à l'époque hellénistique et romaine. Dans une ellipse anachronique, la tentation est forte de lier l'attribut de cette divinité – l'une des plus anciennes connues – aux bombardements qui, des milliers d'années plus tard, ont mis Alep à genoux, anéantissant la ville entre 2013 et 2016. Une tentation d'autant plus forte si les orages suscitent la panique – comme dans mon cas, je dois bien l'avouer. Cette peur a peut-être été inscrite dans mes gènes, puisque avant ma naissance mon père fut foudroyé un jour d'été sans nuages, durant un exercice effectué lors de son service militaire.

Cette ellipse serait une grossière erreur, non parce que mon père survécut – le terme adéquat est alors « fulguré » plutôt que « foudroyé », paraît-il –, mais parce qu'Addad, maître des orages et « chevaucheur des nuées », n'est pas un dieu exterminateur assimilable aux bombardements aériens inventés par les hommes. Dans les steppes hostiles et mal irriguées qui se déploient autour d'Alep, l'orage, les pluies diluviennes et les trombes d'eau dont il gratifie les terres avec fracas et générosité symbolisent au contraire la renaissance : le renouveau de la nature, la prospérité des cultures et l'éloignement de la famine, ce fléau meurtrier et récurrent dans l'histoire de la cité.

Les archéologues nous décrivent le dieu jeune et fougueux, bataillant sans relâche contre les forces destructrices, et même la Mort en personne : une entité lugubre du nom de Môt, personnifiant les étés caniculaires d'Orient, les sécheresses désolantes qui vident les puits, les greniers et les seins des villageoises, arrachant à la vie les petits rifains, quand les sillons crevassés n'avaient plus rien à leur offrir. Dans la nuit des temps, Addad chevauchait des nuées que n'encombraient pas encore les bombardiers assassins syriens et russes.

LIVRE VI

RÉSISTANCES

Zakariya

La révolution ménagère

Mon père avait refusé ma reddition, la seule chose peut-être qui aurait pu sauver mon frère Zaher des sous-sols et me soulager d'une culpabilité éternelle. En Turquie, l'exil de ma famille s'accompagna de changements familiaux positifs et donc inopinés. Dans leur existence loin d'Alep, les miens n'eurent d'autre choix que de chercher un moyen de subvenir à leurs besoins, puisque mon père, jadis richissime, était ruiné par ma faute. Tous se mirent au turbin, y compris ma mère et mes sœurs, si bien qu'en rentrant le soir mon père dut s'occuper, pour la première fois de sa vie, de préparer lui-même sa pitance.

Mon père, Monsieur le Pacha ! Jusqu'à cet exil, il avait toujours posé les pieds sous la table, selon nos traditions alépines, engloutissant les mets que ma mère avait cuisinés pour lui sans jamais s'interroger sur les ingrédients, l'énergie et l'amour qu'elle avait transformés en *mouloukhié*, *kebbé* en sauce ou même en langues farcies de pistaches, son plat favori qu'elle mitonnait comme personne. À chacune de ses grossesses, mon père s'était enorgueilli d'avoir la panse aussi ronde que celle de son épouse, y compris lorsqu'il s'avéra qu'elle n'allait pas mettre au monde un bébé, mais des jumeaux en parfaite santé. Tous les soirs, après avoir vérifié que ses fournitures scolaires *made in China* s'écoulaient en quantités astronomiques, le patriarche était accueilli en sa demeure, époussetée avec soin, par un repas fumant. Et voilà que, dans son exil, il s'activait aux tâches ménagères ! S'il était trop fatigué, il se contentait désormais comme tout le monde d'olives, de fromage et de sandwichs au thym et à l'huile qu'il disposait lui-même sur la table. Mon propre père ! Son existence connut ainsi une sacrée révolution. Toutes les femmes de la maison étudiaient à l'université ou travaillaient, y compris ma mère qui consacrait son temps à un orphelinat rempli d'enfants syriens. Les vieilles traditions rances, Dieu merci, nous nous en sommes débarrassés.

Dans l'Alep d'antan, mon père ne cessait de se plaindre. Quoi ! Ce plat n'était pas encore prêt ? Il sentait trop le clou de girofle, mais manquait de poivre ou de cardamome ; lui aurait préféré des courgettes fourrées au blé vert… Une multitude de détails l'irritait et, s'il était généreux avec son argent, il se montrait non moins prodigue en remontrances et remarques piquantes à l'égard des gardiennes de la maison. Il blâmait ma mère, il blâmait ma sœur, la harcelant quand elle rentrait le soir à huit heures, alors que ses cours se terminaient à cinq, se comportant comme un véritable tyran domestique dont il était l'incarnation jusque dans l'épaisseur de sa bedaine. Mythe ou réalité, il avait toujours raison.

Il changea. Le foyer se réorganisa selon une dynamique inédite : les femmes s'éloignèrent des marmites et des poêles à frire, du cocon de la cuisine. J'en suis très heureux. Ma famille s'est arrachée à cette société étriquée, sclérosée de traditions et de routines stupides qui aboutissaient à toujours plus de repli et de fermeture d'esprit. Tout ça, c'est bien fini, parce que je me suis battu contre le Régime, mais, plus encore, contre un système qui nous étouffait avec autant d'efficacité que la corde autour du cou des pendus. Cela, au moins, fut une réussite…

Petit, j'avais appris une chansonnette ; j'aimais à la fredonner. Elle était triste et rigolote à la fois puisqu'elle résumait à merveille notre condition pitoyable. « Cela t'est interdit dans ton pays », disait le refrain. Après le départ de mes parents pour la Turquie, trois copains et moi avons repris ce concept pour divertir les habitants d'Alep-Est, chaque jour plus désemparés par les ténèbres, cet univers funeste de guerre et de bombes, loin de la révolution ménagère qu'expérimentaient certains exilés. Nous avons inventé une série de sketchs intitulée *Interdit en Syrie*. On en écrivait les dialogues, on en chantait les chansons, on filmait nous-mêmes dans le décor naturel des immeubles défoncés, avant de poster la vidéo sur Internet. Trente épisodes furent tournés, générant un million et demi de vues sur YouTube, ainsi qu'une diffusion sur la chaîne locale Halab Al-Youm[1]. Un triomphe !

Le désespoir était tel chez nos concitoyens qu'il ne restait plus que l'humour et l'autodérision, ces traits typiques du caractère syrien, enfouis mais par nous ranimés, pour résister à l'inéluctabilité des funérailles et de la décomposition de la ville. Nous voulions raconter ce qu'il se tramait dans nos ruelles, non plus à la manière d'un témoignage destiné à informer, mais avec un humour noir, sous la forme de comédies suscitant chez les Alépins le rire et les larmes – les deux en même temps si possible. Nos habitants en avaient tant bavé que la faculté d'exprimer leurs sentiments s'était désintégrée avec tout le reste. En attendant la réapparition de bourgeons d'espoir sur nos terres brûlées, la nécessité était vitale d'évacuer ce trop-plein de malheurs qui nous étouffait, au fur et à mesure que la ville se vidait de ceux que nous avions connus et aimés. Ces sketchs de quelques minutes et l'énergie qu'ils procuraient, en

1. « Alep aujourd'hui », diffusée à partir de la Turquie.

vérité, c'était grandiose ! Ils ont apporté un changement dans la routine de l'adversité, ils offraient une « non-raison » valable de rire et de pleurer, de kiffer tous ensemble malgré l'évidence qui nous accablait. Cet art de l'autodérision et de la résistance dépassa l'audience alépine, il fit même l'objet d'articles dans les médias étrangers[1].

Parmi nos spectateurs, beaucoup étaient des Syriens pro-Régime. Ces sketchs devinrent le vecteur des messages que nous voulions leur adresser : « Cessez d'être dans le déni permanent ! » Et aussi : « Les vies syriennes n'ont aucune valeur aux yeux de ceux que vous soutenez ! » Le plus absurde n'était pas tant le scénario des saynètes, mais bien la réalité qui les avait inspirées. Nous avons, par exemple, tourné un épisode dans lequel un responsable du Régime négociait avec un officier de l'Armée libre un échange de prisonniers. Le plus compliqué, pour ce tournage, avait été de recréer un bureau gouvernemental crédible, car la ville entière était grêlée. Des angles spécifiques et des acrobaties furent nécessaires pour donner l'illusion d'une pièce, certes grise et déprimante, mais sans trou d'obus dans les murs. Nos acteurs étaient des habitants, jeunes et vieux, volontaires pour jouer dans ces décors improvisés. Quant aux dialogues, ils étaient en deçà de la réalité.

Le mec du Régime : Qui avez-vous fait prisonniers ?

L'autre de l'Armée libre : Oh, nous avons capturé un grand nombre de vos gradés !

– Ceux-là, on s'en fout ! Vous pouvez vous les garder ou les tuer si ça vous chante ! En fait, on ne les aime pas. Qui d'autre ?

– Nous avons aussi un Iranien…

1. Édith Bouvier, « À Alep, la guerre en sitcom », *M le magazine du Monde*, 27 juillet 2014.

– Celui-là, rendez-le-nous ! Nous le voulons, à n'importe quel prix !

J'ai assisté en 2015 à cette scène dans la vraie vie. Je photographiais des combats dans le rif, à Rityane. L'Armée libre avait encerclé un bâtiment rempli de soldats de l'armée officielle, qu'elle fit prisonniers en prévision d'un échange. Parmi eux se trouvaient soixante Syriens sunnites et sept combattants qui appartenaient au Hezbollah libanais ou à des milices étrangères. Lors de la négociation, le Régime a dit : « Nous voulons les sept. Les autres, gardez-les, on n'en veut pas ! » La vie des soixante Syriens, eh beh, ils s'en fichaient. Ces soixante-là n'avaient pas plus de valeur que la pisse d'un mulet ! Cette histoire fut à l'origine de l'épisode. La réalité dépassait toujours la fiction.

L'Armée libre captura de nombreux miliciens irakiens, afghans, libanais, tous des mercenaires du Régime. Ils étaient venus se battre en Syrie pour Bachar, en échange de trois cents dollars et une bagnole. *Trois cents dollars et une bagnole !* C'est ce qu'ils ont déclaré… Même dans un sketch d'*Interdit en Syrie*, les gens auraient trouvé ça trop dément pour en sourire.

*

Aala & Bara

Notre mariage

Aala : Après les funérailles de mon père, je n'arrivais plus à étudier. Ma mère m'encourageait, malgré sa peine. Elle disait : « C'est ce qu'aurait voulu ton père. » Je savais que j'allais échouer à l'examen car j'étais trop triste, mais, pour lui faire plaisir, je suis retournée à l'école. Sans surprise, j'ai échoué.

Bara : Nous nous sommes rencontrés dans son école, après la mort de son père. Elle s'apprêtait à passer son brevet. J'y étais pour un reportage. C'est là que je l'ai vue pour la première fois.

Aala : Un jour, un activiste syrien est venu nous trouver car il voulait écrire un article sur notre école. Il souhaitait des photos d'élèves pour accompagner son reportage. C'était Bara. Il s'est adressé à moi. Cela ne m'a pas posé de problème. Il cherchait une fille courageuse pour illustrer son travail de journaliste. J'ai accepté, puisque mon cœur était brisé par la mort de mon père. Je n'ai eu nulle réticence, ni pour mon image ni pour ma respectabilité. Il a précisé que son histoire était destinée à des médias occidentaux, et cela ne m'a pas dérangée non plus. À l'instant où je l'ai vu, j'ai senti que je le voulais, lui, de même qu'il me voulait, moi. Nous avons échangé nos numéros de portable et nous avons dialogué sur WhatsApp pendant un an.

Nous ne nous sommes pas revus avant janvier 2015, jusqu'à ce jour où il est venu chez moi pour demander ma main. Il m'a expliqué ses activités de photographe, comment il dévalait les ruelles de la ville pour en rapporter des photos. J'en ai été terrifiée. Avant nos fiançailles, il ne me disait jamais où il était. Ensuite, il me confiait tout, et je songeais : « J'ai perdu mon père, je vais perdre mon amoureux ! » J'ai accepté cette angoisse, comme j'ai accepté Bara tel qu'il était, avec sa mission de photographe, parce que si les activistes d'Alep renonçaient en raison de leurs fiançailles, plus personne n'irait prendre le risque de témoigner de notre tragédie par ces photos et ces vidéos – ces SOS que la ville envoyait au reste du monde, nos appels à l'aide désespérés.

Tous les soirs, Bara s'asseyait à côté de moi pour m'aider à étudier. Pendant des heures, nous parcourions ensemble les ouvrages scolaires dans l'espoir que je décroche mon brevet. Il insistait beaucoup sur ce point : il me fallait être diplômée avant que nous nous mariions.

Bara : Nous nous sommes mariés le 18 juillet 2015, après sept mois de fiançailles. Notre mariage s'est déroulé selon la tradition. Il y a eu une cérémonie pour les femmes dans un *haramlik* et une autre pour les hommes dans un *salamlik*. Nous avons célébré notre union en prétendant que la ville ne se désagrégeait pas autour de nous, en imaginant que les bombes-barils n'éventraient pas les murs de nos ruelles, qu'elles n'arrachaient pas les membres de nos habitants. Ce fut ainsi une fête tout à fait normale, et donc magnifique !

Les Alépins se mariaient beaucoup en ce temps-là. Dans le même décor aplati de débris se déroulaient simultanément une cérémonie de mariage et une réception mortuaire. Dans la même ruelle, les invités du mariage croisaient les endeuillés, de sorte que les étapes de la vie – l'amour, la mort, les funérailles – se produisaient en un seul lieu et en un seul temps, des cortèges de joie côtoyant des cortèges de tristesse, les uns saluant les autres, bien conscients que leur place pouvait s'inverser du jour au lendemain, d'une seconde à l'autre.

Aala : Peut-être était-ce pour défier l'enfer que nous convoquions ainsi le paradis. Les moindres détails traditionnels revêtaient une importance capitale. Selon la coutume, j'ai choisi ma bague avec ma mère et la mère de mon fiancé, tant pis si nous devions pour cela passer dans une ruelle cernée par ces horribles snipers. Cinq jours avant le mariage, nous avons organisé une grande fête et il a mis l'or à mon doigt. Puis j'ai acheté ma robe de mariée au souk. J'ai suivi les traditions, en dépit de la guerre qui avait provoqué une pénurie en toutes choses : ainsi, mon *sabahlik*, la tenue blanche que revêt l'épousée au lendemain de la nuit de noces, était introuvable à l'Est.

Bara : C'est ma mère qui a acheté son *sabahlik* pour nous de l'autre côté, à l'Ouest, où il en restait encore.

Aala : Elle prenait des photos qu'elle m'envoyait sur WhatsApp afin que je choisisse celui qui me plaisait le plus. Il lui a fallu plusieurs heures pour me l'apporter à l'Est. Elle est arrivée, saine et sauve, avec ma belle tenue blanche. Par chance, elle était juste à ma taille. À cet instant, Bara m'a appelée. Il était allé chercher les résultats du brevet et il m'a dit : « Ta pauvre mère, comment va-t-elle le supporter ? » J'ai pensé : « Mon Dieu, j'ai encore échoué ! » Il a éclaté de rire. Il s'est exclamé que je l'avais obtenu haut la main, avec de très bonnes notes. Je n'avais pourtant révisé que quelques mois, à une période où le petit Zein pleurait beaucoup.

Ça a été une magnifique cérémonie, avec tous nos amis et nos voisins réunis dans la maison de Bara. Il avait réussi à dénicher des enceintes énormes pour passer de la musique, mais il avait oublié qu'il n'y avait plus d'électricité depuis longtemps. Un ami de mon papa, qui s'était trouvé dans le souk aux légumes en ce jour funeste où le missile avait tué mon père, nous a offert un générateur électrique. Cet homme nous aidait par tous les moyens possibles. Bara a ramené un coiffeur à la maison, puis ma tante a débarqué pour me maquiller. Tout a été d'une fantastique normalité. Les enceintes ont fonctionné, nous avons diffusé de la musique à fond pour couvrir le bruit des explosions et nous avons dansé. Ensuite, Bara s'est occupé de la cérémonie des hommes.

Nous avions choisi de nous marier au lendemain de la fête de l'Aïd, parce qu'un cessez-le-feu avait été annoncé en ce jour spécial. Bien sûr, les bombardements ont continué. Malgré tout, ils nous ont paru moins forts que d'habitude, si bien que les invités étaient ravis, enchantés.

Bara : Nous avons assisté à beaucoup d'autres mariages. L'absence d'électricité et les bombardements n'empêchaient plus rien. Toujours, nous trouvions le moyen d'écouter de la musique et de danser. En 2013 et jusqu'au début 2014, les gens n'osaient pas organiser de cérémonie ; l'époux allait chercher son épouse et la ramenait chez lui au plus vite. Les fiançailles ne duraient jamais plus d'un mois et il n'y avait pas de fête. Mais, quand notre tour est venu, la guerre s'était installée au-dessus de nos têtes depuis longtemps et la vie reprenait le dessus, un peu comme les touffes d'herbe sauvage surgissant au milieu des pierres et des ruines. Les mariages étaient célébrés dans la joie et même selon un certain faste, si l'on considère les circonstances, avec un attachement particulier pour les aspects festifs de nos coutumes.

Un mois après notre cérémonie, j'ai remporté un grand prix international pour une de mes photos. J'ai été invité à aller le chercher en Europe, avec visa et billet d'avion. Tout l'arrière-pays d'Alep avait été libéré jusqu'à Bab Al-Hawa, à la frontière turque. Le passage n'était pas difficile. J'ai laissé mon épouse pleine de tristesse, elle avait l'impression que je la quittais pour toujours. Personne à Alep ne pensait qu'avec un visa et une invitation à l'étranger je reviendrais un jour.

Je suis revenu. Pour retrouver Alep, retrouver mon épouse, retrouver ma vie avec les bombes qui tombaient, les morts et la destruction de la ville.

Aala : Aussitôt, j'ai été enceinte. Je n'ai pas accueilli cette nouvelle dans la joie, à cause de la peur. Je songeais que cet enfant allait venir au monde et grandir dans la guerre, sans école et sans avenir. Nous étions tous deux très inquiets pour notre petit à naître.

Bara : Au huitième mois de grossesse, nous sommes allés au souk à la recherche d'affaires pour le bébé. Nous avons trouvé une poussette. Ma mère lui a tricoté des vêtements chauds. L'hiver approchait et nous n'avions rien pour le protéger. Il n'y avait plus une goutte de fuel pour remplir les *sobié*.

Aala : Mon ventre s'alourdissait dans la douleur, annonciatrice d'une grossesse dangereuse. J'ignore si c'était cette souffrance, la peur, ou le manque de nourriture, mais je m'évanouissais souvent. Il restait un gynécologue dans un centre médical, mais les soins étaient hors de nos moyens. Les échographies ne pouvaient être effectuées qu'en mettant en marche le générateur électrique, puisqu'il n'y avait plus d'électricité, elles coûtaient donc une fortune. Les hôpitaux, eux, étaient gratuits, mais les blessés y étaient si nombreux qu'ils n'acceptaient plus que les urgences et les accouchements. Pour le reste, il fallait s'adresser à des centres privés hors de prix.

Bara : Un matin à l'aube, les contractions sont apparues, très fortes. Par chance, en tant qu'activiste, je connaissais bien le médecin de l'hôpital. Il a transporté Aala en salle de délivrance, en compagnie de sa mère et de sa tante. Elle a donné naissance à notre fils à neuf heures. Une césarienne compliquée avait été nécessaire. Pourtant, il nous a fallu repartir en vitesse. Quelle que soit l'opération, malades et blessés devaient quitter l'hôpital car l'établissement était plein comme un œuf. Tous partaient à peine recousus en claudiquant pour laisser une chance aux autres d'être soignés et de survivre. L'autre raison de ces départs précipités était les bombardements qui, parfois, ciblaient les unités médicales et les hôpitaux.

Nous sommes rentrés à la maison avec la mère et la tante d'Aala, et elles y sont restées pendant deux semaines, le temps qu'Aala parvienne à remarcher, car sa césarienne refusait de cicatriser et son ventre se rouvrait à la moindre anxiété, à chaque tentative de mouvement. Ma mère n'a pas pu nous rejoindre puisqu'elle vivait à l'Ouest. Dans les temps anciens, le trajet ne durait pas dix minutes en taxi, mais à cette époque quatorze heures étaient nécessaires, sans compter les périls mortels qui pouvaient à tout moment briser le fil de nos vies. En fait, jusqu'à aujourd'hui, ma mère n'a pas pu voir son petit-fils.

Aala : Je venais d'avoir 19 ans et j'avais réussi l'inimaginable ! J'avais donné la vie !

Bara : Nous avons nommé le bébé Yaman, en souvenir de mon frère fauché par un sniper, pour que sa belle âme demeure toujours parmi nous.

*

Abdelqader

L'école libre

Tout partait à vau-l'eau dans les zones libérées. Jusque-là, les tentatives de me rendre utile m'avaient mené à un repaire de tordus se réclamant d'Al-Qaida et sur une ligne de front effroyable, défendue avec des pétoires plus vieilles que mon arrière-grand-mère. Je ne pouvais pas rester ce mec amorphe et dépressif.

De retour à Baydine, j'ai organisé une réunion avec des potes de l'université aussi désœuvrés que moi. En discutant, nous est venue l'idée géniale d'ouvrir une école pour les enfants. Plusieurs se sont montrés réticents, persuadés que ce projet était trop dangereux, vu les circonstances. À ceux-là, j'ai rétorqué que j'irais moi-même en repérage. J'ai pris un très vieux chemin, celui qui menait aux bancs de l'école primaire Fawzi Slimani : l'école de quartier de ma tendre enfance.

Elle avait servi de base militaire à l'Armée libre, avant d'être bombardée par le Régime. Ce n'était plus qu'un vulgaire tas d'immondices avec, çà et là, des copies d'écoliers qui voltigeaient dans les ruines. Pour un romantique tel que moi, ce lieu était admirable, et j'ai aussitôt entrepris de le nettoyer. En me voyant à l'ouvrage, les habitants du quartier sont venus prêter main-forte, si bien que le premier étage de l'école a recouvré un aspect à peu près convenable. Ensuite, j'ai concocté des brochures annonçant l'ouverture de l'établissement et appelant les parents à y envoyer leurs enfants. Je les ai placardées partout sur les murs, dans les épiceries, la boulangerie… Enfin, j'ai rendu visite aux imams de chacune de nos mosquées pour les convaincre d'appuyer ce projet lors du sermon du vendredi. Une semaine plus tard, cinquante étudiants-professeurs et quatre cents élèves attendaient devant les portes de l'école. Elle fut la première à rouvrir à Alep après l'arrivée de l'Armée libre.

Notre initiative était téméraire, car l'éducation avait toujours été au centre des préoccupations des habitants. Elle avait été au cœur du système Baas comme outil de contrôle et de propagande ; elle avait été un domaine d'injustices suscitant la colère et même la révolution. Malgré cela, elle avait aussi incarné l'espoir d'améliorer notre condition. Dans les zones libérées, l'éducation restait un sujet politique brûlant. Dès le début, nous avons été clairs sur nos objectifs : l'école ne serait liée à aucune orientation politique, idéologique ou religieuse. Il n'y aurait donc pas de drapeau – ni ancien ni révolutionnaire – et les élèves ne porteraient pas d'uniforme. L'équipe des professeurs bénévoles prendrait chaque décision après débat, car chacun avait désormais le droit d'exprimer son opinion. Moi, j'étais prof d'anglais.

Un conflit éclata aussitôt. J'avais demandé aux élèves de chanter l'hymne national et des enseignants se sont plaints. Selon moi, cet hymne n'appartenait pas à un homme, à un parti, ni même au Régime, mais à la Syrie tout entière. Le débat s'est enflammé ; d'autres disaient que, s'il leur avait fallu chanter l'hymne national toute leur vie, avec des claques pour rester en rangs bien droits, c'était parce que le Régime en avait décidé ainsi ; par conséquent, ils n'en voulaient plus. J'ai insisté, et l'hymne fut conservé après un vote remporté à la majorité.

Beaucoup d'enfants avaient fui leur quartier d'origine, la plupart avaient perdu des proches et, en général, leur logement. Ils étaient si pauvres que j'ignore encore comment ils survivaient. Ils venaient à l'école comme ils étaient, nous les accueillions sans distinction. Nous nous chargions de tout : livres, cahiers, crayons. Un nabab du quartier avait offert cinquante mille livres syriennes, ce qui nous a permis de tenir les premières semaines. Par la suite, beaucoup d'organisations nous ont apporté une aide financière.

Ces enfants étaient les fils et les filles de familles pro-Assad ou anti-Assad, et cette fracture ressurgissait dans leurs bavardages enfantins. Un môme de 11 ans insultait la clique d'Assad parce qu'elle passait le plus clair de son temps à nous bombarder. Son copain s'énervait, rétorquant que tous ces malheurs étaient en réalité la faute de l'Armée libre : si elle n'était pas entrée dans la ville, nous n'aurions jamais été bombardés. Le ton montait jusqu'à la bagarre et je devais intervenir : « *Wouh wouh wouh !* Attendez une seconde ! Ce que vous dites est la vérité telle que chacun d'entre vous la perçoit. Si vous pensez qu'un type a raison, encouragez-le ! Si vous pensez qu'il se trompe, convainquez-le avec des arguments ! Pas par la violence ! » Ce discours les laissait pantois, vu que toute conversation leur avait été interdite par le passé. Ils découvraient un univers inconnu. Parfois je leur disais : « La liberté est très belle. Vous devez vous en emparer, plutôt que de suivre l'avis de votre papa parce qu'il est votre papa, ou de votre professeur. N'agissez pas comme moi sans réfléchir, même si je suis célèbre pour avoir manifesté avec les révolutionnaires, parce qu'il est possible que je me sois trompé. Choisissez par vous-mêmes. » En vérité, nous évitions d'aborder les sujets qui fâchent, d'autant que, même parmi les professeurs, certains n'avaient aucune sympathie pour la révolution. L'ancien programme scolaire fut conservé, avec ses manuels dont nous arrachions les pages liées à la politique. Seule la *qaoumiyé*, cette matière consistant à vénérer la splendeur de la dynastie Assad, fut abolie. Il y avait bien sûr des portraits de Bachar dans tous les bouquins, mais on les ignorait avec superbe.

Trois ou quatre mois plus tard, nous avons pris contact avec le ministère de l'éducation, à qui nous avons dit : « Cette école n'est ni pour le Régime, ni pour l'Armée libre. Nous ne sommes que des civils soucieux de l'éducation des enfants. Nous demandons une reconnaissance officielle et des garanties de sécurité. » Celui de mes frères qui avait été prof de sport s'est rendu à l'Ouest pour rencontrer un responsable du gouvernement. En ce temps-là, il restait encore quelques passages sûrs permettant de traverser la ville. Une dame du ministère a ensuite accepté de venir à l'Est nous rendre visite. Elle n'a rien constaté de répréhensible, si bien que l'établissement a reçu une accréditation gouvernementale, et mon frère en est devenu le directeur.

Dans le quartier, personne n'a considéré cette nouveauté comme un pas en direction du Régime. J'étais un révolutionnaire connu, mon père avait démissionné de son job au quartier général du Parti unique – ou plutôt, il avait décidé un beau matin de ne plus y retourner –, mon frère aîné était déserteur, recherché par les autorités. Grâce à cette connexion avec le ministère, tous les profs qui avaient cessé d'enseigner depuis la fermeture des écoles tout en percevant un salaire de l'État reçurent l'ordre de retourner au turbin. Les habitants qui s'étaient montrés méfiants à l'égard de notre projet – l'un étant mon propre beau-frère ! – acceptèrent après cet accord de nous envoyer leurs enfants. D'autres choisirent d'inscrire leurs gamins dans les écoles islamiques dirigées par Nosra ou Daech. Notre établissement était de bonne qualité et il a rencontré un sacré succès. Au bout d'un an, il comptait deux mille deux cents élèves, répartis sur trois étages nettoyés et recolorés.

Tandis que l'école se développait, un bordel suprême se déversait dans nos quartiers. La question des ordures et la pénurie dans les boulangeries avaient pris des proportions cataclysmiques. Les habitants patientaient par milliers devant les fourneaux, sans la moindre certitude d'obtenir un bout de pain, prenant le risque de périr sous une bombe, puisque les boulangeries étaient des cibles prisées de l'aviation. Le quartier en comptait trois en état de fonctionnement. Avec des amis, nous avons imaginé un système pour tenir les gens à l'écart de ces files d'attente mortifères. Nous avons sillonné les ruelles, notant pour chaque habitation le nombre d'occupants, afin de garantir que chacun recevrait bien son pain quotidien. Ensuite, chaque ruelle nomma une personne responsable de rapporter le pain pour tous. Les initiatives comme celle-là se sont multipliées. J'ai même réussi à financer un projet de ramassage des ordures avec six éboueurs rémunérés. Même chose avec l'électricité et le ravitaillement en eau : nous avons embauché quatre spécialistes réparateurs. Pendant ce temps, les enfants étudiaient et leur nombre augmentait.

Toujours déterminés à réorganiser la vie civile et à aider nos concitoyens submergés de difficultés, nous avons créé le conseil municipal de Baydine. Cette nouvelle autorité ne pouvait être efficace qu'à la condition d'être acceptée par le plus grand nombre ; ses membres devaient donc être représentatifs des gens du quartier. De fait, les habitants accueillirent le conseil avec sérieux et enthousiasme, accourant pour devenir bénévoles au service de la cité. C'est alors que la merde a fusé, aussi sûrement qu'une bouse de vache dans un ventilateur, car les milices, et en particulier Ahrar Al-Cham qui n'était qu'un ramassis de radasses extrémistes, voyaient en ce conseil municipal une entité concurrente, et donc inacceptable. En vérité, je ne sais pas du tout pourquoi ça les fâchait autant. Même notre système de distribution du pain les dérangeait. Ils nous ont envoyé l'un d'entre eux, un gars du quartier, exigeant qu'il soit nommé « responsable de l'aide humanitaire » ! Nous avons expliqué à ce milicien que le conseil fonctionnait selon un système particulier qui lui parut hautement excentrique : la démocratie. S'il était élu, bienvenue au conseil. S'il n'était pas élu, *ciao bambino*. Bien entendu, personne ne voulait d'un type pareil et il a perdu les élections. Ahrar Al-Cham a pris cet échec comme une claque, une insulte, un affront personnel ou je ne sais quoi encore. À la suite de quoi, des miliciens furieux ont débarqué dans les bureaux du conseil avec leurs flingues pour arrêter trois élus… Leur stupidité, ça me sciait !

Ces élections s'étaient révélées être un pur casse-tête. Il était impensable d'organiser le vote de tous les habitants du quartier, puisqu'en ce temps-là les rassemblements alépins attiraient les bombardements aussi efficacement que le miel attire les guêpes. Pour pallier cet obstacle, je suis allé discuter avec les grandes familles du quartier ainsi qu'avec les représentants de nos minorités kurde et turkmène. Nous avons parlé entre gens normaux et civilisés et, finalement, une quarantaine de délégués furent désignés pour élire les huit membres du conseil municipal : le président, le secrétaire, l'officier des finances, de l'éducation, de l'électricité, de l'eau et des réparations. Nous avions aussi un avocat responsable de la législation et de l'étude des plaintes des habitants. Je fus élu président, ce qui suscita des critiques acerbes sur notre page Facebook : « Hier, nous vivions en Syrie sous le joug d'une famille ; aujourd'hui nous vivons à Baydine sous le joug d'une autre famille ! » Pour le mec qui les avait envoyés, ces mots signifiaient qu'il s'estimait sous le joug de *ma* famille. Il est vrai que j'appartenais à une importante tribu, mais elle était en majorité pro-Assad et me détestait à mort. Hormis moi et mon frère directeur de l'école, qui avait été élu pour l'éducation, aucun membre de ma famille n'avait été retenu. « Quelle est la légitimité de ce conseil ? », avait écrit ce mec. En fait, je n'en avais rien à foutre de ses remarques. J'étais même heureux que ce connard s'exprime en toute liberté. Le truc grave, c'était le blocage systématique des milices qui s'opposaient à tout en brandissant des menaces, au point que plusieurs élus du conseil municipal préférèrent abandonner ces fonctions qui leur rapportaient des responsabilités et des tracas sans fin, mais pas une piastre puisqu'ils étaient bénévoles. Moi aussi, j'étais directeur bénévole, raison pour laquelle je n'ai pas pu recevoir les soins appropriés quand la bombe-baril m'est tombée dessus, avec cinquante cadavres éparpillés autour de moi.

Dès le premier jour, j'avais été de toutes les manifs. Personne n'aurait osé mettre en doute mon engagement révolutionnaire. Et puis, je n'avais plus peur de *rien*.

La peur avait *disparu*. Nul n'aurait pu m'empêcher de parler. J'allais parfois voir des miliciens juste pour les engueuler : « Vous êtes vraiment des fils de pute ! » La ville s'était transformée en une jungle pleine d'animaux sauvages, où les plus petits et les trop calmes étaient dévorés sans pitié. Notre quartier était un repaire de prédateurs ; pour y survivre, il fallait agir en prédateur ou, au moins, prétendre en être un. Moi, je me comportais comme une bête sauvage, surtout dans ma façon de parler. Cela entraîna d'innombrables incidents, mais je crois aussi que cela me sauva la vie.

Je me souviens d'un de mes fameux coups de gueule. À la suite d'une de mes remarques indélicates, un milicien avait sorti une grenade. Il se tenait face à moi, son front contre le mien, cramoisi de colère. Il a placé la grenade entre nous en braillant : « T'as envie que je la dégoupille ? » Ce fils de radasse cherchait à me terroriser, ce qui avait le don de provoquer chez moi le résultat opposé. Au lieu de me calmer, j'ai hurlé : « Vas-y, si t'es un homme ! Dégoupille-la, qu'on rigole enfin ! » Les amis qui m'accompagnaient se sont écartés, interloqués. Je m'énervais, j'insultais le milicien, je le traitais de radasse dégénérée : « Ouvre-la, ta putain de grenade de merde ! » Il a lâché l'affaire et il est parti. J'avais gagné la dispute. Je m'en foutais, je me foutais de tout, de ce couillon comme des autres. J'étais en conflit avec tout le monde : avec ceux d'Ahrar Al-Cham, de Nosra, de Daech…

Un jour, huit miliciens ont surgi dans le conseil municipal pour m'arrêter. Soi-disant qu'ils avaient reçu une plainte à mon sujet. J'ai dit avec agressivité : « C'est à moi que tu causes, espèce de salopard ?! » L'un d'eux a pointé son *gun*, alors j'ai rugi : « T'as intérêt à viser juste, car visiblement tu ignores à qui tu as affaire ! » La plupart du temps, il s'agissait de pauvres types un peu stupides, pas du tout éduqués. S'adresser à eux avec hauteur suffisait à les rendre craintifs. Ils s'imaginaient que j'étais quelqu'un de puissant, alors qu'en vérité j'étais un minus, et je n'avais rien. Ma seule richesse était mon réseau d'amitiés et une légitimité que nul au monde ne pouvait m'enlever, car j'étais un révolutionnaire de la première heure. À vrai dire, j'avais aussi de la chance. Une putain de chance même, car j'aurais pu mourir au moins mille fois !

Je n'oublierai jamais ce 21 avril, au conseil municipal. La bombe-baril explosa, tuant tout le monde autour de moi. L'unique personne à laquelle j'ai pensé en fermant les yeux, *ce fut elle*. Rien d'autre. Je n'ai pas songé au paradis ou à l'enfer. Je n'ai pas pensé à la révolution, ni même à ma famille, à mon père ou à ma mère. Je n'ai pensé qu'à la fille que j'avais aimée.

Elle était prof d'anglais à l'école, comme moi. J'avais 19 ans et elle était la première fille ou, plutôt, la première jolie fille qu'il m'ait été donné d'approcher. La drôlerie dans cette histoire, c'est qu'elle était pro-Assad, et cette opposition politique entre nous était prétexte à toutes les conversations. Nous n'avons pas eu de « relation », mais je lui ai avoué mes sentiments. Elle les connaissait et les partageait, même s'il était alors impossible de se promener tous les deux seuls dans les ruelles. Elle ne possédait pas de téléphone. Notre romance s'épanouissait à l'intérieur de l'école, le regard de l'un guettant les yeux de l'autre, dans un jeu enfantin et très joyeux malgré les bombes toujours plus nombreuses à défigurer le quartier. Elle et moi, on avait décidé de quitter la guerre. Bien entendu, nous ne nous sommes jamais embrassés, ce n'était pas envisageable. En plus, elle était voilée, mais nos doigts se frôlaient quand nous préparions les cours d'anglais et tout s'illuminait dans ma tête.

Quand la bombe-baril s'écrasa, je n'ai pensé qu'à elle. Peut-être parce que, tout ce temps, c'est elle qui m'avait tenu vivant. Rien d'autre n'y parvenait. Je zonais sans espoir sous les bombardements. Je ne guettais même plus le ciel. Si je devais mourir, eh beh, je mourrais. On n'était plus à ça près.

Cette école est le seul accomplissement dont je sois fier. Les enfants avaient une existence difficile. Le chemin de l'école les exposait aux miliciens, aux extrémistes et aux bombes. Nous ne savions rien de la psychologie, ni de la façon dont nous pourrions les aider à surmonter leurs traumatismes. Nous les poussions à dessiner et à peindre. Les petits gribouillaient des bonshommes armés et des avions larguant des bombes en forme de radis. Nous leur avons suggéré de penser à l'avenir, plutôt qu'à la guerre. Alors ils ont dessiné des animaux et des jardins, et nous affichions leurs œuvres en guise de récompense. L'important était de leur donner confiance en les félicitant avec chaleur. À côté des cours d'anglais, je chantais avec eux. Ils adoraient *Touyour Al-Jennah*, « Les oiseaux du paradis », un chant populaire. Ils le réclamaient toujours. Nous avons organisé un championnat de foot et monté une pièce de théâtre dont ils avaient choisi le thème : Bob l'Éponge.

L'atmosphère à l'école était merveilleuse ; on s'y sentait libres, garçons et filles réunis, chantant, dessinant, travaillant comme des forcenés. J'étais amoureux. Mon seul regret, la pire action que j'aie commise durant ces années, c'est d'avoir battu comme plâtre certains de mes élèves. J'ai balancé des gifles pour maintenir l'ordre, je grondais quand ils n'avaient pas fait leurs devoirs. Ils avaient trop de devoirs. On était impitoyables au sujet de l'éducation. Nous voulions nous prouver à nous-mêmes, à la société syrienne, à la communauté internationale, à l'univers tout entier, de quoi nous étions capables sans le Régime. Nous étions dévoués corps et âme. Quelle période magnifique… Qu'ils sont tristes, ces souvenirs !

Quand je cheminais dans le quartier, une nuée de bambins voletait et gambadait derrière moi en pépiant : « Professeur ! Professeur ! » En vérité, rien n'est plus beau que l'enseignement, car tu peux agir et être utile. Les vieux, on savait que c'était peine perdue, qu'ils resteraient coincés dans leurs opinions, leur façon étriquée de réfléchir au monde, leurs manières conservatrices en toutes choses. Les enfants représentaient l'espoir, l'ouverture suprême à tous les possibles. Peut-être deviendraient-ils les premiers Syriens capables de penser par eux-mêmes dans l'amour de la liberté.

Cécile

Beyrouth, hiver 2012

Je repense à cette période où tout sembla s'écrouler autour de moi : cette région qui m'avait adoptée, dont j'avais appris que le pire y côtoyait le meilleur, où les extrêmes étaient mêlés de manière inextricable. La Syrie sombrait. Le nombre de victimes était si élevé que le bilan, s'alourdissant trop vite, avait fini par disparaître des médias. Les ondes de ce drame atteignaient désormais les côtes méditerranéennes, y renforçant la défiance envers ces étrangers qui fuyaient l'indicible.

Ces constats sinistres, ajoutés à celui de mon incapacité manifeste à poursuivre des reportages en Syrie, me plongeaient dans une rage qui n'avait d'égale que mon impuissance. Ma colère dépassait les bornes. En Syrie, des copains étaient menacés, arrêtés, torturés, tués. Quelques-uns m'étaient très chers. Il me fallut des années et des heures d'écoute et d'échange avec les Alépins pour parvenir à comprendre les ressorts cachés de mes propres sentiments, pour mettre des mots dessus. Au moment de les écrire aujourd'hui, ils me brûlent les mains. Comment l'exprimer ? Les racines de ma colère étaient enfouies dans un passé lointain, au Liban, ce petit pays que j'avais découvert en 1996. Pendant longtemps, je n'ai pas fait le rapprochement, laissant dans les limbes du passé chacune de ces diverses péripéties, les considérant tels des points isolés sans rapport les uns avec les autres. Puis, un jour, alors que se déroulaient les fils de ces existences alépines, tandis que ces fils s'allongeaient page après page, au terme de moments intenses de confidences partagées, j'ai fini par apercevoir le mien.

Liban Sud, juillet-août 2006

Cet événement était si éloigné dans le temps qu'il semblait a priori sans lien avec Noël 2012 et le nouvel an passés avec les copains syriens, riant et sanglotant dans une sorte de catharsis collective qu'aurait adoubée Zakariya s'il avait pu être des nôtres. Sur le coup, je l'avais vécu comme un incident sans conséquences prévisibles, une complication liée à l'exercice du reportage de guerre. Il se révéla pourtant déterminant. Un jalon crucial. De ceux qui, une fois reliés, tissent le fil de nos vies.

Le Monde m'avait envoyée au Liban en 2006 pour y couvrir la guerre. Des combattants du Hezbollah avaient kidnappé des soldats israéliens. Israël bombardait. Les affrontements avaient pour théâtre principal le sud du Liban. Au cours de cet été caniculaire, le Litani, qui irriguait d'ordinaire plants de tabac et bananeraies, était presque à sec. Les ponts qui enjambaient le fleuve avaient été détruits, sans exception, par l'aviation israélienne, ce qui compliquait l'accès à des zones déterminantes pour déchiffrer et décrire le conflit. J'étais en compagnie de Jérôme Sessini, photographe au courage légendaire.

Immobiles et silencieux, nous nous mesurions à l'obstacle que constituaient les eaux troubles du Litani. Je ne me rappelle plus qui en eut l'idée, toujours est-il que nous avons traversé le fleuve, ordinateurs et appareils photos juchés sur le crâne, espérant que sous l'eau tiède le relief ne nous trahirait pas au détour d'une cavité profonde. Parvenus non sans peine sur l'autre rive, alourdis par le matériel et nos vêtements imbibés de vase, nous avons ensuite grimpé à flanc de montagne, sur les routes escarpées qui résonnaient des bombardements dans les villages alentour. Arrivés dans le hameau culminant, nous avons été accueillis par une famille libanaise qui nous a offert de partager la cave où elle-même s'était réfugiée.

Dans le grondement devenu familier des bombardements aériens a retenti un grand *boum*. Cette explosion sonore était caractéristique d'un départ d'obus de mortier, preuve que nous n'étions pas loin de notre objectif : une position du Hezbollah, dont les combattants demeuraient invisibles dans ce conflit. Nous sommes donc partis en repérage pour déterminer où ils avaient pu se dissimuler dans ce paysage de maquis griffu et de grottes naturelles. Une spécificité locale me revint soudain à l'esprit : cette zone était minée. J'aurais dû percuter plus tôt, le Liban-Sud avait quand même été le sujet de mon mémoire, à la fin de mes études universitaires. L'information ne perturba pas le flegme de mon compagnon photographe. Il a simplement fait demi-tour et nous sommes retournés dormir à la cave.

Au petit matin, la famille qui nous avait offert le logis, ainsi qu'un certain nombre de boîtes de conserve, reçut un appel téléphonique des renseignements militaires libanais : nous étions des espions ; si nous n'étions pas raccompagnés fissa en bas de la montagne, sur les rives du Litani, les hommes de la famille iraient moisir en prison. Pour comprendre la suite, il n'est pas inutile de préciser que les renseignements militaires du Liban-Sud (pour ne mentionner qu'eux) étaient inféodés au pouvoir de Bachar Al-Assad, à Damas.

Nous avons dévalé la route que nous avions eu tant de mal à gravir la veille. Le bon père de famille au volant, bravant les bombes pour échapper à une hypothétique détention, agitait un mouchoir blanc par la vitre ouverte, tout en fonçant dans les virages en épingle à cheveux. Sur l'autre rive nous attendait un comité d'accueil comme je n'en souhaite à personne, armes braquées sur nous tandis que nous nous enfoncions encore une fois dans les eaux glauques du Litani. Être soupçonné d'espionnage au beau milieu d'un conflit n'a rien d'agréable. Autant dire que nos échanges ne furent empreints d'aucune courtoisie.

Les éléments à charge étaient au nombre de trois :

– Premièrement, nous avions survécu – c'était incontestable – aux bombardement sur la route de montagne quand de nombreux civils libanais y avaient été tués.

– Deuxièmement, nous avions suivi une trajectoire suspecte à travers le maquis, avant d'opérer un demi-tour, à quelques mètres à peine d'une position stratégique du Hezbollah. (Le colonel avait devant lui une carte détaillée sur laquelle il avait inscrit en pointillé notre petite promenade dans la colline dont j'avais redouté qu'elle fût minée.)

– Troisièmement, et c'était là le pire, j'avais des yeux arabes avec un nez juif, ou l'inverse. Je parlais trop bien l'arabe pour une Occidentale, mais trop mal pour une Orientale. Bref, j'avais tout faux, j'étais louche des pieds à la tête. Détail aggravant : si j'étais française ainsi que je le prétendais, pourquoi n'avais-je pas une croix autour du cou, comme tout chrétien qui se respecte ?

C'était en gros le topo du colonel, qu'il agrémentait de petites touches sympathiques – « Comme tu peux le constater, nous n'avons pas touché un seul de tes cheveux… » ou « Nous ne t'avons *encore* fait aucun mal » –, qui devinrent plus expressives à mesure que s'égrenaient les heures. « Si tu veux aller aux toilettes ou prendre une douche, aucun problème : c'est là-bas, avec mes hommes… » Cette ambiance merdique dura quand même quelques jours. Ma seule et unique satisfaction tenait à l'odeur pestilentielle qui se dégageait de moi. J'empestais le têtard crevé et la vase du Litani, ce qui les incommodait et les maintenait à une distance raisonnable. Je n'avais d'ailleurs nulle intention de me laver avec le reste de sa troupe. Si j'avais pu, je me serais uriné dessus, pour le plaisir de le voir froncer la moustache ; on ne choisit pas toujours ses armes. Jérôme avait été isolé dans une pièce. J'étais assise à côté du colonel, dans une baraque militaire en brique et en tôle ondulée où l'on suffoquait, genre hammam saveur grenouille périmée, qui constituait une cible logique pour l'aviation israélienne. Pas de menottes, pas d'entraves, hormis celle de ne pouvoir quitter ces lieux dont la ligne de front se rapprochait d'heure en heure. L'armée libanaise reculait. Dans la débandade générale, nos geôliers auraient pu se débarrasser de nous ni vu ni connu, ou nous laisser enfermés jusqu'à ce que leurs ennemis nous ouvrent la porte, peut-être pour d'autres interrogatoires ? Je ne savais quel scénario espérer…

L'intervention du journal et de la diplomatie française nous sortit de cette inconfortable situation. Selon Jérôme, le plus accablant dans cette mésaventure avait été l'indifférence avec laquelle il avait été traité. J'aurais juré qu'il était vexé : comme s'il ne pouvait pas constituer une menace ! Plus grave, son matériel n'avait pas été épargné. À force d'avoir été fouillé, son ordinateur était hors d'usage et ses appareils photos en piteux état. Une fois sortis de ce trou, escortés par les forces spéciales françaises, nous avons poursuivi nos reportages dans cette guerre courte, mais où les bombardements étaient, pour moi, d'une violence inédite. Je suis revenue à Paris avec un tympan abîmé. Pendant une semaine, j'ai titubé, provoquant les railleries des passants qui me croyaient avinée comme une petite caille. Fin de l'épisode.

Cet interrogatoire au Liban-Sud ressurgit de façon inattendue, cinq ans plus tard, au cours la guerre syrienne.

Un de mes amis journalistes de longue date, un ancien amoureux, vivait à Damas depuis plusieurs années. Aux prémices de la révolution, nous étions convenus en accord avec le journal que, puisque j'étais moi-même privée de visa syrien, il m'enverrait de Damas des notes pour étoffer des articles que je rédigerais signés d'un pseudonyme. Par précaution, nous avions créé de nouveaux comptes mail. Avec ou sans reportage, cet ami devrait se manifester au moins une fois par jour ; le contraire m'alerterait d'un grave problème sécuritaire. Il avait ajouté un stratagème de son cru : les informations qu'ils me transmettraient seraient insérées au hasard de longs poèmes classiques. Il en est résulté en une prose journalistique unique en son genre :

> *Les nuages couraient sur la lune enflammée comme sur l'incendie on voit fuir la fumée, et les bois étaient noirs jusqu'à l'horizon. Nous marchions sans parler, dans l'humide gazon, dans la bruyère épaisse et dans les hautes brandes*, dans les mosquées de Damas se rassemblent des Syriens qui ne s'étaient encore jamais vraiment fréquentés, des musulmans et des chrétiens qui discutent ensemble de l'organisation des prochaines manifestations. *Nous avons écouté, retenant notre haleine et le pas suspendu. Ni le bois, ni la plaine ne poussaient un soupir dans les airs ;* un « Allahou Akbar » retentit, signal de départ de la marche, et le cortège s'est ébranlé sur le rythme des salmiyé, salmiyé, et autres slogans pacifiques, vite interrompus par l'arrivée massive des services de sécurité qui fondirent sur ce petit rassemblement bigarré. *Rien ne bruissait donc, lorsque baissant la tête, le plus vieux des chasseurs qui s'étaient mis en quête a regardé le sable en s'y couchant…*

Sans les italiques, il va de soi.

Je me souviens d'avoir reçu ses notes insérées dans le poème d'Alfred de Vigny « La mort du loup », et peut-être aussi celui d'Alphonse de Lamartine, « Le lac ». Je regrette de ne pas avoir conservé ces missives hallucinantes, reportages camouflés au milieu d'alexandrins décrivant le combat d'une bête sauvage et sa mort héroïque face aux fusils des chasseurs.

Mon ami – appelons-le Sindbad – fut victime d'un guet-apens du Régime. Alors qu'il arrivait dans un café de la capitale syrienne pour un entretien, les Renseignements l'attendaient. Il fut englouti dans les sous-sols, dans une cellule de la prison sécuritaire dite « section 235 », plus connue sous son appellation « branche Palestine ». Jusqu'aux dernières heures précédant sa libération, les autorités de Damas nièrent l'avoir en détention, préférant recourir à une rengaine devenue banale dans ce conflit : Sindbad avait dû partir se battre avec les terroristes islamistes de Homs…

Il resta emprisonné plusieurs semaines, son statut d'étranger en Syrie (Sindbad est algérien) ne l'exemptant pas des méthodes d'interrogatoire locales, peut-être parce qu'il était musulman, ou parce qu'il en était de même pour tous. S'écoulèrent des journées d'angoisse indicible. Non seulement il était mon ami, mais en plus je me sentais en partie responsable de son arrestation, dans la mesure où je l'avais incité à travailler pour un journal français. Ce sentiment de culpabilité atteignit des sommets quand, une fois dehors, libre, retourné en France et en sécurité, mais très abîmé, il me confia qu'une partie des coups qui lui avaient été assenés s'étaient accompagnés de questions à mon sujet, sur mon faciès de Juive au nez d'Arabe, ou l'inverse, sur cette langue que je maîtrisais, mais pas assez pour ne pas être une espionne – israélienne s'entend –, sur ma présence depuis plusieurs années à Beyrouth. Une phraséologie et un vocabulaire identiques à ceux de l'interrogatoire qui s'était déroulé cinq ans auparavant, durant la guerre au Liban-Sud.

Je pouvais presque visualiser le petit dossier rédigé sur mon compte dans une taule non loin du Litani, qui avait depuis atterri sur le bureau de l'interrogateur de Damas. Les coups. La violence. Les dents brisées. Le sourire arraché ! La peur d'être englouti… L'idée que Sindbad ait été torturé dans les sous-sols syriens était insupportable, qu'il l'ait été en mon nom était odieux. Cela déclencha en moi des sentiments qui dépassent mon vocabulaire.

J'avais bien entendu rampé devant tous les responsables pro-syriens du Liban que comptait mon carnet d'adresses, et il y en avait beaucoup, tout en me haïssant d'en être réduite à une telle humiliation, sans rien obtenir en échange que de vagues promesses, voire des menaces à peine voilées sur les « risques encourus en raison de [mes] activités journalistiques ». Ma colère dépassa les bornes. Au cours de cette même période, il y avait aussi eu cet appel nocturne que j'avais reçu à Beyrouth, celui d'une voix masculine s'exprimant dans un français roucoulant : « Dites à votrrrre mèrre que nous savons qu'elle parrrticipe à des démonstrrrrations à Paris devant l'ambassade de Syrrrrie. » Telle n'est certes pas la réaction attendue d'un journaliste expérimenté : j'étais furieuse, ça devenait personnel.

Sindbad fut libéré, mais j'ignorais s'il me pardonnerait, s'il y aurait un remède pour réparer les dommages que lui avaient causés les geôles de Damas, si ses souffrances porteraient pour toujours l'écho de mon nom, si notre amitié survivrait à la réminiscence des ténèbres et de la torture.

J'ai voulu aider, réparer. Comme si c'était possible ! J'ai incité Sindbad à reprendre une activité. Je pouvais l'héberger à Beyrouth. Même épuisée et convalescente, je souhaitais lui donner un coup de main professionnel, voire laver son linge, préparer ses repas et, pourquoi pas, repriser ses chaussettes. J'assistais, impuissante, à sa chute inévitable dans les affres d'une dépression post-emprisonnement, dont il ne paraissait pas prendre la mesure. Quant à moi, je m'enfonçais dans le désespoir que me causaient mes blessures personnelles, mes organes ravagés les uns après les autres, à la suite de cette maladie libyenne – ou empoisonnement chimique, les spécialistes n'y comprenaient rien. Les médecins n'étaient formels que sur un point : des examens plus poussés étaient nécessaires à Paris, les reportages dans le Proche-Orient en guerre étaient inscrits sur la liste des nouveaux interdits. La profondeur de ma déception fut mal interprétée par le corps médical. « Forcément, si votre but dans la vie, c'est d'aller crapahuter dans le désert… », commenta le cardiologue. Ainsi résuma-t-il plus de vingt années de mon existence, brisant par ces quelques mots ma carapace déjà bien abîmée.

Avant mon départ pour la France, se produisit un autre événement extraordinaire, que j'attribuerais plus tard à la manifestation du dieu antique en personne : Addad, la divinité tutélaire de l'Alep des origines, le tout-puissant maître des orages…

LIVRE VII

L'AMOUR AUX TEMPS D'ALEP EN GUERRE

Ola

Ola's got a gun

Mon amoureux aux yeux verts, mon beau combattant, je l'ai épousé au terme de quatre mois de fiançailles, au début de l'année 2014, en Turquie. Il m'a implorée de demeurer de ce côté de la frontière, pour ma sécurité. Je suis restée sourde à sa supplique. Jamais Obada ne me laisserait seule, loin de ses bras, loin de mon pays. Nous nous appartenions, nous appartenions à Alep. Je m'émerveillais de ce que lui, si grand, et moi, si petite, parvenions à cet instant magique quand, nos mains jointes, ses pieds frôlaient les miens, formant ce tout d'une égalité parfaite et pourtant si complexe où chacun devenait l'exacte moitié de l'autre.

Nous sommes rentrés à Alep. Déjà, je portais son enfant. Je ne souhaitais pas en avoir un aussi vite, ni dans de telles conditions, mais il en fut ainsi. Mon ventre s'arrondissait, tandis qu'Obada partait au front, ne rentrant parfois qu'au bout de trois jours. J'étais pleine et sereine. Au réveil, je me levais et préparais son déjeuner que j'emballais dans une boîte bleue qu'il emportait au front. Sur le pas de notre porte, j'attendais que ses grands yeux verts plongent dans les miens pour lui murmurer : « Dieu te protège, mon amour. »

Quand les contractions apparurent, indiquant l'arrivée imminente de l'enfant, Obada se trouvait loin de moi, en mission avec mon père en Turquie. Le jour déclinait à Alep. Je suis sortie dans la ruelle, seule avec au creux de moi l'enfant qui battait des pieds et des mains dans son impatience de découvrir le monde. Je vacillais car, tout autour de nous, les bombes s'écrasaient en secouant le sol, tandis que l'enfant bondissait sur lui-même, accélérant le rythme de nos cœurs et celui des contractions, plus fortes et plus longues à chaque nouvelle explosion. Je réussis à trouver un hôpital, mais il n'y avait plus de médecin, seulement des infirmières qui me prièrent de partir car elles s'estimaient inaptes à me délivrer. J'ai repris mon chemin, portant mon ventre lourd sous le ciel déchaîné, jusqu'à l'entrée d'un autre hôpital. On m'a conduite à travers des couloirs décrépis, dans une grande pièce à l'aspect pitoyable. Elle était dépourvue de tout, excepté quelques matelas jetés par terre, souillés de taches brunes, et des lambeaux de draps sales jetés par terre sur lesquels des femmes se tordaient et gémissaient, les jambes ouvertes. Des fragments de verre brimbalaient encore aux cadres des fenêtres sans vitres ni rideaux. Mon regard cherchait une bassine, une serviette, un objet rassurant, mais partout j'observais la misère où flottait une odeur atroce – et moi, au milieu de tout ça, et cet enfant qui voulait naître. Je me suis étendue parmi les femmes, aspirant l'air malgré la puanteur, tout en songeant à l'image de ce monde en décomposition qu'allait contempler mon bébé en entrant dans la vie.

À côté de moi, la femme a accouché. Sur ses seins gonflés l'infirmière a déposé un petit morceau de chair violacée silencieuse. L'enfant était mort-né, sans que personne sache pourquoi. Obada n'avait cessé de me répéter d'aller en Turquie pour enfanter, là où il existait de vrais hôpitaux, disait-il, mais j'avais refusé parce qu'il était hors de question que notre enfant naisse ailleurs qu'à Alep. J'ai fermé les yeux pour ne pas voir ce qu'il adviendrait du bébé mort. Nos martyrs étaient enfouis dans la terre sans plus de décence, même les jardins avaient été réquisitionnés pour accueillir les dépouilles.

Notre belle cité était devenue un cimetière sans stèles funéraires.

Qu'allait-il advenir de ce petit corps sans sève enlevé à l'amour de cette femme le silence de sa mère l'amour avorté qu'allaient-ils faire de ce bébé derrière la porte de cette misérable salle les poubelles derrière la porte la ville-cimetière nos défunts sans stèles Obada en Turquie aide-moi mon amour combattant ô Obada. L'angoisse montait si fort en moi à cause de cet enfant mort-né que les contractions s'arrêtèrent net.

Pourquoi le petit de cette femme était-il mort ? L'angoisse mon ventre immobile au creux de moi l'enfant d'Obada ne saute plus sur lui-même pourquoi l'amour avorté mes membres roides comme du bois comme le premier jour à Salaheddine quand je voulais être infirmière de la révolution devant la fillette son trou béant et ses entrailles d'enfant j'ai tellement peur Dieu me vienne en aide soulage nos malheureux habitants sauve mon bébé.

Puis les contractions ont repris et une petite fille resplendissante est sortie de moi au milieu de la nuit. Cham. Elle s'appellerait Cham. Comme notre beau pays, le pays de Cham, la Syrie d'avant les monstres. Obada est tombé fou d'amour pour Cham au premier regard. Il a cessé de partir au front : soudain, Abou Ghaith le héros craignait moins de mourir que de manquer à sa fille.

Ma belle-sœur, l'épouse de Madjid, était elle aussi sur le point d'enfanter de leur deuxième bébé. Après ma pénible expérience, je me suis inquiétée pour elle et pour sa santé. Sa grossesse avait été difficile et mon frère se battait sur le front avec ceux de la brigade Zenki[1]. Sept

1. Brigade Harakat Al-Nour Al-Din Al-Zenki. Nour Al-Din Al-Zenki était l'atabeg de Mossoul, « le plus brave des hommes » selon ses adversaires francs. Il prit les commandes d'Alep en 1128, alors que la ville était dans une situation désespérée, assiégée par les

jours après la naissance de Cham, à sept heures du matin, Moulham a frappé à notre porte. Il souhaitait discuter avec Obada d'une affaire importante, et ils sont sortis dans la ruelle. En un éclair, j'ai revu l'enfant mort-né et j'ai pensé : ma belle-sœur n'a pas supporté le poids cet enfant dans son ventre, elle est morte en couches ! Puis j'ai songé à Madjid, je me suis souvenue qu'il était au front. Alors j'ai su avec certitude qu'il avait été martyrisé. Obada est rentré, il pleurait et m'a prise dans ses bras. J'ai cherché ses yeux, j'ai murmuré : « C'est Madjid ? Il est mort ? » Il a dit oui. Quarante combattants avaient participé à la bataille. Il n'y avait eu qu'un seul martyr : Madjid. Mon frère avait 32 ans, une petite fille et une épouse sur le point d'enfanter. La brigade a porté sa dépouille jusqu'à la maison, j'ai participé au lavement rituel de son corps allongé sur la table et j'ai assisté à son enterrement.

Obada regardait Cham avec des yeux remplis d'un amour extravagant et d'une folle inquiétude. Je lui ai dit : « Que tu retournes ou non au front, nous allons tous mourir. Alors tu peux y aller. » Il est reparti se battre. Cham aimait son père bien plus que moi. Elle accueillait son retour avec des petits cris de joie, lui souriait toujours, se comportait avec lui comme un ange. Elle ne mangeait bien que lorsque Obada était là et poursuivait ses démonstrations de tendresse toute la nuit. Elle avait pris l'habitude de s'endormir roulée en boule, lovée contre son ventre à lui. Le cordon ombilical invisible qui les reliait était plus fort que celui de chair qui avait existé entre elle et moi durant ma grossesse. Cham était la fille de son père, elle lui ressemblait d'ailleurs furieusement, avec ce regard bleu qui virait au vert à chaque

---

croisés, et s'imposa comme un grand guerrier de la guerre sainte. Par ailleurs grand bâtisseur d'Alep, il renforça la Citadelle, restaura la Grande Mosquée, réorganisa les souks, les canalisations d'eau, etc.

nouvelle aube, chaque fois qu'elle tendait ses petits bras vers son papa. Elle avait six mois quand Obada m'annonça qu'une grosse bataille se préparait pour le lendemain. C'était le ramadan et nous étions en train de rompre le jeûne. Il étala sur la table une carte détaillée et m'indiqua la zone des combats. Je ne comprenais rien aux questions militaires, mais dans ce cas précis, aucune expertise n'était nécessaire. Le point qu'il désignait était presque encerclé par les forces ennemies. Alors j'ai dit : « C'est un objectif difficile ! » Il m'a expliqué la stratégie, à savoir que d'autres milices arriveraient en renfort. J'ai encore regardé les flèches de couleur barbouillées sur la carte, puis j'ai murmuré : « Que Dieu te protège, mon amour ! »

Il avait beau essayer de me rassurer par des arguments de stratégie militaire, lui-même n'était pas dans son état normal. Il était nerveux et son regard se voilait d'inquiétude. Il partit voir mon père et en revint plus agité encore. Il m'a dit : « Promets-moi que tu prendras soin de Cham ! » Puis il est ressorti pour visiter chacun de nos amis et de nos voisins. À tous, il disait : « S'il vous plaît, pardonnez-moi pour tout ce que j'ai pu vous faire ! » Je ne sais pas pourquoi il a fait ça. Jusqu'à ce jour, je ne comprends pas ce qui lui est passé par la tête avec ces déclarations. Ce soir-là, nous nous sommes couchés tôt. Au petit matin, je l'ai entendu qui me disait : « Ola ! Lève-toi, ma chérie ! » Depuis la naissance de Cham, il ne me réveillait jamais quand il partait. Parfois, je prétendais dormir, gardant les yeux clos, juste pour sentir son visage s'enfouir dans mon cou à l'heure de son départ. Ce matin-là, tout était différent. Il m'appelait. Je me suis levée. J'ai apporté ses armes et ses munitions. J'ai tout mis dans son sac, avec la boîte bleue pour son repas, et il est sorti. Il est revenu quelques instants plus tard et m'a donné un de ses fusils ; ce n'était pas normal. Il m'a dit : « Garde-le près de toi. » Puis il est parti.

Ses absences étaient devenues une routine que j'acceptais avec sérénité. Cette fois, l'inquiétude me rongeait. Deux jours ont passé, son téléphone ne répondait pas. J'ai couru chez mon père pour savoir s'il avait des nouvelles du front. Il m'a dit : « Tout va bien, ne t'inquiète pas. » J'ai persisté à lui téléphoner. La sonnerie s'interrompait par un petit clic, comme s'il raccrochait de lui-même. Mon malaise grandissait. Ma sœur Massa et son mari Moulham sont arrivés chez moi juste avant la rupture du jeûne. J'ai lu dans les yeux de Moulham qu'il s'était produit une catastrophe.

Il m'a dit :

– Tu dois prier pour Abou Ghaith et les combattants…

– Que Dieu les protège ! Mais dis-moi la vérité : que se trame-t-il sur le front ?

– Les nôtres sont assiégés par les soldats du Régime. Toutes les issues leur sont fermées. Telle est la vérité.

Ces mots étaient terribles : je pouvais tout supporter, sauf la détention d'Obada, sa disparition pleine d'incertitude, son beau corps torturé. Je suis devenue hystérique. Les camarades ont défilé chez moi pour me calmer, m'affirmant que ça irait, mais je sentais bien que ça n'allait pas du tout. J'écoutais les conversations hachées en provenance des talkies-walkies de mon père et de Moulham. J'entendais tout, mais je n'étais pas autorisée à parler. Les voix grésillaient dans le lointain. Nul besoin d'être stratège ! L'explication du désastre était simple : personne n'était venu les aider. J'écoutais l'appel de nos hommes : « Les gars, nous sommes encerclés. Si vous n'arrivez pas très vite, nous allons tous mourir. On vous attend ! » Selon l'accord passé entre les brigades, nos combattants devaient se mettre à l'abri dans un bâtiment pendant que les renforts ouvriraient le feu pour couvrir leur retrait. Les renforts ne sont jamais arrivés. Ils étaient bloqués à Jamaiyat Al-Zahra, face au Régime qui avait pénétré dans la zone. Soudain, les talkies-walkies se sont tus et j'ai su qu'Obada ne reviendrait pas.

Un combattant échappé du front est arrivé un peu plus tard. Il nous a raconté comment le Régime avait fait sauter le bâtiment où ils s'étaient retranchés. Beaucoup d'hommes étaient morts dans l'explosion, d'autres avaient été arrêtés, une poignée se battait encore à l'intérieur… Mais quoi ! cela ne me suffisait pas ! Je devais savoir si Obada était mort ou en prison, et bien sûr j'espérais pour lui qu'il avait été tué. Dans la soirée, un camarade est passé pour m'annoncer que les derniers résistants étaient morts en martyrs. Le silence m'a envahie et je me suis figée, paralysée, comme lors de mon premier jour à l'hôpital devant la fillette au ventre ouvert. Mon corps m'emprisonnait. Comme à l'hôpital, mon esprit s'est réfugié dans un endroit dépourvu de fenêtres. J'ignore ce qui arriva ensuite, mais j'ai été transportée à l'hôpital dans cet état de bois sec. Le docteur qui me soignait était celui-là même qui avait réparé ma main avec des tiges métalliques. Quand il s'est aperçu que mon esprit avait rouvert les fenêtres, il a dit avec douceur : « Respire ! Tout ira pour le mieux. »

Je pouvais accepter l'idée de la mort de mon homme, mais où était son corps ? Qu'on me rende son corps ! Nous nous appartenions, il était *mon* combattant. Le champ de bataille était désormais aux mains du Régime, ce qui rendait presque impossible toute tentative de récupérer nos martyrs. J'ai cessé de dormir. Quand une voiture passait ou qu'une personne frappait à ma porte, je voyais Obada entrant à la maison pour me prendre dans ses bras. Ou je l'apercevais couché, quelqu'un me le ramenait, beau jusque dans la mort. Il n'appartenait qu'à moi. Je sentais la folie me frôler et je priais qu'elle m'emporte tout entière pour échapper à l'absence d'Obada. J'exigeais de laver son corps et de lui prodiguer les derniers rituels. J'exigeais des funérailles et le droit d'arroser un petit carré de terre avec l'eau de mes larmes. J'exigeais une preuve de sa mort. Ma sœur ne me quittait pas des yeux, les amis se relayaient à mon chevet. Mon père s'est agenouillé, caressant ma main valide. Il disait : « Je te jure qu'il est mort ! »

Quand le calme revenait dans ma tête, je me jetais sur Facebook, scrutant les milliers de photos qui y avaient été postées de tous les pauvres gars arrêtés. Je n'y ai pas vu mon mari. Selon les médias officiels, les cadavres avaient brûlé sur place, à l'intérieur du bâtiment. J'explosais : « Sales menteurs ! Ils mentent pour les corps brûlés ! Ces démons cherchent à nous faire souffrir un peu plus ! Ils veulent que nous abandonnions la lutte ! Ils nous cachent la vérité : nos combattants luttent encore à l'intérieur du bâtiment ! » Voilà ce que je pensais. Chaque jour, je regardais les pages Facebook du Régime, à la recherche d'indices sur sa mort ou sa détention. « Les corps brûlés pour nous humilier », pensais-je. Puis des amis d'Obada m'ont apporté son sac. Il contenait encore la boîte bleue avec le déjeuner que j'avais préparé.

Quelques combattants enfermés dans le bâtiment étaient parvenus à en réchapper. Ceux-là aussi vinrent à mon chevet. Ils me racontèrent qu'aux jours de la bataille Abou Ghaith était confus et nerveux. Il était le chef de cette opération et ses hommes s'inquiétaient de son état d'esprit vagabond. Quand ils furent coincés après l'explosion, ils le supplièrent : « Abou Ghaith, tu as le temps de fuir. Sauve-toi, la guerre n'est pas finie ! » Il avait répondu : « Jamais ! Je sortirai le dernier de ce bâtiment. » Après ce récit, ils me donnèrent son téléphone et d'autres objets à lui qu'ils avaient réussi à récupérer. Mon corps s'est à nouveau noué comme du bois de figuier, je ne sais plus, je crois que cette fois la folie m'a saisie tout entière. J'ai déchiré ma robe en lambeaux et son oreiller à lui, là où il avait posé sa tête pendant ces nuits passées à nous aimer. Deux mois se sont écoulés. Je ne pouvais plus marcher, ni parler, ni manger. Quand j'essayais de me lever, je tombais, aussi molle qu'une poupée de chiffon. Si j'étais restée seule avec moi-même ne serait-ce que cinq minutes, je me serais tuée. Mais il y avait toujours quelqu'un pour me surveiller. Ma sœur sanglotait : « Je jure sur Dieu qu'il est mort ! » Je répondais : « Donne-moi la preuve ! » Puis je poursuivais mon œuvre de destruction de notre couche conjugale.

La télé était allumée nuit et jour, branchée sur la chaîne d'information gouvernementale. Un soir, elle a diffusé un reportage sur cette bataille. La caméra montrait les morts dans le bâtiment, j'ai reconnu mon homme. Alors, je n'ai plus rien ressenti du tout. Ma fille avait six mois, je l'allaitais encore. Je me suis souvenue. La veille du départ d'Obada, après la prière du soir, Cham hurlait malgré la présence de son père… Il l'avait donc entendue hurler cette nuit-là ! Elle se comportait toujours comme un ange avec lui. Il aurait dû comprendre sa supplique, à cause de ce cordon invisible qui les reliait tous les deux. Après cela, j'étais encore capable d'allaiter ma fille, mais je ne supportais plus rien, surtout pas la guerre. Le bruit sourd d'une explosion, un tir qui claque dans la ruelle, c'était au-delà de mes forces. J'ai quitté Alep pour aller en Turquie, à Mersin, avec ma sœur. Cham avait les yeux d'Obada. Je ne parvenais plus à la regarder. Je l'ai donnée à ma mère. Je suis partie.

*

MOULHAM

Aimer, ou ne pas aimer...

Ma mère n'acceptait pas le martyre en vain d'Ayham, son fils aîné, dans les ruelles. Elle ne comprenait pas que je puisse rester auprès d'elle, inactif, dans le camp de réfugiés de Kilis, au lieu de poursuivre le combat et de venger la mort de mon frère. Alors je suis reparti me battre pour Salaheddine, pour la Citadelle, pour Alep et pour Ayham. Jusqu'au bout, j'ai gardé les armes. Cela ne suffisait pas à ma mère. Elle répétait qu'Ayham était parti sans prévenir, ne laissant rien, pas même un enfant de lui, et que son âme errait, perdue au-dessus des flammes dans les quartiers dévastés. Elle n'évoquait pas de mariage, elle ne me l'imposait pas, mais ses paroles étaient sa façon détournée de me mettre la pression. Elle ne parlait plus que d'enfants, ceux de mon frère, qui ne naîtraient jamais, et les miens, qui n'étaient pas nés parce que je n'avais pas d'épouse.

Longtemps, j'ai refusé le mariage. Je pose la question : fait-on des enfants pour qu'ils deviennent orphelins ? pour qu'ils vivent avec un père absent, sur une ligne de front meurtrière ? Comme toujours, les mots de ma mère l'ont emporté et j'ai envisagé de prendre une épouse. Un ami m'a dit : « Te rappelles-tu la famille d'Abou Madjid, dont les enfants descendaient manifester dans les ruelles ? » Je m'en souvenais très bien. Je leur ai rendu visite, je me suis assis avec Massa, la fille d'Abou Madjid, pour discuter. J'aimais cette famille et sa façon de penser. C'étaient des gens bien. Que je sois un combattant ne les dérangeait pas ; en fait, le contraire les aurait contrariés. Nous avons été fiancés deux mois, puis nous nous sommes mariés.

Avant 2013 et cette nouvelle étape de la révolution, Alep-Est avait vécu ses jours les plus beaux. Peut-être même les plus exaltants de son histoire plurimillénaire, dans les zones libres. Nous n'avions même pas de difficultés de ravitaillement, grâce aux greniers et aux champs de l'arrière-pays rifain, lui aussi libéré. L'Ouest, resté sous contrôle du Régime, avait été préservé des violences aux premiers mois de la révolution, puis ses habitants furent à leur tour submergés de problèmes. Ils virent arriver chez eux des hordes de Shabihas, qui se mirent à les racketter et à les molester sans scrupule. À l'Est, nous avions la liberté, une liberté extraordinaire. Au début, nos habitants redoutant les représailles gouvernementales avaient fui leur quartier, mais la tendance s'est un temps inversée : ceux de l'Ouest accouraient chez nous pour profiter de la liberté. Après le mois de juin 2013, cependant, nous avons dû faire face à deux calamités : la multiplication des bombes-barils et la présence de Daech qui, l'une et l'autre, menaçaient la vie de nos concitoyens.

La première bombe-baril tomba dans le quartier de Chaar, tuant quatre-vingts Alépins. Après avoir détruit sa cible, cette arme explosait en provoquant d'énormes dégâts. Une bombe-baril pouvait aplatir un bâtiment entier. Si cet édifice contenait soixante-sept occupants, ces soixante-sept-là étaient tués. Par la suite, les gens ont été moins nombreux à mourir, non parce qu'on avait trouvé une parade, mais parce que ces massacres à répétition entraînèrent la fuite désespérée des familles. La ville se vidait. Les bâtiments ne contenaient plus soixante-sept, mais vingt-deux personnes. Si une bombe-baril s'écrasait, il n'y avait alors que vingt-deux victimes. Les bombes continuaient à tomber sur les immeubles, mais ils étaient déserts ou presque. Voilà pourquoi le nombre de morts a diminué… Il y avait peut-être deux millions d'habitants à Alep quand l'Armée libre y était entrée, il n'en restait plus que deux cent cinquante mille.

Il y avait tant de morts ! L'unique façon de me protéger était de me détourner de ceux que j'aimais, de les écarter de mon esprit en me dépouillant de tout sentiment. Je ne voulais pas d'un ami, j'aurais eu trop de peine de le perdre. Même mon épouse, je me suis éloigné d'elle. Pour mon enfant, je n'ai pas réussi, il m'a forcé à tomber fou d'amour pour lui. Mais tous les autres, épouse ou amis d'enfance, je m'en suis détaché, parce que n'importe lequel d'entre eux pouvait m'être enlevé à chaque minute, et personne ne peut vivre ainsi. Je me suis forgé cette cuirasse pour ne pas devenir fou. Les gens mouraient autour de moi, alors que j'étais vivant. Je me suis battu avec moi-même pour mettre mes souvenirs de côté, pour oublier la mort d'Ayham et laisser son âme errer loin de moi. Tous les messages qu'il m'avait envoyés, je les ai effacés. Toutes les photos qui le montraient seul ou avec moi, sérieux ou souriant du haut de ses deux mètres, je les ai déchirées. Ceux qui me le rappelaient, amis ou relations, j'ai cessé de les voir. Si quelqu'un mentionnait son nom, je changeais de sujet, étranglé d'émotion. Je devais me relever, me remettre à marcher et, pour cela, je devais désapprendre sa haute silhouette protectrice, dans l'ombre de laquelle je m'étais senti invulnérable.

La naissance de mon fils, deux ans et demi après la mort d'Ayham, fut une terrible épreuve. En ces temps d'Alep, deux ans et demi représentaient une éternité, il me semblait pourtant que son martyre datait de la veille et un dilemme insoluble me fendait l'âme. Pouvais-je donner à mon enfant le nom de mon frère ? Serais-je capable de l'interpeller plus tard en disant sans m'effondrer : « Ayham, viens voir *baba* ! » ? Ayham est né, et son oncle Obada a été martyrisé. Il était combattant, comme moi. Le jour de sa mort a été comme les autres, c'était une situation normale. Dans une même famille, le même jour, un être venait à la vie tandis qu'un autre partait dans la mort. C'est à cette époque-là que j'ai essayé de détruire tout lien affectif, de me détacher de mon enfant.

Je mettais ma femme au défi, je lui disais : « Tu peux quitter la maison et partir, car je ne reviendrai pas vivant. » Elle répondait : « Je t'ai placé dans la main de Dieu ! Quand je t'ai épousé, je n'ignorais rien de ta situation et je ne t'aurais pas choisi si tu avais été différent. » Cela m'a beaucoup touché. On ne s'était pas connus avant notre mariage, cela avait été un arrangement traditionnel. Mais sa façon de concevoir la vie et de supporter ses aléas ont été d'un secours immense. Elle m'a insufflé du courage. Dans nos rangs, j'ai vu beaucoup de combattants dont l'épouse était trop fragile. À la première grosse crise conjugale, ils renonçaient à se battre. Mon épouse était mon roc, sur elle je pouvais m'appuyer. Mais je restais éloigné de l'enfant.

Ma mère disait : « Ton petit marchera un jour, il jouera au foot, il aimera le dessin. » Je m'efforçais d'ignorer ses paroles. Je ne voulais rien savoir de cette petite vie chétive. Je refusais de me lier à lui, car je savais qu'en me liant, je tomberais fou d'amour et ma vie deviendrait un cauchemar. J'ai réussi à conserver cet état d'esprit six mois, durant lesquels mon fils grandissait, commençait à sourire et à montrer qu'il me reconnaissait. À neuf mois, il a fait ses premiers pas, trébuchant et se relevant. Quand je rentrais à la maison, il m'accueillait avec des pépiements d'ortolan, tendant vers moi ses mains couvertes d'adorables fossettes. Là, j'ai changé. J'ai craqué, je me suis autorisé à l'aimer. Je suis tombé fou d'amour pour Ayham, mon petit garçon.

*

Amir

Roméo et Juliette à Alep

Rawa et sa robe rouge ne me sont jamais sorties de l'esprit, mais à l'époque des bombes-barils personne n'avait besoin de s'encombrer de pensées aussi tristes. Moi pas plus qu'un autre, et je suis tombé amoureux de ma cousine qui habitait de l'autre côté, à Alep-Ouest, après la division de notre ville. Elle y vivait en toute normalité avec sa famille, tandis que mon existence à moi était tout sauf normale. J'étais avec ma mère dans notre maison de Kalassé. Ma sœur unique avait été forcée de nous suivre, alors qu'elle avait espéré poursuivre ses études pour lesquelles elle était très douée. D'après mon expérience, les filles sont plus intéressées par les études que les hommes. La révolution l'a beaucoup affectée, car elle a dû mettre un terme à ses projets. Elle était recluse à l'Est, et sa vie s'est arrêtée. C'est pourquoi elle s'est mariée à l'âge très jeune de 17 ans, non en raison des traditions alépines ou pour des questions d'ordre social, mais parce que cela lui permettait de s'exiler en Turquie. Elle y réside encore avec son mari.

Moi, j'étais recherché par les autorités, je ne pouvais pas prendre le risque de traverser le pays et de partir. Mon père s'est engagé dans la Défense civile, parmi les Casques blancs, ainsi nommés en raison de la couleur du casque de protection qu'ils portaient pour sauver les gens ensevelis sous les gravats. Moi, je continuais les manifs, photographiant tout, et j'étais amoureux de ma cousine et de sa vie normale.

Un ami journaliste étranger m'a un jour parlé de son projet : un reportage sur la fête de la Saint-Valentin à Alep. J'ai trouvé ça super car cela permettrait de montrer d'autres aspects de notre existence et de prouver que nous restions des êtres humains qui tombaient amoureux – même si ma romance à moi était complexe, puisque j'étais dans l'impossibilité d'aller voir ma cousine à l'Ouest et que ni elle ni ses parents ne pouvaient venir chez moi à cause des snipers. Ceux qui traversaient la ligne de séparation le payaient souvent de leur vie. Sans compter qu'une fois passé le croisement de Boustane Al-Qasr, une bombe-baril ou un missile pouvait leur tomber dessus à l'improviste.

Le jour de la Saint-Valentin, j'ai parlé par Skype à ma cousine, je lui ai montré la carte rose que je lui destinais. Le journaliste a tout filmé, tandis que, de l'autre côté, son collègue enregistrait d'autres scènes. Au final, ils ont utilisé les images des deux Alep. À l'Ouest, les magasins proposaient des bouquets de fleurs et des ballons en forme de cœur – rien de comparable, cependant, avec tout ce que l'on pouvait y trouver par le passé. La Saint-Valentin a toujours été un jour spécial pour les amoureux d'Alep. Avec la révolution, cela a changé de part et d'autre de la séparation. J'étais avec ma cousine à tchater sur Skype. Nous partagions un chouette moment et j'en étais heureux, même si ce n'était pas aussi agréable qu'un vrai rendez-vous avec échange de baisers doux, cajoleries et petits câlinages. Le reportage a été diffusé, puis il m'est sorti de la tête.

Il m'est revenu en mémoire avec des sueurs froides, quand j'ai songé que mes copains allaient en concevoir une opinion négative, car chez tout le monde les jugements s'étaient aiguisés, telles des lames prêtes à trancher. Auparavant avait régné à Alep une bienveillante indifférence. Désormais, le simple fait de fumer donnait mauvaise réputation. Les gens n'appréciaient plus les histoires de cœur. Certains avaient même décidé qu'elles étaient condamnables, vu qu'ils ne comprenaient plus rien à l'amour. Ils blâmaient toute forme de romance et j'ai pris peur de cette mentalité arabe d'antan qui revenait au galop avec ses réactions démesurées et tranchées. J'ai réalisé que toutes sortes de situations n'étaient plus acceptables aux yeux de nos habitants, que notre société telle que je l'avais connue avait cessé d'exister.

Un jour, j'ai invité une fille dans la pâtisserie Al-Chaffi qui ne vendait plus de glaces depuis longtemps, mais encore quelques gâteaux, et nous nous sommes régalés en toute respectabilité. Un copain – je dis « copain », car en tant que photographe je fréquentais un tas de gens, mais celui-là, je le connaissais surtout de vue – est entré et m'a salué. Le lendemain, un autre gars est venu à ma rencontre et m'a questionné : était-il vrai que j'étais allé à la pâtisserie Chaffi, en tête à tête, pour faire la fête ? Je n'ai pas compris en quoi manger un gâteau avec cette fille était son affaire, mais j'ai préféré me taire. Sa réaction pleine de sous-entendus et de reproches a été dure à encaisser. Ces changements de mentalité pourrissaient l'existence.

Pour en revenir au reportage sur la Saint-Valentin, le problème était que je n'avais pas demandé son autorisation à ma cousine, si bien que lorsqu'il a été diffusé à la télé, des amis à elle l'ont reconnue et ont partagé ces images sur les réseaux sociaux, parce que ces journalistes étrangers avaient présenté notre histoire comme ultra-romantique, du genre Roméo et Juliette à Alep. J'avais mentionné son prénom mais pas le nom de ses parents, ni celui de son quartier, et je n'avais pas imaginé que des Syriens allaient regarder ces médias occidentaux. Et voilà que tous les détails s'étalaient sur les réseaux sociaux : j'étais présenté comme photographe de guerre pour une agence de presse italienne, amoureux d'une fille de l'Ouest qu'il m'était impossible de voir puisque j'étais à fond partisan de l'opposition. Le journaliste avait tout révélé sur moi ! Y compris le nom de mon quartier et mes opinions révolutionnaires ! J'en ai été effaré pour ma Juliette car ces informations pouvaient l'envoyer direct dans les sous-sols. Quand elle l'a su, elle s'est affolée à son tour et nous nous sommes séparés pour assurer sa sécurité. Nos parents ignoraient que nous étions ensemble, et cela aussi pouvait lui causer des problèmes. Pas à cause de la relation en elle-même, mais parce que ceux de l'Ouest continuaient de vivre comme par le passé, dans la peur perpétuelle du Régime et de ses méthodes de représailles. Ma cousine s'est fâchée : « Comment as-tu pu faire une chose pareille sans m'en parler ? » Nous avons rompu. Il est exact que je n'avais pas demandé sa permission, mais elle était comme une partie de moi, de ma vie sans amour au milieu des bombes, et je m'étais livré en toute sincérité. Je suis heureux qu'au final, elle n'ait pas eu de problème à cause de mes sentiments pour elle.

AMIR A QUITTÉ ALEP EN DÉCEMBRE 2016. IL VIT EN EXIL.

Cécile

Amir est resté à Alep jusqu'à la fin. Il a quitté la ville lors des évacuations forcées, après le siège, pendant l'hiver 2016. Il vit aujourd'hui en exil en Europe. Son père a été tué au cours de ces derniers jours d'Alep-Est, avec d'autres collègues Casques blancs. Les heures pendant lesquelles Amir s'est confié à moi auraient dû être suivies de beaucoup d'autres, mais vivre en exil est une chose complexe, décevante, avec des hauts et beaucoup de bas. Les rendez-vous fixés ont été sans cesse remis à plus tard, en raison de ses imprévus, sans parler des miens.

Déterminé à poursuivre son récit, Amir a suivi avec intérêt l'évolution de ce livre, et quand le temps de le terminer approcha, nous avons encore essayé de nous voir pour poursuivre les entretiens. C'était au début de l'été 2018. Près de deux ans s'étaient écoulés depuis ses premières confidences. Au dernier moment, il a préféré annuler, tout en insistant pour que soit conservée la première partie de son témoignage. Il s'excusait de ne pas être capable d'en raconter davantage pour le moment. « Si je poursuis cette histoire, ça va trop me déprimer, tu comprends ? Mon père martyr, et le reste… J'ai besoin de prendre l'air sans ces bagages alépins trop lourds à porter. Le seul truc dont j'aie envie, tout de suite, c'est d'aller me téter un narguilé sur les Champs-Élysées… »

À la mémoire du père d'Amir :

CEUX QUI ÉCOUTAIENT LES BOMBES

« Quand une bombe tombe, nous sommes les premiers sur les lieux », répètent les Casques blancs. Ces jeunes Syriens – une poignée d'adolescents lors de sa création à Idlib et à Alep ; près de 3 000 hommes et 78 femmes aujourd'hui – interviennent dans les zones rebelles ou hors du contrôle du Régime. Ils sont les fouilleurs de gravats à la recherche des survivants, les transporteurs de blessés, les pompiers qui matent l'incendie, les témoins caméra au poing. Après qu'un raid aérien a dévasté une maison ou un quartier, ils incarnent le dernier espoir de vie pour leurs habitants.

Le surnom de « Casques blancs » que leur valut la couleur de leur équipement n'est pas sans évoquer l'absence des Casques bleus et l'impuissance des Nations-Unies à jouer un rôle de modérateur, sinon de pacificateur, dans l'interminable conflit syrien. À l'heure où les quartiers orientaux d'Alep sont anéantis sous un déluge de bombes, le courage de l'organisation a été récompensé, le 22 septembre 2016, par le Right Livelihood Award, le « prix Nobel alternatif », décerné par la fondation éponyme suédoise. Les Casques blancs ont aussi été en lice pour le prix Nobel de la paix.

La plupart des volontaires n'avaient, à l'origine, aucune expérience dans le secourisme ni dans le domaine médical. À leur tête, Raed Al-Saleh, né en 1983, était vendeur de matériel électrique. Le groupe compte un ancien tailleur de costumes et plusieurs ex-combattants issus de la rébellion.

[Le père d'Amir était chef de chantier, une activité qui le menait souvent à Chypre.]

Leur code de conduite stipule que les armes sont interdites. Tous ont en commun, quelle que soit leur trajectoire personnelle, d'avoir rejeté la violence, sans pour autant se détourner de la révolution. Abderrahmane est l'un de ces Casques blancs. Il n'avait pas 25 ans quand les manifestations ont éclaté. « Il n'y avait guère le choix : il fallait, dès le début, rejoindre la révolution ou soutenir le Régime, raconte-t-il. J'étais paralysé par la peur, je rasais les murs. Je ne suis pas allé dans les manifs. Mes parents m'ont mis en garde : j'étais leur seul garçon, le soutien de la famille aux côtés de trois filles. Pour eux, il était hors de question que je m'implique. »

Comment expliquer que la génération d'Abderrahmane, malgré une enfance et une adolescence bercées par les préceptes d'une dictature ne favorisant guère l'éveil des consciences politiques, ait pris goût à l'engagement civique ? La première étape pour Abderrahmane – et non des moindres, à l'en croire – consista à s'émanciper de l'autorité paternelle. C'est d'abord en cachette qu'il se porte volontaire auprès d'ONG alépines. Puis en provoquant des « scènes terribles » avec ses parents. Ces derniers ont fini par admettre sa décision. Après qu'ils se sont réfugiés en Turquie, « la relation s'est apaisée ».

« La situation était tragique, il y avait tant de blessés et de souffrance, insiste-t-il. Je connaissais l'un des types qui avaient monté le bureau des Casques blancs à Alep, c'était un de mes voisins dans la rue Hanano. Je savais aussi qu'ils cherchaient des volontaires grâce à Halab Al-Youm ("Alep aujourd'hui") », une radio contrôlée par l'opposition, émettant à Alep depuis la Turquie.

Aussitôt recruté, il se forme sur le terrain aux missions de sauvetage rendues périlleuses par l'apparition des bombes-barils. « Ce sont des barriques rouillées, pleines d'explosifs, de clous, de verre, de shrapnels, parfois de haches », décrit Raed Al-Saleh, dans une lettre publiée en mars 2015 par le *New York Times*. Les hélicoptères du régime les « jettent sur les zones civiles afin d'éviter que le vent les détourne sur ses troupes, sur les lignes de front. Les plus grosses peuvent ravager un espace correspondant au volume de dix immeubles. »

Certaines scènes dont Abderrahmane fut le témoin l'ont profondément affecté. Une femme errant dans une rue pulvérisée d'Alep. Son fils était sorti jouer quelques minutes avant l'explosion, le temps qu'elle prépare son déjeuner. Elle répétait, comme prise de démence : « Le repas est prêt ! J'ai fait des patates, comme tu les aimes ! Le repas est prêt ! » « Un autre jour, raconte-t-il, c'est un marché de la ville qui venait d'être frappé. Dix-huit morts, beaucoup de blessés. Le sol était couvert de sang et je n'avais pas d'autre choix que de marcher dedans. » Malgré lui, il « profanait » les corps des victimes. Il assista au spectacle déchirant d'un de ses collègues retirant d'un immeuble en ruine le bras arraché de sa propre sœur. « Des histoires horribles, il y en a plein ! La colère m'a envahi, confesse-t-il. Elle ne me quitte plus. Seul le sauvetage d'un enfant me permet encore d'effacer ce mauvais sentiment. »

« Sauver une vie, c'est sauver l'humanité » est la devise, extraite du Coran, des Casques blancs qui affirment porter secours au peuple syrien, sans distinction politique ou de religion. « Je ne suis plus seulement en colère, poursuit Abderrahmane. J'ai peur. Peur de faire ce travail quand, à tout instant, la mort peut vous emporter. Le pire, c'est le sifflement des bombes. C'est comme une voix qui susurre : "Vous allez mourir." Quand l'une d'elles s'écrase à côté, nous disons : "Ce n'est pas ton nom qu'elle murmurait aujourd'hui !" C'est devenu une blague dans notre unité, pour relâcher la pression. » Depuis leur création, 147 Casques blancs ont été tués, le plus souvent fauchés par une deuxième déflagration sur le site où ils étaient venus porter secours.

Abderrahmane assure que ses camarades et lui, à force d'habitude, savent tous différencier, à l'oreille, le type d'avion qui les survole et la catégorie de l'explosif largué. À Alep, ils pensent ainsi avoir identifié de nouveaux missiles, des « bunker busters » conçus pour atteindre des cibles profondément enfouies.

Les Casques blancs sont sortis de l'anonymat. La chaîne américaine Netflix leur a consacré un documentaire, utilisant des images spectaculaires filmées par les caméras embarquées par les volontaires. On les voit aussi qui s'entraînent à l'utilisation d'un nouveau matériel – des stéthoscopes géants – permettant d'écouter les appels des vivants, même enterrés sous des monceaux de gravats. Selon leur propre décompte, les Casques blancs ont sauvé 60 000 personnes.

La notoriété leur a donné de l'argent et une voix, au nom de la Révolution et de la société civile syrienne. Mais elle a son revers. Au lendemain du Right Livelihood Award, le 22 septembre, trois des quatre centres d'Alep ont été pilonnés lors de raids aériens menés par l'aviation du régime et de la Russie : un centre a été rasé, une ambulance, un véhicule de service et un camion de pompiers détruits. Cinq membres du personnel ont été tués. Le 20 octobre, des frappes aériennes ont encore visé deux centres des Casques blancs. Ces attaques ont fait un mort et plusieurs blessés parmi les volontaires. « Notre volonté de vie est plus forte, affirme Abderrahmane. Nous nous préparons à de nouvelles missions, comme réparer le réseau électrique. Ou à la reconstruction, pour des jours meilleurs. Peut-être que sera créée une zone protégée [d'exclusion aérienne], comme nous en avons beaucoup entendu parler. »

Le jeune Casque blanc s'est marié en 2015. Son épouse est installée en Turquie. « Nous n'avons pas encore décidé si nous voulons un enfant, dit-il. Peut-être, si nous avions un peu d'espoir pour nos vies. J'aimerais aussi terminer mes études… » Il ajoute : « Je n'ose pas réfléchir à ma situation personnelle car l'urgence est en Syrie. » Chaque fois qu'il franchit la frontière pour une autre mission, le jeune homme « oublie tout » : *« Le silence entre dans ma tête. Il me faut écouter les bombes. »*[1]

1. Extraits de « Ceux qui écoutaient les bombes », Cécile Hennion, *Le Monde*, 21 octobre 2016.

LIVRE VIII

L'ENFER ET LE PARADIS

ZAKARIYA

Le messager

Ceux de « la Daoulé[1] » ou de « Daech », au début, c'était Al-Qaida. L'explication est assez simple. Au commencement, les révolutionnaires armés appartenaient tous à l'Armée syrienne libre, qui rassemblait quantité de brigades plus ou moins efficaces et sympathiques. Une seule se distinguait des autres : Jabhat Al-Nosra, qui était fan d'Al-Qaida. Cette milice est montée en puissance au fur et à mesure que l'Armée libre s'est cassé la gueule. Celle-ci s'est effondrée à cause du manque d'armes, mais aussi à cause du manque de jugeote de certains de nos combattants qui se prélassaient dans leurs bases et se comportaient comme des gangsters : de vraies merdes. Nosra a profité de cette situation, engrangeant le soutien des habitants et récupérant dans ses rangs des soldats désabusés. Elle envoyait des émissaires chargés du recrutement auprès de nos jeunes, leur promettant la lune et les jardins suspendus de Babylone : « Voyons, que faites-vous ici ? Venez avec nous, nous avons plein d'armes et des tas de dollars ! » Puis sont arrivés des étrangers venus de Tunisie et du monde entier, ainsi que des Syriens originaires d'autres provinces.

1. « La Daoulé », c'est-à-dire « l'État ». C'est sous ce nom que les Alépins désignent le plus souvent le groupe État islamique (Daech).

Nosra est alors devenue très forte, mais ses miliciens se sont mis à se disputer pour savoir qui serait leur émir, de Jolani ou de Baghdadi. Ces types avaient été comme des frères, avant de se lancer dans une rivalité féroce. Jolani avait l'habitude de la faire à l'envers à tout le monde. Il a trahi son pote Baghdadi, qui décida de fonder tout seul son Califat et son « État islamique ». Il s'en est suivi des bisbilles internes et une guerre de loyauté. Quand leurs partisans se parlaient, il y en avait un qui clamait : « Je suis de la Daoulé de Baghdadi ! » Un autre lui rétorquait : « Va te faire… ! La Daoulé, c'est nous ! » Et ils se torgnolaient comme des sauvages. Ces divisions auraient pu les anéantir. Pour notre malheur, elles ont abouti au contraire à la toute-puissance de Daech, qui s'avéra mille fois plus radical que Nosra. Daech décréta que nous, les activistes, étions des mécréants et se révéla aussi tyrannique et dictatorial que Hafez ou Bachar Al-Assad, avec la même mentalité : « Soit t'es avec nous ; soit t'es contre nous – et t'es mort ! »

Ils ont d'abord cherché à nous amadouer. Plusieurs ont ainsi essayé de me convaincre de les suivre : « Viens avec notre émir ! Nous sommes l'islam véridique, nous te protégerons ! » Je répondais : « Non. Moi, je suis avec les gars de Salaheddine, la révolution du peuple en lutte contre Bachar Al-Assad, le Criminel-qui-nous-assassine ! » Ils insistaient : « Nous aussi nous sommes contre Bachar Al-Assad, mais vous, les activistes, vous luttez aux côtés des croisés. Tous ceux qui ont un lien avec les Occidentaux sont des mécréants ! » D'autres encore nous ont proposé de l'argent : mille cinq cents dollars par mois, des armes dernier cri, une bagnole et des gardes du corps… Nous avons refusé. Nous avons manifesté contre leur présence et ils ont commencé à nous menacer. Avec les gars de Salaheddine, on écoutait de la musique à fond, on chantait au rythme de nos darboukas et on fumait le narguilé. Tout ce qui pouvait les contrarier, eh beh ça nous faisait kiffer. Alors ils ont cessé leur jeu de séduction et se sont mis à kidnapper tout le monde.

Nous étions très prudents, nous nous déplacions toujours en groupe pour éviter leurs embuscades. Un jour, Ahmed, un camarade, a dû fuir son quartier en raison des bombardements. Il a été kidnappé sur la route. Des habitants qui avaient assisté à la scène nous ont prévenus. Avec deux copains, on a sauté en bagnole et foncé à leur base. Ils ne nous ont pas laissés entrer, mais nous avons échangé des salutations à la porte. Nous leur avons dit :

– Vous avez kidnappé Ahmed.

– Oh que non ! Nous ne l'avons pas.

– Oh que si ! Nous connaissons vos pick-up et c'est l'un d'eux qui a enlevé Ahmed. On peut savoir quel est votre problème avec lui ?

– Bon, attendez ici ! Attendez le retour du messager, il viendra vous parler.

Nous avons attendu quatre heures, puis le messager est arrivé avec un masque noir sur la tronche qui ne laissait rien voir, hormis ses yeux au travers d'une fente minuscule. La situation était périlleuse, car nous étions sur leur territoire et pas dans les quartiers protégés d'Alep. Je me suis adressé au messager : « Que la paix soit avec toi, ô messager ! Sache que tes hommes ont enlevé une personne de chez nous du nom d'Ahmed. » J'ai écrit son nom complet sur un bout de papier. Le mec l'a pris, puis il a dit : « Attendez, je vais vérifier. » Il est revenu deux heures plus tard pour nous annoncer qu'ils n'avaient pas Ahmed.

– Comment ça, vous l'avez pas ? ai-je dit. Appelle ton émir, j'exige de le voir !

Le messager s'est énervé :

– Comment ça, tu exiges de voir l'émir ?! Qui es-tu, pauvre bouse, pour réclamer cette faveur ? *Yallah !* Sauve-toi avant que je ne te prenne, toi !

Alors que je m'apprêtais à partir, j'ai aperçu un autre type masqué, au regard furieux au travers de la fente. J'ai cru qu'il allait me kidnapper, mais en fait il m'a adressé un signe pour que je le suive dans un autre bâtiment. À l'intérieur, un mec tout jeune, presque un adolescent, était assis, seul. Je l'ai salué. Il m'a interrogé :

– D'où viens-tu ?

– De Salaheddine.

– Oh ! Salaheddine ! Tous des mécréants !

– Nous ne sommes pas des mécréants, mais des révolutionnaires contre le gang de Bachar Al-Assad et nous voulons la démocratie et la liberté.

Alors il m'a dit :

– Et à part ça, tu veux quoi ?

– Je veux Ahmed.

– Nous ne l'avons pas.

À force d'insister, il a fini par admettre qu'ils détenaient bien Ahmed. Il devait être soumis à un interrogatoire, vu qu'il travaillait comme journaliste-photographe à la solde de l'Occident.

Je lui ai dit :

– Primo, Ahmed n'est pas un photographe à la solde de l'Occident. Il travaille pour les médias libres alépins et couvre les combats contre le Régime. Deuzio, quel est votre problème si nous envoyons des photos en Occident, en Chine ou au pôle Nord ? Nous témoignons de la situation, de la souffrance des Alépins sous les bombes. Le devoir du photographe consiste à transmettre la vérité grâce à ses images.

Le ton est monté, puis il m'a ordonné de partir. Il verrait ce qui ressortirait de l'interrogatoire :

– Nous jugerons s'il est coupable ou non. S'il est innocent, nous le libérerons.

– OK, super. Il est innocent. Je peux te poser une question ?

– … Oui ?

– Tu viens d'où ?
– De Tunisie.
– Tu fous quoi en Syrie ?
– Le djihad.
– Mec, tu t'es trompé d'adresse ! Il n'y a pas de djihad par ici : chez nous, c'est la révolution du peuple.

Il s'est mis à causer en arabe classique et à déblatérer que c'était le pays de Cham, la voie du djihad au nom d'Allah, et patati et patata…

– Cheikh, écoute-moi, c'est juste une révolution. Le peuple se révolte contre le président. Nous n'avons pas de djihad, nous sommes opposés à tout ce que vous faites !
– Comment oses-tu prononcer ces paroles ?

Il était contrarié mais impuissant, car tous mes amis avaient été prévenus que j'étais chez lui. Or ces lâches ne kidnappaient que les plus faibles, ou bien ceux qui ne manqueraient à personne. Nous avons encore palabré : c'est le djihad, non ce n'est pas le djihad, si c'est le djihad, non c'est pas le djihad… pendant des plombes. J'ai fini par lui dire :

– T'as raison, mec, c'est le djihad. Tout ce qui m'intéresse, moi, c'est Ahmed. Je vais attendre ici que tu me le ramènes.

Alors il a changé de sujet :

– Je voudrais visiter Salaheddine.
– *Ahlan wa sahlan*, cheikh, tu es le bienvenu ! (En mon for intérieur, je le maudissais : « S'il pose un orteil à Salaheddine, je le torgnole ! »)
– Vous avez des filles, à Salaheddine ? Une que je pourrais épouser selon la loi du Prophète ?
– Tu as fait tout ce voyage depuis la Tunisie pour te marier en Syrie ?!
– Je suis arrivé il y a un an et je n'ai toujours pas d'épouse. Je voudrais m'en prendre une selon la loi du Prophète.

– Mais bien sûr, cheikh. Viens donc à Salaheddine, je te marierai à une fille de toute splendeur !

Bien entendu, ces lâches n'ont jamais osé venir jusque chez nous. Huit jours plus tard, ils ont libéré Ahmed couvert de plaies et d'ecchymoses. Ils l'avaient battu comme des sauvages, surtout après qu'un Marocain lui avait posé cette question : « Oui ou non, es-tu journaliste ? » Ahmed lui avait répondu : « Pas du tout. Je ne suis aucunement journaliste : je suis athée. »

Quand il nous a raconté ça, on a failli le torgnoler à notre tour, car nous avions pris des risques énormes pour le sortir vivant de ce trou. Ahmed nous a répliqué tranquillement : « Beh oui, mec, si t'es athée, ils te laissent une chance de te convertir. Alors que les journalistes, *couic !*, ils leur coupent la tête. » Ahmed plaisantait sans répit, même dans les pires situations. Ce caractère l'a aidé à se remettre des séquelles de son kidnapping, car son corps était dans un état déconcertant de balafres et de blessures.

Quand l'Armée libre déclara la guerre à Daech, entre soixante-dix et quatre-vingts djihadistes furent capturés. Tous étaient des étrangers : des Tchétchènes, des Turkmènes, des gus débarqués des antipodes, de contrées inconnues. Tous étaient convaincus de se trouver dans l'« État islamique », de la même façon que les Américains habitent un lieu appelé « États-Unis ». En fait, ils n'avaient pas la moindre idée de l'endroit où ils étaient et ne comprenaient rien à notre situation syrienne. Ils obéissaient à leur émir, voilà tout. L'Armée libre les rudoya : « Ici, c'est la révolution. Rentrez chez vous, vous n'avez rien à fiche en Syrie ! » Certains sont repartis chez eux, d'autres ont rejoint Nosra. Aucun n'est retourné chez Daech. Ce fut le seul truc clarifié dans leur esprit dérangé : Daech était mauvais, criminel. Ils en étaient tous dégoûtés.

Daech a kidnappé tant de gens – des soldats de l'Armée libre, des photographes, des journalistes, des médecins, des urgentistes… Un de mes cousins a été enlevé il y a trois ans, parce qu'il se baladait avec le drapeau de la révolution. Jusqu'à ce jour, nous sommes sans nouvelles de lui. Ali, un soldat de la liberté, a été exécuté – ces pervers l'ont filmé sur une vidéo YouTube ; je ne veux pas la regarder : ces décapitations sont à vomir. Aux yeux de Daech, nous étions des renégats, des gens à détruire. Au moment de la négociation pour la libération d'Ahmed, des tensions existaient, mais elles restaient faibles. Par la suite, je n'ai pas osé retourner dans leur zone, c'était devenu synonyme de danger de mort pour un civil.

Les bombardiers du Régime s'attaquèrent au quartier général de l'Armée libre quelques jours avant que ne soit lancée l'offensive révolutionnaire contre la Daoulé. Les missiles s'acharnèrent sur la base de nos rebelles jusqu'à ce qu'elle soit rasée et transformée en cratère fumant. La base de Daech, installée à l'intérieur du grand hôpital ophtalmologique de Kindi, n'en était guère éloignée. Kindi n'a reçu aucune bombe gouvernementale : sur cinq étages, pas une seule de ses fenêtres ne s'est fendillée.

À la fin, le plus important, ce que l'Histoire devrait retenir, c'est que cette guerre menée par l'Armée libre contre Daech n'a duré que sept jours. En sept jours, les nôtres ont dégagé la Daoulé hors d'Alep. Quand nos combattants se sont emparés de l'hôpital Kindi, ils ont découvert avec horreur soixante-dix cadavres alépins. L'un d'eux était mon grand ami médecin, trois autres étaient des photographes. Ils avaient les mains liées dans le dos et leurs fronts étaient troués d'une balle. Ils avaient été exécutés, comme les hommes-poissons de la rivière Qoueiq. De la même façon, nous les avons pris dans nos bras avant de les ensevelir au fond d'une seule et même tombe immense, creusée dans un jardin public. Nous avons prié pour leurs âmes. La ville d'Alep était inconsolable. Nous étions soulagés d'avoir vaincu Daech, mais nous pleurions ce nouveau massacre.

*

Moulham

Enfer et paradis

Je n'ai pas renoncé au combat. J'ai porté les armes jusqu'au bout. Depuis le martyre de mon grand frère Ayham, la révolution évoluait dans un sens qui m'inquiétait. Au départ, l'Armée libre était l'union de factions créées selon une logique géographique, chacune étant liée à un quartier d'Alep ou à un village du rif. Toujamaa Al-Foustaqim, par exemple, dont j'étais devenu l'un des chefs, était la seule brigade composée de citadins d'Alep, à l'exclusion des rifains. Dans la bataille pour Salaheddine, l'Armée libre a combattu avec toutes les factions agissant main dans la main. Puis Jabhat Al-Nosra et Ahrar Al-Cham ont développé des idéologies qui ont balayé cette belle unité. Plutôt que de réfléchir à une organisation rationnelle et à la manière d'être plus efficaces dans la lutte commune, les brigades se sont divisées, recomposées, démultipliées selon des préférences idéologiques. De mon point de vue, la radicalité ou la non-radicalité n'était pas la cause des différends qui opposaient les combattants. Ceux de Nosra, par exemple, étaient les plus pragmatiques. Ils utilisaient le langage islamique pour recruter et étoffer leurs rangs, mais ils n'avaient en réalité ni principe ni moralité. Ils déterminaient leur objectif et *bam !*, ils sortaient une fatwa ou une sourate qui collait pile poil à leur projet. J'étais encore jeune, mais j'étais déjà Abou Saleh, fort et respecté. J'avais sous mes ordres des gars plus âgés que moi et je savais m'y prendre avec eux. Mon commandant était Moustapha Berro, alias Abou Quteiba.

Nous avons été les premiers à appeler à la lutte contre la Daoulé. La façon dont ils traitaient les gens, les agressaient, se mêlant dans le détail de leurs pauvres vies déjà amenuisées… Leur simple présence était une insulte à notre révolution. Ils ne respectaient rien ni personne et réimplantaient la peur dans l'âme des habitants. Certains n'osaient plus traverser leur propre ruelle. J'ai partagé mes craintes avec Abou Omar[1], l'émir d'Ahrar Al-Cham. C'était un vétéran de la guerre d'Afghanistan, avec une sérieuse expérience militaire et une légitimité religieuse. Daech l'avait pourtant attaqué, lui en tant que chef, mais aussi les troupes qu'il commandait. Abou Omar était un gars lucide, malgré sa mentalité islamiste. Lui non plus ne validait pas ces sornettes d'État islamique. Il m'a confié : « Cette Daoulé n'est pas mon affaire. Je combats car mon pays est tyrannisé par un régime qui tue les gens. Parce que les enfants souffrent et que les hommes meurent. Je l'ai expliqué à ceux de Daech, mais ils n'ont pas apprécié mon point de vue. Ils m'ont même rétorqué : "Si tel est le cas, tu n'iras pas au paradis ! Tu te bats avec des ignorants qui ne connaissent rien aux armes. Vous êtes des ploucs qui se croient revenus à l'époque de la lutte contre le drapeau français sous l'occupation !" Ils m'ont critiqué avec tant de virulence qu'ils ont réussi à m'insuffler le doute. J'ai douté de moi et de mes actes. Je me suis demandé si, en vérité,

1. Abou Omar Al-Chami, également connu sous le nom d'Abou Khaled Al-Soury, est né en 1963 à Alep. Il a pris la tête d'Ahrar Al-Cham, une brigade islamiste au sein de la coalition des forces rebelles. Il a été tué dans un attentat mené par Daech contre son quartier général, à Alep, le 23 février 2014.

j'étais un bon musulman. Plus tard, je leur ai répondu : "Quoi ! Le paradis ne m'est ouvert que si je vous obéis au doigt et à l'œil ? Cette logique est contraire aux enseignements de l'islam. Je suis descendu dans les ruelles pour combattre le régime des Assad. Voilà la mission que je poursuivrai." Ils ont concédé que c'était bien "une sorte de djihad". »

L'émir d'Ahrar Al-Cham m'a mis en garde : « Ils essaient d'influencer, de manipuler, il ne faut pas les écouter. » Les gars comme cet Abou Omar, c'était un cauchemar pour Daech, car il détenait à la fois une légitimité en tant que fils d'Alep et en tant que combattant islamique. Voilà pourquoi ils n'ont pas hésité à l'assassiner.

De harceleurs de rue, ceux de Daech se sont transformés en kidnappeurs et en assassins. Si l'on ne se débarrassait pas d'eux, ils attaqueraient les chefs de nos factions, nos journalistes, nos activistes civils, n'importe qui parmi nos concitoyens. Ils étaient incapables de laisser les autres tranquilles. Ils avaient leur grand machin appelé « Califat de l'État islamique », ce qui ne les empêchait pas de couper la tête à certains de leurs propres hommes, décrétés mécréants sans motif intelligible.

Nos habitants, nos soldats, tous constataient leur mentalité retorse et leurs crimes insupportables. La plupart n'osaient pas élever la voix. Pour moi, c'étaient des créatures étranges. Dès leur apparition, j'ai mené des recherches approfondies. J'ai lu, je me suis renseigné sur l'histoire islamique, sur les événements du passé impliquant d'autres groupes djihadistes, sur leurs croyances et leur façon de raisonner. J'ai fouillé dans les moindres détails. Tout à leur sujet était empli d'étrangetés, suscitant angoisse et pulsion de mort, dans un univers de ténèbres et de diableries. Leur seul but, semblait-il, était de détruire le genre humain. Leur motivation unique était la fin du monde. Il était vital de préserver les gens d'Alep de leur séduction maléfique, d'éviter qu'ils se transforment à leur tour en créatures étranges. Daech était comme Méduse qui pétrifiait les Grecs d'un regard, dans la mythologie. Je réfléchissais beaucoup à la manière de préserver la ville de leurs envoûtements.

Il arrivait qu'un habitant nous fasse part de ses questionnements au sujet de la charia, soudain convaincu qu'il fallait appliquer la loi coranique à la lettre parce qu'il avait toujours été bon musulman. Il était alors essentiel d'utiliser des arguments religieux pointus pour démontrer les excès et les erreurs de Daech. Dans Alep en guerre, avec la mort imminente et omniprésente, beaucoup n'avaient qu'une seule obsession : iraient-ils au paradis ou en enfer ? Ils étaient tellement persuadés qu'ils allaient mourir que cette question était devenue cruciale. Je comprenais ces inquiétudes qui étreignaient aussi nos combattants. Avec mes gars, je multipliais les occasions de dialoguer, afin d'endiguer le pouvoir d'attraction de Daech qui prônait une voie unique – la sienne à l'exclusion de toute autre – pour atteindre un monde de plaisir et de félicité dans l'au-delà. Après mes lectures, je n'ai plus eu aucun doute sur la nécessité d'une confrontation armée. Je savais aussi que ce combat n'aurait que deux issues possibles : notre victoire, ou le ralliement de tous nos hommes à Daech. Il n'y aurait pas de solution médiane.

L'aspect idéologique de la bataille était fondamental. Il nous fallait veiller à répondre aux questions existentielles de nos hommes, car nombre d'entre eux commençaient à douter de tout et je les voyais s'éloigner vers les ténèbres. Pour les retenir, nous devions utiliser le langage religieux de Daech tout en défendant un objectif opposé. Une autre méthode consistait à organiser des débats publics avec le plus d'habitants possible. J'avais besoin de m'assurer de la confiance et de la loyauté de mes hommes, avant de lancer l'assaut. Sans cette longue préparation mentale, je suis convaincu que nous aurions perdu. Dans la zone urbaine que nous contrôlions, nous avons créé un environnement protégé de ceux de Daech, avec des contrôles stricts aux barrages. Malgré cela, ils ont réussi à kidnapper le journaliste Ahmed Brimo dans son bureau et nous avons eu toutes les peines du monde à le récupérer vivant. Nous avons alors renforcé notre enclave et averti les activistes, devenus les cibles principales, que nous les protégerions. Il nous fallait un lieu à l'abri de l'influence toxique de Daech et de ses kidnappings, devenus plus mortifères que les bombes-barils. Nous avons préparé nos soldats mentalement, intellectuellement, religieusement. Daech constituait un péril mortel pour la révolution.

Lors de cet assaut, les brigades se sont unifiées de nouveau sous la bannière de « l'Armée des moudjahidines ». Nous avons étudié chaque détail de la ville, chacune de ses ruelles, réfléchi à tous les aspects stratégiques, pour être certains qu'ils ne pourraient pas y pénétrer. Nous n'étions pas nombreux, mais nous avons tout planifié. Alors qu'Alep était encerclée par les forces du Régime, nous avons ainsi lancé la grande bataille contre Daech, tuant nombre de ses combattants. Ceux qui s'enfuirent massacrèrent soixante-dix prisonniers alépins qu'ils détenaient dans leur base. Malgré ce drame, nous les avons vaincus, Alépins et rifains, main dans la main, en mettant de côté nos différends. La victoire a été rapide, mais ces combats ont amenuisé nos troupes. Après avoir débarrassé la ville et ses faubourgs de la présence de Daech, les soldats rifains ont décidé de libérer leurs villages de son emprise, pourchassant ses adeptes très loin dans la province. Si bien que notre cité s'est retrouvée démunie de troupes à l'intérieur pour la protéger et lutter contre le Régime qui, bien sûr, choisit ce moment précis pour lancer une nouvelle offensive.

*

SAMI

La mort du chef

On a résisté à la déliquescence de notre armée. Nous avons traqué les soldats véreux sans pitié. La prison révolutionnaire installée à Marea était même pleine à craquer. Les combattants de la liberté étaient devenus des chercheurs d'or. Quel dommage ! Dans la suite de mes désillusions, survint la mort de mon ami et grand chef Hajji Marea. Un missile s'est écrasé sur lui et sur beaucoup d'autres camarades, lors d'une réunion à laquelle j'aurais dû assister. J'avais refusé d'y aller. Je me trouvais en Turquie, très fâché de la situation. Le *hajj* m'avait appelé : « Sami, reviens ! Il faut que je te parle. Viens t'asseoir avec moi et parlons ! » Je lui en voulais d'avoir tardé à combattre ceux de Daech. Je voyais bien que tout allait de travers. Ne sachant quelle réaction à adopter face à ces djihadistes fous furieux, les anciens s'étripaient au sein de la Choura. Abdel Aziz, qui était le plus âgé et qui commandait les troupes sur le front, refusait d'appeler à la guerre contre Daech. Hajji Marea, lui, prônait au contraire le combat frontal, d'urgence. Selon la coutume, le plus vieux avait eu le dernier mot. Hajji Marea affirmait que, sans l'accord d'Abdel Aziz, il avait les mains liées : il avait donné sa parole d'honneur. Je m'étais emporté, je lui avais rétorqué : « Alors tant pis. C'est foutu et je pars. Je veux du calme pour réfléchir, trop d'erreurs ont été commises. » J'étais donc parti en Turquie. Quand il m'avait prié de revenir, j'avais encore refusé. Puis le missile est tombé. J'ai cru qu'il s'en sortirait une fois de plus, il avait déjà été blessé tant de fois. À mes yeux, il était invincible. Il est mort quelques jours plus tard, à l'hôpital. Les autres ont pris le pouvoir et ils ont tué la révolution.

Abdel Aziz a fini par comprendre que Daech constituait un danger mortel. Il a donné le signal de la bataille avec consigne d'épargner et de protéger les djihadistes faits prisonniers par l'Armée libre. Pendant ce temps, ceux de Daech égorgeaient sans pitié. Ils ont encerclé Marea, pénétrant dans les maisons situées en périphérie, coupant les têtes au hasard. Quinze habitants ont ainsi été décapités. Ils ont exécuté un gamin de 12 ans parce qu'il avait blasphémé. Ils n'ont jamais réussi à contrôler le centre du village, mais ils nous expédiaient des voitures piégées sur la place du marché. Pour y mettre fin, nos soldats aux barrages avaient pour ordre de fouiller les véhicules contenant un homme ou plus ; seules les familles passaient. Un jour, un Tunisien s'est fait exploser avec son épouse et ses deux enfants installés sur la banquette arrière. Personne ne sait si la femme avait été prévenue, si elle avait accepté cette mort pour elle et ses petits. Je reste persuadé qu'elle ignorait les projets de son époux, parce qu'elle était maman de deux enfants. Une mère n'est pas comme ça. Leur voiture a sauté au niveau du check-point. Nous avons aussi eu le cas d'une femme tchétchène repérée avec une ceinture d'explosifs dans le camp de réfugiés de Marea, au milieu d'un groupe d'enfants syriens. Nous l'avons arrêtée avant qu'elle n'explose. Elle est passée devant le tribunal. Elle pleurait en déclarant qu'elle était venue en Syrie pour récupérer son garçon parti se battre trop jeune. Pour ça, elle était prête à tout, même à actionner sa ceinture et à tuer les fils des autres. Elle a été jugée folle et reconduite à la frontière turque. Ces histoires me rendaient malade.

J'avais enterré ma fiancée alaouite, et depuis lors j'avais rencontré Aïcha. Mon devoir d'homme consistait à la protéger.

Aïcha : Quand j'avais 4 ou 5 ans, en Algérie, ma mère m'avait parlé des enfants de Hama. Elle avait une cassette audio, avec la bande magnétique qu'il fallait rembobiner au crayon, sur laquelle étaient enregistrées des comptines syriennes chantées par une chorale d'enfants de la ville de Hama. J'adorais l'écouter. Maman me disait : « Hafez a tué ces enfants. » La chorale s'appelait Les Petits Bourgeons de Hama. Les comptines avaient dû être enregistrées dans les années 1970. Elles avaient ensuite été interdites en Syrie. La réflexion de ma mère était restée gravée dans ma mémoire.

La Syrie, tout le monde disait qu'il ne s'y passait rien, que ce qu'on entendait ou voyait sur les vidéos était des mensonges visant à déstabiliser un régime antisioniste, que cette révolution n'existait pas. C'est ce qu'affirmaient autour de moi des gens dont la tête était pourtant bien pleine. Moi, je devais faire un reportage dans les camps de réfugiés en Turquie. J'ai traversé la frontière, convaincue qu'en Syrie avait éclaté une révolution spontanée. Je voulais la voir, peut-être à cause des Petits Bourgeons de Hama. Je me suis retrouvée à Alep, dans le quartier plutôt miteux de Massakine Hanano, hébergée chez un vieillard. Il préparait sa soupe sous les bombes et sa seule obsession était que sa tambouille ne soit pas trop cuite ! Il refusait de partir. Puis j'ai rencontré Sami. J'étais une femme journaliste, musulmane et voilée : pas commun pour les Syriens d'Alep. Sami s'est montré gentleman et respectueux. Mais quelle maigreur ! Il n'était même pas mignon ! Maintenant, grâce à Dieu, il a bien grossi.

À cette époque, il était cramé ! Il était là, et il était pas là. Il avait le regard vide. J'étais persuadée que ses yeux étaient de couleur noire. Regarde comme ils sont verts, en réalité ! Je l'ai aimé, je me suis cramée avec. Je les ai épousés lui, la cause, le trauma. Nous avons vécu la guerre, les bombardements, l'encerclement par Daech.

Sami : Aïcha était déjà enceinte. Les hélicoptères ne nous embêtaient plus trop, parce qu'ils étaient dézingués dès qu'ils s'approchaient du sol, mais les Mig les avaient remplacés avec une sinistre efficacité. C'était l'été, un vent brûlant soufflait sur Marea, et Aïcha insistait pour dormir sur le toit malgré le risque de bombardements. Je lui disais : « C'est trop dangereux ! Un Mig, ça vient, ça part, tu peux pas savoir. » Elle répondait : « J'm'en fous ! Laisse-moi dehors ! Je me consume avec ce bébé à l'intérieur ! » On s'est assoupis. Soudain, un vrombissement a perturbé notre profond sommeil. Nous nous sommes mis à discuter comme des somnambules, pendant au moins cinq minutes :

– Aïcha, y a un Mig.
– Tais-toi, Sami, c'est qu'un foutu hélico.
– C'est un Mig.
– Un hélico, j't'assure…

Une immense aspiration d'air avec un sifflement aigu nous a tirés de notre torpeur. Une bombe-baril a explosé à deux cents mètres du toit en terrasse où nous dormions. Des morceaux de ferraille voltigeaient, durs et noirs comme de la lave figée, s'abattant sur nous comme des flèches. Aïcha avait disparu sous sa couverture. Elle ne bougeait plus. Je n'osais pas la toucher, ni respirer. C'était la fin du monde ! le baril était tombé près de bonbonnes de gaz qui ont explosé l'une après l'autre, en jets de flammes tonitruantes.

Aïcha : Il me croyait morte ! Il était terrifié ! Il s'est mis à hurler « *Allahou Akbar !* » En réalité, malgré tout ce branle-bas, je m'étais rendormie… Ensuite, Sami m'a dit : « Il ne nous reste plus qu'une issue, et je dois te sortir de là avant qu'elle ne se referme : je t'emmène en Turquie. » On s'est mariés de l'autre côté de la frontière, en deux minutes, même pas religieusement. Son meilleur ami, Hajji Marea, venait de succomber à ses blessures. Sa mort a choqué les combattants et les habitants. J'avais peur que Sami meure comme les autres ; je voulais l'épouser avant. C'était très romanesque. Je lui disais : « Tout le monde meurt ici ; choisis la vie, avec moi ! » Il a choisi et m'a accompagnée, acceptant l'exil.

Sami : Plusieurs fois j'ai pensé à déchirer ma carte de séjour et à rentrer en Syrie. Chaque jour, je me promène dans la forêt qui s'étend derrière les immeubles gris et je réfléchis. C'est si dur ! La guerre se poursuit là-bas, comment me projeter dans l'avenir ? Mon corps est ici, mon esprit est en Syrie. Je patauge dans ma vie. J'aurais voulu y retourner, au moins une fois. Une nouvelle génération que je ne connais pas émerge en Syrie. Les anciens, tous ceux que j'ai connus, sont morts. Les pionniers de la révolution, les rares à avoir survécu, sont handicapés. Parfois j'envie ceux qui sont sous terre. Pour nous les vivants, c'est devenu trop compliqué. Assister de notre exil à ce qui se trame en Syrie est une torture.

Mon cœur s'est remis à sourire à la naissance de notre premier fils. Je lui parlerai. Je ne me dresserai pas devant lui comme un héros. Je lui expliquerai l'essentiel : d'où il vient et ce que nous avons tenté pour notre pays, avant d'échouer. C'est son histoire, le fil de sa vie qui s'ébauche, qui doit le construire. Nous avons été la génération zéro, au sens de « nulle », « ratée ». On ne savait rien. La seule chose que les anciens nous ont transmise, c'est que nos murs avaient des oreilles ! Là où je vis aujourd'hui, j'ai le droit de parler et mon fils saura tout. Pour l'instant, c'est lui qui me reconstruit.

SAMI A QUITTÉ ALEP EN 2014. IL VIT EN EXIL.

*

Abdelqader

« Entrée interdite aux hommes en kaki »

Depuis le début, nous voulions préserver l'école de la politique et de toutes les conneries des milices. Sur la porte, nous avions accroché un gros carton : « L'entrée est strictement interdite aux gens portant des uniformes kaki ou des armes ! » Cette consigne était valable pour tous, y compris pour les parents venus accompagner leurs mômes à l'école. Si un gars de l'Armée libre débarquait en uniforme pour déposer son enfant, même s'il n'était pas armé, je lui hurlais dessus : « Tu sais pas lire ? T'as pas vu le panneau ?! » C'est arrivé deux ou trois fois. J'étais inflexible. L'école a été épargnée de l'atmosphère délétère de la guerre.

Nosra et Daech ont fait de notre vie un enfer. Ils ont organisé leurs propres institutions, tribunaux, bureaux de services pour les civils, avec une conception très personnelle de l'éducation qu'ils voulaient imposer à tous. Un beau jour, a débarqué chez nous un de leurs délégués soi-disant chargé du règlement. Ce mec était un Syrien fracassé de la cervelle, un extrémiste pur et dur, avec une touffe énorme sur le menton et une robe afghane ridicule. Quand il a ouvert la porte, j'étais en train de rigoler et de fumer une clope avec une de mes collègues. Il a pris un air révulsé, comme s'il venait de surprendre un rhinocéros niquant sa grand-mère. J'ai gueulé : « On peut savoir ce que tu viens foutre ici ? » Il a répondu : « Les cigarettes sont *haram*. » Je ne fumais pas devant les enfants, seulement dans la salle des professeurs. Ces mecs ne nous saluaient jamais, ni de façon informelle, ni de façon religieuse. Ils nous méprisaient. Nous étions des infidèles, parce que nous discutions entre hommes et femmes, ou à cause d'une pauvre clope. Il regardait ce spectacle d'une mine dégoûtée et il a articulé : « La cigarette, c'est *haram.* » J'ai bondi avec mon calme légendaire : « C'est pas ton putain de problème ! » Avec lui, je n'ai pris aucune précaution. Je m'en foutais et je me foutais de ma vie entière. Ce type était répugnant et je les ai traités, lui et sa clique, de menteurs et de voleurs. Il a continué à édicter des règles débiles : « Les enfants doivent être séparés, pas de mixité, c'est la loi ! » Nous avons refusé. Il a annoncé qu'il fermerait l'école. Pour les professeurs aussi, il voulait une séparation : « Les femmes avec les femmes, les hommes avec les hommes. » Le programme scolaire, il n'en avait rien à foutre, seuls les mœurs et la mixité l'obsédaient : le superficiel et la vitrine, en somme, et toujours avec des sous-entendus sexuels. Il m'a tellement énervé que nous avons failli en venir aux mains. J'ai hurlé : « Dégage ! C'est mon école, pas la tienne ! » Comme il ne portait pas d'arme, j'ai ajouté : « Avec ton déguisement de terroriste, tu fais peur aux enfants ! Tu t'es regardé dans un miroir, avec ta grosse barbe dégueu ? » Avec ce genre de personnages, j'étais enclin aux réactions extrêmes.

Plus tard, ils m'ont arrêté. Pas à cause de l'école, ni de mes insultes, mais parce que je dirigeais le conseil municipal et qu'ils voulaient que je déclare allégeance à leur propre conseil. Des fous furieux. Quand ils sont venus me trouver avec cette proposition, j'étais dans mon bureau et je leur ai répondu : « Non, sérieux, vous êtes des terroristes, je ne peux pas. » Leur émir m'a alors invité à participer à l'une de leurs réunions, au motif que, peut-être, je changerais d'avis. C'était un lundi. J'ai accepté et assisté en silence à leur petite soirée. Leurs propos tournaient autour de leur Califat, « nous allons conquérir le monde » et un tas d'autres niaiseries du même calibre. Ils me donnaient du *ustez* (« professeur ») par-ci, *ustez* par-là… « Alors, *ustez*, quelle est ton opinion ? » J'ai répété qu'ils étaient des voleurs et des terroristes puis, comme d'habitude, je me suis emporté, énumérant leurs exactions : l'électricité (ils avaient pris le contrôle de la principale centrale électrique), le blé, la farine. J'avais des preuves. C'étaient des extrémistes, ils assassinaient les civils. L'émir n'a rien dit. Je me suis levé et je suis rentré chez moi. Deux jours plus tard, un mec est venu me réclamer nommément. Il m'a annoncé que l'émir souhaitait me revoir. Ces fils de radasse savaient que personne ne pouvait rien contre moi au conseil municipal, car je ne laissais personne m'approcher, ni même me toucher. C'est pourquoi ils m'ont attiré à l'extérieur.

J'y suis allé avec un copain journaliste syrien. Quand nous sommes arrivés dans l'école où ils s'étaient installés, un Tunisien m'a demandé d'attendre : « S'il te plaît, l'émir va te recevoir. » Il a ouvert une porte : « Par ici, je t'en prie. » J'ai regardé à l'intérieur, il y avait des prisonniers sanguinolents avec les yeux bandés. Alors j'ai dit : « Excuse-moi, mais je ne vais pas en prison : je suis invité. » Il m'a demandé de le comprendre, ce n'était que pour dix minutes, le temps que le cheikh termine ses consultations. Dix minutes ! Pour être franc, je ne les croyais pas menteurs à ce point-là. Nous sommes entrés, mon copain et moi, et il a refermé la porte à clé derrière nous. À l'intérieur, il y avait sept hommes, tous syriens : un soldat de l'Armée libre, trois d'une autre milice, les autres étaient des civils. Quand je leur ai expliqué que je n'étais là que pour dix minutes, puisque j'étais *ustez*, eh beh, ils avaient beau être dans une situation pitoyable, ils ont tous rigolé !

Vingt minutes plus tard, j'ai cogné à la porte. Un Tchétchène a surgi avec un couteau de boucher, braillant qu'il allait me massacrer. C'était terrifiant. Ils ont d'ailleurs failli assassiner sous nos yeux un prisonnier, un gars de la Liwa Al-Tawhid qu'ils accusaient d'être un sale mécréant. Le gars démentait, jurant qu'il n'avait jamais été infidèle, bien au contraire, c'était un musulman tout ce qu'il y a de pieux. Ils n'ont pas été convaincus, alors ils sont revenus avec un sabre. L'homme suppliait, leur baisant les mains et les pieds. Pour finir, il a été puni de quatre-vingts coups de câble électrique, mais, au dixième, il était déjà dans les vapes.

Je suis resté une trentaine d'heures, pendant lesquelles ils m'ont refilé deux sandwichs. La nourriture m'importait peu. Ma préoccupation, c'était mon avenir immédiat : est-ce que j'allais mourir ou être vendu au Régime ? En fait, j'ignorais tout d'eux. Il y avait des Marocains, des Saoudiens, des Tunisiens… Ils venaient de partout et m'étaient étrangers, de même que je leur étais inconnu. Or rien de tel que l'anonymat pour tuer en toute tranquillité. Je me demandais si ma fin était proche. Ils m'appelaient « l'infidèle », alors qu'ils étaient des ignares. Le Coran, je le connaissais par cœur depuis l'âge de 6 ans. Mon plan de survie consistait à me faire bien voir et même à tisser des liens avec eux pour mettre fin à cet anonymat mortel.

Un geôlier est entré, balançant un coran à la tête d'un prisonnier : « Lis ! Mécréant ! » L'homme a lu la *fatiha* avec des intonations très correctes, mais le mec de Daech n'était pas content : « Tu t'es trompé. » Ce commentaire avait tout l'air d'une condamnation immédiate à la peine capitale, et l'homme l'a supplié avec des petits hoquets dans la voix. Je suis intervenu pour rappeler que j'étais *ustez* et qu'en l'occurrence il avait très bien lu. Ensuite j'ai parlé du Coran, cantillant les sourates, pérorant sur mes vastes connaissances de l'islam. Plus personne ne pouvait m'empêcher de parler, d'étaler mon savoir. Le geôlier a écouté avec attention, puis il a dit : « En vérité, tu devrais nous rejoindre ! » Il a quitté la pièce, mais j'ai continué mon exposé. Je crois que ça me défoulait de bavasser ainsi, sans discontinuer, parce que l'ambiance et nos perspectives, c'était de la merde abyssale.

Un autre type est entré, précédé par son odeur. À mon avis, il n'avait pas pris de douche depuis au moins un an. C'était un Noir d'un mètre cinquante, portant un flingue plus gros que lui. Les prisonniers ont reçu l'ordre d'incliner la tête vers le sol et de fermer les yeux, les mains dans le dos. Tout le monde a obéi, même mon ami journaliste, mais pas moi. J'ai expliqué que j'étais un invité de l'émir et que je n'avais donc pas à courber l'échine. Il a armé son fusil en gueulant : « Contre le mur ! » Il ne parlait pas l'arabe – même les Libyens causaient mieux que ce nain –, mais son geste était clair comme le ciel d'Alep en été, et j'ai baissé la tête comme un con.

Il était toujours difficile de savoir d'où venaient ceux de Daech parce que, quand on en croisait dans la rue et qu'on leur posait la question, ils répondaient : « Je viens de l'eau », vu qu'il est écrit dans le Coran que de l'eau furent créées toutes choses vivantes. Ces mecs n'avaient jamais été des mômes avec papa-maman, ils avaient été des mollusques, ou je ne sais pas : des amibes.

Mon frère et d'autres savaient que j'avais rendez-vous avec ce connard d'émir. Ils manifestaient devant la base en réclamant ma libération, mais du fond de ma cellule je l'ignorais. Le jour suivant, quelqu'un a demandé : « Où est l'*ustez* ? » J'ai dit : « Je suis là. » « Où est le journaliste ? » Il a dit : « Je suis là. » Ils nous ont noué un foulard sur les yeux avant de nous traîner dans la cour de l'école, où se déroulaient leurs exécutions publiques. Ils nous ont plaqués contre le mur. C'était la fin, alors j'ai murmuré à mon ami : « Serre-moi la main ! Tant qu'à mourir, mourons ensemble ! » Puis nous avons entendu le clic de la gâchette. Mon ami a cantillé la *chahada* : « *Achhadou an la illaha illa-l-lah, wa acchadou anna Mohammadan rassoulou-l-lah…* »

Au bout de quelques minutes, nous avons entendu une voix : « Dégagez ! Vous êtes libres ! »

J'ai repris mes activités de prof d'anglais à l'école, mais les interférences de Daech devenaient ingérables. Au même moment, les bombardements du Régime ont redoublé d'intensité. Quand un Mig survolait le quartier, nous renvoyions les élèves chez eux, classe par classe, accompagnés d'un enseignant. Un jour, au beau milieu des cours, un prof a déboulé en panique, criant que l'école allait être bombardée. Il avait les yeux hagards et le visage décomposé. Les deux mille deux cents gamins se sont alors mis à cavaler en tous sens, trébuchant et se piétinant les uns les autres. J'ai pris un bâton et hurlé sur tout le monde, jusqu'à ce que chacun retrouve son banc, sa classe et son calme. Puis nous avons évacué les élèves. J'ai failli taper le prof, tellement j'étais furieux contre lui. À défaut d'être tués sous les bombes, ces gamins avaient manqué de mourir étouffés et piétinés à cause de son comportement. Après cet épisode, nous avons pris la décision de fermer l'école. Les bombes étaient trop nombreuses, personne n'aurait supporté d'avoir la mort de deux mille enfants sur la conscience[1].

*

1. L'école d'Abdelqader fonctionna de la fin 2012 jusqu'au mois de février 2014.

Oum Ibrahim

Un atroce malentendu

Quand les femmes accompagnaient leur époux blessé à l'hôpital, elles ne faisaient pas d'histoires car, aussitôt passée l'entrée, elles tombaient dans les pommes. Par contre, quand les hommes amenaient leur épouse, ils geignaient à n'en plus finir, multipliant les caprices. Je me souviens d'un combattant de Nosra qui refusait que sa femme soit soignée par un homme. Nous avons eu beau lui expliquer que, malheureusement, nos chirurgiens étaient tous des hommes, mais que, mis à part ça, ils exerceraient tous leurs talents pour sauver sa douce et tendre, eh beh, il n'a rien voulu entendre et s'est préparé à repartir avec l'épouse déjà à moitié décédée. Un médecin dont je tairai le nom lui a barré la route : « Elle ne repartira pas avec toi, elle est en grand danger ! Désolé de t'y forcer, mais elle restera avec nous, pour son salut », qu'il a dit, et il s'est battu avec l'homme de Nosra. Il en a récolté des bleus, mais il a réussi à garder à l'hôpital la femme, qui fut sauvée. Ces scénarios se répétaient, toujours avec Nosra et Daech, à l'époque où ils nous pourrissaient l'existence.

Parfois, des blessés de la Daoulé débarquaient et, en m'apercevant, ils hurlaient comme si j'étais rien qu'une dégoûtante : « Ne m'approche pas ! Je refuse qu'une femme me touche ! » J'expliquais que mon métier consistait à m'occuper d'eux, qu'ils pouvaient toujours se chercher quelqu'un de plus viril s'ils n'étaient pas contents, ou aller au diable. Avec ceux de Daech, j'avais la haine. Les médecins me soutenaient. Quand un blessé braillait qu'il fallait que je m'éloigne avec ma sale féminité, ils lui disaient : « Ici, Oum Ibrahim est l'équivalent de cent hommes. Si cela te convient, tu seras bien soigné. Si ça ne te plaît pas, va-t'en ! » Ils nous embêtaient pour des broutilles, parce que, pendant sa minute de repos, un médecin se fumait une cigarette. Ils grognaient que c'était interdit. Moi, j'étais une femme respectable, jamais je ne fumais dans les ruelles, mais quand j'apercevais un de ces tyrans, je m'allumais une cigarette, juste sous sa barbe. De toute façon, personne n'aurait osé s'en prendre à nous, vu que nous étions le service médical. Si quelqu'un nous critiquait, il suffisait de menacer d'une grève générale. Ça calmait tout le monde sur-le-champ, car la ville était en manque cruel de médecins.

En vérité, j'allais les provoquer en personne, parce que je ne les aimais pas. Ils ne m'apparaissaient pas comme des hommes de foi. Pour eux, la religion était un tas d'idées saugrenues qu'ils t'enfonçaient dans la caboche, comme on farcit les courgettes et les choux. Voir des gens comme eux, ça faisait haïr la religion. Ils me serinaient : « Femme, pourquoi te comportes-tu ainsi ? » Je rétorquais : « Je suis telle que je suis et telle que j'ai toujours été, grâce à Dieu ! Je ne suis plus une enfant que tu me parles sur ce ton ! En plus, je m'habille dans le respect de la loi islamique. Je me promène pas en minijupe, que je sache ? Mes cheveux sont couverts. Tu veux quoi de plus, homme ? » Ils entraient dans des rages incroyables. Les médecins devaient intervenir pour éviter que ça dégénère en violences. Ils ne nous causaient que du tracas. Ces gens-là, c'étaient des geignards et des problèmes ambulants.

Une nuit, un type à la barbe énorme est arrivé. Des combats avaient éclaté entre l'Armée libre et Daech, non loin de l'hôpital. J'étais de garde et j'avais cadenassé toutes les issues. Le type a sonné à la porte, j'ai entrouvert : « Salut, tout va bien pour toi ? » Il m'a ni regardée ni répondu. Un de nos gars blessés était à mes côtés et chuchotait : « Ne lui parle pas, viens, arrête… Il est de la Daoulé… » J'ai repris d'une voix forte : « Et alors, il est tout seul, il n'a personne, ce pauvre homme. Nous, les Syriens, nous aidons ceux qui sont dans le besoin. » Quand je suis sortie le lendemain matin, j'ai pris avec moi du jus de fruits et d'autres aliments destinés à l'enfant de ma sœur. Je pensais laisser à l'homme une bouteille pour qu'il se désaltère, mais, entre-temps, les nôtres l'avaient attrapé. Ce type était évaporé dans sa tête, ignorant tout de la ville et du pays où il se trouvait. Il savait juste qu'il était venu se battre, mais contre qui, il n'était même pas capable de répondre. Il était dans un état mental délabré.

Sa mère : Ces types étaient tous des monstres !

Oum Ibrahim : Non, les pauvres ! La plupart d'entre eux n'avaient pas la moindre idée de ce qui se tramait en Syrie. Ils ne comprenaient rien à rien.

Sa mère : Beh oui, ils étaient tellement stupides que c'en était monstrueux ! Ils se battaient pour la seule raison qu'on leur en avait donné l'ordre et fourré la caboche avec un gros tas de mensonges. C'est pourquoi je dis qu'ils étaient mauvais. Bien sûr, nous, les Syriens, c'est notre défaut : on se sent désolés pour n'importe qui. Ils commettent des atrocités et nous voilà encore chagrinés pour eux ! Les Syriens, en vérité, ont toujours eu bon cœur.

Oum Ibrahim : Il y a eu des atrocités, c'est la stricte vérité. J'étais aux urgences, il était cinq heures du matin, j'effectuais ma tournée. Il me restait encore trois heures de besogne avant de pouvoir me reposer – du moins si le ciel ne nous tombait pas sur la tête avec des bombes. Un blessé en provenance du front nous a été apporté par des gars de l'Armée libre. Ils ignoraient s'il se battait du côté des nôtres ou avec l'ennemi. L'homme était épuisé, il tombait dans les vapes et se réveillait en hurlant le nom des imams chiites : « Ô Ali, ô Hussein, ô Ali ! » Pour moi, c'était du pareil au même : rien à fiche qu'il soit de l'Armée libre, du Régime ou de la Daoulé, je mettais tous les soldats à la porte : « Ouste ! Dehors ! Ici, c'est un hôpital, pas la foire aux chameaux ! »

Le blessé était mal en point. En attendant qu'une place se libère en salle d'opération, je lui ai posé une perfusion en chuchotant : « Ô homme, calme-toi ! Dis-moi ton nom et d'où tu viens. » Il a répondu, hébété : « Où suis-je ? » Je l'ai rassuré : « Tu es à Zarzour. Ne t'inquiète pas, il ne t'arrivera rien, tu peux te détendre, tu es en sécurité à l'hôpital. » Mais il ne m'entendait pas, il s'agitait en roulant des yeux et en répétant : « Où suis-je ? Je veux partir ! Laissez-moi m'en aller ! » Je lui ai demandé s'il était du Régime ; il a répondu : « Je suis de l'Armée libre », puis il s'est évanoui pour de bon. Mon tour de garde a pris fin et je suis partie me coucher.

Des atrocités ont été commises, car je n'ai pas expliqué le cas de ce blessé, je n'ai rien dit sur lui, ni sur ce qu'il était. Je dormais encore quand mon collègue Ibrahim a toqué à ma porte en criant : « Viens au plus vite, il s'est produit un désastre ! » J'étais engluée de sommeil, alors j'ai répondu à Ibrahim : « Attends-moi, j'ai besoin d'un café. » J'étais si fatiguée que, sans ça, j'allais m'écrouler ou devenir idiote. Après le café, je suis partie à la recherche d'Ibrahim. Je l'ai trouvé prostré, se tenant la tête et gémissant :

– As-tu entendu l'histoire de ce blessé qui nous est arrivé cette nuit ? Daech l'a tué !

– Par Dieu, de quel combattant me parles-tu ?

– Celui qui est arrivé, amoché de partout et criant « ô Ali, ô Hussein ». Il a été tué devant l'hôpital, dans la ruelle ! Il était encore en chemise d'hôpital après l'opération, mais il voulait partir à tout prix. J'ai réussi à le convaincre de se rhabiller. Il est sorti et des types de la Daoulé l'ont poignardé devant l'hôpital. Ils viennent de lui couper la tête !

À la nouvelle de ce crime, je suis sortie en hurlant : « Bande d'animaux ! Vous n'êtes que des bêtes sauvages ! » Une foule d'habitants s'était massée dehors pour comprendre ce qu'il se tramait dans leur ruelle. Parmi eux se tenait le chef d'une brigade de l'Armée libre. Je me suis adressée à lui, ma voix était stridente comme une scie électrique : « Cet homme qu'ils ont assassiné, il était l'un des vôtres ! Allez-vous continuer à laisser faire ces serpents sans réagir ? » Il m'a ordonné de me calmer, mais y avait rien à faire, c'était pas Dieu possible et je hurlais de plus belle, parce que ce blessé m'avait été confié sur un brancard et qu'il m'avait certifié qu'il était l'un des nôtres. Or, devant la mort, les hommes ne mentent jamais. Je lui avais promis qu'il ne lui arriverait rien et voilà qu'il gisait en morceaux éparpillés dans la ruelle ! Le chef de brigade a enfin décidé d'intervenir. Il voulait vérifier quel genre de tee-shirt il portait sur le dos. Je me suis penchée sur cette pauvre dépouille étêtée et, avec mes ciseaux d'aide-soignante, j'ai découpé le devant de son tee-shirt. J'ai brandi le tissu devant ses yeux et devant ceux de nos habitants : « Regarde par toi-même ! Tu me crois maintenant ? Ce sont des animaux, des bandes de monstres ! » Ceux de la Daoulé étaient là aussi, fiers de leur œuvre avec leur arrogance ordinaire, puis furieux de mes paroles car, à cette époque, ils prétendaient encore se battre aux côtés du peuple contre le Régime. Ils ont voulu m'arrêter pour un interrogatoire. Plus tard, une enquête fut diligentée, confirmant l'identité du mort et son appartenance aux troupes révolutionnaires. Après sa blessure, son esprit s'était égaré dans la confusion, il était persuadé d'avoir été capturé par le Régime qu'il espérait amadouer en convoquant à la rescousse tous les imams chiites vénérés par l'ennemi. Le pauvre, il avait cinq enfants.

Ceux de Daech ne m'ont pas lâchée. Ils refusaient de reconnaître leur faute et exigeaient que je témoigne devant leur tribunal islamique. Les faits s'étaient déroulés pendant que je dormais, si bien que j'ignorais les détails de ce drame. Il semble qu'après l'opération, les premières paroles du blessé aient été « ô Hussein, ô Ali », ce que l'un répéta à l'autre, les imams chiites atterrissant dans les oreilles fanatiques de la Daoulé. Ils étaient venus l'exécuter à sa sortie de l'hôpital. La plupart des médecins étaient de repos lors de ces événements, et ceux qui étaient présents n'avaient pas osé piper mot. Devant le juge de la charia, tous certifiaient n'avoir rien vu, rien entendu, pareils aux singes de la fable. Moi, je les interrompais sans vergogne, car ce pauvre homme avait été traîné dans la ruelle où Daech lui avait coupé la tête. Là, le juge s'est emporté : « Tais-toi, femme ! » avec plein d'autres mots en arabe classique, rien à voir avec notre beau patois alépin. Tout le monde me conseillait de me calmer, mais c'était plus fort que moi, je les ai encore traités d'animaux sauvages. Les accusations de Daech à mon endroit ne concernaient plus la triste dépouille déparée de sa tête, mais mon comportement envers eux. Ils n'acceptaient pas qu'une femme se dresse devant eux, leur adresse la parole, ou les regarde dans les yeux. Il y avait toujours un médecin ou un gars de l'Armée libre pour m'escorter dans leur tribunal islamique, vu que, sinon, j'aurais disparu, découpée en petits morceaux au fond d'une impasse. Le juge me posait des tas de questions : Comment as-tu su ceci ? Pourquoi as-tu fait cela ? Mais, à la fin, ce qui les taraudait c'était qu'une femme leur tienne tête à tous. C'était la stricte vérité : ça, y avait pas à tortiller, j'étais une femme, rien à redire à ça ! Eh beh, ils ne le supportaient pas.

Plus tard, nous avons manifesté pour la libération du journaliste Ahmed Brimo, que Daech avait kidnappé. L'épouse et la mère d'Ahmed étaient présentes. Nous avons organisé un grand rassemblement de femmes, nous ne voulions aucun homme parmi nous. Nous étions très nombreuses dans la ruelle. Un des gardes de Daech s'est approché, nous menaçant de son gros fusil. Ce faisant, il a déchaîné la colère des femmes, qui se sont jetées sur lui pour le battre, pas plus impressionnées que si ça avait été un sale gosse.

Les femmes de la révolution, eh beh, elles étaient plus braves que les hommes. C'est la stricte vérité, car nous seules avons défié la Daoulé de cette façon-là. Les hommes les laissaient faire sans mot dire. Nous, nous avons tenu l'asphalte et foncé sur le garde malgré son arme. Nous savions que nous étions dans notre bon droit, nous en avions davantage conscience que les hommes, je ne sais pas comment Dieu l'expliquer. Nous manifestions et leur criions : « Admettez que vous avez pris Ahmed Brimo, le journaliste ! Si vous étiez des hommes, la vérité ne vous ferait pas baisser les yeux. Malheureusement pour vous, vous n'êtes pas du tout des hommes ! » Ils pouvaient se les remballer, leur petit robinet et leur prétendue virilité ! Ils ont commis d'innombrables atrocités et ont attaqué l'hôpital à maintes reprises. Leur prétexte préféré, c'était que les femmes devaient quitter l'établissement. Selon eux, elles n'avaient pas le droit de besogner. Ils serinaient : « Si tu veux travailler, tu dois porter des gants et te couvrir avec décence, c'est-à-dire de la tête jusqu'aux pieds. » Ils ne connaissaient rien à l'hygiène hospitalière, parce qu'avec des gants que tu te gardes la pleine journée, t'es sûre d'infecter tes patients de toutes les saletés qui traînent. Et les saletés, c'est bien la seule chose qui n'a jamais manqué à Alep.

Quand l'Armée libre a enfin livré combat à la Daoulé, plusieurs de ces monstres ont pénétré dans l'hôpital pour se cacher. Les soldats les ont forcés à en sortir pour protéger nos blessés, mais les autres ont allumé un incendie à l'intérieur. Daech se mêlait de tout, de tes vêtements, de ton attitude. Tous ceux d'Alep savent qu'Oum Ibrahim a passé la guerre en compagnie des hommes, que j'allais récupérer nos blessés sur le front et que je les transportais sur les brancards. Tous diront combien j'étais forte ! Mais ceux de Daech n'avaient qu'un mot à la bouche : « *Haram* ». *Haram*, c'est *haram* que tu restes avec les mâles ! Je suis pas comme ça, moi ! En toute respectabilité, je me fichais de leurs inepties. Notre armée les a battus à plate couture et nous en avons été enchantés.

*

Akil

Narguilé

Ceux de Marjé, comme la plupart des gens d'Alep ou même de Syrie, sont des sunnites, divisés en deux groupes : les salafistes et les musulmans traditionnels. En gros, nous étions tous traditionalistes, ce que j'appelle des « musulmans typiques ». Avant l'arrivée des djihadistes, ces distinctions n'étaient même pas aussi précises. Je ne savais pas avec exactitude ce que j'étais d'un point de vue religieux. Je pouvais dire : ceux-là sont *salafistes*, moi je suis juste *normal*. Quand Daech est arrivé à Alep, nous avons découvert notre identité sectaire. Les djihadistes nous ont dit : « Ça, c'est salafiste ; ça, c'est acharite ; ça, c'est murjite, maymunite, qadarite, quranite… » Les différences étaient multiples et de plus en plus complexes, plongeant un grand nombre de gens dans des affres existentielles, comme si leur ignorance en la matière allait les mener en enfer.

J'adore le narguilé. Je fume beaucoup le narguilé. Je pourrais disserter durant des heures du narguilé et de ce qu'il représente pour moi. Je dépose un peu de *maasel* odorant que je recouvre d'un charbon incandescent, j'aspire la fumée, l'eau glougloute. La vapeur parfumée m'envahit au plus profond de mon être, et je souffle… en prenant tout mon temps. Aujourd'hui, il n'y a qu'ainsi que je peux trouver le calme, un peu de sérénité en moi-même. Où que je sois, le narguilé est mon échappée belle. Je n'apprécie pas le tabac, je ne fume pas pour la nicotine, je fais du sport tous les jours, mais le narguilé est ma respiration. Il est devenu essentiel dans ma vie, il m'aide de manière psychologique. Sans cette parenthèse de glouglous parfumés, mon état psychologique serait pire, ou alors anéanti.

Quand je fumais dans ma ruelle, à Alep, les hommes de Daech me laissaient tranquille. Du moins au tout début, quand ils n'étaient pas encore les missionnaires éradicateurs de nos coutumes et de nos habitudes ancestrales, proscrites selon eux. Ils ont attendu d'être puissants pour nous imposer leur charia. Alors, ils se sont approchés pour maugréer que le narguilé était *haram*. Ils n'attaquaient pas encore, ils prévenaient. Même alors, il était possible d'acheter des cigarettes et d'autres marchandises qu'ils avaient interdites. Nous avions aménagé une cachette pour stocker cigarettes, tabac à narguilé, ce genre de choses. Un jour, le messager nous a menacés : « Je vous donne une journée pour fermer cet endroit. » Nous avons rétorqué : « Pour qui tu te prends ? Tu ne nous imposeras rien ! », car nous étions des activistes respectés de nos habitants et même des combattants de l'Armée libre. À Marjé, il y avait une brigade extrémiste qui s'était alliée à Jabhat Al-Nosra. La moitié d'entre eux fumaient le narguilé, l'idéologie ne les turlupinait pas. En vérité, ils voulaient juste en finir avec le Régime ; le narguilé n'était pas négociable, les Syriens aiment trop le fumer. Au bout de quelque temps, ces gars de Marjé, nous les avons vus se transformer. Ils sont devenus comme ceux de Nosra, des extrémistes. Nosra au départ, c'était surtout des étrangers, mais des Syriens les ont rejoints qui ont fini par se comporter comme eux, adoptant les mêmes méthodes, prônant les mêmes interdictions.

Pendant ce temps, les bombardements sont devenus terrifiants. Il y a eu des périodes durant lesquelles les bombes-barils ne provoquaient pas un massacre par jour, mais un toutes les minutes. Nous, les journalistes du Centre des médias d'Alep, nous n'arrivions plus à témoigner de ces drames. Nous courions d'un endroit à l'autre, rassemblant des bouts de viande, des morceaux de chairs blessées ; nos jambes étaient couvertes de sang. L'ami de mon frère possédait une camionnette pour transporter de la marchandise. Il s'était garé sur le trottoir, attendant son chargement. La bombe est tombée sur lui, exactement. Il n'est plus rien resté de cet ami, pas même un os, ni une miette de ferraille de son véhicule. C'était inimaginable. J'ignore comment un phénomène de désintégration aussi totale est scientifiquement possible. Ce sont des massacres auxquels j'ai assisté. Parfois, je prenais des photos et je rédigeais un article. À force, les mots n'avaient plus de sens, les morts étaient partout. On courait, espérant aider quelqu'un. Une autre bombe tombait. Deux de mes amis ont été tués pendant qu'ils essayaient de sauver des habitants. Ce n'étaient pas des Casques blancs, ni même des activistes, c'étaient des civils ordinaires, des gens qui avaient voulu aider.

Telle était la tactique du Régime : lancer une première bombe-baril puis, quand nous accourions, en envoyer une seconde. La raison pour laquelle tant de jeunes sont partis se battre dans les rangs de Daech, c'est ce trop-plein de sang, pour lequel jamais justice n'était rendue. Tout le monde savait que ceux de la Daoulé possédaient les armes les plus modernes et qu'ils se battaient avec fureur et bestialité. Ces jeunes avaient besoin de cette furie et de cette bestialité. Ils méditaient de rendre leur justice personnelle, devenue aussi excessive que les crimes auxquels ils avaient assisté. Ils préméditaient la revanche la plus impitoyable qui soit. Avec ces massacres aux bombes-barils, on peut dire que la suite de l'histoire avait déjà été écrite, voire planifiée : cette volonté des jeunes de rejoindre Daech était prévisible. Ce fut d'une efficacité imparable pour tuer l'esprit de la révolution. Le monde entier nous avait déçus. Les espoirs internationaux s'étaient envolés. La mentalité de la jeunesse a dévié en réaction à cette réalité, et beaucoup ont rejoint Daech.

Je ne vivais plus que dans le Centre des médias, nous dormions sur place. Tout manquait. Les fruits étaient introuvables. On a mangé des œufs, jusqu'à ce qu'il n'y en ait plus un seul dans la ville. Il n'y avait plus de farine, il était donc impossible de fabriquer du pain. Or, pour les Syriens, c'est une denrée fondamentale. Personne n'est rassasié, sauf à manger du pain ; le reste n'est qu'accompagnement. S'il y a des frites ou de la viande, c'est différent, mais, à Alep-Est, il n'y eut très vite plus rien. Peut-être d'autres civilisations peuvent-elles s'en dispenser, parce qu'elles ont d'autres aliments à base de blé. Nous, avec le blé, nous cuisinons le pain, les *kebbé*, et pléthore d'autres plats. Le Régime a tout fait pour nous priver de blé. Il a bombardé les boulangeries, tuant ceux qui patientaient devant les fourneaux – nous avons baptisé cela les « massacres du pain ». Puis Nosra s'est emparée des réserves de blé. Ses miliciens en ont confisqué des quantités considérables, ça a été terrible ! Les activistes ont réussi à obtenir de la farine gratuite ou très bon marché, par le biais des ONG. Un type du Golfe a fait don de cinquante-deux tonnes de farine. Le Conseil d'Alep en a reçu plus de deux cents tonnes qui ont été redistribuées aux boulangeries, en dehors des réserves volées par Nosra.

J'étais au milieu de ces bouleversements. Je ne les voyais pas, je les vivais. Les gens souffraient. La société changeait. Il n'y avait ni école, ni travail, nulle activité. Le dernier repère subsistant dans Alep en guerre était la possession d'armes. Il n'y avait plus que deux catégories : les gens armés et ceux qui en étaient dépourvus. Pour ces derniers, l'existence se résumait à faire la queue pour obtenir de l'aide : de l'aide médicale, de l'aide alimentaire, de l'aide financière envoyée par des proches exilés en Turquie… Si tu portes une arme, tu agis à ta guise. Si tu ne portes pas d'armes, tu n'as rien à faire, tu t'étioles. Tout le monde attendait la chute du Régime, espérant que cette guerre se termine pour que la vie refleurisse. Notre armée avançait, reculait. Les gens étaient perdus. Par contre, ils savaient tout des armes. Quels que soient leur âge, leur origine sociale, leur éducation, ils en connaissaient chaque caractéristique : comment elles fonctionnaient, quels étaient leurs effets. Même les petits enfants pouvaient t'expliquer la différence entre une kalachnikov AK74M, AK102 ou une zastava M70.

Les gens évoquaient les combats : « Que fait l'Armée libre ? », « Il paraît que le Régime gagne du terrain », « Une scission s'est produite dans cette brigade »… Chacun est devenu expert militaire. Personne ne disait plus : « J'ai revu mon ami, il a un projet ; j'ai lu un livre, bu un café, rencontré mon cousin ; j'ai accompli ceci ou cela… » Personne ne rendait visite à personne, ni ne passait une soirée entre amis. Le sel de la vie s'en était allé, mais tous se passionnaient pour un nouveau magasin d'armes ouvert dans le quartier. Et puis, ces conversations sur la guerre et les armes devinrent à leur tour une routine, plongeant nos habitants dans l'ennui et la déréliction. Jusqu'au siège. Les gens redoutaient qu'Alep soit assiégée, ils craignaient de ne pas pouvoir s'échapper et de mourir affamés, comme les Syriens de la Ghouta et de Homs. « Qu'allons-nous faire ? Nous allons devoir nous nourrir des feuilles des arbres. Commençons à élever des chats, puisqu'il nous faudra bientôt en manger ! » Voilà ce que disaient les Alépins.

Cette atmosphère suscitait la paranoïa. Les activistes ont été accusés de tous les maux. Nosra ne supportait pas l'idée qu'il puisse exister une autre conception de l'autorité et de l'organisation civile que la leur. Ils accusaient les activistes d'être athées. Les gens s'imaginaient que, parce que je travaillais sur un terrain en guerre, je gagnais beaucoup d'argent. Ils prétendaient que je m'opposais aux islamistes dans l'unique objectif d'être payé par des médias anglais et américains. À cette époque, je n'avais même plus de salaire. « Si vous êtes activistes, vous êtes riches et vous travaillez pour l'Occident ! » Voilà ce qu'ils nous disaient. Nous continuions à recueillir les témoignages des habitants, mais certains nous chassaient, nous battaient même. Ils ne voulaient plus de médias. Ils refusaient de parler. Ils étaient à bout.

Parfois les bombardements arrachaient aux morts leurs vêtements. S'il se trouvait une femme dénudée ou même sans foulard, les gens devenaient fous ; même Karam, qui était le plus brave d'entre nous, s'est fait frapper un jour en prenant une photo. Au début, les habitants nous respectaient et appréciaient ce que nous accomplissions dans la ville. Puis, ils se sont mis à nous haïr. Même les activistes chargés de distribuer l'aide alimentaire étaient molestés. Un homme se fâchait parce qu'il n'avait reçu qu'un carton de nourriture, persuadé que l'activiste en avait volé cinq ! Les plus honnêtes au sein de l'Armée libre sont devenus des cibles à abattre. Les désaccords se multipliaient au sein des milices, en même temps que les problèmes de coordination. Les commentaires des habitants ne visaient plus les armes, mais le respect de la morale en attendant la mort.

Les seuls à profiter de cette dégradation ont été le Régime et les groupes terroristes. Les médias du monde entier ne s'intéressaient plus qu'à Daech, qui bénéficiait ainsi d'une publicité extraordinaire à nos dépens. Ils affirmaient que Daech était si puissant que personne ne pourrait le vaincre. C'était un mensonge énorme : l'Armée libre a combattu Daech aux portes d'Alep et loin dans le rif. En une semaine, nos combattants ont expulsé les djihadistes, qui ont détalé jusque dans la ville de Raqqa. Sept jours ont suffi à les écraser !

Dans le Centre des médias d'Alep, nous nous répartissions les tâches : ceux qui prenaient les appareils photos et les caméras ; ceux qui préparaient les repas. Nous étions encore une douzaine à y vivre, jour et nuit. C'était une belle réussite, dans la mesure où chacun était parti de zéro, ignorant comment tenir un appareil, sachant à peine écrire. Tous sont devenus des reporters arabes ou internationaux. Nous avons aidé Netflix à réaliser son film sur les Casques blancs qui fut récompensé aux Oscars, à Hollywood, où il a reçu le prix du meilleur court métrage documentaire. Le réalisateur, Orlando von Einsiedel, a lu un message de Raed Saleh, le chef des Casques blancs. Raed avait écrit : « J'encourage ceux qui m'écoutent à travailler pour la vie, pour arrêter ce bain de sang en Syrie. »

Cette expérience et nos résultats au Centre des médias ont été positifs, j'en suis encore très fier. Nous marchions dans les ruelles, qui ne ressemblaient plus à rien, sauf peut-être à des drailles à moutons. Au moins dix d'entre nous ont été martyrisés. À chaque disparition, un autre prenait la relève, partant de rien avec tout à apprendre. La mort à cette époque était quotidienne, c'était une partie intégrante de nos jours. Pour l'humanité tout entière, c'est une étape obligée de l'existence, mais c'est un autre sentiment que de l'expérimenter avec une telle intensité. La mort était liée à nos vies comme le lierre étouffe l'arbuste. Je luttais contre ma peur, je me disais : « La mort est normale », mais chaque fois que l'un d'entre nous tombait ou qu'un massacre se produisait en ville, je pleurais. Aux funérailles, je pleurais de toute mon âme. Je me sentais et je me sens encore coupable, puisque j'avais été parmi les initiateurs de la révolution et que j'étais encore vivant. Alors j'abandonnais la rédaction de mes articles pour aider les Casques blancs. Je portais les corps des martyrs, j'allais visiter les blessés. Tant de familles ont perdu leurs enfants, leurs parents, leurs jambes, leurs yeux. L'aide n'était pas à la hauteur, les souffrances étaient suffocantes. Je m'activais à titre individuel. Jamais je n'ai sollicité d'organisations pour recueillir des fonds, je n'avais d'ailleurs pas la moindre idée de la manière dont j'aurais pu m'y prendre. En même temps, je craignais la réputation que m'aurait value la collaboration avec une association étrangère. Ma famille survivait dans le dénuement le plus complet à Marjé : mon frère, ma sœur, leurs conjoints, leurs enfants, même les tout-petits… Ils ont réussi à fuir en Turquie en 2014.

J'ai quitté Alep à mon tour. Cette décision, j'aurais dû la prendre plus tôt. De nombreux activistes étaient déjà partis. Nous n'étions plus considérés comme utiles, car tout le pouvoir s'en était allé aux miliciens et à ceux qui possédaient les armes. Nous recevions des menaces, nous affrontions des dangers quotidiens. Là n'était pas le pire. Même le risque de mourir n'était pas si grave. Parmi mes proches et mes amis, *cent* personnes avaient été tuées. Alors quoi ? Je pouvais bien mourir moi aussi, je ne m'en souciais plus. Le pire était ce sentiment d'être manipulé par les milices et les groupes islamistes. Ils prétendaient représenter la révolution et proclamaient : « Regardez par vous-mêmes ! Les braves activistes pacifiques sont là, avec nous ! », alors qu'ils multipliaient les erreurs, commettaient des crimes. Dans ce déchaînement de violence, le temps manquait pour dénoncer leurs exactions ; notre priorité demeurait le témoignage des victimes. Quand, par hasard, nous réussissions à écrire sur les méfaits des milices, réclamant des changements et la justice pour ceux d'Alep, plus personne ne nous écoutait. Les Alépins subissaient. Leur capacité à s'indigner avait été réduite à néant, comme la plupart de leurs maisons et de leurs espoirs.

Je restais au nom de la révolution que j'avais appelée de mes vœux, et pour ces jeunes qui s'escrimaient encore à croire, contre toute évidence, qu'un changement positif se produirait. Nous avons tant essayé ! Nous avons organisé des médiations entre les nouveaux politiciens et les civils, nous cherchions à garder un peu de notre influence, à ne pas l'abandonner aux islamistes extrémistes, aux milices armées et aux politiciens égoïstes. En vérité, nous ne savions plus quoi tenter, et il était hors de question que je serve de paravent à leurs méfaits.

Le dernier coup que j'ai reçu sur la tête – enfin, le dernier coup qui m'a fait beaucoup souffrir –, ce fut la mésaventure de ce gars de Marjé que je connaissais bien. Toute sa famille était pro-Régime ; lui seul s'était engagé dans la révolution. En 2014, il s'était réfugié en Turquie, fuyant comme tout le monde les bombes-barils. En 2015, il est retourné parmi ceux de Marjé. Il a retrouvé sa maison vide, pillée. Il ne subsistait que les murs, et encore. Ce gars était de mon quartier, de ceux de Marjé, et sa petite baraque en parpaings avait été dévastée. Les miliciens chargés de sécuriser la zone se sont rejeté la faute, chacun blâmant l'autre, aucun n'admettant avoir commis ce forfait ou ne serait-ce que leur incapacité manifeste à protéger nos foyers. La situation était complexe, car les voleurs étaient nombreux, souvent par nécessité, pour survivre dans leur pauvreté, mais ce gars avait tout perdu. Il m'a envoyé ce message : « Akil, pourquoi n'écris-tu pas au sujet de ces voleurs ? »

Ces simples mots m'ont plongé dans la sidération. Auparavant, j'avais reçu des menaces du Régime, puis de Daech. J'avais traversé de rudes épreuves, mais jamais je n'avais ressenti un tel effroi qu'à cet instant où j'ai déchiffré son message. J'en ai été tétanisé. Je me suis vu pâlir. Je n'arrivais plus à mettre un pied devant l'autre, ni à respirer. Jamais je ne m'étais senti à ce point *inexistant*. Dans ma tête, les pensées se heurtaient : « Je ne suis rien, je ne sers à rien, je suis devenu un paravent quand mon devoir était d'écrire la vérité sur les exactions, quand il fallait parler des erreurs, me tenir du côté de ceux qui ont versé leur sang pour la révolution. »

Je n'en pouvais plus. Plus du tout. Pas seulement à cause de la peur des malfrats et de leurs représailles si je les dénonçais dans mes articles. Je pensais aussi que si je n'écrivais plus que cela – les travers, les erreurs et les méfaits –, je deviendrais Akil-celui-qui-parle-mal-de-la-révolution, celui qui contribuait à la salir un peu plus. Quel message allais-je envoyer à ceux qui tenaient encore l'asphalte, à ceux qui, tous les jours, donnaient leur cœur, leur âme et toute leur énergie pour sauvegarder notre idéal ? Le fil de leurs vies avait été brisé pour que notre rêve ne le soit pas et, moi, j'allais finir par les convaincre, eux, les derniers des braves, que la révolution était perdue ?

Ce gars de Marjé a insisté : « Parles-en ! Écris juste ce qui s'est passé ! » Je ne pouvais plus. Je ne voulais pas rester à Alep et écrire sur les négociations, les débats nationaux et la situation de la ville ; je ne pouvais plus écrire « Nous vaincrons le terrorisme et le Régime », ou « À la toute fin, la révolution triomphera ». Ce n'étaient plus que des slogans creux, puisque je n'étais même pas capable de résoudre le problème d'un gars de Marjé dont la maison avait été pillée devant témoin, avec, tout autour, des milliers d'hommes enfouraillés. Bien sûr, ce n'était qu'un détail parmi tant d'autres, mais celui-là m'a paralysé. J'ai rassemblé mes esprits et j'ai quitté ma ville. J'en ai vu, des atrocités, mais jusqu'à ce jour, quand je pense à ce petit gars courageux qui avait embrassé les idéaux à l'encontre de toute sa famille, mon corps tremble comme une brindille dans le vent, car je me sens coupable. Des gens ont perdu leur famille, leur maison, leur travail, leur avenir. De cela, je me sens coupable.

Quand je suis parti, j'ai mesuré que je n'avais plus de pouvoir, ni le moindre espoir de changer ne serait-ce que de tout petits riens. J'ai su que ce n'était plus ma place, qu'il était inutile d'écrire que soixante-quinze personnes avaient perdu la vie sous une seule bombe, alors que mon nom était connu des miliciens et des politiciens qui voulaient contrôler le contenu de mes articles. J'ai compris mon échec. J'ai échoué, j'ai tout raté. Personne n'admettait ses erreurs. Sans remise en question, aucune solution n'était possible. C'est pourquoi je suis parti. Tout le monde était blâmable : les honnêtes et les malhonnêtes, les bons et les méchants. Les pays voisins sont coupables eux aussi, même quand ils ont prétendu aider la révolution. Ils insultaient la liberté chez eux. Pourquoi auraient-ils voulu notre liberté, quand ils la refusaient à leur propre peuple ? Pourquoi encourageraient-ils notre démocratie, quand ils étaient tout sauf démocrates ? J'accuse aussi l'Europe et les États-Unis, qui n'ont regardé que leurs intérêts personnels, malgré leurs promesses grandiloquentes et leur ligne rouge infranchissable, au détriment de millions de nos citoyens qui les suppliaient de leur porter secours.

Je ne suis qu'un gars parmi d'autres. J'aurais pu rester, travailler avec des médias étrangers et cumuler trois salaires. Ou m'en aller en Turquie et m'asseoir pour fumer mon narguilé. À ce moment-là, je n'étais pas aussi tourmenté qu'aujourd'hui. L'angoisse m'est venue dans l'exil. J'ai compris alors que nous n'étions rien, que nous ne pouvions peser sur aucune décision. Nous ne savions même plus qui nous étions, ou alors, des épaves échouées parmi d'autres.

J'ai retrouvé ma fiancée irakienne en Turquie. Nous avions attendu ces retrouvailles pendant trois ans. Elle avait depuis longtemps quitté Damas et la Syrie, considérant son départ comme un désastre, car elle avait le pressentiment que j'allais mourir. Nous nous sommes jetés dans les bras l'un de l'autre et nous sommes restés mêlés pendant trois jours. Nous nous sommes mariés dans la joie, j'étais ivre de bonheur. Puis, un matin, je me suis réveillé nauséeux, avec la sensation d'avoir triché, de ne pas être allé au bout de mon engagement. Ces idées noires ont absorbé toute la joie qu'il y avait en moi. Voilà que j'épousais la femme que j'aimais et qui m'avait attendu si longtemps, et pourtant s'imposait à mon esprit le souvenir des mariages alépins sous les bombes. J'avais assisté à de nombreuses cérémonies célébrant l'amour malgré la mort, et j'aurais dû bénir mon propre bonheur. Au contraire, j'en étais honteux et oppressé. J'avais menti à mon peuple, je l'avais abandonné. Mon épouse a beaucoup souffert de mes états d'âme.

Elle est celle grâce à qui j'ai accepté de vivre, malgré la peine qui s'est installée loin de ma ville. Il m'est plus difficile d'être un réfugié que de vivre dans Alep en guerre. J'ignore les codes de la société dans laquelle je dois poursuivre mon chemin. Ce n'est pas lié à un manque, chez moi, d'ouverture d'esprit : tout m'est étranger, forcément ! Même quand les gens d'ici sympathisent avec moi parce que je suis syrien, je n'en ressens aucun soulagement. La culpabilité me prend à la gorge. Alors je pétris un petit tas odorant de *maasel*, je le couvre de braises, et je respire mon narguilé en écoutant ses glouglous. Rien n'est plus dur que de quitter son pays, or tel est l'aboutissement de notre révolution. Nous avons été vaincus et expédiés loin de chez nous, et mes nuits en sont envahies de cauchemars. À Alep, je ne rêvais pas. En exil, les pires images s'emparent de mon sommeil. Ce phénomène touche tous les réfugiés syriens que je rencontre. Des douleurs sont apparues partout dans mon corps. J'ai consulté un psychologue pour mes cauchemars. Selon lui, ma mâchoire se serre trop fort, peut-être pour broyer mes angoisses, provoquant ces maux de dents et mes problèmes de dos. C'est déconcertant, son explication me donne l'impression d'être prisonnier du corps dolent d'un vieillard. Les images alépines défilent dans mon esprit, à la manière d'un film de cinéma qui passerait en boucle chaque fois qu'on le croit terminé.

Et puis la révolution est morte. Alep-Est est tombée et mes douleurs se sont accentuées. J'ai quitté les réseaux sociaux, j'ai fermé ma page Facebook : je ne supportais plus les commentaires aigres de tous ceux qui ont regardé ça de loin, sans chercher à nous comprendre. J'ai aussi arrêté de travailler pour les médias. Ils n'ont pas aidé notre cause. Nous pensions qu'en témoignant de la réalité, les gens sympathiseraient et nous soutiendraient. Ils nous ont ignorés. Nous avons été naïfs. Nos rêves volaient trop haut.

AKIL A QUITTÉ ALEP EN MARS 2015. IL VIT EN EXIL.

*

Ryan

Esprit de contradiction

Je me suis fiancé loin des traditions. Son nom était Heba, je l'avais rencontrée à Gaziantep, en Turquie. Je l'avais recrutée pour un travail commandé par une organisation syrienne qui cherchait à étudier l'impact de la guerre sur notre société. J'étais Ryan, en charge d'enquêter sur la police syrienne libre à Alep-Est. Nous devions décrire ses comportements, ses actions, et observer quelles en étaient les conséquences – positives ou négatives – pour les habitants. Heba était de l'Ouest, recherchée par les autorités parce qu'elle avait milité au sein des comités lors du prélude révolutionnaire. Elle a accepté de venir à Alep-Est avec moi. Deux mois plus tard, nous avons décidé d'être un couple. Elle s'est installée dans la maison de ma famille – pas ma vraie maison, qui avait été détruite par un missile, mais dans un logement que mes parents louaient à Boustane Al-Qasr. Elle dormait chez nous, ce qui n'était guère conventionnel. Tous les quatre, nous vivions ensemble. Cela nous a permis de nous connaître. Le temps était à la guerre, et quand j'ai annoncé à ma mère que j'avais une relation avec Heba et que je l'aimais, elle a dit : « Oui, c'est une bonne idée ! » Heba était très révolutionnaire et ses pensées étaient plus élaborées que les miennes sur bien des sujets. Il s'avéra aussi qu'elle avait peur du mariage. Au bout de neuf mois, nous avons rompu, mais nous sommes restés amis jusque dans l'exil.

Notre foyer fut détruit lors d'une nuit sans lune. Notre appartement était situé au quatrième étage. Même quand les bombardements étaient lointains, nous dormions fenêtres grandes ouvertes pour atténuer les dégâts d'une éventuelle déflagration. Nous étions devenus experts en aviation militaire. Selon le bruit des moteurs dans le ciel, nous savions si c'était un Mig russe ou un coucou du Régime, à quelle distance il se trouvait et quelle était la direction qu'il prenait. Quand un bombardier s'approchait, les habitants se penchaient de leur balcon, hurlant aux enfants de se mettre à couvert. Quand il larguait la bombe avec son miaulement expressif, nous ne disposions que de quinze secondes, pas une de plus, pour nous trouver un abri. Lors de cette nuit sans lune, l'avion frappa entre deux immeubles – l'un était le mien. J'étais éloigné des fenêtres. Les portes ont explosé et des flammes noires se sont précipitées vers moi, dévorant le sol, les murs et le plafond, avec une fumée asphyxiante aussi épaisse que du coton. J'ai foncé vers le balcon dans l'intention de sauter par-dessus. Mon plan s'est écroulé en même temps que le balcon du voisin du dessus. Tous les étages se sont effondrés, aplatissant le niveau inférieur de l'immeuble. J'étais indemne, ainsi que les habitants du haut. Nous avons cherché et appelé en vain ceux d'en bas. Au matin, nous avons appris qu'ils avaient fui quelques heures plus tôt à la campagne…

En ces temps d'Alep en guerre, la perte d'une maison ne signifiait pas grand-chose, comparée aux deuils innombrables. J'avais perdu tant de proches ! Jusqu'à ce jour, la mort de Camilla me laisse inconsolable. Elle avait été ma meilleure amie. Je l'aimais comme une sœur, comme un frère, plus que tout. Elle habitait dans l'ouest d'Alep avec son mari et leur fille, dans une zone de la ville qui est demeurée sous le contrôle du Régime. Elle a été fauchée chez elle, avec sa petite fille, dans une explosion. J'en ai été affecté d'une douleur indicible, parce que c'étaient les miens, ceux de l'Armée libre, qui l'avaient tuée. Cette nouvelle m'a rendu fou de tristesse et d'incompréhension. J'ai déboulé sur nos positions militaires, hurlant et exigeant de savoir pourquoi ils avaient balancé leur obus de mortier dans un quartier résidentiel. Ils m'ont répondu que, de là où ils étaient, il était impossible d'atteindre l'endroit où Camilla et son enfant avaient été martyrisées. Ces dingues disaient : « *Mon mortier* ne pourrait pas arriver là-bas », *mon mortier* ceci, *mon mortier* cela. En effet, c'étaient bien *leurs* sales mortiers qu'ils avaient bricolés *eux-mêmes* dans l'improvisation complète de leur imagination militaire débordante. Ils juraient qu'ils n'avaient pas pu atteindre Camilla, mais je savais que leurs engins de bric et de broc étaient meurtriers, et que ces types étaient incapables d'en contrôler la trajectoire, détruisant tout au hasard. Un de leurs obus de mortier avait achevé sa course aléatoire dans la maison de Camilla, tuant ma meilleure amie et sa petite fille qui n'avait pas encore 10 ans. Camilla m'avait toujours soutenu, au risque de sa vie à elle. Je prie pour que sa belle âme repose parmi les justes.

Heba n'avait jamais porté de foulard de sa vie mais, de retour à Alep, elle a insisté pour s'en revêtir. Ce fut là notre premier sujet de discorde. J'y étais opposé. Aux beaux jours de la révolution, peu de femmes sortaient voilées. Or, depuis l'arrivée des extrémistes, toutes se dissimulaient les cheveux, parfois même le visage sous des niqabs affreux. Heba m'expliqua qu'il ne s'agissait pas pour elle d'exaucer les vœux extrémistes, mais de respecter les familles qui n'avaient plus que la religion pour supporter l'insupportable. Elle ne voulait pas les froisser par son apparence ; elle se couvrirait donc d'un foulard. Peu m'importait, à moi, de froisser les uns ou les autres. J'avais l'esprit de contradiction, parfois pour le simple plaisir de m'opposer, surtout si les autres étaient islamistes.

Tous les matins, je me rasais la barbe avec un soin maniaque, traquant la moindre apparition pileuse.

Je rasais à blanc, contre l'avis de mes proches, en signe de désaccord avec les radicaux et les chefs de milice qui s'étaient lancés dans le concours de celui qui ressemblerait le plus à un yéti. Nos soldats venaient parfois me dire avec gentillesse : « Laisse-la pousser, Ryan ! Tu dois montrer aux gens que tu es religieux. » Je refusais toujours, n'hésitant pas à me planter devant ceux de Nosra et à leur déballer en face ce qu'ils m'inspiraient. Je détestais leur façon de parler de l'islam, de le mettre en scène, et la manière dont ils le médiatisaient. Je suis musulman, je précise, mais jamais je ne laisserai quelqu'un me forcer à faire ce que je ne veux pas. Je n'acceptais aucune de leurs remarques. Mon entêtement m'a valu d'être presque tué. Ceux de Nosra m'ont kidnappé et m'ont laissé moisir dans un état proche de la mort. Alors que j'étais enfermé dans leur cage, ils me crachaient dessus : « Cesse de te prétendre musulman, car tu agis contre les règles de l'islam et contre nous, en tant que musulmans. »

Dès que les extrémistes de Nosra étaient apparus dans la ville, je m'étais élevé contre leur présence, leurs actions et leur politique, les critiquant avec virulence en public. Je disais aux habitants que ces types recevaient leurs armes des agences de renseignement étrangères, que c'étaient des hypocrites qui pervertissaient l'esprit de la révolution. Sinon, comment auraient-ils reçu cet arsenal flambant neuf et aussi puissant ? Beaucoup répondaient que non, ils étaient d'authentiques musulmans soucieux d'appliquer la charia de Dieu. J'insistais : « Les bons musulmans, c'est nous ! Eux ne sont que des menteurs. Pourquoi aurions-nous besoin de ceux-là pour nous apprendre notre religion ? Ces mecs sortent des cavernes afghanes de Tora Bora. Alep n'est pas Tora Bora ! La Syrie ne sera jamais libérée par ceux de Tora Bora, mais par Damas quand les Damascènes se révolteront. » Ces hommes des cavernes venus d'ailleurs étaient de plus en plus nombreux dans la ville. Leur fanatisme était effrayant, mais il y avait pire.

Le pire était leur comportement envers nos femmes. Ils ne cherchaient qu'à épouser des Syriennes. J'ignore la raison de cette folie, mais des familles donnaient sans hésitation leurs filles à ces combattants étrangers, à n'importe lequel d'entre eux, y compris ceux de Daech, sans même connaître leur véritable nom, sans avoir la moindre idée de qui ils étaient. Eux, en revanche, imposaient sans vergogne leurs conditions : ils exigeaient de jeunes vierges. Des adolescentes avec leur virginité, voilà ce qui les intéressait ! Avant la révolution, aucune femme d'Alep n'aurait épousé un mec du Golfe. Les prétendants n'étaient jamais assez respectables pour les familles de notre ville. Si un Syrien de Lattaquié se présentait pour demander la main d'une Alépine, la tradition poussait la famille à le renvoyer chez lui avec arrogance : « Lattaquié ? C'est beaucoup trop loin ! Ce n'est pas notre ville ! » Hormis les prétendants alépins, tous les Syriens étaient des sauvages ou des ploucs à leurs yeux. Or voilà que, soudain, des inconnus débarquaient avec leurs requêtes spécifiques d'âge et de virginité et se voyaient offrir les femmes syriennes. Il y eut ainsi beaucoup de filles mariées aux djihadistes, en particulier dans les villages du rif alépin.

Je n'étais pas le seul que cette situation rendait malade. Beaucoup de jeunes Syriens étaient écœurés. Ces unions malsaines suscitèrent de fortes tensions et semèrent le doute chez les musulmans : ces mecs étaient-ils venus pour le djihad ou pour une épouse syrienne ? Le tempérament syrien est ainsi, jaloux et protecteur des femmes et des filles. Voir un sinistre inconnu débarquer, se réclamant de Nosra ou de Daech comme si ça lui conférait le statut de Dieu en personne, et exiger une vierge de 12 ans, c'était insupportable. Et, nous, les hommes, que devenions-nous dans cette histoire ?

À quoi nous réduisaient-ils ? À des êtres sans honneur ? À des proxénètes ? Pour cela, ils ont été haïs. Plus nous les détestions, plus ils nous traitaient de renégats, nous agressant à la moindre occasion. Si l'un disait : « Vos manifestations sont encore plus stupides que vous. Dorénavant il est interdit de manifester ! », je lui rétorquais : « Sans nos manifs, tu n'aurais pas eu la moindre chance d'arriver jusqu'ici et d'arborer ton drapeau noir. Pour notre immense malheur, nous sommes ceux qui ont permis ton arrivée, alors que nous luttions contre le Régime. Jamais je n'aurais imaginé qu'un homme tel que toi vienne par chez nous ! Dis-moi, pourquoi es-tu ici ? »

Ils m'ont kidnappé, ils m'ont torturé. Des horreurs. Le jour où j'en suis sorti, j'ai été transporté d'urgence à l'hôpital, je ne pouvais plus marcher ni bouger. Ils avaient l'intention de me tuer, mais l'Armée libre s'est impliquée dans l'affaire, capturant des mecs de Nosra pour négocier ma libération : « Nous exigeons Ryan aujourd'hui même, ou nous tuerons tous les prisonniers ! » Un hashtag circula sur Twitter pour me soutenir. Un type d'Al-Qaida basé en Arabie saoudite a même tweeté à mon sujet : « Quoi ? Cet activiste Ryan a été kidnappé par Nosra, alors que les enfants palestiniens souffrent et que personne ne fait rien pour eux ! »

Abou Quteiba avait toujours été mon ami et il était devenu le chef d'une importante brigade. Il a déclaré la guerre à Nosra, jurant partout qu'il me récupérerait. Ceux de Nosra niaient m'avoir enlevé, mais Abou Quteiba s'est rendu dans chacune de leurs bases. Il débarquait avec un fusil dans chaque main, les menaçant du pire si je n'étais pas libéré le lendemain. Par miracle, l'échange de prisonniers a eu lieu. Abou Quteiba m'a récupéré en lambeaux. Ils m'avaient suspendu par une seule main à un crochet vissé au plafond, m'infligeant toutes les tortures imaginables et inimaginables.

Après ma guérison, ce groupe d'Al-Qaida a tenté une réconciliation. Un messager est venu m'assurer : « Si tu arrêtes de nous insulter, tout pourra s'arranger, même si nous savons que tu détestes les gens islamiques. » J'ai répliqué : « Je n'ai aucun problème avec les personnes islamiques, j'en veux à ceux qui se prétendent musulmans. » Tel était bien ce que je pensais d'eux, qu'ils étaient de sales hypocrites : « Si vous étiez musulmans, les jeunes d'Alep seraient avec vous, or ils vous détestent ! » Ils ont rigolé comme si j'avais sorti une énorme blague. Ils cherchaient à en finir avec cette histoire que les médias alépins avaient couverte à leurs dépens. Par la suite, ils m'ont même invité à leur rendre visite. Mes amis m'ont mis en garde : « Ne leur réponds pas, ne les salue pas, ne leur parle même pas. »

J'avais l'esprit de contradiction. Avec les activistes, nous avons organisé de nouvelles manifs. Nous scandions : « À bas Nosra ! À bas Jolani et toute sa clique ! » L'Armée libre nous protégeait, si bien que nous pouvions railler leur émir Abou Mohammad Al-Jolani en l'accablant de surnoms aussi humiliants que celui de « Hassoun Hassoun[1] » ! Puis nous avons appris qu'ils projetaient d'attaquer Boustane Al-Qasr et d'enlever plusieurs personnes. Mes amis m'ont assuré que j'étais l'une d'entre elles, ainsi qu'Abou Madjid. « Abou Madjid sera peut-être kidnappé, mais toi, ils te tueront sans attendre », voilà ce dont mes amis m'ont averti. Ils m'ont conseillé de cesser tout déplacement et de rester sous protection, à Boustane. Ils m'ont donné des armes, que j'ai refusées vu que je déteste ça. Abou Madjid a été kidnappé et j'ai

1. Cheikh Ahmad Badreddine Hassoun, nommé grand mufti de Syrie en 2005, est né à Alep en 1949. Personnalité fade, à la réputation malléable, Hassoun a soutenu le Régime et les décisions du président Bachar Al-Assad au début de la révolution, incarnant ainsi la soumission, la « voix de son maître ».

cédé. Quel que soit l'endroit où je dormais, j'avais un pistolet et une grenade à portée de main. Si j'apercevais un tas d'ordures dans la ruelle, je le contournais, de crainte qu'il ait été piégé par Nosra. J'étais toujours aux aguets, je m'enfermais et consolidais la porte. Je vivais la peur tapie au fond de mon ventre.

Pendant deux mois, j'ai attendu une occasion de fuir en Turquie. La seule voie possible était la route Castello, qui contournait Alep par le nord. Elle était stratégique, et donc le théâtre de furieux combats. Je ne pouvais y circuler que si les nôtres la contrôlaient. Ceux de Nosra y tenaient un barrage qu'ils ne me laisseraient jamais franchir vivant. Un jour, ce check-point a disparu et j'ai pu m'exfiltrer en Turquie. Boustane Al-Qasr et la révolution, c'était fini pour moi.

RYAN A QUITTÉ ALEP EN DÉCEMBRE 2015. IL VIT EN EXIL.

*

KARAM

Un interrogatoire de routine

Après la trahison de mon meilleur ami et ma détention dans une cellule du Régime pas plus vaste qu'une cabine de douche, j'avais perdu confiance en mes semblables. Je n'avais plus de repère pour séparer le bon grain de l'ivraie, la fleur du chiendent. Alors j'ai poursuivi mon chemin en solitaire. Je ne suis pas retourné sur les bancs de l'université et je m'abstenais de dormir chez mes parents pour éviter les Services. C'est un sentiment étrange que celui de ne plus se sentir en sécurité dans sa propre maison. Je me méfiais de tout, je dormais dans les jardins publics. J'ai renoncé à ma carrière d'avocat, je me suis mis à arpenter les ruelles, filmant et photographiant les cortèges avec mon téléphone portable. Par la suite, j'ai acheté un appareil professionnel. Il fallait divulguer au monde entier le drame alépin. Je croyais encore que les criminels n'oseraient pas sévir si je braquais ma caméra au moment où ils braqueraient leurs fusils sur les jeunes désarmés.

Puis l'Armée libre a attaqué les quartiers orientaux d'Alep, d'abord Salaheddine, puis chez moi, à Kalassé. En un mois et demi, les soldats de la révolution se sont emparés de tous les postes de police. Dans mon quartier, les combats n'ont duré que vingt-quatre heures. J'ai observé de mon balcon cette bataille menée à coups d'obus de mortier et de roquettes. Les bombardements aériens n'avaient pas encore commencé, mais les hélicoptères du Régime se relayaient pour mitrailler sans relâche. Nous étions aussi secoués par les tirs d'artillerie, mais il était assez simple de s'en protéger. Il suffisait de trouver l'arête des murs les plus solides de la maison et de s'y blottir en priant. Nous habitions au deuxième étage, les canons tonnaient, et pourtant je n'ai jamais aussi bien dormi de ma vie. Nous étions soudain heureux, car nous nous sentions protégés des espions, des informateurs et des traîtres. Ces temps n'ont guère duré et leur souvenir m'attriste : c'était une belle époque emplie d'espérance. Les quartiers du vieux centre-ville étaient libérés. Près des places fortes du Régime, nos soldats bloquaient les voies d'accès avec l'aide d'habitants enthousiastes. Nous empilions des blocs de ciment, nous couchions sur le flanc des voitures et même d'immenses autobus pour ériger des barricades. Circuler entre les deux zones restait possible à quelques endroits, à condition de passer le barrage de l'opposition, éloigné d'une centaine de mètres de celui du Régime. Puis ces voies de traverse ont été fermées. Désormais, ce n'était plus

Alep-Est et Alep-Ouest ; il s'agissait de deux villes différentes à tous points de vue. Les autorités n'étaient pas les mêmes, les lois non plus. Rien ne nous liait plus, de part et d'autre de la ligne de séparation, que d'anciennes relations d'amitié – pour ceux qui avaient encore des amis. Au-dessus de nos têtes, même le ciel n'avait pas la même couleur. Il demeurait bleu à l'ouest, tandis que chez nous il se panachait d'épaisses fumées noires : il vrombissait de bombardiers dont les missiles déclenchaient des incendies ravageurs.

Je suis devenu photographe d'Alep en guerre. Je me souviens encore de tout ce que j'ai photographié, du moindre immeuble aplati, de chaque visage, mort ou vivant. De ma première photo à ma dernière vidéo, je n'ai rien oublié. À l'époque, je voulais croire que nos manifestations se termineraient comme en Tunisie et en Égypte, avec le départ du président. J'ai envisagé une explosion de violence, comme en Libye. Je pensais qu'il nous faudrait peut-être un an ou deux pour que tombe le Régime, mais jamais je n'ai imaginé que nous subirions des bombardements tels que l'humanité n'en avait jamais subi. Au commencement, la révolution était si belle, si calme ! Un manifestant ou deux étaient tués dans un cortège. C'était là un prix à payer raisonnable, du moins prévisible, pour obtenir la liberté. Ceux qui tenaient l'asphalte n'ignoraient rien de ces risques. Ils s'y étaient préparés.

Avec les bombardements aériens, ce fut une tout autre histoire, puisque quinze personnes pouvaient être tuées d'un seul coup, alors même qu'elles se tenaient tranquilles, à l'intérieur de leur maison. Des familles entières qui ne soutenaient pas l'opposition, qui n'étaient d'ailleurs pas du tout politisées, disparaissaient dans une explosion. Et c'était profondément injuste. Aux prémices de la révolution, ceux qui ne voulaient pas y prendre part restaient à l'abri chez eux, évitant ainsi les gourdins des

Shabihas et les balles meurtrières de la répression. Avec les bombardements aériens, quand les barils d'explosifs se mirent à tomber sur Alep-Est, 99 % des victimes étaient des civils tués au hasard. De pauvres gens, assis sur leur canapé ou allongés dans leur lit, dont le seul crime avait été de vivre ici et de n'avoir pas les ressources d'en partir. Ceux-là n'avaient rien fait pour être ainsi punis de mort, mais ils étaient tués.

Aucun d'entre nous n'était innocent aux yeux du Régime. Qu'un Alépin portant une arme soit défini comme un opposant et un ennemi, c'était logique. Si cet Alépin était blessé dans les combats ou mourait de ses blessures, on pouvait se dire : « Il s'est battu ; il est mort. » Mais qu'un autre se tienne à l'écart des ruelles et qu'il meure sous une bombe du Régime, c'était ignoble. Cela ne devrait jamais arriver, nulle part. Je ne pense pas qu'aucune population civile ait été ciblée comme nous l'avons été durant ces années. Comme l'avait prédit mon grand-père, Bachar a reproduit la tactique de son défunt père pour terrifier l'ensemble des Syriens et forcer l'opposition à abandonner, car c'est une chose d'accepter de verser son sang pour la cause, mais c'en est une autre d'accepter que le sang des innocents soit versé. Le fils de Hafez Al-Assad a assené une leçon terrible aux générations qui nous succéderont là-bas, dans la ville détruite. Elles verront les images du passé, puisque moi et les autres avons collecté des milliers de preuves irréfutables de l'anéantissement de notre cité et de nos vies. Ces nouvelles générations grandiront dans le souvenir horrifié de notre absolue défaite, des carnages dans les ruelles. Ils se forgeront cette mentalité désespérée et supplieront leur dictateur : « Loin de nous la liberté ! Nous voulons juste rester vivants ! »

J'étais un photographe couvrant les événements d'Alep, et les spectacles atroces de corps déchiquetés se reproduisaient à l'infini. J'ai découvert que la lentille optique protège la sensibilité du photographe : elle instaure un décalage entre la réalité tragique et l'émotion que celle-ci suscite. Je m'y suis presque habitué, mais je n'étais pas non plus un journaliste étranger qui peut repartir quand ça lui chante ou quand son cœur n'en peut plus. Je photographiais un événement, un deuxième, puis encore un autre et, entre ces scènes qui vous arrachaient l'âme, il me fallait encore trouver la force de survivre. Comme des milliers de mes concitoyens, je n'avais aucune solution pour échapper aux bombardements. Longtemps, j'ai continué de croire en ma mission de collecteur d'indices, et en une sorte de justice mondiale. Une de mes photos a même voyagé jusque sur les bureaux des décideurs des Nations-Unies. Je l'avais prise après une explosion dans le quartier Fardous. Je me trouvais là par hasard et j'ai accouru. Les secouristes de la Défense civile s'activaient pour aider les blessés et évacuer les morts. La fumée m'aveuglait, la poussière me brûlait les yeux. Il était impossible de régler la mise au point, mais j'ai pressé sur l'obturateur. Cette photo m'a valu un prix, car elle symbolisait la monstruosité de ces engins tueurs qu'on appelle « bombes-barils ». Sur l'image, les civils étaient sens dessus dessous, disloqués sur un tas d'éboulis. Une femme gisait les bras en croix, un regard d'eau tranquille, les traits apaisés d'une mère qui n'a plus à trembler pour l'avenir de ses enfants.

Cette photo est partie aux Nations-Unies. Les gens du Conseil de sécurité l'ont étudiée, car ils devaient débattre de l'interdiction de cette arme. Ils ont discuté entre eux, puis ils ont conclu que tout ça était normal et, chez nous, rien n'a changé. J'ai alors eu cette sensation d'être relégué à un statut qui n'avait plus rien d'humain, du genre extraterrestre débarqué d'une planète sans connexion avec la Terre. C'était comme si on nous disait, à nous, Syriens : « Vous n'êtes que des insectes. » Alors, j'ai compris que nos vies n'avaient aucune valeur. Que les copains étaient morts pour rien. J'avais été trahi par mon meilleur ami, je me sentais trahi par le reste du monde.

J'ai continué à arpenter les ruelles, à enregistrer dans mon boîtier les scènes de nos vies brisées. Je n'étais plus mû par la croyance en une justice suprême, mais par une rage triste. J'ai photographié des enfants qui plongeaient dans des réservoirs d'eau crevés avec autant d'enthousiasme que s'ils avaient été devant une piscine olympique. J'ai filmé des adolescents se livrant à des acrobaties spectaculaires, des sauts périlleux au-dessus d'un obus resté intact au milieu d'une ruelle. J'ai guetté les petites ridules de gaieté au coin de leurs yeux espiègles. Mais je n'arrivais plus à croire en l'avenir, puisque, aux Nations-Unies et ailleurs, l'existence des Alépins ne valait pas davantage que celle de foutus insectes.

Toutes les preuves ont été récoltées, transmises, brandies à la face de l'univers : la répression, la destruction, nos morts déchiquetés dans leurs moindres détails sanguinolents… Résultat ? Rien. Aucune réaction. Le monde entier nous a regardés avec léthargie, sans que rien ne le perturbe ni ne l'émeuve, comme si tout cela était parfaitement normal. Au bout du compte, je suis convaincu que l'ancienne génération avait raison. Les événements se déroulaient comme me l'avait prédit mon grand-père quand j'étais un petit garçon blotti sur ses genoux : toute volonté de changement se terminerait dans l'annihilation de la vie humaine. Aujourd'hui encore, quand des étrangers me demandent, l'air de s'y intéresser : « Pourquoi avez-vous échoué ? », je réponds : « Et vous, pourquoi n'avez-vous rien fait ? » Je traînais ma peine dans les ruelles. Un jour, j'ai sympathisé avec un vieil Alépin. Il était collectionneur de voitures anciennes et de disques vinyles. Malgré les bombardements qui avaient éventré les murs de sa maison, transformé ses rideaux en lambeaux et recouvert le lit conjugal de strates de cendre grise, il lisait ses bouquins de poésie. Quand l'électricité le gratifiait de son exceptionnelle présence, il écoutait sa musique en fermant les yeux, prétendant fumer sa pipe (le tabac était trop rare et trop cher) : l'image sereine du type en pantoufles qui attend qu'on l'appelle pour se mettre à table. Il est devenu mon mentor. Si j'ai tenu bon, c'est grâce à lui. J'aimais sa philosophie de la vie, et sa tranquillité. Tout n'était plus que vacarme et tumulte dans la ville, mais le vieux restait en suspension. Il lévitait au-dessus des ruines… Il avait décidé de rester quoi qu'il arrive. Alors, je suis resté, comme lui.

À force d'être pris au piège, s'est installée parmi nous tous une invraisemblable habitude : nous nous sommes accoutumés à la mort. Avec le temps, les cadavres sont devenus des éléments familiers de notre paysage, puis des éléments ordinaires avec lesquels nous continuions de vivre. Personne n'aurait osé le formuler à voix haute, mais la vérité c'est que nous pensions tout bas : « Celui-là est mort, plutôt que moi », et c'était presque une bonne nouvelle. En tout cas, c'était devenu normal. Banal. Aussi banal que d'avaler un petit déjeuner le matin, en temps de paix. Chacun vivait en côtoyant la mort, avec la sensation que la sienne était imminente. Un père enterrait son fils puis rentrait chez lui avec l'impression d'avoir accompli un acte du quotidien, la routine. La tristesse ne s'installait plus. Sur le coup, la souffrance était atroce puis, le lendemain ou trois jours plus tard, la survie imposait de balayer les âmes mortes. Les martyrs tombaient aussi nombreux que les feuilles des arbres en automne et ne nous émouvaient pas plus qu'un changement de saison.

Ailleurs, la mort choque parce que les hommes n'y sont pas confrontés au quotidien. À Alep, cinquante ou soixante habitants mouraient sous les bombes chaque jour, sans parler des blessés. Voir un homme, une femme ou un enfant avec une main ou une jambe en moins était devenu d'une écœurante banalité. Dans de telles circonstances, comment aurions-nous pu envisager qu'une autre calamité puisse nous être infligée ? Avec toute la méfiance qui m'habitait, je n'ai pas envisagé Daech.

Je fus l'un des tout premiers Alépins que ce groupe a kidnappés, à une époque où nous n'étions même pas au courant de son existence. Avant moi, quelques personnes avaient déjà mystérieusement disparu, mais la mort était trop présente pour que nous échafaudions un autre scénario que celui d'un malencontreux décès sous une bombe. Les enlèvements allaient pourtant devenir le mode opératoire préféré de la Daoulé.

La journée fatidique de mon kidnapping débuta avec la chute d'une bombe-baril aux effets barbares habituels. Elle avait été larguée à Qadi Askar, dans le nord d'Alep, provoquant un massacre d'innocents. Dès que je l'ai su, j'ai pris la route avec mon appareil photo. Qadi Askar était une zone dangereuse, mais existait-il encore un seul endroit qui ne l'était pas ? Au-delà se trouvait le plus grand hôpital d'Alep, l'hôpital ophtalmologique Kindi, qui avait été réquisitionné par une milice composée d'étrangers, de plus en plus nombreux à débarquer dans notre province. À cette époque, l'Armée libre n'avait pas encore déclaré la guerre aux djihadistes ; chacun combattait le Régime dans son coin. J'avais souvent emprunté la voie rapide longeant l'hôpital Kindi en direction du nord-est. Ce jour-là, un nouveau barrage bloquait la circulation. Il était tenu par des hommes au visage recouvert d'un masque noir, fendu d'une ligne étroite pour les yeux. Ils m'ont ordonné de me mettre sur le côté. L'un d'eux m'a ficelé les pieds et les mains tout en disant : « Ne t'inquiète pas, c'est la routine ! » Notre routine était devenue tellement irréelle qu'en effet, je ne me suis pas affolé. Je ne redoutais pas un kidnapping, puisque les kidnappings, à Alep, on n'en avait encore jamais entendu parler. J'ai même répondu : « Je comprends : simple contrôle d'identité... », en songeant qu'ils étaient quand même très paranos, voire complètement obsédés par la sécurité, vu que je n'étais qu'un petit gars civil pas bien épais et qu'ils m'attachaient et me bandaient les yeux. Les hommes masqués m'ont ensuite jeté dans un véhicule qui a démarré pour se rendre dans un endroit inconnu. Plus tard, le moteur s'est arrêté et la portière s'est ouverte. D'autres bras m'ont saisi comme si j'étais un vulgaire poulet à plumer et m'ont balancé dans ce qui m'a semblé être une jeep, qui s'est mise à rouler à toute allure. Je ne comprenais rien à ce qui m'arrivait. Le trajet a bien dû durer deux heures et, comme on dit par chez nous, « une petite souris a commencé à jouer dans ma poitrine ». Mon cœur galopait : ces inconnus allaient-ils me livrer au Régime ?

Quand, enfin, nous sommes parvenus à destination, j'ai été conduit dans une cellule solitaire. Elle ressemblait à celle que j'avais connue dans les sous-sols du Régime, alors je me suis dit : « Au moins, j'ai l'habitude ! J'espère juste que leur interrogateur est trop occupé pour me voir aujourd'hui... », car je m'attendais à être roué de coups et, franchement, ça pouvait bien attendre le lendemain. J'avais une subite envie de dormir. J'ignorais que, dans la ville, j'étais déjà « porté disparu » et que j'avais bel et bien été kidnappé. Je songeais seulement à ma mère dont j'étais l'enfant unique, et donc préféré, et aux tracas que mon retard lui causerait. J'espérais que les interrogatoires seraient rapides, quelle que soit la brutalité des coups, et que je repartirais bientôt. J'ai cette propension à imaginer les gens meilleurs qu'ils ne sont en réalité, avec une grande naïveté. Pour ma défense, il faut dire qu'il n'y avait pas encore eu de décapitations et que personne ne connaissait le véritable projet de ces types censés combattre le Régime. J'ignorais que mon enlèvement allait durer six mois – une période interminable, durant laquelle les bombardements allaient s'intensifier, fauchant au hasard une centaine d'habitants par jour.

Je suis resté enfermé dans cette cellule quarante-cinq jours, presque sans aucune nourriture et avec des tortures quotidiennes, de celles auxquelles il est impossible de résister. Je tombais dans des précipices intérieurs puis reprenais connaissance dans l'obscurité. La conscience me revenait au son des gémissements et des hurlements des autres prisonniers torturés. Arriva le moment où je n'ai plus su différencier mes cauchemars hallucinés de la réalité car, avec la faim qui me tenaillait les entrailles et la souffrance des sévices infligés, j'étais devenu un zombie vagabondant à travers les murailles, confondant les plaintes de mes invisibles camarades d'infortune avec mes propres cris. J'étais moi-même, eux tous et personne à la fois. Puis j'ai été transféré dans une autre cellule, dans un endroit inconnu.

J'aurais pu tout avouer sous les sévices, sauf qu'il n'y avait rien à avouer puisque mes bourreaux me reprochaient d'être moi, sans plus de précisions. À part mourir et cesser d'être ce que j'étais, un homme ordinaire, il n'y avait pas d'issue à cet enfer. J'ai senti que l'hiver s'installait car le sol s'est mis à geler, engourdissant mes mains et mes pieds. J'étais couché à même le sol avec un drap très fin, sans nourriture pour me réchauffer. Au fil du temps, ma poitrine a commencé à se contracter puis à émettre une respiration sifflante rappelant le bruit funeste des bombes-barils quand elles chutent. J'ai compris que je me dirigeais vers le royaume des morts. Ma tête explosait tandis que je crachais des glaviots brûlants en me tordant de fièvre. La fin était imminente et j'ai appelé ma mère, cherchant à percevoir les ondes de son amour pour moi dans ce caveau où l'on m'avait jeté vivant. Alors mon corps s'est habitué au froid, combattant et rejetant la maladie, retrouvant des forces insoupçonnées. Mon esprit lui-même s'est affûté au point de percevoir une voix, de l'autre côté du mur, qui m'appelait.

Mon voisin de cellule était un ouvrier. Il avait été kidnappé à Cheikh Najjar, le quartier des usines. Il m'expliqua que nous avions été enlevés par Daech avec des dizaines d'autres gars d'Alep en train de crever dans des cellules pareilles aux nôtres. Il m'informa aussi que l'Armée libre avait déclaré la guerre à nos bourreaux et que nos soldats les avaient déjà chassés des quartiers du centre d'Alep. L'espoir m'a ranimé et j'ai prié pour que l'Armée libre vienne vite nous libérer. Puis j'ai appris que les prisonniers d'ici n'avaient pas vocation à être échangés ou relâchés contre une rançon. Nous devions être jugés par le tribunal de Daech avant d'être condamnés à mort. Personne n'en réchappait. Mes voisins de cellule se succédaient, m'apprenant que tel activiste, tel photographe, tel médecin, tel étudiant avait été décapité ou crucifié. Je me trouvais dans l'endroit le plus dangereux du monde où tous étaient exécutés par Daech, pour la seule raison qu'ils étaient des hommes ordinaires. Même les combattants hors pair à la réputation d'invincibilité ne résistaient pas à cette rage meurtrière. Un jour, une nouvelle effroyable traversa les murailles : après une longue détention parmi nous, l'un des plus fous et des plus braves d'Alep, que nous connaissions tous sous le surnom de la Carotte, avait été décapité en même temps que son frère.

J'ai su plus tard que trente-six cellules étaient réservées aux condamnés à mort de Daech. J'étais enfermé dans l'une d'elles, mais l'Armée libre gagnait du terrain et se rapprochait, ce qui me valut un nouveau transfert dans la gare de la zone libre, située à équidistance de l'école d'infanterie et de la prison centrale d'Alep. On nous a parqués à l'intérieur de la gare elle-même, non loin des rails. Les prisonniers étaient tous malingres, crachant des glaviots sanguinolents et s'arrachant la peau à cause de la gale. L'électricité fonctionnait, ce qui nous protégeait un peu du froid glacial. Dans cet univers incompréhensible, évoluant comme une nappe de brouillard aux contours flous, est alors survenue l'improbable logique administrative. Tout comme j'avais été libéré des sous-sols du Régime par une amnistie de Bachar Al-Assad, je fus libéré des cellules de Daech par une amnistie que prononça Abou Bakr Al-Baghdadi, le calife de Daech en personne. Rien ne paraissait plus incongru que l'existence d'une hiérarchie et de « fonctionnaires » dans ce magma appelé Daech. Et pourtant. Au bout de six mois, je fus amnistié. J'étais leur plus ancien prisonnier encore vivant. Ceux qu'ils avaient gardés à l'hôpital Kindi furent massacrés dans leur débâcle. Pas moi.

Aujourd'hui encore, je peine à croire que j'aie survécu à toutes ces calamités alépines. Dans mes rêves, je retourne souvent dans ma cellule. Je redeviens un zombie vagabondant à travers les murailles et je revois tous ceux qui sont morts autour de moi. À ma libération, j'étais encore plus maigre qu'avant. J'ai trottiné vers ma mère comme un ânon nouveau-né pour lui annoncer la nouvelle miraculeuse de son petit bien vivant. J'ai eu du mal à reconnaître Kalassé, pourtant quartier de mon enfance, tant il avait été défiguré par les bombardements. J'ai fini par retrouver ma ruelle. Pas ma maison. L'immeuble n'existait plus. Il avait été désintégré par un missile longtemps auparavant, bien avant les ondes que j'avais attribuées à l'amour maternel capable de me sauver de la maladie et du dépérissement. Il ne restait rien, pas même les débris d'un seul objet familier dans la poussière, aucun vestige, aucune preuve du passage de ma famille en ce monde. Les voisins n'avaient pas survécu, ou alors ils avaient fui. Les morts avaient été ensevelis quelque part, mais plus personne n'était là pour dire où, à quel carrefour, dans quel jardin public. J'ai su plus tard que mon père était parti à temps. Ma mère, elle, s'était obstinée à m'attendre, malgré les bombes qui n'épargnaient personne.

J'aurais voulu savoir où elle repose, sous quelle touffe d'herbe, sous quels gravillons. J'aurais aimé pouvoir lui dire adieu et larmoyer : « Ô ma mère ! Pardonne à ton fils ! Je suis tellement, tellement, tellement désolé d'avoir tant tardé… » Dans la ville dévastée, où chaque carré en friche recelait une fosse commune, j'ignorais où elle avait été ensevelie. Je ne l'ai jamais su.

KARAM A QUITTÉ ALEP À L'HIVER 2016. IL VIT EN EXIL.

Cécile

Beyrouth, une nuit de décembre 2012

Le tonnerre gronde sur Beyrouth. Cette ville portuaire encadrée de hauts sommets est parfois le réceptacle d'orages spectaculaires. Cette nuit, ils se déchaînent. Si cette phobie peut prêter à rire chez une personne ayant passé une substantielle partie de sa vie sous les bombardements, c'est pourtant une peur incontrôlable qui m'envahit, comme d'habitude. Aucun Libanais n'aurait envie de polémiquer sur les dangers des éléments célestes. Sur les plages de Beyrouth, il arrive que la tempête se mue en tornades. Lors d'une de ces nuits assourdissantes, quelques années plus tôt, le vol 409 d'Ethiopian Airlines avait décollé de l'aéroport international Rafic Hariri, s'enflammant cinq minutes plus tard, à 2 700 mètres d'altitude, avant de sombrer dans les eaux de la Méditerranée zébrées d'éclairs. Des quatre-vingt-dix personnes à son bord (une moitié de Libanais, un quart d'Éthiopiens et aussi Marla Pietton, l'épouse de l'ambassadeur de France au Liban), aucune n'avait pu être repêchée par les équipes de secouristes. Les orages, une peur irrationnelle ? Allons donc.

Cette nuit, le dieu Addad est de retour. Des orages secouent la capitale libanaise. L'électricité, capricieuse dans ce pays, saute. À travers les baies vitrées de mon appartement, la ville s'irradie par fulgurances, chaque fois que la foudre s'abat avec fracas. C'est sans doute le reflet de mon propre visage que j'aperçois sur la vitre, démultiplié à travers le kaléidoscope des gouttes de pluie, mais ma mémoire y projette une multitude de regards emplis d'effroi, ceux des ados libyens de Syrte jouant aux hommes intrépides sous les bombes. Les sacs en plastique bleu que l'on zippe sur leurs corps sacrifiés. Quelle tristesse !

Dans quelques semaines, je vais rentrer en France, qui n'est pas davantage ma patrie que n'importe quel autre pays privilégié ou maudit de ce monde. Où sont passés les espoirs et les enthousiasmes nés des révoltes arabes ? Que reste-t-il exactement de ce corps qui m'a portée pendant près de quinze ans dans cette région malmenée par l'Histoire ? Que reste-t-il de ma vie brisée ? Je m'effondre dans l'obscurité.

Sindbad va bientôt partir, lui aussi. J'avais voulu l'aider, le réconforter, le rafistoler après son emprisonnement dans une prison syrienne. C'est lui qui me console, qui va me réparer, dans un geste de tendre sollicitude. Il n'y a pas entre nous d'autre désir que celui de résister à l'adversité. Les désespoirs se mêlent en même temps que nos corps, et se dissolvent dans l'orage. Cette fulgurance nous dépasse. J'y vois un hommage et une déclaration d'amour à la vie et à l'humanité. Addad, le dieu de l'orage qui combat la mort, cette salope, et qui octroie renouveau et fertilité aux steppes désertiques et infécondes.

Comme prévu, les résultats des examens médicaux à Paris n'ont pas été à la hauteur. La liste des interdits s'est allongée. Dans une autre configuration, j'aurais choisi de tirer ma révérence. Plus maintenant. Et au diable les propos alarmistes des médecins décontenancés par cette nouvelle qu'eux et moi croyions impossible : j'attends un bébé. L'enfant d'Addad et de l'Amour absolu, victoire miraculeuse au milieu de tant de vies fauchées.

Mes amis syriens t'ont surnommée « fille du soleil » et des « oiseaux du paradis » ; un joueur de oud a même composé une chanson pour te célébrer. Que les autres me pardonnent. Petite fille, si un jour tu lis ces pages, tu m'as offert la vie autant que je t'ai donné la tienne. Nous nous sommes choisies. Ta venue parmi nous est bénie. Tu seras aimée et chérie. Sur ton chemin, tu garderas l'esprit et tes beaux yeux ouverts, sans crainte de l'Autre. Tu essaieras de te montrer juste, ainsi que le signifie ton joli prénom quand on le prononce en arabe. Quand je songe aux orphelins d'Alep, à ceux qui n'ont pas eu la chance qui fut la tienne de naître du bon côté de la Terre, il me manque une rime en « aime ». Je l'ai cherchée en vain parmi les noms des quartiers et des ruelles ravagés, à l'intention de ceux qui ne ressentent qu'une lointaine compassion, de l'ennui, voire la peur d'une invasion ou même de la haine. À ces blasés de la misère humaine, j'aurais voulu trouver une rime en « aime » pour leur chanter, comme je fredonne à mon bébé qui s'ensommeille, pelotonné dans sa turbulette et suçant sont pouce : ces enfants-là, ce sont les mêmes que ceux de Paris, de Berlin, de Rome ou de Göttingen.

LIVRE IX

CES INFIMES PARTS DE NOUS-MÊMES

Abdelqader

Les oiseaux d'Alep

C'était le jour de mon putain d'anniversaire : le 21 avril 2014. J'avais 21 ans et je m'arrachais les cheveux pour gérer l'infinitude de nos emmerdes, l'aide alimentaire, les médicaments, l'électricité, la réparation des écoles détruites. Nous avions installé le conseil municipal de Baydine dans un ancien magasin, avec une vaste pièce donnant sur la rue principale, au centre du quartier. Je venais de recevoir une promesse de fonds britanniques – quatre cent mille dollars pour deux ans ! – destinés à financer nos activités. J'avais besogné six mois pour ce projet et réussi à convaincre les Anglais que nous étions des gens respectables, avec des femmes au conseil et tout le tralala. J'avais tout conçu à la perfection.

Malgré cette bonne nouvelle, j'étais dans un sale état. Je m'étais réveillé avec la certitude que j'allais mourir. Je n'exagère pas : je *savais* que ma fin était proche et qu'elle allait survenir dans les prochaines heures, et mon cœur tressautait comme un œuf frit sur la poêle. J'avais avalé un ersatz de café en compagnie de ma sœur. Elle m'avait dit : « Qu'est-ce que tu as, à être aussi bizarre aujourd'hui ? » Je lui avais répondu que je paniquais avec des rebondissements incontrôlables du cœur dans ma poitrine, vu que j'allais être tué en ce jour de mes 21 ans. La guerre avait développé chez nos habitants des intuitions si fortes que nous les prenions très au sérieux. Ma sœur m'avait donc considéré avec la plus vive inquiétude. Puis je l'avais quittée pour me rendre au conseil municipal où tous ces gens attendaient mes décisions, ou simplement de l'aide.

Je discutais avec les charpentiers chargés de reconstruire certains bâtiments, parmi la multitude de ceux qui avaient été pulvérisés dans le voisinage, quand une bombe-baril est tombée. Nous l'avons écoutée plonger sur notre quartier, avec son sifflement annonciateur de mort, mais nous ne l'avons pas entendue exploser. Nous étions figés, nous regardant les uns les autres avec des têtes de steaks terrifiés. D'habitude, dès que l'air se mettait à siffler, on se précipitait dehors pour comprendre ce qu'il se tramait au-dessus des toits. Mais, en ce 21 avril, j'étais plus qu'effrayé, incapable de décoller le cul de ma chaise. Le galop de mon cœur recouvrait même les voix de la ville. Trente secondes plus tard, nous avons aperçu deux ouvriers immobiles dans l'embrasure de la porte, leurs regards levés vers le ciel. Ils ont hurlé : « Ça tombe ! », et ils ont décampé. Dix secondes se sont encore écoulées. Il n'y eut cette fois aucun bruit, nul sifflement à nos oreilles, mais un basculement du monde. La terre est passée par-dessus le ciel dans une flambée infernale, et nous avons tous chaviré.

Mes yeux grands ouverts n'y voyaient plus ; mes oreilles ne percevaient aucun bruit, même pas celui de mon cœur. J'ignorais si j'étais encore vivant. Il régnait dans ma tête un silence complet, une totale obscurité, et je me suis demandé : « Suis-je en train de mourir ? » J'ai tâté mon corps pour vérifier que mes bras et mes jambes y étaient encore accrochés. Quand j'en ai été à peu près sûr, j'ai senti qu'une de mes mains était contractée autour de mon paquet de cigarettes et de mon carnet de notes, tout visqueux, qu'elle refusait de lâcher. J'ai compris que je n'étais plus assis sur ma chaise, mais aplati sur le sol. Je me suis peu à peu rappelé qu'il devait être six heures du soir et que le jour n'avait pas encore tiré sa révérence. J'ai levé la tête ; j'ai senti des petites fontaines de sang qui giclaient de mon œil droit. Alors j'ai paniqué. J'ai vérifié l'arcade sourcilière, le contour de l'œil. J'avais très peur de le perdre. Si peur, en vérité, que je me suis mis à prier : « Pas mon œil, Dieu, s'il te plaît, pas mon œil ! Prends mon sourcil et même une oreille, mais pas mon œil ! » Je n'arrivais pas à savoir s'il était encore à l'intérieur de son orbite.

Je suis parvenu à me relever et à poser mes cigarettes et mon carnet pour les donations britanniques. J'ai appelé les gars du conseil municipal. Seuls deux d'entre eux ont répondu. Alors, j'ai cessé de réfléchir, je voulais juste fuir cet endroit, les flammes brûlantes de l'incendie et les corps démembrés qui ne parleraient plus jamais. J'ai couru dans la rue, toujours aveuglé. Puis j'ai commencé à distinguer des ombres. Alors, tout en courant, j'ai posé les doigts sur mon œil blessé pour en écarter les paupières. Là aussi, j'ai vu des ombres. Alors j'ai souri car cela signifiait que mon œil ne m'avait pas été ôté.

Après cette bombe-baril, il y eut quarante tirs d'artillerie, visant tous le conseil de Baydine et ses alentours. C'était l'enfer. Je n'avais jamais connu une horreur pareille, quoique mon frère m'ait raconté depuis que des moments bien pires sont arrivés quand la ville a été assiégée. Quarante-huit personnes sont mortes dans ces bombardements du 21 avril, pour la plupart des enfants de mon école. Les gens se consumaient dans la rue. Ils brûlaient vifs et personne ne pouvait les secourir car l'artillerie tonnait avec acharnement.

Une voiture m'a transporté à l'hôpital de Sakhour. J'y ai retrouvé des voisins et mes petits élèves blessés. Je les connaissais tous. Beaucoup se sont éteints en raison du trop grand nombre de leurs blessures insupportables. Quant à moi, des shrapnels m'avaient transpercé les bras et le dos, mais je ne les sentais pas. Seul mon œil me préoccupait. Mes paupières avaient été déchirées à la verticale ; j'avais besoin d'un spécialiste en ophtalmologie, or il n'y en avait plus aucun dans la ville depuis longtemps. Un médecin ordinaire s'est chargé de mes paupières. Les blessés étaient si nombreux que ce médecin a torché sa couture, mais *merci à lui* ! – ce n'était après tout qu'un hôpital de campagne.

Je suis retourné dans mon quartier où j'ai découvert que la première bombe-baril – celle que nous avions tous entendue siffler sans percevoir de déflagration – avait atterri devant chez moi. Elle n'avait pas explosé, par miracle. Il n'était plus temps de se perdre en conjectures sur les intuitions et les bombes qui parfois explosaient et parfois n'explosaient pas. La veille, un entrepôt contenant l'aide alimentaire avait été détruit. Nous avions réussi à en sauver une partie, que nous avions stockée à l'intérieur du conseil de Baydine : deux cents boîtes de rations ; chacune contenait quinze kilos de nourriture, de quoi alimenter quatre familles. Il fallait éviter à tout prix qu'elles ne soient pillées.

Les mauvais environnements engendrent les mauvaises gens, telles étaient ma conviction et la triste réalité. Notre environnement était horrible, et je ne peux pas blâmer les habitants qui ont volé de la nourriture. Peut-être étaient-ils affamés, peut-être espéraient-ils sauver leurs enfants… Je ne le saurai jamais. Dans pareille atmosphère, je suis même surpris de ne pas être devenu mauvais à mon tour. Tout était pourri, tout le monde voulait ta peau, c'était la jungle sauvage où seuls survivaient les prédateurs. Je suis reconnaissant… à qui, d'ailleurs ? à la vie, au hasard, aux gènes de ma mère ? de ne pas m'être transformé en monstre.

C'était la merde abyssale à tous les étages. J'ai connu beaucoup de bonnes personnes qui, dans l'adversité, sont devenues des monstres pour survivre. L'un d'eux, un putain de chacal, est entré à l'intérieur de nos locaux tapissés de cadavres, pendant que des gens se consumaient dans la ruelle, dans l'enfer des bombes et de l'incendie. Il a volé quatre boîtes : les rations de seize familles.

Les bombardements se sont intensifiés. Tous les jours, les bombes-barils s'écrasaient dans le quartier, provoquant le grand exode des habitants. En deux jours, il n'y est plus resté personne. J'ai distribué les boîtes, les médicaments et tout ce que nous avions entreposé avec patience au conseil municipal. Des habitants passaient, j'ignorais où ils s'en allaient, je leur refilais une boîte. Je voulais fuir à mon tour. Il ne me restait plus que trois cartons, mais personne à qui les donner. Une vieille femme est arrivée, si voûtée que ses épaules côtoyaient ses genoux. On aurait dit une vieille tortue. J'ai crié : « Grand-mère ! Viens prendre de quoi manger ! » Elle a emporté les quinze kilos sur son dos en forme de colline. Pendant cette distribution, j'ai encore failli mourir dix fois sous les bombardements. Dix jours plus tard – c'était le 1er mai –, la mort était partout. Cinq bombes ont explosé non loin de moi. La dernière fois, j'étais chez moi. J'ai entendu le sifflement venimeux, mais je n'ai même pas essayé de courir. J'étais au bout du rouleau de moi-même. Je me suis recroquevillé sous les couvertures. Les portes de la maison ont explosé ; dehors, un passant a été tué. J'étais prostré dans mon lit, la tête sous l'oreiller, c'en était fini de moi.

Mes résistances avaient lâché. J'ai récupéré mes cahiers de notes. J'ai laissé les photos de famille : ça, je m'en foutais. J'ai emporté mes certificats du lycée et l'image de cette jolie fille que j'avais aimée, dans notre école, et je me suis sauvé dans la ferme avec les moutons, tellement bêtes et sales qu'ils en étaient heureux comme c'est pas permis. De là, j'ai réussi à traverser la frontière turque et, plus tard, à rejoindre Istanbul.

Istanbul, c'est une plate-forme pour l'aviation, avec décollage et atterrissage toutes les trente secondes dans deux aéroports. En arrivant là, j'ai entendu un avion et j'ai plongé à terre, sous un bus. Les passagers m'ont regardé, médusés par ce comportement pour eux insolite. Je me suis excusé. Je leur ai dit : « Désolé, ce n'est pas votre faute. C'est la mienne ! Je me suis cru à Alep… »

Un rien m'effrayait. Quand une voiture freinait à côté de moi, je m'aplatissais sur le trottoir. Je pense qu'il s'agissait là d'une expression de mon subconscient. Parce que, même si j'étais encore vivant, j'avais cru pendant un sacré bout de temps être mort dans mon bureau du conseil de Baydine et l'effroi ne me quittait plus. Mon cœur ne supportait plus rien, surtout pas une présence dans le ciel, quand bien même ç'aurait été celle d'un oiseau. J'avais expérimenté la mort, et il m'avait fallu atteindre le jour de mes 21 ans pour comprendre qu'en vérité je ne voulais pas mourir. C'est pourquoi j'ai souri aux gens de l'aéroport : « Ne vous inquiétez pas, c'est une tradition de ma ville : nous, les Alépins, nous avons peur de tout, même des oiseaux. »

ABDELQADER A QUITTÉ ALEP EN MAI 2015. IL VIT EN EXIL.

*

ZAKARIYA

L'œil droit

De nouveau, de violents combats ont opposé nos troupes à celles du Régime. Comme d'habitude, j'ai préparé mon équipement photo pour me rendre sur le front. La bataille se déroulait dans mon quartier, à Salaheddine. J'avais un sentiment de déjà-vu, l'impression d'assister à une boucle de l'Histoire. C'était à cet endroit précis que j'avais immortalisé pour la première fois en images la lutte armée de notre révolution. Ce matin-là, en courant vers le front, j'ignorais que ce serait pour moi la dernière.

Le secret des images a un jour été révélé par le photographe hongrois Robert Capa : « Si la photo n'est pas assez bonne, c'est que vous n'êtes pas assez près. » Je n'aurais pas pu être plus près. À ma droite, l'Armée libre ; à ma gauche, l'armée du Régime. Quinze de nos gars, dont trois blessés, ont été encerclés par les forces de Bachar qui se sont mises à les mitrailler, au risque de tuer les leurs, postés quelques mètres en face. Les balles sifflaient de tous côtés. J'étais si proche que je pouvais voir les projectiles filer. Malgré l'encerclement, malgré les fusils d'assaut braqués sur eux, nos gars tentaient de fuir. Je voulais témoigner de leur tentative vaine et désespérée : ils préféraient mourir que d'être capturés vivants par le Régime. J'étais certain qu'ils finiraient criblés. Ce moment était terrible, car il illustrait jusqu'au paroxysme le sens de notre lutte.

Il y avait non loin de moi un remblai avec un petit bâtiment en ruine encore muni de sa porte métallique. J'ai sauté dessus pour me mettre à couvert. Des soldats du gouvernement étaient positionnés sur ce qu'il restait du toit, mais ceux-là, je ne les avais pas repérés. De là-haut, ils pouvaient apercevoir mes jambes et ils ont tiré. Leur objectif était de me faire trébucher pour m'abattre ensuite. Je suis tombé, mais un camarade m'a aussitôt relevé et la balle m'a épargné de justesse. Elle est allée ricocher sur la porte métallique, avant de terminer sa course dans mon œil droit.

Plus tard, j'ai songé que mon appareil photo aurait pu me protéger. Plutôt que de se ficher dans mon orbite, le projectile aurait pu être stoppé par le boîtier. La plupart des photographes portent leur appareil à droite, or moi je l'ai toujours porté du côté gauche. Alors la balle transperça mon œil droit.

J'ai posé la main sur mon visage où j'ai senti un fluide tiède et épais. J'ai hurlé « À l'aide ! », puis je me suis évanoui. Je suis demeuré inconscient pendant six heures. Les médecins m'ont opéré comme ils ont pu, car il n'y avait plus un seul ophtalmologue à Alep. Une semaine plus tard, j'ai été évacué dans un hôpital en Turquie.

L'ami qui m'avait aidé à me relever a lui aussi été blessé ce jour-là. Plus tard, il m'a raconté qu'il avait tenté de se mettre à l'abri derrière cette même porte en métal, courant sur les pierres pointues et les morceaux d'acier tordus. Il y était presque. Il avait sauté en direction du remblai, tendant la main à un camarade qui s'y trouvait déjà. Une première balle l'a frappé près d'un rein, une deuxième dans la jambe, puis une troisième dans la colonne vertébrale et des dizaines d'autres partout ailleurs. Les soldats s'acharnaient à le trouer. Le camarade le tenait par le bras et le tirait vers lui de toutes ses forces en l'encourageant, mais mon ami ne pouvait plus bouger. Il criait : « Je ne sens plus mes jambes, je ne sens plus rien ! Ne lâche pas ma main ! » Aujourd'hui, il vit en Turquie, emprisonné à l'intérieur de son corps immobile. Il était soldat. Il restera paralytique. Cette bataille avait été pareille à un film d'Hollywood, en pire. Entre ma blessure et les siennes, quinze minutes à peine s'étaient écoulées. J'avais voulu témoigner de sa fuite éperdue, photographier nos rêves fracassés. Je peux encore bouger mes mains et mes jambes. Je n'ai perdu qu'un œil, j'en suis très content. Cela n'a pas affecté mon travail, car le photographe n'a besoin que d'un seul de ses yeux.

Le jour où il a fallu partir, la nostalgie m'a envahi, aussi épaisse et amère que du sirop de tamarin éventé. J'ai ressenti la mesure de nos jours : le temps avait coulé dans mes veines, et le sang dans les ruelles de ma cité.

Le cœur vaillant d'Alep ne battait plus. J'ai murmuré en moi-même : « Ah ! Si seulement j'avais pu emporter une photo de ces lieux que j'ai tant aimés ! » Ma tête avec son œil crevé était lourde comme un rocher prêt à dégringoler pour rejoindre les pierres.

En vérité, je n'ai pas quitté Alep. Pas complètement. J'y ai laissé cette infime partie de moi-même – mon œil droit – dans mon quartier. Il a rejoint les pierres de Salaheddine. J'aime à penser qu'il est resté là-bas, à la fois mémoire oculaire de tout ce qui avait été, et caméra ouverte sur ceux qui ont résisté jusqu'à la fin du siège, les derniers des Alépins, jusqu'à leur folle et vaine échappée.

ZAKARIYA A QUITTÉ ALEP EN DÉCEMBRE 2015.
IL VIT EN EXIL.

*

OUM IBRAHIM

Alep assiégée

Oum Ibrahim : Je me demande encore comment de telles choses ont pu nous arriver. Les gens d'Alep ne voulaient pas croire que leur ville puisse être assiégée. Il en fut pourtant ainsi. *Wallah !* Les hommes s'asseyaient sur la ligne de front et pleuraient : « Mon heure est arrivée ! » Je leur disais : « Voyons, homme ! Ce n'est pas ton heure et tu ne vas pas mourir ! » Ceux qui continuaient à se battre criaient : « Prie pour nous, Oum Ibrahim ! » Alors c'était mon tour de m'asseoir et de sangloter. Parfois ils ne revenaient pas avant deux jours, et je restais là, sans fermer l'œil, pour m'assurer qu'ils rentreraient bien. Sitôt qu'ils apparaissaient derrière les ruines, *pof !*, je m'endormais.

J'avais mis mes enfants à l'abri avant que ne débute le siège de la ville. Ils étaient à Izmir, avec ma sœur qui était malade à cause de son asthme. Mon divorce était désormais officiel. Je suis restée à Alep avec celui de mes fils qui était combattant et avec ma mère qui refusait de me laisser seule. Je pensais que les Alépins avaient davantage besoin de moi que mes enfants. Ils méritaient mon aide. En ces ultimes années d'Alep, je ne parvenais plus à m'éloigner de ma ville. Je suis restée jusqu'au bout.

Sa mère : C'était pas croyable le nombre de massacres durant le siège ! Les avions ne se reposaient jamais. Les haut-parleurs des mosquées nous convoquaient : « Allez aider vos frères et vos sœurs, donnez votre sang pour les sauver ! » J'y suis allée, bien sûr. Ils m'ont alors annoncé que j'avais le diabète et que mon sang n'était pas convenable. Je voulais le donner, moi ! De toutes mes forces et par tous les moyens, je voulais aider. Ensuite, la banque de sang a elle-même été bombardée. À Alep, il y avait trop de gens à qui il manquait un œil, une jambe, une main. C'était terrifiant comme spectacle. Alep était terrifiante !

Oum Ibrahim : À force, nous avons vite été vaccinés de ces horreurs. À la toute fin, quelques mois avant l'évacuation de la ville, l'hôpital Zarzour où je travaillais a été incendié. Une bombe-baril est tombée sur le générateur électrique et *boum !*, un incendie s'est déchaîné. Tout a brûlé, même les salles de bains ! Pourtant, ça tapait encore, ça n'arrêtait pas ! Ce bombardement ne laissait entrevoir aucune accalmie. Nous avons dévalé les escaliers jusqu'au sous-sol, trimballant les pauvres blessés aux yeux exorbités de peur qui se cramponnaient aux brancards. Un de nos chirurgiens refusait de descendre, car il était en pleine opération. Le bloc était en train de flamber ! Il a dû s'interrompre, suturant sa patiente avec soin, malgré les flammes qui les cernaient. La malheureuse a trépassé pendant qu'elle était transportée. À mon avis, cette femme avait accepté la mort bien avant qu'on la couture de partout. C'en était fini de Zarzour. Ce même jour, ma maison a été réduite en un gros tas de rien du tout par une autre bombe-baril, si bien que toutes mes affaires et mes papiers d'identité sont partis en fumée.

Nous avons réparti les blessés entre les hôpitaux Omar et Al-Quds, mais tous les bâtiments médicaux ont été détruits l'un après l'autre. Le personnel a alors intégré le seul qui fonctionnait encore, celui d'Al-Quds, à Salaheddine, dont le directeur était le fameux docteur Hamza Al-Khatib. Ce n'était pas son vrai nom, bien sûr. Ce grand homme avait adopté le patronyme du petit garçon de Deraa massacré par le régime. Sa dépouille d'enfant avait été rendue à la famille dans un tel état que c'en était une honte pour l'humanité tout entière. M'est avis que Dieu s'est caché pour pleurer.

Le docteur Hamza avait tout juste 30 ans et une tête aussi ronde qu'un nouveau-né, mais il était notre héros d'Alep. Il terminait ses études de médecine quand avait éclaté la révolution et s'était tout de suite affairé à sauver nos pauvres manifestants tombant dans les ruelles. Il avait ensuite organisé le ravitaillement médical, bravant ces abominables snipers pour rapporter des rouleaux de coton et quelques flacons de Povidone. Puis il est devenu le grand réparateur des corps suppliciés. Cet homme, *wallah !*, c'était la bonté incarnée. Une fois arrivée dans son établissement, je ne l'ai plus quitté. Al-Quds, c'était le seul et unique hôpital de la ville et, par conséquent, nous étions spécialisés dans toutes les chirurgies possibles et inimaginables.

Une nuit, une frappe aérienne a endommagé l'établissement. C'était le bazar médicalisé, avec invasion de blessés et panique à tous les étages. Un couple s'est présenté aux urgences, la femme allait accoucher. Je ne savais pas quoi leur conseiller parce que, dans ce contexte de méchoui généralisé, le seul docteur disponible était Abdel Salam, ORL de sa spécialité. L'époux gémissait : « Dieu ne nous aide pas ! Ma femme va enfanter et vous aussi, vous nous abandonnez ! » Je lui ai dit : « Ô homme ! Regarde par toi-même l'état de cet hôpital : comment pourrions-nous t'aider ? »

Le docteur Abdel Salam était un ORL de nature optimiste. Il est intervenu : « Voyons un peu ce que nous pouvons faire… Viens avec moi, Oum Ibrahim ! » Il restait un lit à pédale à moitié déglingué. À peine la femme s'y est-elle allongée qu'un petit garçon tout chaud lui est sorti du ventre. Nous l'avons emmailloté de coton, mais nous n'avions rien pour sectionner le cordon ombilical. Abdel Salam m'a dit : « Oum Ibrahim, romps ce cordon ! Il n'y a pas d'autre choix ! » J'ai crié, protestant que j'ignorais comment faire. Puis je me suis souvenue d'une vidéo sur YouTube à ce sujet, et je l'ai coupé sans autre outil que mes deux mains. L'enfant hurlait de vitalité, mais sa mère avait perdu connaissance. L'époux était aux anges, il sanglotait de joie : « Mon petit garçon est sain et sauf ! Que Dieu lui prête longue vie ! » Il lui a donné le nom de l'ORL, Abdel Salam. Alors, j'ai dit au docteur : « Sois heureux ! Le seul enfant que tu as mené à la vie portera ton nom et le souvenir de ton âme ! » Tant d'événements se sont produits, parfois heureux, comme celui-là.

Un autre jour, un médecin saoudien s'est présenté à l'hôpital pour offrir ses services. Un accouchement était en route, alors quelqu'un lui a dit : « Prends avec toi Oum Ibrahim, elle l'a déjà fait. » J'y suis allée. Quelle que soit la tension qui nous écrasait, je riais, j'essayais d'apporter de la joie, et je crois que les gens m'appréciaient aussi pour cela. Je ne pleurais que lorsqu'un combattant avait été martyrisé, parce que je l'avais accompagné jusqu'à la ligne de front, veillant jusqu'à son retour et qu'il n'était jamais revenu. J'ai suivi ce Saoudien, riant comme à mon habitude, même s'il était nouveau parmi nous et ne me connaissait pas. La femme était prête à enfanter, le docteur était très concentré et il lui ordonnait : « *Douffi ! Ktoumi !* » Je me suis écriée : « Homme ! C'est quoi, ce charabia ? Quel est ce patois saoudien incompréhensible ? » Ça sonnait si bizarre que j'ai été prise d'un fou rire qui me gondolait dans tous les sens et s'accentuait à chaque réprimande du Saoudien, tout vexé, qui hurlait : « Mettez-la-moi dehors ! Qu'on me laisse travailler ! » Son galimatias de « *Douffi !* », je crois qu'il signifiait « Presse ! » ou « Fais pression ! ». Quant à « *Ktoumi !* », ça voulait dire un truc du genre « Tais-toi ! », ce qui est un mot très bizarre dans le cadre d'un accouchement. La femme nous regardait avec des yeux effarés, tandis que je hurlais de rire et que le Saoudien fulminait en m'ordonnant de sortir.

Nous avons aussi vu arriver un médecin français volontaire, à qui j'ai essayé d'apprendre notre dialecte par une récitation quotidienne de tous les plats de *kebbé* que les Alépins s'étaient enorgueillis jadis de cuisiner mieux que quiconque. Il y en avait tant qu'on était sûr d'y trouver toutes les lettres de l'alphabet arabe, mais pour les dialogues avec les patients, la science des *kebbé* ne s'est guère révélée utile. J'en ris encore quand j'y pense…

Sa mère : Et ce petit garçon qui dort tranquille auprès de moi, raconte comment, durant Alep assiégée, il est devenu Ghaith, l'enfant sauveur.

Oum Ibrahim : Dès que je m'apprêtais à piquer un somme, la voix d'un médecin hurlant de rappliquer aux urgences ou en salle d'opération m'obligeait à bondir hors de mon lit. Cette nuit-là, il s'agissait encore d'un accouchement. Bien que cela n'ait jamais été ma spécialité, j'y suis allée quand même, car, en ces temps d'Alep, un tel argument n'était pas recevable. La mère avait l'air en plutôt bonne santé, mais elle était indigente et ne possédait rien pour couvrir son bébé à venir. Je l'ai rassurée, en lui promettant que j'emmailloterais son enfant de coton et que je l'emmènerais chez ma mère pour lui donner des habits chauds. Sur ce, elle est partie aux toilettes, où elle s'est mise à bramer qu'elle était en train d'enfanter, qu'elle n'arrivait pas à sortir et que tous ses os étaient en train de se disloquer. Aucune parole ne parvenait à la calmer, ni à lui faire passer ces sornettes. Il a fallu défoncer la porte, puis l'anesthésier, pour l'extraire enfin des toilettes. Elle accoucha tout endormie d'un joli bébé. Je suis aussitôt partie chez ma mère pour couvrir l'enfant de tricots. Quand je suis revenue à l'hôpital, la femme était réveillée et s'apprêtait déjà à partir. Je lui ai tendu son petit, emmitouflé de laine douce. Elle a regardé ailleurs, en se hâtant vers la sortie.

Je l'ai appelée : « Femme ! Que fais-tu donc ? Ton enfant est là, avec des vêtements chauds, serre-le vite contre ton sein ! » Elle m'a lancé un regard interloqué. « Je n'ai pas d'enfant », qu'elle a répondu. J'étais atterrée : « Par Dieu, femme, reprends tes esprits ! Ce tout-petit, tu viens de l'enfanter. Ce beau garçon est de toi. Prends-le dans ton amour ! » « Je n'ai pas d'enfant », voilà ce qu'elle serinait. Le médecin était aussi mortifié que moi et il m'a glissé à l'oreille : « Pose le bébé dans ses bras. Peut-être que les esprits lui reviendront avec l'odeur de son nouveau-né. » J'ai déposé l'enfant dans ses bras avec une infinie douceur. Elle l'a saisi par le cou et a commencé à l'étrangler ! L'enfant bleuissait sous nos yeux stupéfaits. Nous avons réussi à le lui retirer avant qu'elle l'étouffe et le tue de ses propres mains. Je hurlais : « Qu'est-ce qui va pas chez toi ?! »

J'ai pris l'enfant et l'ai confié à ma mère. Je songeais que l'anesthésie avait affecté la femme de telle façon que la démence ou un *afrit* s'était emparé d'elle. J'espérais que ses effets allaient se dissiper. Je suis donc revenue auprès d'elle et lui ai proposé de la raccompagner chez elle. Elle était incapable de me donner une adresse précise, alors nous avons marché jusqu'au centre de secours de son quartier. En la voyant, le responsable du centre s'est écrié : « Encore elle ! Pourquoi nous la ramènes-tu ? » Je lui ai demandé s'il connaissait la nature du mal qui la rongeait. Il m'a expliqué qu'une bombe-baril était tombée sur son immeuble, tuant son mari et quatre de ses enfants. Depuis ce jour, elle errait dans le quartier, dormant au hasard des ruelles. Elle disparaissait parfois pendant des semaines entières. Seul un de ses petits garçons avait survécu à l'explosion. À plusieurs reprises, il avait conduit sa mère au centre de secours ; c'est lui qui avait raconté cette histoire. J'ai dit que je repasserais le lendemain pour m'occuper d'elle. Il a murmuré : « Demain, tu ne la retrouveras pas, car elle n'est déjà plus qu'une ombre d'Alep, un organisme issu de la guerre qui se situe quelque part entre les vivants et les morts. Voilà ce qu'elle est devenue, a-t-il poursuivi. Son âme n'est déjà plus avec nous. Ne lui confie pas ce nouveau-né ! Comment pourrait-elle s'en occuper ? »

J'ai décrit cette situation au docteur Hamza qui dirigeait notre hôpital avec beaucoup d'initiatives et d'humanité. Il décida alors que nous retournerions ensemble, le lendemain, discuter avec le centre de secours. La nuit même, un autre massacre s'est produit. Les blessés affluaient et nous ne savions que faire de ce nouveau-né abandonné. Entre deux opérations chirurgicales, nous

nous inquiétions pour ce petit garçon qui n'avait même pas de nom. Les ambulances déchargeaient leur contenu humain dans une épouvantable panique. Les morts arrivaient, plus nombreux que les rescapés. Un homme agonisant gémissait sur sa civière : « Ô Dieu ! Par pitié ! Dieu ! Sauve-nous ! Apporte-nous Ton secours ! »

En arabe, Ghaith signifie « Celui qui secourt », et une autre femme sanglotait : « Dieu, sauve-nous ! Donne-nous Ghaith, Ghaith, Ghaith ! » Nous venions de lui annoncer que son époux avait été martyrisé sous la bombe, ainsi que sa fille de 16 ans. Ma mère, qui s'activait auprès de nous, s'écria alors : « Les Alépins appellent au secours : ils ont besoin d'un sauveur. Ils réclament *Ghaith* de toute leur âme. Donnons-le-leur, car il est là, sous nos yeux, emmailloté de laine douce, et silencieux malgré ses yeux déjà ouverts sur l'enfer des hommes ! Ce petit est privé des seins de sa mère et de l'amour des siens. Ne faisons pas de lui "le fils de la Folle" ou "le fils du Malheur". Il sera Ghaith, l'Enfant sauveur, arrivé parmi les Alépins quand ceux-ci étaient au désespoir ! »

Le lendemain, je suis repartie à la recherche de la mère de Ghaith. L'homme du poste de secours m'a répété les mots de la veille : « Si tu veux le salut de cet enfant, ne le rends pas à sa mère… » J'ai protesté : « Dis-moi au moins le nom de sa famille ! Comment l'arracher à celle qui l'a porté dans ses entrailles ? Pourquoi l'enlever aux âmes de ses proches disparus, à son grand frère qui a survécu ? » Il restait inflexible : « Prends cet enfant ! Emmène-le avec toi. »

Un jour, la femme a réapparu à l'hôpital et elle m'a reconnue. Elle était accompagnée du frère de Ghaith, âgé d'environ 6 ans. Elle était venue demander la charité. Je lui ai dit : « Ma sœur, ton bébé est chez moi. Viens le voir et l'aimer. Il est tien, il t'attend. Lui t'aime déjà. » Elle a promis de me suivre. Au premier croisement, elle avait déjà disparu. Elle n'est plus jamais revenue. Deux ou trois mois plus tard, nous avons appris qu'elle avait été tuée, comme le reste de sa famille, sous une bombe-baril. Ou peut-être un missile, j'ai oublié.

Ghaith est aujourd'hui âgé de 1 an et 1 mois. Je vais convaincre mon frère, qui vit en Europe, de le reconnaître, afin qu'il lui transmette patronyme et nationalité. Ce petit a été nourri de lait maternel, au sein de ma propre fille qui avait alors un enfant en bas âge. Il est l'un des nôtres. Viendra le temps où nous devrons lui conter son histoire : sa famille disparue sous les bombes et, surtout, comment il fut – même pour un instant très court – le « Sauveur » d'Alep que tout le monde attendait. Sa petite présence avait illuminé notre enfer. Les liens qui nous unissent sont plus solides que n'importe quel cordon ombilical. Mon seul rêve est de mettre Ghaith à l'abri, quelque part en Europe. Nous pourrions peut-être y vivre tous ensemble, puisqu'il est mon fils à présent, enregistré comme tel et aimé de nous tous, y compris de mes autres enfants.

*

Mahmoud, 29 ans

Les profiteurs de douleur

À Alep-Est, nous n'étions que quatre physiothérapeutes. Avant la guerre, dans le pays tout entier, il y en avait en tout et pour tout un millier. Et encore. Pour se prétendre tel, il suffisait d'un diplôme obtenu dans un institut privé, au terme de deux courtes années d'études. Cette spécialité n'intéressait personne. Nous n'étions qu'une quinzaine à avoir poursuivi un enseignement à l'université, ce qui impliquait d'étudier à l'étranger puisque cette matière n'existait pas chez nous. À titre de comparaison, la seule petite ville de Beyrouth compte quatre mille physiothérapeutes. Pourquoi ? Parce que les Libanais ont eu leur guerre civile et donc un nombre élevé de blessés, victimes de fractures et d'amputations. Les médecins ont été forcés de s'y intéresser. Ce doit être pareil à Gaza. Chez nous, quand la guerre a commencé à Alep-Est, les besoins étaient immenses et il n'y avait aucun spécialiste.

J'étais alors tout jeune diplômé. Je me suis porté volontaire à l'hôpital de campagne de Boustane Al-Qasr qui avait été dissimulé à l'intérieur d'une école du quartier. Ma tâche était bien triste alors. J'étais responsable du « triage ». C'était à moi de décider, parmi les blessés, qui pouvait être transporté à l'hôpital et qui ne tiendrait pas jusque-là. Je disais : « Celui-là, il faut lui ouvrir l'estomac au plus vite, sur place ! » Ou je ne disais rien, et une infirmière s'installait près de l'Alépin qu'elle réchauffait de son regard, le temps que son âme s'envole.

L'aide médicale s'est peu à peu organisée. J'ai créé mon centre de rééducation dans le cabinet d'un médecin qui avait déserté la ville, avec quatre gars qui avaient étudié avec moi au Liban. 80 % des blessures concernaient les mains et les jambes. Tous les jours, nous avions, au bas mot, cinquante nouveaux patients. Avant la révolution, j'avais travaillé dans un hôpital et au ministère de la santé. Je n'avais alors assisté qu'à deux amputations de la jambe : l'une avait été pratiquée à la suite d'un accident de moto, l'autre sur un homme diabétique. À Alep, j'en voyais cinq à dix par jour ! Les membres manquants étaient remplacés par des prothèses métalliques. C'était affolant, car le métal vint très vite à manquer et nous sommes partis le chercher partout, dans les maisons, les écoles, les usines. Chaque structure était démantelée pour réparer nos habitants aux membres escamotés. En raison des explosions, des éclats provenant d'objets du quotidien se retrouvaient fichés dans les os de nos blessés. Dans ce système de vases communicants, les habitants n'étaient pas tant dans la ville qui se désintégrait, *c'était la ville elle-même qui pénétrait à l'intérieur des habitants*, douloureuse, insérée à jamais dans leur squelette, ou généreuse, grâce aux fragments extraits de sa carcasse métallique qui leur permettaient de remarcher. Bien que les os brisés soient ma spécialité, je n'avais pas été préparé à de telles blessures. Les bombes-barils et leurs cargaisons de shrapnels ne provoquaient pas une seule fracture, mais dix sur un seul os ! Les habitants rescapés nous arrivaient lardés de shrapnels enfoncés de la tête aux pieds, avec les deux jambes cassées en dix segments chacune, une main paralysée, cependant qu'il fallait encore leur ouvrir l'estomac d'urgence ! J'étais jeune et déterminé à sauver le monde : je me suis accoutumé à la fatalité, à cette réalité sans solution.

Les blessures étaient si choquantes et si complexes que j'ignorais comment les traiter. Je lisais à toute vitesse des ouvrages spécialisés, je visionnais YouTube, affolé à l'idée de déplacer un petit fragment d'os au mauvais endroit. Quand un patient opéré m'arrivait avec une tige de métal dans la jambe, je songeais : « Dois-je lui apprendre à remarcher, ou lui apporter du réconfort et du repos ? » Je demandais leur avis aux chirurgiens, entamant ainsi un dialogue et une coopération qui s'est révélée efficace, malgré le nombre de blessés qui augmentait de façon stupéfiante. Parfois, les patients venaient au centre sans radiographie, sans même avoir été opérés. Ils s'excusaient de ce que l'hôpital était plein à craquer, le sol jonché de cadavres. Ils m'expliquaient : « Moi, il ne me manque qu'une seule main, une broutille ! Alors je suis venu directement à vous… Soignez-moi, docteur ! »

Au début, nous disions : « Dans trois mois, ce sera la chute du Régime », puis « Au prochain ramadan », puis « Après l'Aïd ». Puis nous avons compris que cela prendrait très longtemps et qu'un organisme était nécessaire pour gérer les quartiers d'un point de vue médical. Nous avons d'abord créé Al-Nour Al-Hayat, « la Lumière de la vie », puis les « Médecins syriens libres » et le « Conseil médical d'Alep ». Outre les invraisemblables blessures provoquées par les bombardements quotidiens, il fallait s'occuper des femmes qui accouchaient, des enfants qui tombaient malades. Tandis que des milliers de personnes enduraient de terribles brûlures, d'autres étaient frappées de crise cardiaque. Chaque quartier comptait au moins trois cents habitants souffrant de diabète, d'hypertension, d'appendicite… Ceux-là étaient oubliés. Nous avons alors créé deux catégories : les « cas chauds » et les « cas froids ». Le docteur Hamza Khatib était spécialiste des organes internes et du cœur ; il a organisé dans l'hôpital Al-Quds un service pédiatrique et un autre, réservé aux femmes.

Ma famille me suppliait de la rejoindre dans le rif, où les bombes blessaient des rifains qui avaient également besoin de mes soins. Les bombardements étaient partout, mais le rif était un espace ouvert, et les gens avaient encore l'option de fuir. Alep, elle, était fermée et comptait des centaines de milliers d'habitants. Je m'y sentais plus utile. J'ai formé deux hommes et deux femmes aux gestes de base, aux exercices de rééducation, à l'utilisation des machines dans ma clinique. Les habitants blessés frappaient à ma porte, toujours plus nombreux : des combattants, des femmes, des enfants, de tous milieux, de toutes idéologies…

Au début, les djihadistes étaient une milice parmi les autres. Ils n'avaient pas encore de « Califat », ni aucune de leurs obsessions insolites. Quand ils se sont affublés du nom d'État islamique, l'anomalie que constituait leur présence parmi nous a pris l'aspect d'une tumeur maligne affectant tout notre système. Ils nous harcelaient, désapprouvaient tout. Ils m'apercevaient avec une cigarette ou remarquaient un cendrier oublié dans un coin, et me réprimandaient. « Pourquoi portes-tu ce pantalon ? Pourquoi ne t'exprimes-tu pas en arabe classique ? Pourquoi laisses-tu une femelle travailler ici ? » grondaient-ils. Ordres et interdits étaient leur passion exclusive. Parce que j'avais osé mettre un jour un fond musical pour détendre mes patients, ils ont débarqué enfouraillés, dans ma clinique, provoquant un foutoir innommable et la fuite des malheureux blessés claudiquant sur leurs tiges métalliques…

Le cabinet était bondé en permanence. En théorie, les patients auraient dû pouvoir se reposer dans une chambre, sur un lit, mais tel luxe n'existait plus. Ils s'allongeaient sur le sol, dans les couloirs et même sur les marches de l'escalier. L'attente était trop longue et propice à la bagarre quand, par hasard, des ennemis jurés s'y retrouvaient. Un de ces face-à-face opposa un combattant de l'Armée libre et un djihadiste, chacun armé de sa seule béquille et sautillant sur sa jambe unique, qui s'acheva dans un fatras de côtes cassées au rythme d'invectives qui n'avaient rien de coranique, d'un côté comme de l'autre. Puis l'Armée libre chassa Daech de la ville, et nous en fûmes débarrassés.

La guerre et les bombardements entraînèrent un autre fléau en la personne des tricheurs et des profiteurs sans vergogne. Dans cette ville désagrégée où tout vint à manquer, ceux-là ne s'approprièrent pas les biens matériels de nos concitoyens, mais leur santé. Une foultitude de prétendus guérisseurs ouvraient des cliniques, alors qu'ils n'avaient pas dépassé le certificat d'études. Ces profiteurs de douleurs affirmaient posséder des pouvoirs magiques consolateurs et causèrent sur les corps déjà meurtris des dégâts irréparables, la mort parfois. Le Conseil médical essaya de lutter contre ce phénomène insensé en organisant un contrôle de ces « cliniques » et des diplômes de leurs « médecins ». Tous affirmaient que leurs papiers avaient brûlé au cours d'un bombardement. De fait, cette éventualité existait bel et bien, transformant ces vérifications en d'insolubles casse-tête, cependant que pullulaient les charlatans au service d'un exécrable marché noir de la médecine. De faux pharmaciens vendaient de vrais médicaments sans discernement. Des enfants en moururent. Je suis allé discuter pilules avec l'un de ces marchands sans foi ni loi, tâchant de lui faire comprendre la gravité de ses actes. J'ai parlé avec calme, espérant éveiller chez lui un peu de compassion envers ses concitoyens : « Homme ! Tu ne vends pas des bonbons, ni des chips, mais des substances chimiques au pouvoir mortel quand elles sont administrées dans l'ignorance des maladies. » Il est resté sourd à mes arguments. Les gens choisissaient eux-mêmes leurs traitements ; il ne forçait personne et n'était donc responsable de rien.

Face à de tels cas, on pouvait déposer plainte au Conseil médical, lequel ordonnait alors la fermeture de la boutique, mais trois autres rouvraient aussitôt. Un type proposa à prix fort ses talents de physiothérapeute, muni de la seule et unique machine qu'il avait dénichée, sans doute dans l'ancien bureau d'un patron fortuné : un fauteuil électrique massant-relaxant, qui bringuebalait plutôt qu'il ne vibrait, pour peu qu'il fût branché sur un générateur électrique. Trônant au milieu de la pièce, il était présenté comme un instrument générateur de miracles. En réalité, vu son état, ce fauteuil n'aurait pas soulagé un mal aux lombaires. Dans le cas devenu banal de hanches brisées, il condamnait aux souffrances éternelles les crédules et les désespérés – qui, au passage, étaient dépouillés de leurs dernières économies. Ces comportements indignes, criminels parfois, contaminèrent notre bonne ville d'Alep à la manière d'un fléau dont les premières victimes furent les plus humbles de nos citoyens estropiés. Nos tentatives pour y remédier restèrent vaines. Les souffrances humaines étaient infinies, constituant un marché lucratif sur lequel se jetait une armada de « guérisseurs » aux certificats en cendres… Les contrôles auraient dû être effectués par des professionnels, mais aucun d'entre eux n'en avait plus le temps. La ville manquait de tout, de temps comme de spécialistes, pour exécuter les soins les plus urgents, pour en sauver quelques-uns, parmi nos rescapés.

Moi-même, je n'avais plus le temps de rien. J'habitais seul, espérant rencontrer une femme, mais cet espoir s'envola comme tous les autres. Notre communauté diminuée luttait contre les menaces avec des rigidités de l'esprit. La société était déjà ankylosée avant-guerre. Dans l'adversité, elle devint intolérante. L'Est rassemblait les quartiers pauvres et populaires, très stricts quant à la façon dont une femme devait se mouvoir, se vêtir et nouer son foulard. Chacun de ces aspects s'est amplifié. Nos familles embigotées pensaient se protéger des malheurs par la stricte application du seul élément tangible de leur stabilité : la tradition. Comment, dans un tel environnement, aurais-je pu rencontrer mon épouse ? Ma mère prit en charge ce problème. Elle quitta la campagne pour Alep et, en l'espace d'une journée, elle me trouva une fiancée. Elle repartit le soir même dans le rif en disant : « Tu verras, elle est formidable ! » Et elle avait raison. Nous nous sommes mariés sur une place détruite de Kalassé, dans une ambiance très gaie avec chants révolutionnaires, danses et drapeaux de la liberté. La vidéo de notre cérémonie est sur YouTube, mais je n'aime pas à la regarder. La fête avait été joyeuse, avec beaucoup d'invités – trop nombreux sont ceux qui, depuis lors, ont été tués.

L'autre difficulté que nous avons rencontrée résultait d'agissements du Régime remplissant tous les critères du crime de guerre : les ambulances, les secouristes, les centres médicaux, nos misérables hôpitaux de campagne, même les banques du sang étaient bombardés. Je suis convaincu qu'ils étaient pris délibérément pour cibles, en dépit de toute humanité, mais je ne pourrais en jurer, puisque plus rien, nulle part, n'était épargné. Nous communiquions entre hôpitaux, secouristes et forces de l'Armée libre grâce à des talkies-walkies. Nos jeunes activistes avaient piraté sans difficulté la fréquence radio gouvernementale, nous permettant ainsi d'espionner les discussions entre les pilotes des bombardiers et leur base. Le gars chargé des écoutes nous prévenait de l'arrivée imminente d'un Mig à tel endroit de la ville. Si un souk était visé, les secouristes avertissaient les habitants à temps, parfois. Certains lieux furent équipés de sirènes. Nous savions, une minute à l'avance, où s'effectuerait la frappe.

Un soir, le talkie-walkie m'annonça que l'hôpital Al-Quds, du docteur Hamza Khatib, avait été bombardé. Je suis arrivé sur les lieux dix minutes après la première frappe. Le personnel était en état de choc. Un missile s'était d'abord écrasé sur un bâtiment jouxtant l'établissement. Médecins et infirmières s'étaient donc rassemblés dans la salle des urgences, prêts à recevoir les innombrables victimes du missile. L'avion avait alors opéré un demi-tour surprise, larguant une deuxième bombe à l'entrée de l'hôpital, au niveau des urgences. Le grand pédiatre Wassim Maaz, dernier de sa spécialité à Alep, fut tué sur le coup avec six collègues : le dentiste, le radiologue, deux infirmières, un gars de la maintenance… Hélas ! J'ai oublié leurs noms… Avec le temps, ma mémoire s'enraye. À bien y réfléchir, cette amnésie progressive m'est aussi d'une grande consolation, car si mon esprit avait conservé la somme des détails de tout ce qui nous est arrivé, il est certain que je serais aujourd'hui atteint de démence ou en dépression sévère…

Alors que les survivants se relevaient non sans mal, un troisième missile s'est écrasé derrière l'hôpital, sur un immeuble de six étages qui s'effondra sur lui-même, tuant plus de cinquante-deux habitants[1]. Telle était la situation quand je suis arrivé sur les lieux, cependant que l'avion planait toujours au-dessus de nous, ainsi que plusieurs hélicoptères.

L'ampleur du massacre, les dégâts, la terreur qui régnait… C'était épouvantable. Pour la première fois pourtant, la peur m'a laissé tranquille. D'une minute à l'autre, une nouvelle frappe meurtrière pouvait se produire, qui tuerait ou blesserait encore et encore. J'étais avec les rescapés de la salle des urgences. À mes côtés, l'infirmier en chef était en état de sidération, immobile et muet. Je l'ai secoué : « Ahmed ! Regarde-moi, Ahmed ! Tu dois te concentrer ! Les patients de l'hôpital, il faut les évacuer ! » C'est à peine s'il a réagi, prononçant d'une voix désincarnée : « Le docteur Maaz, il est mort. » Je criais : « Reviens avec moi, Ahmed ! Il faut évacuer les patients ! Les morts, on s'en occupera après. Il y a des bébés, des enfants, des femmes en train d'accoucher ! Les soins intensifs sont pleins à craquer et les avions tournent au-dessus de nos têtes ! » Mais l'infirmier en chef était parti se réfugier très loin, à l'intérieur de lui. Ses yeux fixaient le vide pendant qu'il répétait : « Le docteur Maaz, il est mort. » Les patients s'agitaient, certains proches d'un état d'hystérie. Les Casques blancs arrivés en nombre s'activaient dans la poussière crayeuse, fouillant les agrégats de béton. Dans

1. Le 27 avril 2016, ces bombardements ont tué six membre du personnel médical ainsi que cinquante-cinq civils, selon le rapport d'enquête de l'organisation Médecins Sans Frontières, qui avait fourni du matériel à l'hôpital Al-Quds.

le ciel, l'avion rugissait. Malgré ces conditions apocalyptiques, l'évacuation des blessés vers l'hôpital Ansari d'Al-Chaar et d'autres structures de fortune a débuté.

Deux heures plus tard, les secouristes fouillaient encore les éboulis quand des hurlements nous sont parvenus des ruelles : l'avion se rapprochait. Les dernières lueurs d'Alep attiraient les bombardiers aussi sûrement que les moustiques ou les papillons de nuit. Nous avons éteint le générateur électrique. Les habitants cavalaient en tous sens, ne sachant plus où s'abriter, dehors ou à l'intérieur des immeubles. Nous avons interrompu l'évacuation et ordonné à tous, y compris les secouristes, de retourner dans l'hôpital. L'avion frappa la ruelle. Puis il reprit sa ronde macabre, escorté d'hélicoptères mitraillant la nuit noire. Il était neuf heures, je déambulais, éclairé de mon seul téléphone, et je me souviens d'avoir aperçu un éclat dans l'obscurité : une main émergeant des décombres, une montre brillant à son poignet. J'ai appelé les Casques blancs, mais il était évident que le propriétaire de la montre avait trépassé. Un énorme tas de pierres le recouvrait depuis plus de deux heures, et nous ne l'avions pas remarqué.

La tâche des secouristes s'apparentait à celle de Sisyphe. Les pelleteuses et les camions étaient à l'œuvre. Des rescapés étaient extirpés des gravats, mais l'hôpital censé les soigner avait été détruit. Beaucoup n'ont été transportés que pour rendre l'âme. Je suis resté tard dans la nuit, veillant à ce que nul n'ait été oublié dans les ruines d'Al-Quds, peut-être des blessés, inconscients ou effrayés, perdus dans les ténèbres des grands couloirs de l'hôpital. À l'extérieur, un vieil homme refusait de partir. Il pleurait : « Mon fils est mort. Il est là, sous les décombres. Sortez-le, je veux son corps ! » Il a crié et sangloté, quatre ou cinq heures durant. Son fils était le gardien de l'hôpital. En effet, il avait été tué.

L'établissement étant hors d'usage – un de plus –, nous nous sommes hâtés d'en installer un nouveau à Salaheddine, plus grand, avec le matériel qui avait pu être sauvé ici et là dans la ville. Nous l'avons baptisé Al-Quds, comme l'hôpital où tant d'amis médecins avaient péri parce qu'ils avaient voulu sauver des vies. Avec le docteur Hamza, nous avons renforcé les structures en remplissant de terre des barils que nous avons ensuite empilés autour des murs. Quand un sac de terre s'y trouvait déjà, j'en ajoutais trois en espérant que si des shrapnels traversaient le premier, ils ne traverseraient peut-être pas le deuxième ou seraient stoppés par le troisième. Il fallait atténuer les risques que représentaient ces bombardements incessants. Les quatre cinquièmes de l'aide financière que nous avions reçue ont été dévolus à ces travaux de consolidation, mais ils ont été utiles. Sans cela, personne ne serait sorti vivant de cette ville devenue piège. Nous avons bâti une muraille de ciment, engageant un Alépin spécialiste de ce genre de construction, et empilé d'autres barils de terre sur une hauteur de trois étages.

Hélas, les bombes étaient de plus en plus puissantes, avec des effets dévastateurs inconnus. Une nouvelle frappe ébranla la ville tout entière et provoqua l'effondrement de notre amoncellement de sacs de terre, qui s'écroulèrent sur les blessés venus se faire soigner. Les malheureux sont morts écrasés. Il fallut retirer un à un ces pesants contenants pour récupérer leurs dépouilles… L'établissement Al-Quds du docteur Hamza, à Salaheddine, fut bientôt le dernier des hôpitaux d'Alep-Est.

*

Bara & Aala

La couleur d'Alep

Aala : À la naissance de Yaman, j'avais 19 ans. Quand il a eu trois mois, nous avons célébré l'Aïd Al-Fitr, puis le siège d'Alep a débuté. Les combats étaient désormais si proches que nous avons quitté notre maison, car nous craignions pour la vie de notre enfant. Nous sommes allés rejoindre les habitants dans les caves et les abris souterrains. Les familles s'y entassaient dans des petites pièces humides et sombres, où femmes et hommes étaient séparés. Les bombardements rendaient tout déplacement très dangereux. Bara, mon époux, sortait à la recherche de lait infantile. Mon cœur s'arrêtait de battre jusqu'à son retour. Les explosions incessantes secouaient la terre en même temps qu'elles me cahotaient de peur.

Bara : Il n'y avait plus d'électricité, plus d'eau, rien qui nous permette de survivre. Avant le siège, le souk était garni. Dans Alep assiégée, bienheureux était celui qui dénichait quelques feuilles de menthe ou de persil. S'il trouvait une courgette, c'était bénédiction ! Quant au lait infantile et les couches pour bébé, c'était devenu utopique. Les bombardements se sont encore intensifiés, forçant les Alépins à tenter de fuir par le croisement de Boustane, dont la réouverture a été l'une des multiples promesses que le Régime n'a jamais tenues. Un jour, on nous annonça la création de passages sécurisés pour rejoindre l'Ouest. Je me suis rendu à chacun des emplacements qui avaient été indiqués. C'était encore un mensonge : il n'y avait rien, hormis une foule de gens au regard épouvanté, entassés comme des bêtes. Ils se serraient les uns contre les autres, comme si cette agrégation de cellules humaines pouvait les protéger des bombes qui se déversaient sur la ligne de séparation. Les snipers aussi étaient là, avec leurs jambes solides et leurs fusils à lunette, postés sur le relief chaotique des ruines. Un habitant a quitté le troupeau et s'est élancé pour traverser. Un sniper a actionné sa mitraillette. Les Alépins se sont sentis trahis et pris au piège, car ils ont vu de leurs propres yeux, comme moi-même je l'ai vu, le premier homme à avoir tenté de franchir ce passage – dont le Régime nous avait promis qu'il serait sûr – se faire abattre comme un chien.

Un jour d'octobre, le siège fut levé mais, en raison de cette confiance envolée, beaucoup jugèrent plus prudent d'attendre. Le Régime nous apparaissait comme un psychopathe décidé à anéantir toute trace de nos existences, lâchant plus d'une bombe par minute, avec du chlore parfois. L'aviation russe balançait des bombes à fragmentation, ainsi que des missiles inconnus que nous avons baptisés « tremblements de terre », car c'était l'effet qu'ils produisaient, perforant le sol jusqu'à l'intérieur de nos caves, au plus profond des entrailles de la ville, fauchant les habitants dans leurs abris ténébreux. Tout a été détruit. Il n'est plus rien resté qu'un horizon de vestiges arasés. Certains s'obstinaient à tenter de s'échapper au moment de la prière de l'Aube, car le ciel était alors sombre pour les bombardiers. Ils ne disposaient que d'une quinzaine de minutes d'obscurité protectrice avant que l'aviation reprenne sa ronde dans la clarté matinale, alors que l'escalade de la ligne de séparation prenait plus d'une heure.

Puis, en décembre, un accord a été conclu entre l'Armée libre et le Régime, et nous avons été évacués dans les bus verdâtres du gouvernement, jusqu'à la ville d'Idlib. Tandis qu'à Alep nous avions vaincu ceux d'Al-Qaida et de Daech, nous les avons retrouvés là-bas, tout-puissants, régnant sur un désordre qui nous était incompréhensible.

Nous nous sommes sauvés d'Idlib, Aala, Yaman et moi. L'entrée clandestine en Turquie était devenue très difficile, car désormais le Turc se montrait très paranoïaque à l'égard du Syrien. Nous avons marché onze heures, ma femme, mon tout petit bébé et moi, dans des reliefs escarpés, sous une tempête de neige. Toutes nos économies sont parties dans les poches du passeur : mille cinq cents dollars donnés à ce type effrayant qui nous parlait mal – quand il daignait nous adresser la parole. Nous étions au milieu de nulle part et, mille fois, j'ai songé qu'il aurait été bien plus simple pour notre guide de nous supprimer dans ces montagnes reculées que de nous mener à destination. La neige tombait si dru qu'en quelques minutes nos corps auraient disparu sous un linceul blanc et gelé, effaçant la trace de nos pas et la preuve des crimes de notre passeur. Je n'avais aucun moyen de nous protéger de lui.

Nous avons réussi à traverser la frontière. À Gaziantep, j'ai appelé l'agence de presse européenne pour laquelle j'avais travaillé. Elle nous a promis de l'aide, louant pour nous une chambre d'hôtel pendant un mois, le temps d'obtenir des visas. Cette parenthèse en Turquie nous a paru pleine de joie, car la peur s'en était allée. Le temps était calme, le ciel ne s'effondrait plus. Quand les visas sont arrivés, nous avons pris la route de l'aéroport.

Lors du dernier contrôle, les militaires turcs nous ont arrêtés au prétexte que nos passeports étaient faux. Le mien avait pourtant déjà servi, puisque j'avais voyagé à l'étranger pour recevoir mon grand prix de photographie. Nous étions maudits… Ils nous ont jetés en prison, alors que nos passeports étaient authentiques ! Je n'ai été détenu que quarante-huit heures, mais Aala est restée enfermée huit jours, seule avec notre bébé dans une geôle humide. Yaman est tombé très malade. Quant à Aala, elle en est ressortie épuisée, envahie par un sentiment d'angoisse et de désespoir. Personne n'aurait pu s'attendre à ce nouveau coup du sort, après les terribles épreuves que nous avions déjà endurées. Depuis, nous réapprenons à vivre loin d'Alep.

Je regarde Yaman, qui porte le nom de mon frère et gambade en gazouillant, dans l'ignorance des tragédies qui ont marqué les premiers mois de son existence. Sans le savoir, il a déjà connu les bombes, le froid, la faim et même la prison, mais rien de tout cela ne semble l'affecter. Quand il sera plus grand, j'aimerais lui parler d'Alep. Pas de la ville où il est né, dans un hôpital de fortune, mais de la cité qui s'était rebellée pour obtenir la liberté, lors d'un inoubliable été. Je me souviens de cette manif, à l'université, où des centaines d'étudiants avaient été arrêtés. Les forces de l'ordre nous avaient conduits en prison, à bord de bus hip-hop, nos bus un peu fous et très colorés qui avaient longtemps symbolisé la joie malgré les difficultés, parce que nos ouvriers y grimpaient sur le toit pour chanter au plus près du ciel d'Alep. Ces bus avaient commencé à disparaître peu avant la révolution, remplacés un à un par ceux, verdâtres, qui symboliseront pour toujours notre reddition et notre absolue défaite. Les bus hip-hop furent recyclés par les Alépins de l'Est pendant la guerre. Posés à la verticale, ils formaient des tours multicolores, un mur artistique à l'épreuve des balles de snipers.

Dans le dialecte syrien, quand on veut demander à quelqu'un comment il va, on dit : « *Chlonak ?* », ce qui signifie littéralement « Quelle est ta couleur ? » Ce à quoi, bien sûr, nous répondons toujours que tout va bien. Quand j'y songe, quand je me demande « Quelle est ta couleur ? », je réponds en moi-même : « Verdâtre, comme ma tristesse et comme les uniformes militaires de toutes les armées du monde qui continuent à détruire mon pays… » Puis je songe encore : « Notre révolution fut trop courte, mais elle fut porteuse d'espoirs splendides ! » Alors, à la question syrienne « Quelle est ta couleur ? », je chuchote à l'oreille de mon fils et à l'âme de mon frère : « Nous fûmes jeunes, marchant et chantant dans nos ruelles, comme ces bus hip-hop… Nous fûmes multicolores, éclatants de courage et de beauté ! »

AALA, BARA ET YAMAN ONT QUITTÉ ALEP
EN DÉCEMBRE 2016. ILS VIVENT EN EXIL.

*

OUM IBRAHIM

Le voile et les bombes

Ma maison était partie en fumée avec le peu de biens que je possédais ; Zarzour avait cramé plus vite qu'une allumette. Alors, comme tout le personnel médical d'Alep, j'ai rejoint l'hôpital d'Al-Quds à Salaheddine, le seul de nos établissements à fonctionner, et encore. J'y passais mes jours et mes nuits, avec mes collègues. Nous formions une véritable famille sous les bombes. La plupart dormaient dans les sous-sols ; moi, je me suis choisi une chambrette au deuxième étage pour me reposer lors des accalmies aériennes, qui survenaient en général entre minuit et cinq heures du matin. Il faut croire que nous bombarder, ce n'était pas plus fatigant que ça. Mon service terminé, j'étais fourbue et je rampais jusqu'en haut des escaliers, tout en lançant à la cantonade : « Youhou, les copains ! Je monte piquer un somme ! » Je m'allongeais sur le lit sans ôter mes vêtements ni mon foulard, ce qui n'est guère agréable pour dormir. L'intégralité de mes affaires personnelles avait disparu dans l'incendie de ma maison et je me voulais prête à secourir les blessés qui nous arrivaient nombreux, même au cœur de la nuit.

La journée, seule et unique infirmière sur le front, je me ruais auprès des combattants qui me connaissaient bien, vu qu'ils m'avaient surnommée la « Mère des moudjahidines ». Je restais auprès d'eux en pensant : « S'ils meurent, je mourrai ; s'ils vivent, je vivrai. » Les médecins me laissaient agir à ma guise : « Oum Ibrahim, qu'ils disaient, c'est une ancienne. Forte comme cent hommes ! Inutile de l'en dissuader. Dieu l'a ainsi faite qu'elle ne suit que sa propre volonté. » Je partais sur le front avec l'ambulancier. Nos soldats avaient organisé plusieurs lignes de combat, j'étais devant pour récupérer nos gars troués. Il n'y avait plus ni routes ni ruelles, en raison des éboulis qui avaient recouvert nos empreintes d'antan. L'ambulance restait parfois bloquée dans ces champs de ruines et de ferraille qui, jadis, avaient formé nos immeubles, nos maisons, nos écoles et les jolis petits cafés de notre ville. Comme c'était étrange, de les fouler ainsi ! Je m'aventurais seule dans cet amoncellement d'Alep, ce qui n'était guère aisé car Dieu m'a conçue replète, même si je ne me plains de rien. Je ne couvrais pas mon visage. J'étais telle que je suis aujourd'hui, avec mon foulard, mon tee-shirt et mon pantalon. Je ne revêtais mon hijab que lors de la période du *hajj*[1]. Certains ne pouvaient s'empêcher de geindre et de me piquer avec leurs remarques désobligeantes

1. La période du *hajj*, c'est-à-dire du grand pèlerinage à La Mecque, se situe entre le huitième et le treizième jour du mois lunaire *Dhou Al-Hijja*, « Celui du pèlerinage », douzième mois de l'année musulmane.

sur ma prétendue indécence. « Occupez-vous de vous-mêmes, que je leur répondais, je fais c'que j'veux ! » À force de me voir escalader les remblais, ils se sont lassés. Si l'un m'adressait un reproche, un autre lui fermait la bouche : « Laisse-la tranquille ! Oum Ibrahim a toujours été ainsi. » Être la Mère des moudjahidines ne me préservait pas de méchants murmures : « Irrespectueuse ! » « Renégate ! » De toute façon, j'en avais plus rien à fiche. Moi aussi je me battais pour ma ville, que je sache ; personne n'avait à me faire la leçon comme si j'étais qu'une gamine.

Une nuit, mon foulard et mes vêtements étaient si crottés que j'ai décidé de les savonner et, pour la première fois depuis le début du siège, je me suis endormie tête nue. Un bruit stupéfiant m'a tirée de mon sommeil ; un énorme *brrrrrrrmfjuiiitt* m'a propulsée dans les airs. Un missile avait traversé la chambrette, survolant mon lit. Le mur s'est effondré, la porte a disparu et je suis retombée toute raplapla sur le matelas, aussitôt recouverte d'un tas d'éboulis fumants. Des médecins ont accouru, regardant partout et s'exclamant : « Gloire à Dieu, Oum Ibrahim n'était pas dans sa chambre ! » Le docteur Hamza et les autres m'ont crue ailleurs, alors qu'en fait je m'étais rendormie. Personne ne m'avait aperçue, caparaçonnée que j'étais dans les gravats, toute saupoudrée de cette poussière crayeuse qui effaçait les gens du paysage. Quand je me suis réveillée, je n'ai pas voulu appeler à l'aide. J'avais ôté mon foulard et il était hors de question que les hommes me voient ainsi.

La honte me taraudait, tandis que les bombardements redoublaient d'intensité. Mes jambes n'écoutaient plus ma tête, prêtes à détaler toutes seules pour dégringoler les escaliers jusqu'à l'abri souterrain. J'ai attrapé un chiffon crasseux, je l'ai posé sur mes cheveux et me suis enfoncée dans la fumée épaisse, guidée par une petite voix qui disait : « *Yallah,* ma sœur, dépêche-toi ! Vers le bas ! Les bombes tombent ! » C'était la voix de Waad, l'épouse du docteur Hamza. Elle s'est alors exclamée : « Oum Ibrahim ! » J'étais méconnaissable à cause de cette couleur de roche. En fait, nous étions tous méconnaissables, avec des yeux étranges, seuls points brillants plantés au milieu de nos visages grisâtres ou noirâtres. De multiples shrapnels m'étaient entrés dans le corps et mes vêtements avaient brûlé. Je me débattais : « Ne vous occupez pas de moi ! Ce n'est que du rien du tout ! » Pourtant, ils sont tous venus à mon chevet, les anciens de l'hôpital Zarzour et les autres encore vivants avec lesquels j'avais travaillé. Ils ont été aux petits soins et j'ai su que je comptais pour eux ; mes shrapnels, eh beh ils me souciaient moins que la pisse d'un mulet, vu que toute ma famille en guerre était là, autour de ma petite personne. Waad a ensuite déclaré que je n'étais plus autorisée à dormir au deuxième étage. Elle m'a installée dans sa chambre, avec son mari et leur enfant, eux dans le lit, moi sur le sol. Ils ne mangeaient rien sans le partager avec moi. Ils étaient formidables.

Parfois, le siège me manque. Cette période était meilleure qu'aujourd'hui à bien des égards. Sous les bombardements, nous étions solidaires, attentifs aux autres, même pour les petits riens, et c'était magnifique. Si je trouvais une cigarette, je ne me la fumais jamais seule, je la partageais avec les gars. On s'asseyait, avalant chacun à son tour la plus délicieuse bouffée de tabac du monde. Si un autre trouvait une cigarette, le même rituel, la même ronde fraternelle se constituait. C'était de la belle humanité.

Le siège maltraitait nos estomacs, suscitant des désirs inaccessibles et, par conséquent, des frustrations obsédantes de ragoûts en sauce, de *kebbé meliyyé* ou de *kebbé b'seniyé*, tous ces *kebbé* délicieux dont j'avais enseigné les noms enchanteurs à un médecin français de passage pour lui mettre un peu de dialecte alépin dans la caboche. Nos intestins nous dominaient, plus forts que la raison, nous exposant aux pires dangers. Une femme du quartier avait invité ses enfants et petits-enfants pour un dîner. Elle était sortie, déterminée à rapporter des feuilles d'oseille car telle était son obsession. Elle en dénicha un maigre bouquet, mais ne retrouva jamais sa maison. L'immeuble s'était volatilisé, emportant enfants et petits-enfants, d'un coup d'un seul, sous une bombe. La malheureuse a été prise de démence. Ces histoires d'habitants sortant un bref instant pour revenir et découvrir que tous les leurs, tout ce qu'ils avaient possédé, avaient disparu à jamais, il y en eut beaucoup. La vie de ces Alépins en fut brisée.

Sa mère : Peut-on se l'imaginer ? Les oignons, durant le siège, ils valaient plus que l'or !

Oum Ibrahim : La volonté toute-puissante de nos estomacs nous conduisait aussi à commettre des bassesses. L'imagination culinaire avait ses limites, et les lentilles, pardon mais j'en pouvais plus. Je l'ai dit à Waad, lui confiant un jour mon désir de tomates farcies, j'étais très sérieuse. « Bien sûr que tu en veux ! m'a-t-elle rétorqué. Explique-moi seulement où trouver une tomate. Le kilo doit coûter dix mille livres et, de toute façon, il n'en reste plus une seule dans toute la ville. » Je suis allée embêter le cuisinier de l'hôpital en le suppliant : « Par pitié, donne-moi une tomate ! » Il a fini par dénicher une boîte de conserve que j'ai remise à Waad. Elle a remarqué avec justesse que cela ne suffirait pas à nourrir tout le monde. « C'est ça, l'astuce, que j'y ai répondu. Ce sera pour toi, moi et ton mari ! *C'est un secret*. Je surveillerai pendant que tu nous la cuisines. Si quelqu'un hume son odeur, je le détromperai. » Les gens passaient en s'extasiant : « Hum ! Quelle odeur de tomate enchanteresse ! » Je secouais la tête : « Voyons, homme ! Il n'y a aucune odeur. Ton imagination te joue des tours. Tu as des hallucinations, vu que ton estomac rêve de tomates ! » Depuis lors et jusqu'à ce jour, quand je prépare des tomates, je suis prise de remords. Elles ont pris un goût amer. Car en ce jour d'Alep assiégée, pour satisfaire mon désir stomacal, je n'avais nourri personne, excepté nous trois.

*

MAHMOUD

Stratégie du désastre

Le siège militaire de la ville a commencé. Cette tactique de guerre est surréaliste. Un combat est censé opposer des groupes définis d'adversaires armés, autour de lignes de front. Le siège, lui, abolit tous les repères. Il n'y a plus ni civils ni militaires, ni blessés ni bien-portants, ni enfants ni adultes. Il n'y a qu'un tas de gens parqués dans un enclos cadenassé, condamnés à crever de faim sous les bombes. Le Régime n'a même pas pris en compte la présence d'habitants qui le soutenaient – et il y en avait aussi, à l'Est. Tout le monde pouvait bien disparaître, cela n'avait à ses yeux aucune espèce d'importance.

Quand il y a des lignes de front, il est possible d'éviter le feu des combats en les contournant. Au plus fort des bombardements, les habitants parvenaient encore à se réfugier dans la campagne. Le siège, lui, exposait en permanence la population à la mort et la forçait à une survie sauvage. Personne n'osait plus approcher les secouristes, les hôpitaux, les écoles. Personne n'osait quémander une aide alimentaire aux points de distribution, puisque le moindre rassemblement représentait une cible de choix pour les pilotes de chasse. Chacun subissait le châtiment ultime. Le simple fait d'être à Alep-Est est ainsi devenu synonyme de peine de mort pour les enfants, les femmes, les vieillards, les pro-Régime, les anti-Régime, les combattants, les révolutionnaires… tous ! Deux cent soixante-dix mille habitants, sans eau, sans électricité, sans nourriture, sans médicaments, sous des bombardements intensifs de jour comme de nuit. Dans notre ville, ne restaient plus que trente-cinq médecins, ou peut-être même trente-deux, et une centaine d'infirmières. On aurait dit un scénario absurde écrit pour un très mauvais film catastrophe. Un film que personne ne voulait voir. Comparée à d'autres villes syriennes, Alep n'a pas été assiégée très longtemps. Ce fut néanmoins un siège cruel, notamment parce qu'il nous fut imposé en deux étapes, séparées par une période de quinze jours pendant lesquels quelques routes furent rouvertes. Cette interruption, que nous avons alors interprétée avec naïveté comme la levée définitive du siège, a eu des effets calamiteux.

Le premier siège, nous nous y attendions tous. Des proches, réfugiés en Turquie, m'avaient même téléphoné pour me prévenir : « Alep va être assiégée, sors-en vite ! » Je répondais : « Ah bon ? Elle va être assiégée ? Eh bien, c'est vous qui devriez nous rejoindre à l'intérieur, pour nous aider à préparer la résistance. » En revanche, personne n'avait imaginé que des routes allaient s'ouvrir pour se refermer en un second siège encore plus barbare… Car pendant l'interruption, tout ce que nous avions stocké au début – l'eau, la nourriture, le mazout –, les gens se sont jetés dessus, persuadés que l'époque des privations était terminée. Pendant deux semaines, ils n'ont plus rationné. Ils ont étanché leur soif, ils se sont rassasiés ; les générateurs ont été rallumés vingt-quatre heures sur vingt-quatre, sans penser aux lendemains qui déchantent. Or seules des voies militaires avaient été brièvement rouvertes, avec, de part et d'autre, des affrontements si violents qu'ils empêchèrent le ravitaillement. Quand le second siège a débuté, nous n'avions plus rien.

Je voulais rester, résister et subir la faim aux côtés des habitants. Le docteur Hamza était animé des mêmes convictions que moi. On le vit d'ailleurs débarquer avec femme et bébé, après avoir forcé le siège, pour s'y faire enfermer ! Il n'était pas fou ; nous n'étions pas fous. Peut-être allais-je mourir dans des conditions stupides, à cause d'un simple éclat d'obus, puisqu'il n'y avait plus d'hôpital pour stopper une hémorragie, mais je croyais en la valeur de ce que j'accomplissais. Et puis, le rif était encore aux mains des nôtres, aussi nombreux qu'une armée, et nous pensions – à tort – qu'ils viendraient nous libérer.

Quel désastre ! Le Régime gagnait du terrain, s'emparant de quartiers qu'il condamnait aussitôt. Les gens fuyaient, désespérés, suivant l'ancien tracé des ruelles qui étaient alors bombardées mètre après mètre. Cela ne s'arrêtait jamais. Il y avait toujours quatre ou cinq avions tournoyant au-dessus de nos têtes. Puis sont apparues les milices libanaise, irakienne, afghane, iranienne, des hommes dont la patrie nous était inconnue, comme nous étaient inconnus les motifs qui les conduisaient jusque devant nos maisons.

Tous, nous continuions à penser que le Régime finirait par s'effondrer. Avec l'arrivée des Russes, nos calculs et nos espoirs ont été mis sens dessus dessous. Leurs avions rutilants de modernité ont remplacé ceux du Régime qui n'étaient que de vieilles carlingues rouillées, achetées pour une guerre contre Israël, au sujet de laquelle notre gouvernement n'avait cessé de nous mentir. Ces coucous ne volaient pas plus de vingt minutes. Pour être franc, on commençait presque à s'y habituer. C'est alors que, dans le ciel d'Alep, ont surgi ces engins russes capables de bombarder trois heures durant. Dès qu'une lueur apparaissait dans la nuit, ils frappaient. Ils n'auraient pas hésité à larguer deux missiles pour écrabouiller une luciole. Nous roulions tous en voiture sans phares. Les feux qui s'allument automatiquement, comme les feux de stop par exemple, nous les avons cassés pour éviter de recevoir un missile au premier arrêt. Même un briquet, nous prenions mille précautions avant de l'utiliser.

Les missiles russes étaient féroces. Les bombes du Régime détruisaient un étage ou deux, voire un mur. Les missiles russes étaient capables d'annihiler dix immeubles d'un coup. Une seule frappe et la ville entière chancelait dans un tremblement de terre. Certains de leurs explosifs ciblaient un bâtiment spécifique, le réduisant à néant, sans que celui d'à côté subisse la moindre éraflure… D'autres pulvérisaient la moitié d'un quartier : personne alors n'en réchappait vivant.

Pendant le siège, un jour ordinaire débutait toujours par la recherche d'eau potable. Les réservoirs municipaux en contenaient encore, mais il n'y avait plus d'électricité pour activer les pompes. Le Conseil d'Alep y a remédié un temps, et chacun a eu droit à son bidon quotidien, obtenu après de longues heures d'attente. Puis il a fallu imaginer d'autres solutions. Les habitants ont creusé le sol à la recherche d'eau. Qu'elle soit saine ou non, tout le monde voulait en boire. La journée se poursuivait par la quête de nourriture. Tu vas au souk. Quoi qu'il puisse s'y trouver, tu l'achètes : une poignée de riz, de bourghoul, de pâtes ou de lentilles, tu la paies sans discuter. Notre fameux art culinaire alépin ne se déclinait plus qu'autour de ces quatre éléments bouillis. Les habitants cultivaient des végétaux partout où c'était possible. Une feuille d'épinard ou d'oseille, même une tomate n'étaient pas introuvables, mais leur prix était ahurissant. Un ingrédient qui avait coûté cinq livres avant le siège en valait désormais deux cents.

Mon salaire mensuel de physiothérapeute s'élevait à cinq cents dollars, ce qui me permettait de me débrouiller pour la nourriture. En revanche, je n'avais plus d'essence pour me rendre à l'hôpital : le plein dépassait mille dollars. L'absence d'électricité était insoluble. J'en avais besoin pour charger mon téléphone, pour communiquer, pour que mes appareils médicaux fonctionnent à la clinique. Le siège, inauguré dans une chaleur caniculaire, se termina par l'hiver le plus rude de mémoire d'Alépin. Pour se réchauffer, les habitants brûlaient ce qui leur tombait sous la main, à commencer par les arbres. Puis nous avons attaqué nos tables, nos chaises. J'ai porté mon lit chez le charpentier pour qu'il le réduise en copeaux, mais ce bois-là brûle trop vite, contrairement à celui des arbres. Apporter un peu de chaleur à mes patients aux os brisés était un défi sans fin. Les dernières semaines, j'ai abandonné.

Les militaires se rapprochaient ; les gens fuyaient d'un quartier à l'autre pour leur échapper, laissant la voie ouverte au Régime qui accélérait sa reconquête. Les habitants assistaient à la perte de nos derniers petits morceaux de territoire libérés avec la terreur d'être capturés et châtiés. Notre quartier de Boustane Al-Qasr est bientôt devenu le plus peuplé de tous. Les immeubles, qui s'étaient vidés au début de la guerre, se sont remplis de dizaines de familles en détresse, de foules entières, qui espéraient échapper d'une façon ou d'une autre aux représailles des troupes gouvernementales.

Puis un accord d'évacuation a été signé. J'ai accompagné mon épouse jusqu'aux grands bus verts. Je suis parti plus tard, par un autre convoi. Nous nous sommes retrouvés en Turquie, à Gaziantep. Elle m'y attendait dans un petit appartement. J'ai sonné à l'entrée, à la fois épuisé et soulagé à l'idée de nous retrouver elle et moi sains et saufs, par miracle. Elle a entrouvert la porte et m'a jeté un regard étrange. Elle a murmuré : « Tu as tant tardé, nous ne t'attendions plus… »

J'ai bégayé : « Comment ça, *vous* ne m'attendiez plus ? »

Elle a souri : « Moi… et le bébé ! » Elle revenait d'une visite chez le médecin. Elle portait notre enfant depuis le siège d'Alep, mais nous ne nous en étions pas aperçus ! Ce fut une nouvelle merveilleuse, car elle nous indiquait le chemin vers lequel poursuivre notre vie, un avenir qui nous évitait de trop nous pencher sur le passé.

MAHMOUD A QUITTÉ ALEP EN DÉCEMBRE 2016.
LUI ET SON ÉPOUSE VIVENT EN EXIL.
LEUR FILS EST NÉ LE LENDEMAIN DE CET ENTRETIEN.

*

MOULHAM

Cette infamie…

Malgré notre résistance et des dizaines de combats acharnés, le Régime s'est emparé de la route du Castello qui constituait notre dernière voie de ravitaillement. Alors, il a assiégé notre ville. En tant que soldat de l'Armée libre, je ne pensais pas que cela puisse annoncer notre défaite. Pour moi, il s'agissait d'une nouvelle épreuve, dont nous viendrions à bout, tout comme nous étions venus à bout des créatures maléfiques de Daech. Le siège n'était d'ailleurs guère une surprise, et nous avions stocké tout ce qu'il était possible de stocker. Mais voilà : qu'importe le temps passé à réfléchir, l'esprit humain est ainsi conçu qu'il oublie souvent les évidences. Au sein de notre brigade, nous avions stocké du fuel, de la nourriture pour les combattants, des munitions pour les armes… mais personne n'avait pensé aux pneus. Nos véhicules ont ainsi cessé de fonctionner en raison de leurs pneus crevés irréparables. Quand la route a été rouverte, nous avons perdu un temps précieux à les remplacer.

D'un point de vue militaire, notre salut dépendait moins de cette négligence que des troupes actives basées dans le rif. Sans leur intervention de l'extérieur, nous étions réduits à une désespérante immobilité – unités inutiles, paralysées à l'intérieur de la cité. L'offensive révolutionnaire qui devait être lancée à partir de la campagne environnante pour casser le siège d'Alep avait été planifiée avec soin, en plusieurs étapes correspondant à des prises stratégiques, dont l'une était l'Académie militaire. En attendant l'assaut des rifains, les brigades urbaines se préparaient au combat, tout en s'efforçant de remonter le moral des habitants. Je patrouillais, veillant à la bonne conduite de mes hommes. Il y avait toujours parmi eux un gus qui profitait de son arme pour passer devant tout le monde à la boulangerie. Je disais à mes combattants : « Vous êtes des braves. Non seulement vous devez être exemplaires et patienter comme tout le monde, mais vous devez aussi passer les derniers ! » Moi, qui étais devenu leur chef, jamais je n'aurais devancé un civil pour obtenir un morceau de pain. Je piétinais avec les habitants pour leur signifier que nous étions semblables, que nous partagions la même ville et la même destinée, que nous portions les mêmes chaussures aux pieds. Nous étions tous égaux dans Alep.

J'avais essayé d'éloigner mon épouse, de la mettre en sécurité avec notre enfant avant le siège, mais elle avait refusé en se fâchant : « Qu'est-ce que cela signifie exactement ? Que les femmes qui resteront dans la ville n'auront pas votre protection ? » J'avais encore insisté, car cette situation était trop dure pour l'enfant. Elle m'avait rétorqué : « Bien sûr que cette situation est insupportable pour l'enfant, comme elle l'est pour tous les enfants d'Alep qui n'ont pas les moyens de partir ! » Alors j'avais abandonné l'idée de la convaincre, me contentant de stocker, à la maison, vingt kilos de bourghoul, trente kilos de riz et un peu de mazout pour le *sobié*, mais l'esprit est ainsi fait qu'il oublie toujours quelque chose d'essentiel.

Depuis le début de la guerre, le moral des Alépins était plus crucial pour notre victoire que le nombre de munitions. C'est pourquoi, pendant le siège, les bombardiers s'acharnèrent sur les cibles civiles. Le Régime savait que nous encouragions les habitants à résister et qu'en retour, ceux de l'Est nous soutenaient de toute leur âme. Pour briser cet état d'esprit combatif et pousser les gens au désespoir, l'aviation ennemie s'attaquait aux marchés, aux boulangeries, aux secouristes de la Défense civile, aux hôpitaux. Nos bases militaires n'étaient presque jamais frappées ! Cette stratégie nous accablait, car les gens blessés n'avaient nulle part où être soignés, tant les hôpitaux étaient saccagés.

Nous avions ouvert quelques centres médicaux de fortune en prévision du siège, mais le temps et les ressources nous avaient manqué pour les équiper convenablement. La situation est devenue extrême. Nos armes ne servaient à rien face aux bombardiers russes qui détruisaient sans pitié les ambulances et les centres des Casques blancs. Il ne restait plus qu'un seul hôpital : celui du docteur Hamza, et sur celui-là aussi les avions s'acharnaient. Les blessés s'entassaient et tous les Alépins qui, jusque-là, avaient tenu bon se sont effondrés. Au cours d'un combat, une balle m'a traversé l'épaule. Je n'ai pas osé entrer dans l'établissement du docteur Hamza. J'avais trop honte… Les blessés civils auraient constaté à quel point ma blessure était ridicule comparée aux leurs : je n'avais besoin que de quelques points de suture, quand eux avaient perdu une jambe, un bras, un œil.

Nous ne pouvions plus venir en aide à la population comme nous le faisions auparavant. Durant le second siège, il n'était plus possible de dire à un habitant « Courage ! » ou « Sois patient ! », en le regardant droit dans les yeux. Combien de fois un père est-il sorti de sa maison en quête de nourriture, avant de revenir pour découvrir que tous les siens avaient disparu sous les gravats de son immeuble ? Parfois, les voix de rescapés enfouis nous parvenaient dans la ruelle, mais le matériel de nos secouristes – les pelleteuses pour lever les plaques de béton effondrées, les foreuses – avait lui aussi été détruit par les bombes. Il n'y avait aucun moyen de leur porter secours. J'ai un jour vu cet homme de mes propres yeux : je l'ai regardé sortir de chez lui et revenir là où, quelques instants plus tôt, se trouvait son foyer. Ce n'étaient plus désormais que décombres. Des cris étouffés s'élevaient de dessous la terre. L'homme s'est assis sur un agrégat de béton, un vestige de son immeuble. Il y est resté deux jours et trois nuits, jusqu'à ce que les voix de sa famille s'éteignent, que son épouse et ses enfants se taisent à jamais, reposant dans les entrailles de la ville. Alors il s'est levé et il est parti. Je ne saurais dire où. Il ne lui restait plus rien, où pouvait-il donc aller ? Quant aux habitants qui mouraient à l'air libre, les hôpitaux n'avaient plus les moyens de les enterrer. En tant que soldats, nous ne pouvions rien contre ces bombes, sinon résister à la tentation de succomber au désespoir, puisque nous étions impuissants quand elles s'écrasaient sur les familles d'Alep.

Des combattants ont suggéré de lancer des attaques contre Alep-Ouest, ne serait-ce que pour attirer l'aviation ennemie à l'écart de nos quartiers et soulager l'Est des frappes de plus en plus dévastatrices. Au départ, le Régime n'était pas trop regardant sur ceux qui franchissaient la ligne de démarcation. Je pense même qu'il était dans son intérêt que nos zones se vident ainsi de leur population. Avant les négociations, beaucoup ont fui à l'Ouest, même s'ils étaient recherchés par les autorités. Mon voisin d'immeuble a décidé à son tour de partir avec ses deux enfants. Une fois de l'autre côté, il a téléphoné à son frère qui était, comme moi, un combattant de l'Armée libre. L'un de ses petits garçons avait été martyrisé sur la route, sous un bombardement, et il avait laissé son corps sans vie au coin d'une ruelle. Il lui a indiqué l'endroit où il se trouvait, le suppliant de ne pas l'abandonner là-bas, de lui donner une sépulture. Ce père avait été placé devant un épouvantable dilemme : enterrer son petit garçon ou sauver son deuxième enfant. Alors il avait laissé là la dépouille. Ces souvenirs sont très durs à supporter. Ce ne furent pas les seules histoires tragiques, il y en eut des centaines. Comment puis-je boire un café le matin, si je pense à cet enfant couché seul au coin de la ruelle ?

Ce que nous avons fini par comprendre, nous les gars de l'Armée libre, c'est que les termes de la victoire ou de la défaite n'étaient plus du ressort du Régime. À croire que c'était devenu une affaire russe. Or les Russes avaient décidé de montrer à leur peuple et au monde entier quels puissants guerriers ils étaient. Ils ont exclu toute concession, ils ont refusé de lâcher l'Académie militaire que les troupes rifaines avaient réussi à récupérer. Ils frappaient sans répit, sans négociation possible. Ils voulaient entrer à l'Est et en finir au plus vite. À cause de cette attitude, beaucoup d'Alépins pro-Régime sont morts sous le feu russe. Plusieurs milliers d'entre eux. En vérité, nombre d'habitants de l'Ouest ont été tués, notamment lorsqu'une route a été rouverte entre le premier et le second siège d'Alep. Les Russes n'étaient préoccupés que par la victoire militaire. Qui étaient leurs alliés ou leurs ennemis parmi les civils syriens, ils ne s'en souciaient pas une seconde.

L'autre événement honteux, si choquant en réalité qu'il m'est encore difficile aujourd'hui de l'évoquer, ce fut notre propre effondrement. Une bataille célèbre nous a opposés, nous la brigade Fastaqim, à ceux de Zenki et ceux de Nosra. Pour finir, nous avons été battus et Nosra nous a volé un important stock d'armes. D'autres dissensions internes méprisables se sont ensuivies, achevant de ruiner notre réputation auprès des habitants. Les gens ont perdu confiance, ils disaient : « Comment pouvez-vous affirmer vouloir nous protéger, si vous vous entretuez ? » Je suis encore parti combattre pour les quartiers d'Al-Chaar et de Salihin, à leur tour menacés. Je n'avais plus de nourriture, pas même une couverture ou juste un peu de fuel, et il n'était plus envisageable de frapper à une porte pour quémander un morceau de pain. Nos combattants ont constaté que le soutien populaire s'était évaporé et ils se sont effondrés. S'ils avaient su préserver la confiance et l'amour des Alépins, ils auraient combattu jusqu'à leur dernier souffle, leur dernière goutte de sueur et de sang. Mais les gens avaient perdu foi en nous.

Les quartiers tombaient l'un après l'autre dans l'escarcelle du Régime, déclenchant des mouvements de panique de la population en direction des lieux que nous contrôlions encore. À cette période, négocier n'était pas une option. Nous n'avions d'autre choix que de lutter centimètre après centimètre. Aucun d'entre nous ne rentrait plus chez lui. Nous avons résisté jusqu'au bout. Au point que, sur les lignes de front, le Régime a dû ralentir son avance. Sur certaines positions, il piétinait. Nous restions forts à Zebdiyé, Seif Al-Daoulé, Izaa, Salaheddine, Ramoussa et Soukkari, au sud de la vieille ville, qui constituait notre dernier accès à la voie ferrée. Perdre les rails signifiait ne jamais les récupérer. Cette position stratégique, nous l'avions établie deux ou trois ans auparavant, avec un important dispositif militaire. Quand le Régime franchissait l'une de nos lignes, nous nous repliions pour réorganiser nos troupes, mais, malgré toute notre volonté, nous manquions d'armes. À la fin, les missiles antichars, on pouvait se les compter sur les doigts d'une main. Les rails et la rivière Qoueiq ont formé notre ultime ligne de défense. Nous l'avons renforcée, nous avons posé des mines et creusé des tunnels. J'étais responsable de la zone d'Izaa. À seize reprises, le Régime a lancé l'assaut pour la reprendre ; il a échoué. Alors, les négociations ont commencé.

De ma brigade, il ne restait presque plus personne. Elle a été tenue éloignée du Conseil d'Alep où se sont déroulées les discussions. Je n'y ai pas participé, mais en tant que chef, j'étais informé dans les détails. Les Iraniens ne voulaient rien négocier, ils n'étaient pas raisonnables. Leur proposition, c'était de transformer Alep-Est en un parking géant ou un vaste cimetière, sans que cette perspective leur paraisse un chouïa exagérée. Les Russes, eux, exigeaient la victoire totale au plus vite. Les massacres, ils s'en foutaient complètement. Ce n'étaient pas des êtres humains, c'étaient des machines. Quand ils ont fini par accepter que les combattants sortent de la ville, il n'en restait presque plus en état de combattre ; nous ne comptions plus nos blessés. Moi qui ne connaissais rien à la médecine, il m'a fallu assister des chirurgiens. Même Waad, l'épouse du docteur Hamza, aidait en salle d'opération alors que cela n'avait jamais été son métier.

Les négociations ont débuté en Turquie avec un représentant russe puis, de manière plus directe, avec un mec appelé Farouk, réputé pour ce genre de tractations. C'était l'un des chefs d'Ahrar Al-Cham à Alep et il avait de l'expérience : à plusieurs reprises, dans toute la Syrie, il s'était chargé d'échanges de détenus avec le

Régime. La décision a été prise d'évacuer la totalité des habitants d'Alep-Est.

J'ai appris le contenu de cet accord un jour de pluie glaciale. J'en ai éprouvé une honte insondable et j'ai erré tête basse, incapable de regarder nos misérables habitants qui portaient leurs enfants dans leurs bras et des baluchons de draps sur le dos. La reddition des brigades d'Alep était totale et, pourtant, les civils innocents étaient privés du simple droit de demeurer chez eux, là où ils avaient toujours vécu. Ils étaient dépouillés de leurs dernières petites parcelles, pour l'amour desquelles ils avaient tout enduré, et condamnés à l'exil. Je les voyais, maigres et désemparés, dans le froid mordant, attendant d'être embarqués loin des âmes de leurs proches, qu'ils avaient été contraints d'enterrer dans les jardins publics et les carrés en friche à la lisière des quartiers.

J'avais lutté jusqu'au bout, je m'étais opposé aux luttes intestines ruinant l'Armée libre, mais ma responsabilité dans ce drame n'était pas contestable. Mon devoir consistait à protéger ces gens et j'en avais été incapable. Quels qu'aient pu être les circonstances ou le contexte, je n'avais aucune excuse. Le dénuement et le malheur des habitants… j'étais coupable.

Je voyais les derniers des Alépins, transis de froid, ouvrir leurs petits baluchons et en brûler le contenu pour l'illusion d'un peu de chaleur passagère. Leurs petits feux d'infortune, ça me calcinait le cœur. Ils en étaient réduits à patienter en un long troupeau d'innocents dont on n'était pas même pas certain qu'il ne serait pas mené tout droit à l'abattoir. J'ai pris place parmi eux et, comme eux, j'ai brûlé ce que j'avais dans les poches – des vêtements que je destinais à mon enfant.

Un de mes gars est venu me dire : « Pourquoi est-ce que nous ne rentrerions pas chez nous, puisque notre brigade doit partir après ces gens ? » Je lui ai répondu : « Si nous laissons seules ces familles, personne ne sera là pour les protéger. » Bien sûr, c'était notre devoir, et j'ai attendu que les habitants soient tous évacués, allant jusqu'à mettre le feu à des habits de mon enfant dans le vain espoir d'apporter un peu de chaleur aux derniers des Alépins. En vérité, nous ne pouvions plus rien pour les protéger. Nous ne pouvions même pas leur parler, nous en avions perdu le droit, avec notre dignité. Il est toujours possible de trouver des excuses, de pointer le doigt vers d'autres responsables, mais l'Histoire ne retient pas les circonstances atténuantes. Elle ne conserve que le nom des vainqueurs et oublie la cause des perdants. Nous resterons dans l'Histoire comme les grands vaincus d'Alep, et c'est là mon incurable blessure.

Beaucoup d'incidents se sont produits au moment de l'évacuation. Selon leur habitude, ceux de Nosra ont déclenché tellement de problèmes qu'ils ont mis en péril la sécurité des habitants. Non seulement ils se sont faufilés incognito parmi les civils, mais ils ont emmené avec eux certains de leurs prisonniers pro-Régime. Ces derniers sont arrivés aux barrages militaires dans un tel état de délabrement physique que tout le processus d'évacuation a failli capoter. Après avoir passé les barrages, les extrémistes de Nosra partaient bien tranquilles dans des voitures, non sans avoir d'abord affiché, sur leurs pare-brise, des posters de types du Régime qu'ils avaient torturés à mort.

J'ai déposé mes armes et je suis allé dire adieu à mon épouse et à ma belle-mère qui attendaient au croisement de Ramoussa, près d'Amariyé, dans un paysage où plus un immeuble ne tenait debout. Je les ai regardées s'éloigner à bord d'un bus gouvernemental. Au final, nous allions tous partir, ce qui était une solution pragmatique, dans la mesure où nous ne savions plus quoi faire ou ne pas faire.

La ville s'était affaissée sur elle-même. J'ai marché longtemps parmi les ruines et j'ai trouvé un bâtiment d'une pièce qui possédait encore un toit. Je l'ai nettoyée, j'ai préparé du feu, posté un char devant et accroché des couvertures sur les murs. Ceux qui sont venus s'y reposer m'en ont été reconnaissants. Cette nuit-là, une terrible tempête de neige cinglait la cité décomposée. Ces conditions climatiques ont été une bénédiction, car les militaires du Régime se contentaient de contrôles rapides pour aller se mettre à l'abri des éléments déchaînés. J'avais parlé avec Farouk, le négociateur, insistant pour que ma brigade soit la dernière à sortir. Car nous étions la brigade des Alépins, celle des fils de la ville, à l'exclusion des rifains. La perte d'Alep n'était pas seulement un désastre militaire, ni même cette infamie qui me ronge encore, elle signifiait encore, tout simplement, l'adieu à ma maison, à mon enfance, aux ruelles qui nous avaient vus jouer et grandir, mais aussi nous battre pour obtenir la liberté des Syriens. Mon grand frère Ayham y était tombé au premier jour des combats pour Salaheddine. À l'heure où il fallait renoncer, j'étais prêt à me sacrifier. J'étais prêt à tuer quiconque insulterait ma cité ou l'un de ses habitants, avant de me tuer moi-même. Nos pauvres Alépins ! Ils auraient pu essayer de se cacher dans les zones contrôlées par le Régime, mais ils sont restés immobiles, courbant la nuque comme des bêtes de somme, se résignant à l'exil sans retour, selon les termes de l'accord.

Ceux de Nosra klaxonnaient d'arrogance, avec des photos de prisonniers moribonds placardées sur leur voiture, sans aucun respect pour le Syrien. Car, à la fin, pro ou anti-Bachar, nous étions tous des Syriens ! Pour ceux de Nosra comme pour le Régime, des catégories entières de gens n'appartenaient pas à l'humanité. Les écorcher et les exhiber sur des posters, ou transformer une ville et ses habitants en un grand amas d'ossements sous le béton, c'était du pareil au même. Ces types avaient la haine des familles et des gens ordinaires.

Je continue à me battre, je n'abandonnerai jamais. Je suis un combattant, je suis ABOU SALEH !

*

OUM IBRAHIM

Riant et pleurant…

Oum Ibrahim : Depuis qu'un missile avait traversé de part en part ma chambrette, je partageais la pièce à coucher du bon docteur Hamza et de son épouse, à l'hôpital Al-Quds. Leur porte était toujours ouverte, nous tous pouvions y entrer. Ce matin-là, j'ai accouru, soufflant comme une mule. Le docteur Hamza m'a demandé ce que je voulais. Je lui ai dit que les soldats du Régime s'étaient emparés d'Al-Chaar, qu'ils étaient maintenant très proches. Alors il s'est mis à m'interroger à chaque instant : « Sont-ils devant les portes de l'hôpital ? » Je lui répondais que non, et il soupirait : « Alors ça va ! » Plus tard, un horrible pressentiment s'est emparé de moi. Une foule hystérique était massée devant l'hôpital. Les gens couraient en tous sens, tombaient, se marchaient dessus. Nos habitants se piétinaient dans les ruelles. Je me suis exclamée : « Ô gens ! Quelle est cette folie ? Que se trame-t-il ? » Ils ont crié que les militaires étaient entrés à Boustane. Ce que j'ai ressenti à cette nouvelle, je ne l'oublierai jamais. *Les militaires étaient là*. Nous étions encerclés et, dans l'hôpital, les visages se sont tordus d'effroi. J'ai dit : « Il faut prendre les ordinateurs et effacer les données personnelles des patients ou, peut-être, enterrer ces ordinateurs dans les entrailles d'Alep ! » J'ai regardé Waad. Son joli visage était pâle et décomposé. Cette jeune femme, si brave, ne savait plus si la priorité était de vider le contenu des ordinateurs ou de s'occuper de son enfant.

Le docteur Hamza, je le connaissais depuis six ans. Je l'avais côtoyé dans les pires situations. Il avait été notre patron, notre psy aussi. Quand nous avions un coup de mou, il nous aidait à rester forts et à relever la tête. Il disait toujours : « Debout ! Tu ne vas pas mourir ! » Ce jour était différent. Pour la première fois, la peur se lisait dans son regard. Son épouse, Waad, hurlait à tout-va de nous calmer, mais elle-même était terrorisée. Je l'ai secouée : « Va regarder à quoi ressemblent tes yeux ! Ensuite, tu reviendras nous dire de nous calmer. Tu te calmes la première ! » Le docteur Hamza, lui, ne s'adressait plus qu'à elle. « Je veux parler avec toi, lui disait-il. Je veux que nous restions et parlions ensemble, jusqu'à ce que les soldats m'abattent ou me marchent sur la tête. »

Tout ce que nous avions accompli dans cet hôpital – les opérations chirurgicales, les accouchements, le nom de nos pauvres habitants démembrés et la description de leurs blessures, les dates des naissances et des morts… tout a été effacé. Certains effaçaient le contenu de leur téléphone portable, d'autres les balançaient dans les toilettes ou dans des bidets remplis d'eau. Tout le monde hurlait en même temps, cependant que le docteur Hamza continuait de déclamer son amour à son épouse : « Je veux te parler à toi et à mon enfant ; je veux regarder vos yeux, jusqu'au moment où ils nous sépareront. » Le docteur Hatem est entré et il a grondé : « Ça suffit ! Nous croyons en Dieu ! Vous ressemblez à des comateux qui auraient besoin d'une bonne claque pour se réveiller ! »

Les militaires ne sont pas venus ce jour-là, mais, durant deux heures, nous avons vécu comme si nous étions déjà morts.

Sa mère : Oum Ibrahim, comment n'es-tu pas devenue folle ?

Oum Ibrahim : Je ne sais pas, je ne sais pas. Peut-être parce que je riais beaucoup. La tension était si forte ! Des massacres étaient perpétrés, les blessés affluaient à l'hôpital. Même alors, un incident insignifiant me faisait hurler de rire. Les camarades me soufflaient : « Arrête de rire ! », tout en rigolant eux-mêmes, car ils ne pouvaient pas s'empêcher d'attraper mon hilarité. « Par pitié ! disaient-ils. Ces gens sont éplorés. As-tu perdu l'esprit, de rire ainsi en toutes circonstances ? »

Même au moment de l'évacuation, alors que nous affrontions la tempête de neige dans les ruelles, nous chantions ! Pour être franche, nous chantions et nous pleurions en même temps. Nous chantions « Prends garde à toi, Bachar, nous arrivons ! ». Ma mère pleurait, je pleurais, puis nous riions ensemble. Personne ne savait ce qui allait nous arriver, quelle serait notre destination, si nous allions être séparées, si nous pourrions nous revoir un jour, si nous allions vivre ou mourir. Personne ne connaissait l'avenir, alors nous riions, nous chantions et nous pleurions, tout ça en même temps.

OUM IBRAHIM A QUITTÉ ALEP EN DÉCEMBRE 2016.
ELLE VIT EN EXIL.

*

Ola

Ola's got a gun (suite et fin)

Obada était mort. J'avais reconnu son corps inerte, dans le reportage diffusé sur la chaîne gouvernementale. J'ai donné Cham à ma mère et je suis partie à Mersin, chez ma sœur, où j'ai repris mes études. Quatre mois se sont écoulés et j'ai retrouvé des forces et la volonté de vivre. Un soir, mon téléphone a sonné. C'était un camarade d'Alep qui ignorait mon départ en Turquie ; il me croyait chez mes parents, à Zebdiyé. Sa voix était tendue. Il m'a demandé des nouvelles de mon père, s'il était rentré à la maison. Mon cœur a bondi : « Quoi ! Que se passe-t-il avec mon père ? J'ignore tout de lui, je suis à Mersin. » Il m'a dit : « Ola, ton père, Abou Madjid, il a été kidnappé ! »

Qui aurait voulu kidnapper un vieil homme ? Mon père n'était pas un combattant, il n'était qu'un des porte-parole des révolutionnaires d'Alep. Les extrémistes le méprisaient car ils trouvaient son esprit « trop laïc » ; je savais qu'il s'était opposé en public à Nosra et à Daech. Il y avait eu des altercations, des disputes entre lui et Nosra, mais ses actions s'étaient limitées aux affaires civiles et je ne pouvais croire à son enlèvement. J'ai aussitôt appelé ma mère :

– Passe-moi papa !

– Impossible, *habibti*, il dort. Il est si fatigué, ce brave homme ! Laisse-le dormir.

– D'accord, ne le réveille pas. Ô mère, ma chérie, ouvre la caméra sur ton téléphone et montre-moi mon père. Je veux juste l'apercevoir, regarder son visage pendant qu'il dort…

– Ola, oh… Ton père, nous ne savons plus rien de lui !

Mon père, le pilier de ma vie. J'étais désormais convaincue qu'il avait été enlevé par Nosra. En vérité, je n'en ai pas la certitude absolue, car ceux de Nosra n'ont jamais admis l'avoir capturé. Mais ils l'avaient beaucoup menacé et tout Alep savait que Nosra était coupable. Qui d'autre, d'ailleurs, aurait pu commettre un tel forfait ? J'ai songé à ceux de ma famille que j'avais aimés et perdus : mon père kidnappé, mon mari martyr, mon frère martyr. Il ne me restait presque plus personne et je refusais d'en perdre davantage, d'être plus longtemps séparée des miens. Alors, j'ai décidé de repartir à Alep. Je n'ai rien dit de ce projet, car ma mère et mes sœurs s'y seraient opposées. Je suis allée voir le docteur Hamza et Waad son épouse, qui étaient de passage en Turquie. Ils m'ont dit : « Tu es la bienvenue ! Viens avec nous ! » Waad redoutait la colère de ma mère ; elle a prévenu ma sœur, qui l'a rassurée : « Ça va, elle peut y aller. Laisse Ola faire ce qu'elle veut. »

Nous avons réussi à rentrer dans Alep-Est. J'ai couru à la maison de mon père. Les souvenirs de mon frère, de mon mari y étaient partout, oppressants. Waad m'a suggéré de travailler, elle pensait que cela m'aiderait à surmonter le deuil et le chagrin. J'ai proposé mes services au centre Darouna, une organisation syrienne gérant de multiples activités destinées à aider les civils, notamment les enfants d'Alep qui devaient apprendre à grandir avec leurs blessures, leurs handicaps et les traumatismes dus à la guerre, et aussi les femmes qui devaient apprendre à survivre seules. J'ai retrouvé beaucoup d'amis à Darouna et j'ai commencé à me sentir mieux. Je travaillais, je participais aux réunions du Conseil d'Alep, je manifestais les vendredis et prenais part à toutes les activités révolutionnaires. Je me suis accoutumée à la disparition de mon père, à la mort de mon frère et de mon mari, en me fabriquant une seconde famille avec mes collègues de Darouna et ceux de l'hôpital Al-Quds, où travaillaient Waad et le docteur Hamza. J'habitais avec ma mère. Ma fille, fruit de mon amour avec Obada, m'a adoptée comme si je ne l'avais pas abandonnée. Elle est devenue ce qu'elle n'aurait jamais dû cesser d'être : le trésor de ma vie.

Nous restions sans nouvelles de mon père. On nous disait qu'il était détenu dans telle ou telle geôle. Nous avons tenté mille négociations, mais ceux de Nosra refusaient d'admettre qu'ils l'avaient pris. Des Alépins qui avaient été leurs prisonniers nous ont affirmé l'avoir vu. Parfois l'un d'entre eux nous envoyait un message sur Facebook, assurant que Nosra l'avait exécuté. Un autre nous a écrit qu'il était mort, ou « peut-être vivant, mais très malade ». Aujourd'hui encore, nous recevons des mots d'anciens prisonniers de Nosra. Voilà plus de deux ans que mon père a disparu et nous n'avons toujours aucune certitude à son sujet.

Pour ne pas me laisser abattre, je travaillais dur. À Darouna, je participais à un programme d'aide à la police civile et de protection des femmes. Je recueillais la parole des habitantes pour que leurs voix ne soient pas oubliées, qu'elles aussi soient entendues par le conseil municipal. J'étais très occupée. Puis les rumeurs se sont multipliées. Tout le monde murmurait qu'Alep allait être assiégée. Je n'y croyais pas un instant. Ma ville ne serait pas assiégée ; jamais elle ne tomberait entre les griffes du Régime. Pas un instant je n'ai imaginé qu'il me faudrait l'abandonner pour toujours. C'était inconcevable.

Les combats s'intensifiaient et les bombardements redoublaient de violence. Un soir, j'ai eu une rage de dents. Notre maison était à Zebdiyé, et le dentiste à Boustane Al-Qasr. J'avais si mal que, pour la première fois, j'ai autorisé ma mère et Cham à sortir pour m'accompagner. Nous avons pris la voiture. Je conduisais tous feux éteints, comme les habitants d'Alep avaient appris à le faire la nuit pour ne pas être repérés par les avions. Il fallait traverser des quartiers entiers pour trouver le dernier dentiste, la dernière pharmacie. Ces trajets de plus en plus longs multipliaient les dangers. La pharmacie était située dans le quartier de Soukkari et un mauvais pressentiment me taraudait. Un avion vrombissait au-dessus de nous, mieux valait renoncer aux médicaments. J'allais faire demi-tour quand une voiture a surgi devant moi, ses phares grands ouverts et éblouissants. Peut-être était-ce un habitant égaré qui ignorait l'entrelacement compliqué des ruelles de ce quartier. Moi, j'aurais pu les parcourir les yeux fermés. Allumer ses feux, la nuit à Alep, nul n'aurait osé ! C'était aussi grave que d'insulter Dieu et Sa miséricorde. C'était de la mécréance ! L'avion, bien sûr, a largué sa bombe. Face à nous, la voiture a explosé.

Je m'étais accoutumée à toutes sortes de bombardements, mais pas avec ma fille à mes côtés, assise sur les genoux de sa grand-mère terrifiée. Un incendie s'est propagé dans la ruelle ; des flammes vertes et jaunes s'emparaient des murs sur une hauteur de plusieurs étages. Les habitants fuyaient, transformés en torches vivantes, se tordant de brûlures, se consumant plus vite que des allumettes. J'ai foncé aussi vite que le moteur le permettait, mais la fumée m'empêchait de distinguer la route et j'ai heurté un objet très dur. Sous le choc, un morceau de la voiture s'est détaché, mais j'ai continué à rouler jusqu'à la maison. La voiture était bonne à jeter, mais nous étions arrivées saines et sauves. Il était neuf heures du soir, c'était nuit noire. Pouvais-je imaginer que nous serions, de surcroît, assiégés ? qu'il pouvait se produire pire encore que cette traversée parmi les torches humaines dans la ville embrasée ?

La rumeur avait pourtant raison et le siège d'Alep a commencé. Le Régime se rapprochait chaque jour davantage de nos zones libérées. Mes amis et moi voulions rehausser le moral de nos troupes décimées et nous avons créé une cantine à Salaheddine. Nous cuisinions pour ceux du front et, dans chaque ration, nous glissions des mots d'encouragement :

« *Ehna maakoum !* » (« Nous sommes avec vous ! »)

« Tant que tu es sur le front et que tu nous défends, nous sommes en sécurité »

« Notre salut dépend de toi »…

Puis la cuisine a été vide. Un des cuisiniers (il avait perdu une main) partit en quête de nourriture ; il fut tué avant de pouvoir nous en rapporter. Alors les habitants nous sont venus en aide. Ils donnaient ce qu'ils avaient : de l'argent, du riz, même une bonne blague ! Parfois nous recevions un coup de main d'une ONG. Notre initiative n'était pas liée à l'Armée libre, ni à aucune des milices. Elle était superbe, puisqu'elle ravivait Alep-Est. L'âme de la ville resplendissait comme aux premiers jours de la révolution pacifique. La solidarité s'exprimait aussi fort que par le passé, à la libération de nos quartiers. Durant ces années de guerre, nos esprits rebelles s'étaient engourdis dans une survie routinière, l'atmosphère révolutionnaire s'en était allée. Là, tandis que nous étions assiégés et que les Mig nous bombardaient sans trêve, nous étions de nouveau réunis, avec un cœur unique, une seule âme. On pouvait même prétendre que la vie était belle ! Je sautais du lit à l'aube pour aller nourrir nos gars sur le front, nous cuisinions sous les bombes en chantant. Pourtant, j'ai toujours détesté cuisiner.

Puis le siège a été levé. Notre sentiment immédiat fut celui d'une victoire, d'une véritable libération. Des camarades en ont profité pour partir en Turquie, promettant de revenir au plus vite. Deux semaines plus tard, le second siège d'Alep a commencé, prenant tout le monde au dépourvu. Même la rumeur ne l'avait pas vu venir.

Les souks étaient vides. L'hiver était précoce et rude. De mémoire d'Alépin, il n'avait jamais fait si froid et nous manquions de mazout pour remplir nos *sobié*. Un bidon coûtait trois mille dollars ! Je supportais mal le froid, qui réveillait les blessures que m'avait infligées le sniper ; ma mère était âgée et ses problèmes de genoux s'aggravaient. Quant à Cham, elle était si petite… J'ai trouvé du bois, mais il était détrempé et refusait de brûler. Il n'y avait plus d'électricité. Le centre Darouna a fermé ses portes.

Partout dans la ville, nous voyions la marque de la Mort sur les corps déchiquetés, mais aussi dans les yeux des passants en détresse. Nous placions notre dernier espoir dans la victoire militaire de nos brigades. Je savais que le Régime avait lancé une attaque d'envergure avec le soutien des Russes et des Iraniens. Nous pensions alors que le siège durerait une année. Nous faisions des pronostics. J'affirmais que je survivrais au siège, que j'affronterais le froid et la faim. Que jamais, au grand jamais, je ne quitterais Alep. Ensuite, je pensais à ma fille : pour elle, je ne pouvais rien. J'aurais tant voulu souffrir à sa place ! Désormais, les médicaments n'entraient plus dans la ville et il n'y avait plus d'échappée possible. La seule attitude valable consistait à nous renforcer de l'intérieur.

Dans la maison, j'ai retrouvé des *mouné*, un fond de confiture de courge, un sac de lentilles, mais nous n'avions pas de mazout. Même si nous étions parvenues à allumer un feu, il n'y avait pas d'œufs, pas de lait. La viande était vendue cent dollars le kilo. Je me torturais l'esprit : pourquoi n'étais-je pas partie à la fin du premier siège ? Quelle avait été cette arrogance ? Car mes décisions ne concernaient pas moi seule, elles affectaient dorénavant ma mère et ma fille. J'en étais responsable et Cham était mon point faible, ce que j'avais de plus précieux au monde. La ville était de nouveau assiégée et il était trop tard pour partir. Je m'inquiétais : « Que va-t-il arriver à Cham ? » Je songeais qu'il pouvait lui arriver ce qui arrivait à tous les enfants d'Alep. Ils étaient si nombreux à avoir été blessés ou tués. D'autres s'étaient éteints dans la maladie. Chacun d'eux avait été chéri par ses parents. Ma fille était une enfant comme les autres. La nourriture s'amenuisait. Tout disparaissait, sauf les bombardements qui s'intensifiaient. Les avions nous balançaient toutes sortes d'engins explosifs : ceux qui incendiaient, ceux qui trouaient le sol bien au-delà des abris souterrains. À Zebdiyé, ils nous ont aspergés de chlore, causant la mort des enfants les plus fragiles. Que n'ont-ils pas essayé pour nous anéantir !

Ils nous envoyaient la mort, nous restions dans la vie. Nous plantions des légumes sur les trottoirs et sur les toits. À Alep, c'était là un mystère, il y avait encore de l'argent. La viande était très chère, mais certains – pas tout le monde, mais ma famille et de nombreux activistes – en avaient encore les moyens. Cependant, personne n'en achetait. C'était une question de principe, une affaire de conscience. Nos habitants ne pouvaient pas s'offrir un *falafel* parce qu'il coûtait désormais mille cent livres syriennes ; ils n'avaient plus assez pour un quignon de pain. On ne pouvait pas observer cette misère, passer devant les affamés et acheter un bout de viande, même tout petit, même pour son enfant, quand cette viande coûtait cent dollars le kilo. On ne pouvait pas se dire en son âme et conscience : « J'ai bien travaillé, donc j'ai de l'argent pour la viande. » Nous étions responsables de nos familles, et de toutes les autres aussi.

En cette période, les gens ont commencé à nous blâmer. Ils nous interpellaient : « Ô révolutionnaires ! Vous êtes ceux qui ont bouté le Régime, vous appeliez à la révolution… Est-ce toujours ce que vous souhaitez ? Que nous mourions de faim ? Que nos enfants dépérissent, le ventre vide et les pieds gelés ? Qu'allez-vous faire à présent, ô maudits ? » Je songeais à quel point leur colère était légitime. Ils n'avaient plus droit à rien. La ville ressemblait à un grand oiseau blessé, les ailes repliées sur lui-même, donnant de derniers coups de bec agressifs en attendant de mourir.

Je continuais à me rendre à Salaheddine, pour voir Waad et le docteur Hamza. Ils étaient comme deux bougies au centre de nos ténèbres. Devant l'entrée de l'hôpital Al-Quds, le nombre de cadavres alignés était épouvantable. Plus personne ne venait chercher les corps, les familles n'essayaient même plus de les enterrer. Il ne restait plus un linceul dans la ville pour mettre en terre ces musulmans. Les cadavres de femmes, d'hommes et d'enfants s'entassaient, devenant la proie des vers et des cantharides. Dans leur abandon, ils répandaient une odeur pestilentielle qui persistait jusque dans les lits, jusque sur les joues maigres de nos enfants. Dans ces conditions, beaucoup ont renoncé. Des quartiers entiers se sont déclarés vaincus sans combattre. Ainsi tombèrent les grandes tours de Massakine Hanano et Al-Chaar. Des lieux où nous allions encore quelques jours plus tôt étaient désormais condamnés. La reddition des quartiers n'impliquait pas pour autant le retour à la paix et les habitants fuyaient en panique pour se réfugier dans les dernières zones libérées. Nous cultivions encore nos légumes, mais cela ne pourrait jamais suffire. Rien ne suffisait plus.

Nous formions un groupe d'amis qui persistait à clamer : « Le siège se terminera, beaucoup d'autres cités syriennes sont assiégées. » Il est vrai que ce second siège, nous ne l'avions pas anticipé, mais nous gardions la certitude qu'un beau matin il serait levé. Nous répétions : « Ça va, nous le supporterons ! C'est le prix de la révolution, de notre liberté ! Il faut l'accepter et résister ! » Nous résistions avec ténacité, chassant d'un revers de main les cantharides, en nous acharnant à regarder en direction de la vie. Quand les ONG ont quitté la ville, nous avons lancé une grande campagne avec les activistes : « Nettoyer Alep ! » Nous balayions les ruelles, ramassions les ordures. Ces tâches étaient épuisantes, mais nous étions joyeux : un vrai beau souvenir. Un autre jour, nous avons collecté des centaines de bougies qui devaient représenter les âmes toujours présentes de nos morts prématurés. Nous n'avons pas eu l'occasion de les allumer, car une bombe est tombée à l'endroit exact où nous les avions installées, non loin de l'hôpital.

Les habitants défiaient la mort. Les gens se mariaient. Avec une de mes amies qui était fiancée, je plaisantais : « Ne te marie pas maintenant. Il n'y a presque plus personne et trop de bombes, ta cérémonie ne sera pas amusante ! Pense à la tradition : les desserts, les chocolats, les délices sucrés que tu n'auras pas ! » Son mariage a été célébré sur une place en ruine de Boustane Al-Qasr, vers sept heures le soir, en plein bombardement. J'avais revêtu la plus belle de mes robes et des talons aiguilles. Il n'y avait plus nulle part de produits de maquillage, mais j'avais trouvé des crèmes de couleur pour les remplacer. En tout, nous étions huit garçons et filles en costumes d'apparat, bravant les bombes pour fêter les amoureux.

Au retour, nous nous sommes entassés dans une voiture. Je disais aux autres : « Quel pétrin ! Si une bombe nous frappe, comment pourrais-je me rendre à l'hôpital dans un tel accoutrement, avec mes talons pointus ? » Évidemment, la voiture est tombée en panne, mais la chance ce soir-là était du côté des vivants. Un copain passait là par hasard, il nous a conduits dans un abri. Tout le monde a ensuite voulu fumer, sachant bien qu'il n'y avait ni cigarette ni *maasel* pour le narguilé. Nous avons posé des braises sur le narguilé sans tabac. Chacun a inspiré sa petite goulée de vapeur, avant de passer la pipe à son voisin. La mort régnait dehors mais, dans l'abri, nous avons réussi à former un cercle convivial où les rires ont fusé toute la soirée. Ce cercle n'existe plus aujourd'hui, puisque nous avons été éparpillés tout autour de la Terre.

Au bout de trois mois, je ne supportais plus ce froid. Il tenaillait mes os fragiles, rouvrait mes vieilles blessures, avivait mon angoisse et ma peur de la mort. Dans notre quartier, beaucoup d'amis et de voisins avaient succombé dans les bombardements. La tristesse nous accablait ; les enfants nous préoccupaient davantage. Nous cherchions des solutions, encore et encore. Il nous fallait agir pour résister psychiquement. C'est alors qu'a débuté la grande campagne « De la couleur pour Alep ». Des amis avaient déniché des pots de peinture ; nous avons rassemblé des enfants et nous sommes partis en expédition. Dans la première ruelle, nous avons trouvé un bus calciné. Tout le monde s'est mis au travail, recouvrant cette vieille carcasse de jaune, de vert, de rose et de bleu. Un missile s'est abattu non loin de nous, personne ne s'est arrêté de peindre. Quand chacun a été satisfait de l'œuvre collective, nous sommes montés à bord, prétendant être des touristes en vacances, tandis qu'au volant le conducteur nous réjouissait par ses descriptions épiques des lieux extraordinaires que nous visitions. Nous avons chanté à tue-tête nos chants révolutionnaires et nos chansons populaires. Les enfants riaient. Nous avons poursuivi notre mission, peignant tout : les murs effondrés, mais aussi des obus qui n'avaient pas explosé. Nous les rendions arcs-en-ciel.

Cette campagne visait à entretenir l'esprit de la révolution, cependant que chaque jour apportait son lot de morts. Les quartiers nous échappaient. Leurs habitants fuyaient. Ils étaient de plus en plus nombreux à s'entasser dans ma ruelle. Nous avons alors entrevu le pire, à savoir que, chez nous aussi, le Régime pénétrerait peut-être avec ses hordes de tueurs. À ce moment du siège, je me suis effondrée. Il n'y avait pas – il n'y a pas – de massacres en Syrie dont je ne me souvienne pas. Les visages des enfants, des femmes. Comment ils ont été étranglés, égorgés, éventrés, démembrés, violés, défigurés, brûlés vifs. Toutes les images abominables qui nous étaient parvenues par YouTube sont revenues me hanter. Ce n'étaient pas les bombardements qui m'obsédaient, c'étaient les massacres : ceux de Karm Al-Zeitoun[1], de Houla[2], de Bayda et Ras Al-Nabaa[3] ; comment le Régime était entré dans ces villes, lâchant ses milices comme on lâche les chiens, massacrant le peuple. J'étais terrifiée à la perspective qu'ils parviennent jusqu'à nous et que nous subissions, à notre tour, de telles infamies. Je songeais : « Dieu, nous accepterons tout ! Mais pas le Régime. » « Dieu, tue-moi ! Mais ne laisse pas entrer le Régime. » Une cohorte de fantômes s'accrochait à mes pas : les spectres de Houla, de Karm Al-Zeitoun, les hommes-poissons de la rivière Queiq…

Le front se rapprochait de notre maison. Alep-Est se désagrégeait. Nos gars perdaient la foi. Ils posaient leur fusil et s'en retournaient on ne savait où. D'autres disaient : « Quand le Régime sera là, nous rendrons les armes. » L'un après l'autre, ils renonçaient au combat. À ce rythme-là, nous allions tout perdre en un jour. Je suppliais ma mère de déménager, car nous étions en pleine zone de combat. Je voulais aller chez ma sœur Massa et son mari Moulham, dont la maison était en retrait. Finalement, c'est

1. Le 11 mars 2012, à Karm Al-Zeitoun, dans les faubourgs situés au sud de la ville insurgée de Homs, plusieurs familles furent passées par les armes, principalement des femmes et des enfants. Entre 30 et 50 morts, selon les estimations.

2. Le 25 mai 2012, selon l'enquête diligentée par l'ONU, 108 civils ont été exécutés à Taldo, petit village de la région de Houla. Parmi les victimes, 62 appartenaient à la seule famille Abdel Razzak. La plupart étaient des enfants.

3. Pour les massacres de Baniyas du 2 mai 2012, voir dans le Livre IV « Sami : Les bombatchés », page 240.

ma sœur qui s'est installée chez nous : son quartier était tombé avant le nôtre. Ma mère refusait de partir, avec cette obstination caractéristique des vieilles personnes de chez nous, très attachées à leur foyer. Elle s'entêtait : « C'est ma maison depuis vingt-quatre ans, je ne l'abandonnerai pas ! » Elle aussi bataillait dur pour maintenir l'esprit de la vie. Dans cet univers en putréfaction, elle s'était mise à abhorrer la poussière. Chaque matin, elle époussetait. L'après-midi, un bombardement recouvrait le sol, les meubles et chaque objet d'une autre couche de poudre de ciment et de calcaire. Le lendemain matin, elle dépoussiérait de nouveau, tout en râlant : « Dieu, que de poussière ! Quelle vie infernale me donne cette poussière ! » La poussière la désespérait plus que tout.

Dans cette ambiance de fin du monde, pourtant, se sont tissés des liens de solidarité, des élans d'humanité pleins de grâce. Les gens se sont rassemblés en une grande famille. Si de la *fassouliyé*[1] poussait dans notre jardin, nous la cuisinions ensemble et la partagions. Ceux qui n'avaient plus de toit dormaient à l'hôpital. Nous continuions à organiser des soirées, et même à prendre le temps de rire. J'ai organisé une fête pour l'anniversaire de Cham. Je voulais lui préparer un gâteau, même sans œufs. J'ai croisé par hasard un collègue qui travaillait au projet d'agriculture du Conseil d'Alep. Il a sorti de sa poche un œuf, un vrai ! Et de l'autre, une mangue égyptienne, verte et dure. Il me les a offerts. C'était un cadeau fantastique, un miracle, ou un tour de magie ! L'œuf fut pour ma fille. La mangue, je l'ai coupée en trois : une part pour ma sœur Massa qui était de nouveau enceinte, une pour ma fille, l'autre pour moi. Il y eut tant de moments de joie ! J'en ai oublié les détails et les circonstances, mais l'important, ce qu'il faut comprendre, c'est qu'aux dernières heures de sa résistance Alep-Est a formé une famille, une entité débordante

1. Sorte de haricots proches des flageolets.

d'émotions, de solidarité et d'amour, qui nous a permis de supporter la souffrance.

Vint le jour où les habitants de notre quartier durent s'enfuir à leur tour. Ma mère accepta de partir. Des réfugiés accouraient de partout. Certains, venus de Kalassé, nous racontèrent qu'un grand nombre des leurs avaient été exécutés par le Régime contre le mur du cimetière. Quelques familles avaient réussi à se sauver. D'autres, qui n'étaient que blessés, étaient parvenus jusqu'à l'hôpital de Boustane Al-Qasr, tout proche de Kalassé ; ils furent achevés à l'intérieur de l'hôpital. Les voilà ! Ils étaient de retour, ces fantômes que je portais en moi. Ils s'amassaient dans Alep au fur et à mesure de l'avancée des soldats qui laissaient derrière eux massacres et exécutions. Tout se déroulait comme dans mes cauchemars.

Je réfléchissais : si les soldats du Régime passent ma porte et que je les tue, aurai-je une chance de m'en sortir ? Car j'avais un fusil, le fusil d'Obada, celui qu'il m'avait donné en son dernier jour de combat pour Alep. Peut-être fallait-il plutôt utiliser ce fusil pour nous tuer, ma fille et moi, avant même que les soldats nous approchent ? Telles étaient mes folles pensées. Je prenais le fusil, je regardais le fusil. Je pensais follement jour et nuit : de quelle façon Cham et moi allons-nous mourir ? Je regardais ma fille jouer avec son cousin, le fils de Madjid, qui avait presque exactement son âge, puis je me souvenais des images des enfants martyrs de Houla et de Karm Al-Zeitoun. Alors mes pensées s'emmêlaient de plus belle : si je me tue, moi seule, épargneront-ils mon bébé ? Si je pose le fusil à leur arrivée, serons-nous envoyées en prison, ou exécutées ? Vont-ils torturer ma fille, ou me torturer, avant de nous exécuter ? ou de nous massacrer ? Je pressais le fusil d'Obada contre mon ventre. Je ne dormais plus. Je n'arrivais plus à me nourrir. J'avais encore le fusil serré contre moi quand la rumeur m'est parvenue : un accord d'évacuation avait été conclu.

Nous sommes allées à la rencontre des civils qui attendaient déjà au point de passage. Le froid était glacial. Une foule de gens étaient assis, cherchant à se réchauffer en brûlant ce qu'ils trouvaient, un bout de rideau, n'importe quoi, ne sachant pas s'ils réussiraient à survivre quelques heures de plus. Ce spectacle était bouleversant et culpabilisant, car tout avait été de notre faute. Sans la révolution, ces enfants, ces vieillards en haillons ne se seraient pas accroupis ainsi dans la boue glacée. Ils souffraient à cause de la révolution. Cette certitude m'envahissait tel un poison. Jamais nous n'avions voulu cela ! Notre rêve, notre objectif, avait été de lutter précisément pour eux, pour les plus pauvres, les sans-espoir, tous ceux qu'étouffait le Régime. Pour cette cause, j'avais abandonné mes études, j'avais tout abandonné. Car, en vérité, nous étions nés dans un monde intolérable et, sans changements, nos enfants allaient grandir dans ce même monde inique qui ne leur appartiendrait jamais, qui les écraserait sans pitié. C'est pourquoi j'avais manifesté jour après jour. J'étais descendue dans les ruelles en raison de l'injustice. Et voilà qu'au point de passage, je contemplais tous ces misérables et l'injustice dont ils étaient à nouveau victimes, à cause de la révolution, à cause de moi.

Puis l'accord d'évacuation a été annulé. L'espoir naissait le soir pour s'évanouir à l'aube. Confirmation, annulation… L'attente était interminable. Alors que personne n'y croyait plus, une première évacuation a été organisée. Selon les informations qui nous sont ensuite parvenues, elle s'était déroulée sans incident. La ville désormais était déserte. J'étais restée, car je souhaitais partir après tous les autres, me sentant responsable et coupable de tout ce qui leur arrivait. Un convoi partait, je songeais : « Si je ne pars pas très vite, un malheur arrivera à ma fille. » Ce dilemme me tuait. Après la deuxième évacuation, nous avons appris que les civils qui étaient passés à l'Ouest pour rejoindre les bus gouvernementaux avaient été arrêtés à un check-point russe. Il y avait eu des coups de feu et des morts. Toutes mes pensées morbides ont ressurgi, avec les cohortes de spectres des civils syriens massacrés.

L'évacuation devait s'achever avec nous, les tout derniers des Alépins : des activistes pour la plupart, et de rares combattants. Cette configuration nous inquiétait, car il ne restait presque aucun homme pour nous protéger. La majorité de nos soldats était partie. Les médecins avaient été évacués eux aussi, à l'exception du docteur Hamza et de quelques infirmières restés à l'hôpital Al-Quds. Un cessez-le-feu a été proclamé avant d'être rompu, et nous avons tous pensé mourir. Puis l'information nous est parvenue que les derniers des Alépins sortiraient le lendemain. Nous avons réussi à nous connecter à Internet pour lire les déclarations du gouvernement : « Les derniers habitants d'Alep partiront, mais nous exigeons la libération de ceux de Foua et Kefraya[1]. » Cette dernière évacuation était donc en réalité un échange de prisonniers. Ces aspects politiques nous échappaient, mais nous redoutions plus que jamais une attaque. Nous pensions qu'une fois dans le bus, nous

1. Situés au nord-est d'Idlib, les villages chiites de Foua et Kefraya ont été assiégés par les forces rebelles le 28 mars 2015. En décembre 2016, l'accord qui devait garantir l'évacuation des habitants d'Alep-Est, en échange de l'évacuation d'une partie des villageois chiites, a été mis en échec. L'Iran et le Hezbollah libanais, qui exigeaient la libération totale de Foua et Kefraya, ont bloqué et attaqué des bus évacuant les Alépins, tandis qu'une brigade rebelle inconnue revendiquait une attaque sur une vingtaine de bus mitraillés et incendiés, qui devaient évacuer les civils des deux villages assiégés. Le 19 juillet 2018, à la suite d'un accord entre la Turquie et la Russie, les villageois de Foua et Kefraya ont enfin été évacués… vers la ville d'Alep.

serions brûlés vifs, car ce Régime maléfique n'avait jamais respecté aucun accord.

Au petit matin, nous avons ouvert les yeux sur nos quartiers méconnaissables. Même les ruelles avaient été effacées par d'épaisses couches de débris, si bien que le tracé des chemins que nous avions empruntés toute notre vie n'était plus lisible dans cette immense carrière minérale. Aucun d'entre nous n'aurait pu affirmer avec certitude où se trouvait jadis sa maison. Nous avons pris les quelques véhicules qui fonctionnaient encore pour nous poster au point d'évacuation. Nous avons attendu des heures en grelottant. Aucun bus n'arrivait. La nuit tombait. Certains s'interrogeaient : les troupes du Régime nous laisseraient-elles crever de froid ou allaient-elles surgir pour nous massacrer à la faveur de l'obscurité ? Un événement à peine croyable s'est alors produit : la neige s'est mise à virevolter. C'était si rare, à Alep, de voir la neige ! D'habitude, nous l'accueillions dans la joie, mais avec le froid et le désespoir, elle nous apparut cette nuit-là comme une calamité supplémentaire, contre laquelle nous n'avions plus la force de lutter.

Des flocons énormes tourbillonnaient, je les visualisais aussi lourds que des balles de gros calibre nous transperçant d'humidité dans les ténèbres. Nous ne pouvions pas retourner dans les abris : les voitures ne démarraient plus, leurs moteurs étaient gelés, et les carrosseries recouvertes d'une neige épaisse. Nous nous étions rassemblés au point d'évacuation, persuadés de partir le jour même, de sorte que nous n'avions presque rien emporté. Les enfants hurlaient de faim et de froid. Certains ont décidé de s'entasser dans les voitures pour se protéger de la tempête. J'ai choisi la carcasse d'un char abandonné au fond duquel j'ai réussi à m'introduire avec ma fille. À l'intérieur, j'ai tâtonné à la recherche de n'importe quoi qui puisse nous réchauffer. J'ai trouvé une grosse chaussette d'homme en laine ; j'y ai glissé les jambes de Cham qui étaient devenues si fluettes. Dehors quelqu'un a crié qu'il avait trouvé une maison. Celle-ci avait été détruite comme les autres, mais trois de ses murs étaient encore debout, défiant toutes les lois des bombardements alépins. Nous nous sommes réfugiés à trente dans une salle minuscule. Tout le monde toussait avec des sonorités caverneuses. Des camarades sont partis en mission à l'hôpital Al-Quds pour récupérer du riz bouilli, des batteries pour la lumière et même un peu de fuel pour passer la nuit. Le lendemain, nous avons été évacués à Idlib.

Au moment d'abandonner notre maison, sachant que je n'y reviendrais plus, j'avais pris le temps de rassembler quelques objets qui m'étaient chers : ma boîte dorée et un collier que m'avait offerts mon père, un foulard, cadeau de Madjid, et un autre qu'avait choisi Obada. J'ai enroulé le drapeau révolutionnaire que m'avait confié l'un de mes amis avant d'être englouti dans les sous-sols. J'ai ramassé un peu de terre sur la tombe de mon frère, que j'ai posée dans son foulard avec les clés de ma maison… Évidemment, j'ai emporté des vêtements pour ma fille et moi, mais aussi cette petite lanterne que j'avais reçue pour la fête des mères et sur laquelle il est écrit : « Tu es notre mère à tous, ta présence nous illumine. » Et j'ai pris le fusil d'Obada.

Ma mère, elle, n'a rien voulu garder, excepté les chaussures de Madjid, celles qu'il portait le jour de son dernier combat. Elles étaient encore couvertes de boue provenant du front. Sur le chemin du départ, j'ai essayé de garder en mémoire chaque petit caillou échoué dans les ruelles, j'aurais voulu emporter la ville avec moi. Le souvenir de ces cailloux pèse encore sur mon âme. Dans le bus, je me sentais brisée. J'ai traversé bien des épreuves dans ma vie, et j'estime avoir souvent vaincu l'adversité mais, dans ce bus verdâtre, je me sentais comme une orpheline. À Idlib, j'étais perdue. Bien que cette ville soit syrienne, ce n'était pas la mienne et elle était contrôlée par ceux de Nosra. Chaque fois que je voyais l'un d'eux, je pensais : « Celui-ci a peut-être kidnappé mon père, cet autre l'a peut-être tué, celui-là sait sûrement où il se trouve, alors que moi, j'ignore tout de ce qu'est devenu mon père. »

Dès notre arrivée à Idlib, j'ai compris que plus rien, jamais, n'aurait le nom d'Alep. Que ma ville avait disparu pour toujours. Ce qu'ils feront de nos ruelles ne sera jamais qu'une illusion, un visage sans passé exhibé aux générations futures, un simulacre écœurant de ce qu'elle fut pour nous et de ce qu'elle restera dans nos mémoires.

Depuis huit mois déjà, j'ai quitté ma terre natale. Pourtant, tout mon être est encore là-bas, auprès des petits cailloux blancs des ruelles. Rien ne me relie à mon pays d'accueil. J'ignore ce que je vais faire, ce que je veux.

Certains pensent que notre exil est temporaire… S'ils disent vrai, que restera-t-il d'Alep ?

Et si je n'y retourne pas, qu'y restera-t-il de moi ?

Le corps d'Obada a-t-il conservé dans la mort le sel d'un de mes baisers ?

Son âme erre-t-elle à l'Est, survolant nos chemins méconnaissables, fredonnant la nostalgie de nos beaux jours ?

Peut-être son âme m'a-t-elle suivie jusque dans l'exil, dans ces temps sans Alep, veillant sur moi et notre fille, s'assurant que se prolonge, sans trop s'emberlificoter, le fil de nos vies brisées.

OLA A QUITTÉ ALEP EN DÉCEMBRE 2016.
ELLE VIT EN EXIL.

Remerciements

Merci, mille fois merci, à Roula Macartney. Sans son amitié, son intelligence, son enthousiasme et sa sensibilité, ce livre n'aurait pas été le même. Bénéficier de son aide a été une chance extraordinaire.

Je souhaite exprimer ma gratitude envers le docteur Hamza Khatib et son épouse Waad. Leurs témoignages, bien que ne figurant pas dans ce livre, ont nourri ce texte. Laisser les Alépins qui les ont côtoyés parler d'eux était, je crois, une façon juste de les faire vivre dans ces pages. Eux-mêmes étaient trop modestes pour mesurer l'espoir et la lumière qu'ils ont incarnés aux heures les plus sombres d'Alep. De manière générale, tous mes interlocuteurs ont montré beaucoup de patience et une confiance qui m'honore. Cela leur demandait un immense courage. À tous, ma reconnaissance est éternelle.

Merci à Bruno Bonfante, dont l'aide généreuse a permis de financer une partie des voyages à la rencontre des Alépins en exil.

J'ai bénéficié du soutien sans faille d'amis, journalistes ou photographes, trop nombreux pour ne pas en oublier. Je voudrais spécialement remercier Laurent Van Der Stockt pour cette virée inoubliable à la rencontre de Sami et Aïcha, Laurence Geai pour ces longues séances de visionnage de ses photos d'Alep, Rémy Ourdan pour sa relecture experte. Enfin, grand merci à mes premières lectrices : Marie Aouriri, Gwendoline Debono et Marie Sumalla (*Tipping expected !*).

Table des personnages

Table des matières

Livre III. La saison des Shabihas

Livre IV. Le temps des fusils

Livre V. Les hommes-poissons de la rivière Queiq

Livre VI. Résistances

Livre VII. L'amour aux temps d'Alep en guerre

Livre VIII. L'enfer et le paradis

Livre IX. Ces infimes parts de nous-mêmes

RÉALISATION : NORD COMPO À VILLENEUVE-D'ASCQ
IMPRESSION : CPI FRANCE
DÉPÔT LÉGAL : FÉVRIER 2020. N° 142937 (3036349)
IMPRIMÉ EN FRANCE